TRADIÇÃO EM
COMPARTILHAR
CONHECIMENTO

Rich Cohen

O sol & a lua
& os Rolling Stones

Uma biografia

Tradução:
Marcelo Schild Arlin

Para minha esposa, Jessica,
pelas aulas e pelas guitarras

Título original:
The Sun & the Moon & the Rolling Stones
(A Biography)

Tradução autorizada da primeira edição americana, publicada em 2016
por Spiegel & Grau, um selo de Random House, uma divisão de
Penguin Random House LLC, de Nova York, Estados Unidos

Copyright © 2016, Tough Jews, Inc.

Copyright da edição brasileira © 2017:
Jorge Zahar Editor Ltda.
rua Marquês de S. Vicente 99 – 1º | 22451-041 Rio de Janeiro, RJ
tel (21) 2529-4750 | fax (21) 2529-4787
editora@zahar.com.br | www.zahar.com.br

Todos os direitos reservados.
A reprodução não autorizada desta publicação, no todo
ou em parte, constitui violação de direitos autorais. (Lei 9.610/98)

Grafia atualizada respeitando o novo
Acordo Ortográfico da Língua Portuguesa

Preparação: Mariah Schwartz | Revisão: Carolina Sampaio, Nina Lua
Capa: Estúdio Insólito | Imagem da capa: © Paul Natkin/Getty Images

CIP-Brasil. Catalogação na publicação
Sindicato Nacional dos Editores de Livros, RJ

	Cohen, Rich, 1968
C759s	O sol & a lua & os Rolling Stones: uma biografia/Rich Cohen; tradução Marcelo Schild Arlin. – 1.ed. – Rio de Janeiro: Zahar, 2017.

il.

Tradução de: The sun & the moon & the Rolling Stones: a biography
Inclui bibliografia e índice
ISBN 978-85-378-1683-7

1. Rolling Stones (Conjunto musical). 2. Grupos de rock – Inglaterra – Biografia.
I. Arlin, Marcelo Schild. II. Título.

CDD: 927.8042
CDU: 929:78.067.26

17-41977

Diga-me você. Eu não sei. Como é viver em um mundo no qual os Stones sempre existiram? Para você, sempre houve o sol e a lua e os Rolling Stones.

KEITH RICHARDS em uma conversa, 1994

Sumário

1. Estrelas do rock contando piadas   11

2. O *cowbell* e o pôster   18

3. O trem de 8h28 para Londres   25

4. Colecionadores   30

5. Indomados   38

6. "Vigário chocado"   48

7. Charlie e Bill   56

8. Edith Grove   64

9. Giorgio!   71

10. Conheçam os Beatles   75

11. Magnata adolescente de merda   78

12. Imagens da estrada   90

13. Sem amor em uma redoma   97

14. Primeiras frases   116

15. América   122

16. Satisfaction   137

17. Escrevendo matérias   150

18. Ácido   159

19. A batida   167

20. Marrocos   177

21. O julgamento   184

22. A morte de Brian Jones, parte um   193

23. Sympathy for the Devil   197

24. A fase de ouro   202

25. A morte de Brian Jones, parte dois   213

26. Fuga da morte   225

27. Na Austrália   230

28. Rock'n'roll circus   235

29. 1969   245

30. Tânatos em aço   250

31. Heroína   281

32. "Onde está Mick?"   303

33. O último grande disco   307

34. Na estrada e fora dela   319

35. O Hall da Fama   330

Posfácio   333

Notas   335
Bibliografia   366
Lista de entrevistas   373
Créditos das imagens   376
Agradecimentos   378
Índice   379

1. Estrelas do rock contando piadas

QUANDO ACONTECE, acontece rápido.

Eu estava sentado na varanda do meu apartamento no West Village, esperando sem saber. No verão, a cidade cheira a lixo. As ruas ficam sem vida, vazias. Parece que todos foram para as montanhas ou para o mar, deixando os becos de tijolos vermelhos para os preguiçosos assombrarem. Então, do nada, fui arrebatado pelos Rolling Stones. Foi comparável ao meu sonho de infância de fugir com o circo. O parque de diversões. O homem forte. A roda gigante girando contra o céu chapado do Kansas. Em 1994, eu tinha 26 anos e os Stones estavam atravessando os Estados Unidos. Eu tinha sido chamado para escrever sobre a turnê para a revista *Rolling Stone*. Eu estava entediado antes, mas agora não estava mais.

Nas duas semanas seguintes, atravessei metade do continente. Fiquei de pé nos cantos de um pé-sujo enquanto os Stones faziam sua apresentação de aquecimento, embebedei-me em arenas a céu aberto, cochilei em saguões de hotéis e em camarins, recostei-me em uma caixa de som na lateral do palco enquanto a banda fazia o bis, vi meu país pelos olhos de uma estrela do rock, aeroportos e cidades tornando-se um borrão indefinido – somente o próximo show era real. Sentei-me ao lado de Keith Richards no avião dos Stones, brinquei com Mick Jagger, que zombou do meu cabelo quando estava comprido e mais ainda quando estava curto, conversei com Charlie Watts sobre Nova Orleans e a Guerra Civil, depois me sentei em seu quarto de hotel para ouvir jazz. Bebi uísque com Ron Wood e Bobby Keys quando eles foram informados que o pianista Nicky Hopkins, seu amigo e colega, morrera em Nashville. Keys fez uma careta e em seguida virou quatro dedos de Jack Daniel's, os olhos cheios de lágrimas.

Em Nova York, ficamos a cinquenta quadras do meu apartamento, mas a quilômetros da minha vida antiga. O verão terminara. Agora era outono, Manhattan cintilante, as avenidas intermináveis. Passei um longo dia no Radio City, assistindo aos Stones ensaiarem para o MTV *Video Music Awards*. A apresentação era para estimular as vendas de seu novo álbum, *Voodoo Lounge*, mas para os músicos era apenas uma parada rápida entre algum lugar e outro exatamente igual. Nem fui ao meu apartamento, tampouco vi meus amigos. O circo parara na minha cidade, mas eu estava diferente, havia sido transformado pela proximidade com os maiores artistas da corda bamba, cuspidores de fogo e aberrações circenses do mundo.

Em vez disso, fiquei com a banda, permanecendo no backstage enquanto Keith Richards e Ron Wood trocavam frases acústicas em cima de músicas de Hank Williams, sentado no teatro vazio enquanto Mick Jagger serpenteava entre os assentos tocando a vigorosa introdução de gaita do single "Love Is Strong". No caminho de volta ao camarim, tive um encontro ainda mais marcante do que o que tive com Joe DiMaggio na infância, antes de um jogo de veteranos, quando o craque mítico dos Yankees gritou para os repórteres: "Seus filhos da puta, não estão vendo que estou pelado?" Atrás da cortina, Jagger e eu esbarramos com Bruce Springsteen, que nos olhou circunspectamente. Era um olhar que eu vira no ensino médio nos rostos de volantes adversários. Houve um diálogo murmurado, uma comparação de notas. Mick me apresentou como seu "grande amigo". Ao nos afastarmos, Jagger encolheu os ombros brincando, sussurrando algo como "Bem, você sabe, o Bruce, ele faz um show muito longo".

Naquela noite, depois do show, a Virgin Records deu uma festa para os Stones no hotel Four Seasons na rua 57. Vazia à meia-noite, a rua estava lotada às duas, repleta de estrelas do rock que um dia estiveram em pôsteres na parede do meu quarto. Havia música, couro, sombra de olho, saltos altos, gim. O assessor de Mick disse a ele que Steven Tyler queria tirar uma foto, "só vocês dois".

– O que você acha? – perguntou Jagger.

– Deixa para lá – disse o assessor. – Tyler quer que as pessoas pensem que o Aerosmith está no mesmo nível dos Stones, enquanto que, quero dizer, deixa disso, Mick!

Estrelas do rock contando piadas

O assessor falou a respeito de um artigo do *New York Post* sobre a banda recorrer a depilação a cera. A matéria fora escrita por uma repórter que cobrira os Stones durante anos.

– Ela desfrutou da vida no lado de dentro – disse o assessor. – Vejamos quanto ela gosta da vida no lado de fora.

Alguém do pessoal dos Stones me empurrou contra uma parede e me pediu para "subir e fumar um baseado".

Escapulindo, encontrei-me em um círculo de mestres do rock'n'roll: Steve Winwood e Jim Capaldi, do Traffic, Ron Wood e Keith Richards. Apesar de cada um ter a própria identidade, eles pareciam compartilhar um único rosto. Vincado e maltratado, envelhecido como couro, marretado pelo abuso de substâncias em uma espécie de beleza. Certa vez um velho, olhando Jagger de perto, comentou: "Você tem mais rugas do que eu!" "São marcas de risadas", disse Mick. O cara gargalhou: "Essa foi a coisa mais engraçada *de todas!*" Mas o cara estava errado – houve coisas tão engraçadas quanto, especialmente a peça que essa geração de estrelas do rock pregou no destino, que os tinha marcado para vidas de desespero silencioso em fábricas e seguradoras, mas, em vez disso, estabelecera-os como príncipes medievais de sobrecasacas e fivelas, uma vida que durante séculos pertencera somente à nobreza devassa.

Cada homem naquele círculo tinha energia elétrica e glória detonada pelo excesso de álcool e drogas – bebiam demais, ficavam acordados até tarde demais, cérebros fritos e dedos deformados, mas, meu Deus, como tocavam. Aquelas eram as últimas das grandes estrelas do rock, uma espécie que está seguindo o caminho do leopardo-das-neves. Aqueles que sobrevivem são preciosos e estranhos, relíquias de um antigo sistema, de uma época em que a música era mais importante do que todo o resto – quando você acreditava que o próximo álbum esclareceria tudo. Os homens naquele círculo eram expressões humanas daquela crença, heróis que fizeram a revolução e depois a seguiram até o final. Eles ficavam de pé rindo e bebendo, contando piadas sujas.

– Vocês já ouviram aquela do pianista que estava tocando músicas para seu produtor? – perguntou Capaldi. – Ele toca duas lindas canções, dizendo: "A primeira é chamada 'Meu pau é comprido' e a seguinte é chamada 'Meu pênis é imenso'." Então, ele vai ao banheiro. Quando ele volta, o produtor diz: "Você sabe que sua braguilha está aberta e seu pau está pendurado para fora?" "Se eu sei?", diz o pianista. "Fui eu quem a compôs!"

Richards recostou-se e rugiu.

– Se eu sei? Fui eu quem a compôs!

Enquanto os homens gargalhavam, a ficha caiu. Eu sempre tivera a sensação de que havia pessoas em algum lugar se divertindo mais do que eu. Sempre acreditara que havia uma festa mais divertida. E havia! E eu a encontrara! Não havia nenhuma necessidade de conferir minhas mensagens, olhar por cima do ombro de alguém, me perguntar para onde ir em seguida. Eu estava no centro da melhor festa do mundo. Pela primeira vez na vida, eu estava exatamente onde queria estar.

– E você? – disse Capaldi. – Você tem uma piada?

Respondi que não tinha, que eu era, de muitas maneiras, sem graça.

Steve Winwood olhou para mim, realmente olhou para mim, pela primeira vez. Uma lenda do rock britânico, autor de "Back in the High Life Again" e "Higher Love", e, antes disso, a força propulsora por trás do Spencer Davis Group, Blind Faith e Traffic, Winwood tinha 46 anos, cabelo desgrenhado e um rosto muito atento. Quando contei a ele que eu trabalhava para a *Rolling Stone*, seus olhos aguçados tomaram um ar acusatório.

– Você sabe, você é um desgraçado – ele disse repentinamente. – Um desgraçado nojento. Espero há anos para lhe dizer isso, e aqui está. Seu desgraçado nojento!

– Ei, Stevie, você conhece esse garoto? – perguntou Ron Wood, surpreso.

– Diabos, sim, esse desgraçado espinafrou todos os álbuns solo que lancei. Você acha que não existe vida depois do Traffic? – Winwood continuou. – O que eu deveria ter feito: ter deitado e morrido quando a banda acabou? Bem, não morrerei por você. Não, não morrerei por você.

Estrelas do rock contando piadas 15

Houve um silêncio constrangedor, depois todos caíram na gargalhada. Riram ainda mais do que de "Se eu sei? Fui eu quem a compôs!". Pegando meu braço, Keith disse:

– Você é maluco, Stevie. Você está falando do maldito ano de 1974. Este garoto tinha seis anos. O que ele sabe sobre o Traffic?

– Você sabe que a *Rolling Stone* é uma revista, não uma pessoa – Wood acrescentou.

Naquele instante, tive minha segunda epifania. O tempo sempre me manteria separado daqueles caras, daquela geração. Eu perdera tudo: 1964, 1969, 1972 – aqueles eram os anos que importavam. Eu nascera tarde demais. O que quer que tivesse acontecido, já tinha acontecido. Eu passara a vida inteira tentando chegar naquela festa. Quando cheguei, todo mundo estava velho. Atrasado: é a condição de irmãos e irmãs mais novos, filhos e filhas de pais velhos, terceiros filhos que apareceram bem a tempo de ver um cigarro flutuando no último coquetel da noite. Isso define minha geração. Estamos espremidos. Acima de nós, os *baby boomers*, que consumiram todos os recursos e todo tipo de diversão. Abaixo de nós, os *millennials*, os filhos dos *baby boomers*, que transformaram o mundo em algo virtual e frio. Os *boomers* consumiram sua infância e depois, de certo modo, consumiram também as nossas infâncias. Eles beberam além da conta, viveram em meio a tanto excesso que não nos resta nada além de contar a história.

O tempo me distanciava dos Stones, mas também me dava algo. Perspectiva. Chegar no final significa ser capaz de compreender a história inteira. Rock'n'roll era mais do que um milhão de bandas de garagem; mais do que as quarenta mais tocadas na rádio; mais do que apenas homens de A&R (Artistas e Repertório) e gravadoras. Era uma atitude e uma era. Os Stones eram a maior banda daquela era e, de certo modo, a única banda que importava, porque neles você tinha tanto o máximo quanto o primordial, um grupo que pode representar todos os outros. Se você conta a história deles, você conta *a* história. Mas você precisa de perspectiva para fazer isso. Você precisa conhecer o fim para compreender o início. Luz noturna. Vênus no leste. A história dos *boomers* contada pela Geração X. Os Stones são um trem atravessando um vale. Consigo ver cada vagão, o primeiro e o último, a locomotiva e o vagão da cozinha, os quais ficam menores à medida que o trem se afasta.

Eu viajaria com a banda em várias turnês, primeiro como escritor para a *Rolling Stone*, depois como corroteirista de Mick Jagger. Estávamos trabalhando com Martin Scorsese em um roteiro sobre um executivo fictício de uma gravadora, cuja ascensão e queda encapsulariam aquela era. Ouvi histórias em primeira mão e pude testar ideias com o maior líder de banda do mundo, apesar de Jagger tender a diminuir seu próprio papel. Ele abomina a tentação de transformar cantores em deuses, com o destino de John Lennon aparentemente sempre em seus pensamentos. Contudo, é claro que os Stones foram, durante um tempo, a vanguarda, um dos motivos pelos quais Jagger mantém a boca fechada. Se você vive audaciosamente, não se vanglorie. Com o tempo, tornou-se óbvio para mim que o que começou com uma matéria para a revista estava se transformando em algo mais – um épico e uma obsessão, uma saga na qual um punhado de músicos representa os desejos de uma sociedade.

Comecei a procurar testemunhas que pudessem preencher as lacunas, explicar enigmas, acrescentar cor. Localizei colegas e amigos da banda; rivais; pioneiros; precursores; produtores e engenheiros; parceiros de dro-

Estrelas do rock contando piadas

gas e assistentes; homens da indústria fonográfica; namoradas de uma só noite e aquelas mais parecidas com esposas oficiais. Li memórias, biografias. Existem dezenas, talvez centenas de livros. Para pessoas envolvidas com os Stones, não importa o quão brevemente, tal experiência tende a ser a mais intensa de suas vidas. Assisti a documentários e ouvi os discos de novo várias vezes. Vi fotografias. Os Stones estão entre as pessoas mais fotografadas do século XX. Fui a lugares que pairam com importância sobre sua história: casas nas quais Mick e Keith cresceram em Dartford, Inglaterra; o bar onde se apresentaram pela primeira vez; o apartamento no qual viveram na miséria durante um frio inverno; o clube em Richmond onde se tornaram uma sensação; os apartamentos e as propriedades pomposas que compraram quando fizeram sucesso; o Olympic Studios em Barnes; a Chess Records em Chicago; a pista de corridas de Altamont; o parque nacional Joshua Tree; a mansão na França onde gravaram seu melhor álbum; a clínica na Suíça onde Keith Richards largou a heroína. Mantive um punhado de perguntas na cabeça: Por que aquela música era tão importante? Por que as aventuras novelescas dos Stones ainda fascinam? O rock pode salvar sua alma? É uma religião? Se for, por que seguiu o caminho do zoroastrismo? Deveríamos idolatrar a vida ou a mensagem? Existe uma maneira graciosa de envelhecer?

Naquela noite na festa em 1994, os Stones me pareceram decadentes. Eram uma atração das antigas, o que tem menos a ver com idade biológica do que com o espírito. Os Stones tinham se tornado previsíveis. A invenção dera lugar à repetição. Eles estavam fazendo o que faziam porque era o que sempre tinham feito. No começo, eles imitavam músicos negros de blues. No final, imitavam a si mesmos. Ainda assim, mesmo nos shows mais cansados, diante das plateias mais calejadas, você ainda podia, de vez em quando, apenas por um momento, captar um vislumbre do que eles tinham sido: uma revolução com dez mãos, quatro acordes e um groove.

2. O *cowbell* e o pôster

Quando eu tinha dez anos, meu irmão ascendeu ao paraíso. Ele fez isso mudando do segundo andar da nossa casa para o sótão, que, com seu carpete de pelúcia e paredes de cedro, era a fronteira. Sem toque de recolher. Sem lei. Apesar de não ter permissão para subir, eu de vez em quando ficava no primeiro degrau, ouvindo a música que descia como uma cascata das caixas de som, *woofers* e *tweeters*, amplificador e subamplificador, toca-discos. Uma vez, seguindo meu pai, que subira para dizer ao meu irmão que ele na verdade não estava além de toda autoridade, pude dar uma boa olhada no aparelho de som.

"Quando esse desgraçado arrumou um toca-fitas Nakamichi?"

A outra vez que vi o equipamento, e que praticamente não conta, foi na loja de aparelhos de som no shopping. Havia uma sala externa repleta de marcas baratas e conjuntos fajutos; depois, atrás de um vidro, um santuário interno com o tipo de equipamento complicado preferido pelas pessoas que entendiam e também tinham conhecimento daquilo. Dentro *daquela* sala havia ainda mais uma sala, um compartimento oval conhecido como "o ovo de audição", onde, espremido entre paredes de caixas de som, um cliente podia dar uma última ouvida dramática antes de efetuar a compra. Uma tarde, logo antes de fecharem o negócio, pude reclinar no ovo enquanto as caixas de som que em breve seriam do meu irmão tocavam em alto volume uma canção que o vendedor considerava perfeitamente adequada para "demonstrar o equipamento": "Life's Been Good", de Joe Walsh, no volume máximo, o solo de guitarra entorpecido me atravessando como uma gripe.

Fora isso, eu precisava desfrutar o aparelho de som do meu irmão à distância, geralmente captando apenas a reverberação do baixo ou o grito

O cowbell e o pôster

de um deus do rock entoando uma *power ballad*. Mas, um dia, um ritmo estranho tocou algo dentro de mim, algo que eu nem sabia que existia. Eu estava deitado na cama quando ouvi o *cowbell* e a guitarra vibrante. Levantei-me, aproximei-me e parei ao pé da escada. Abrindo a porta, subi à espreita e contemplei silenciosamente a cena: uma mesa de café coberta de garrafas de cerveja vazias, um disco na pick-up, o aparelho de som iluminado. Meu irmão estava em uma cadeira, cabeça para trás, olhos fechados. Havia um pôster pregado na parede atrás dele. De alguma maneira, eu sabia que as pessoas naquele pôster eram responsáveis por aquela música, "Honky Tonk Women". Por um momento, era como se eles realmente a estivessem tocando, como se a música estivesse vindo da banda na foto, que tinha a aparência que uma banda deveria ter. Os Stones em Paris em torno de 1976. Jagger na frente, dirigindo seus comandos em um ataque noturno. Nos shows, ele dispara como um beija-flor, impossível de ser estudado. No pôster, ele fora pregado como um espécime em uma prancha. Ele era grotesco porém bonito, com os traços desproporcionais de um adolescente, um homem cujo rosto nunca amadureceu. Richards estava de pé ao lado dele, de calças listradas e com uma camisa transparente aberta até o quarto botão. Ele olhava para baixo enquanto tocava, cílios longos e pretos. Bill Wyman, o baixista, estava de pé ao lado do baterista, Charlie Watts, que sorria maliciosamente. Todos os músicos estavam espremidos em um espaço apertado – as correias e cambotas de um motor compacto. Era uma banda de verdade. Foi isso que me pegou. Não as arenas lotadas ou os discos de sucesso, e sim cinco caras tocando juntos, como uma família ou uma gangue. Eu não podia imaginar um destino melhor. Longe dos pais, longe da escola, longe da vida adulta. Um grupo de amigos que começaram ainda garotos e seguiram em frente para sempre. Meu irmão surgiu de repente, me mandando sair, mas era tarde demais. A flecha me atingira em cheio.

Antes disso, a música desempenhara um papel secundário na minha vida. Era papel de parede. Se fosse povoada por palhaços, eu olhava. Do contrário, eu não reparava. Geralmente, era apenas meu pai tocando Frank Sinatra a todo volume no Sedan de Ville. "Nice'n'Easy", "Come

Fly With Me". Até os oito anos, eu acreditava que "My Way" era o hino nacional, pois é o que Sinatra diz no disco *The Main Event*. "Senhoras e senhores, cantarei agora o hino nacional, mas vocês não precisam se levantar." "Rhinestone Cowboy" foi a primeira música que amei. Ouvi Glen Campbell cantá-la na WLS, depois economizei para comprar o single. A autopiedade desafiadora, o som barato de adornos de bazares. Quando era destratado, eu fechava a porta do meu quarto e convocava mais uma sessão de terapia "rhinestone". "Tenho andado por estas ruas há tanto tempo, cantando a mesma velha canção, conheço cada rachadura nestas calçadas sujas da Broadway..."

Como todo mundo, eu encontrara o caminho até os Beatles. Isso foi em 1977 ou 1978, anos depois de o grupo ter terminado. Você podia ouvi-los com segurança. Não precisava se preocupar com os Beatles gravando um disco ruim. Estava tudo ali, terminado e feito. Lembro-me do meu pai repudiando "Here Comes the Sun".

– Se o sol viesse mesmo – dizia ele – todos queimaríamos em torno de um segundo.

Mas havia algo irritantemente seguro quanto aos Beatles. Eles representavam óculos de vovó e símbolos da paz. Naquela altura, eu já realizara minhas primeiras incursões à loja de discos local, uma loja de família administrada por Wally King, um velho mal-humorado que abrira o negócio na época das partituras. Durante anos, Wally ofereceu uma promoção: para qualquer compra acima de sete dólares, ele dava uma harpa de boca, aquele instrumento de metal que é segurado entre os dentes e dedilhado. Na década de 70, partes da minha cidade no Illinois pareciam Appalachia, com os garotos acocorados, olhos vidrados e tocando a harpa de boca.

Minha primeira ida sozinho à loja foi um batismo de fogo. Durante meses, eu implorara ao meu irmão que confiasse em mim e compartilhasse comigo seu universo musical. Eu queria me sentar com os garotos mais velhos, ouvir, pontificar, teorizar. Um dia, ele me aplicou uma espécie de teste. Enfiando uma nota de dez dólares na minha mão, disse:

– Vá até a loja do Wally King e compre o novo álbum do Kansas, o que tem "Dust in the Wind". Vamos ouvir o disco no sótão.

Procurei nas prateleiras durante vinte minutos, depois fui pedir ajuda ao velho. Ele pegou um livro grosso sob o balcão, abriu-o e o examinou. Encontrou uma listagem para o disco do Kansas com uma imagem da capa: uma cachoeira, um barco caindo.

– Esse disco está em falta – disse Wally –, mas deixa eu te mostrar uma coisa. – Ele pegou um disco diferente da prateleira, segurou-o ao lado da capa do Kansas. – Este disco também tem uma cachoeira – disse-me Wally. – Veja você mesmo. Quase exatamente igual. Seu irmão terá dificuldade em ver a diferença.

– Quem fez este disco?

– Um camarada chamado Slim Whitman – disse Wally. – Ele viajou o mundo todo, cantando com sua guitarra, tocando lindas canções country. O que, se você pensar a respeito, é uma vida maravilhosa para um cantor. A única vida. E, na verdade, em todas essas viagens, ele com certeza visitou o Kansas, provavelmente dezenas de vezes. Portanto, você pode ver, a história daquela outra banda, os garotos de "Dust in the Wind", está, de certo modo, incluída na história do grande Slim Whitman. Como eu disse, seu irmão terá dificuldade em ver a diferença.

Quando dei o disco ao meu irmão, ele examinou-o e suspirou. Se meu irmão fosse meu pai, teria me chamado de idiota. No entanto, ele apenas me devolveu o disco, dizendo:

– Você me deve cinco pratas.

Foi minha primeira lição na diferença entre a música certa e a música errada, a música perfeita, que é como o céu dez minutos antes do pôr do sol, e uma música que dá arrepios como uma tarde chuvosa de terça-feira.

Fiz meu dever de casa depois disso, estudando a literatura, trilhando com um cuidado incrível meu caminho rumo a esse novo mundo consumista. O primeiro álbum autêntico que comprei foi *Smash Hits*, de Jimi Hendrix, que coloquei no topo da minha pilha de discos de criança como uma nota de cem dólares em uma pilha de notas de um dólar. Mas tudo isso mudou quando ouvi "Honky Tonk Women". O *cowbell* que abre a música era como a chamada de um muezim, guiando-me para uma nova vida. Tornei-me um monoteísta do rock'n'roll. Durante anos, havia somente uma banda, os Rolling Stones. A música deles sugeria um mundo perigoso de drogas e bebida e todo tipo de pecado que eu ansiava experimentar por conta própria.

Minha coleção começou com *England's Newest Hit Makers*, o primeiro disco que os Stones lançaram nos Estados Unidos. A capa é poderosa. Cinco rostos: Mick, Keith, Charlie, Bill e o belo e louro Brian Jones. Se você vir um louro entre morenos, reze por ele, pois ele está marcado para a destruição. Aquilo eram os Stones no começo; a maioria das músicas eram covers. "Not Fade Away", "I Just Want to Make Love to You", "I'm a King Bee". O que os distinguia era a voz, a energia. As frases da guitarra elétrica de Brian Jones, o ritmo empolgante de Keith Richards. As melhores músicas murmuram como um motor, uma máquina em uma noite negra. "Honest I Do", "Little by Little", "Carol". Elas faziam com que me sentisse crescido, perverso. E me lançaram na busca por mais discos. Tornou-se uma rotina: economizar cinco pratas, ir até a loja de Wally King, comprar um álbum dos Stones.

Depois de exaurir o estoque de Wally, expandi minha busca, procurando de cima a baixo por lojas na costa norte de Chicago, encontrando eventualmente o caminho até a cidade. Quando entrei no segundo ano do ensino médio, meu mapa interno estava repleto de lojas de discos. Record City em Skokie. Vintage Vinyl em Evanston. Em dias importantes, eu dizia aos meus pais que estava indo para a casa do meu amigo Mark, depois seguia para a cidade. De uma janela na traseira do ônibus, eu observava os jardins suburbanos darem lugar ao concreto. Em Evanston, eu fazia a transferência para a linha L, que passava ao lado de telhados de asfalto e de prédios residenciais sob um céu tão azul que doía. Eu saltava no outro lado da rua da Universidade Loyola, caminhava uma quadra, subia um lance de escada, atravessava uma porta sem identificação, como em um bar da época da Lei Seca, e entrava na Round Records. Tendo consumido o catálogo legítimo, eu chegara à parte da minha vida dedicada à caça de discos piratas, gravações ilegais de shows dos Stones. Alguns eram produções elaboradas, com arte de capa e comentários, mas a maioria era do tipo amador – uma fita feita por um cara na décima quinta fila. Você podia ouvir pessoas conversando entre as músicas. Em geral, tais gravações eram sem valor. Mas, ocasionalmente, quando você se deparava com uma música que a banda quase nunca tocava, algo estranho ou uma pérola, a sensação de triunfo era parecida com a de um caçador de animais grandes. Quanto mais improvável a descoberta, maior a satisfação – uma busca tornada obsoleta pelo Napster, YouTube, Google e Sonos, onde tudo está bem ali, agora. Pobres *millennials*! Eles jamais conhecerão a glória de tropeçar em uma gravação dos Stones tocando na Ilha Eel Pie em 1964, nem a arte perdida das compilações em fitas cassete, todas aquelas horas de prazer gastas compilando a sequência de músicas perfeita.

Quando você realmente se envolve com os Stones, ouvir não é o bastante. Você quer incorporar a música, viver a vida. Dependendo do seu temperamento, você será Mick, Charlie, Keith ou Bill. Você vai andar pelo corredor da escola como Mick ou desprezará sofrimentos pré-adolescentes com a indiferença de Richards. Para mim, isso resultou em shows de talentos na escola durante o ensino médio. Em 1981 e 1982, nós nos vestíamos como os Stones, depois tocávamos no auditório, tendo aprendido apenas a técnica suficiente para tocar uma música por ano. Eu andava no meio do público vestido como Keith com a camisa de tachinhas da minha irmã, acendia um cigarro ao lado do palco, dava uma tragada e o jogava em uma multidão de alunos do sétimo ano.

Pude ver os Stones ao vivo naquele ano no Rosemont Horizon, uma arena próxima do aeroporto O'Hare. Foi meu primeiro show de verdade, e que jeito de começar! Eles estavam promovendo *Tattoo You*. Lembro-me de esperar que eles subissem ao palco, os gritos que eram dados sempre que um roadie atravessava o palco escuro, a fumaça que pairava sobre nós como uma nuvem. Para mim, essas coisas eram como a atmosfera antes da batalha de Austerlitz. Nunca me esquecerei delas. Bill Wyman tocou a linha de baixo que abre "Under My Thumb". Keith seguiu a deixa com uma frase vigorosa. Mick dançava de calças e camisa de futebol americano. "Let's Spend the Night Together". "Shattered". "Start Me Up". Eles tocaram todas. Em certo ponto, Mick subiu em um guindaste sobre a multidão, mãos estendendo-se para cima para tocá-lo como os tentáculos de uma anêmona do mar. Não há nada parecido com Jagger se movendo, espreitando seu território, oscilando naquele espaço perigoso entre masculino e feminino. Se você é um garoto adolescente, isso pode tocar em um lugar que te deixa excitado, confuso e um pouco envergonhado. Eu dançava, empolgado com o fato de que Mick e Keith e Charlie e Bill e Woody estavam bem ali na minha frente, em todas as dimensões, compartilhando o mesmo espaço, reais e no ritmo. Passar do disco e da fantasia para a arena e a realidade – foi um dos melhores momentos da vida. De um instante para o outro, você se transforma de um garoto em um quarto, sozinho e solitário, em um corpo na multidão, perdido na energia comunal da grande banda. Havia uma linda sujeira nas canções conhecidas tocadas ao vivo, na maneira como a banda errava mas sorria e seguia em frente, perdia acordes, o material mais ensaiado dando lugar a tangentes inesperadas. Era o brinquedo familiar retirado de sua embalagem protetora. Foi como uma revelação – perfeito não é perfeito; rock'n'roll é caos. Eu gostava mais quando Jagger ficava de pé ao microfone, os Stones dispostos da mesma maneira que no pôster no quarto do meu irmão. Não uma banda – uma gangue, uma matilha de cães do ferro-velho.

Como a maioria dos grandes grupos, os Rolling Stones começam e terminam com amizade.

3. O trem de 8h28 para Londres

É UM EPISÓDIO QUE faz parte da fundação do rock'n'roll.

Dezessete de outubro de 1961. Mick Jagger estava na plataforma de trens que seguiam para a cidade na estação de Dartford, no subúrbio de Londres, esperando pelo trem das 8h28 para a cidade. Com dezoito anos e aluno da London School of Economics, ele estava atrasado para uma palestra sobre história das finanças. Keith Richards, aluno da Faculdade de Arte Sidcup, não lembra para onde estava indo. Ele conhecera Mick quando eram garotos em Dartford – uma cidade empoeirada famosa por seus manicômios e por uma fábrica de fogos de artifício que explodira –, mas tinham perdido contato. Keith reconheceu Mick primeiro. Ele tinha um olhar de homem de negócios, mas estava carregando discos. Era incomum ver um rapaz com um álbum, muito menos com uma pilha de discos. Keith foi até ele:

– O que você tem aí?

Posteriormente, ele disse que foi a primeira vez que viu um disco de Muddy Waters. Antes disso, o *bluesman* fora uma espécie de lenda, sobre a qual se falava como os índios um dia falaram de um grande rio além do horizonte. Mick também tinha discos de Little Walter e Chuck Berry. Todos eram do mesmo selo: Chess Records. O nome ressoava da distante Chicago, a estranha cidade onde fazendeiros do Mississippi se conectavam com uma corrente urbana. Quando o trem chegou, Keith e Mick se sentaram juntos e conversaram durante toda a viagem até a cidade.

Como se trata de uma lenda, os detalhes variam. Em uma versão, Keith usa um lenço e Mick veste um blazer. Em outra, Keith veste um sobretudo militar que se arrasta na plataforma. Em uma terceira, ele carrega uma guitarra. O inventário de Mick também muda. Às vezes, é *Rockin' at the Hops*, de Chuck Berry, e *Muddy Waters at Newport*. Às vezes, é *The Best of Muddy Waters* e *One Dozen Berries*, de Chuck. Mas os detalhes cruciais permenecem os mesmos. Sempre é a Chess Records – porque a Chess lançava o tipo de blues elétrico que Mick e Keith amavam. (Jagger começara a encomendar discos do selo alguns meses antes.) É sempre a plataforma de trens, no lado em direção à cidade, o que pode ser interpretado literalmente – Mick estava atrasado para a aula – ou metaforicamente, como um padre lê a Bíblia. Apesar de não saberem, Jagger e Richards estavam seguindo para a cidade – ou seja, o estrelato. E estavam indo juntos. É perfeito que tenham se encontrado em uma plataforma de trens, pois o trem sempre teve grande importância simbólica para o blues. O trem é a escapatória – ele transporta o fazendeiro do Delta do território dos escravos para a metrópole. O trem é liberdade, poder. É por isso que, quando escuta as grandes canções antigas do blues, você quase sempre ouve rodas de aço no ritmo da música.

Em todas as versões, Mick é quem tem os discos, enquanto Keith tem apenas uma guitarra. Porque discos são equivalentes a riqueza. Mick a tinha. Keith não. Keith tocava rock'n'roll pelas mesmas razões que Chuck Berry – porque ele amava e porque não havia nada mais que pudesse fazer. Mas Mick tinha opções, estava a caminho de uma vida confortável quando esbarrou com Keith. É por isso que Keith sempre questionaria o comprometimento de Mick. Mick amava o blues à maneira de um garoto rico: como um hobby. Keith amava o blues como um homem doente ama penicilina. Era sua melhor esperança.

Foi um momento de ouro do rock'n'roll – alguns pensam que nunca ficou melhor. Elvis mudara o mundo em 1956 com o lançamento de "Heartbreak Hotel". Praticamente todo músico importante do rock britânico dos anos 60 e 70 se lembra de ficar deitado na cama ouvindo a Rádio das Forças Armadas enquanto o Rei iluminava a noite. Era tanto o estilo quanto qualquer outra coisa: a produção simples, o tremor no vocal, a guitarra metálica. O vazio entre as notas trazia à vida as estradas do campo do Novo Mundo. Empresários ingleses do showbiz faturaram com imitações: Tommy Steele, Adam Faith. Presleys britânicos pegando carona em uma febre por tudo que era americano, não apenas a música mas também as roupas, o dialeto. O que levanta a grande pergunta: Por quê? Por que a música suja americana, música de garotos pobres, tão idiossincrática e única à experiência americana, uma música que vinha da mistura proibida entre branco e negro, mulato e oitavão, uma música que combinava as tradições mais antigas do country com o mais profundo blues do Delta, uma música que conta a história da nação – dos navios negreiros à guerra civil à grande migração às fábricas no enfumaçado Meio-Oeste –, encontrou um terreno tão fértil na Inglaterra?

Se você perguntar a pessoas que viveram durante aquele período, que tinham dez ou quinze anos quando Elvis estourou, elas descrevem o mesmo quadro: a Inglaterra depois da Segunda Guerra Mundial, supostamente vitoriosa mas vivenciando uma espécie de ruína. O país estava falido, o Império estava sendo desmantelado. Adeus, Índia. Adeus, baía de Mandalay. Era apenas aquela ilha desolada, onde começou, onde terminaria. O racionamento do período da guerra continuava na metade da década de 50. Durante a primeira turnê dos Beatles nos Estados Unidos, um repórter perguntou a George Harrison se ele tivera um toca-discos quando estava crescendo.

– Um toca-discos? – Harrison disse, incrédulo. – Não tínhamos açúcar!

Keith, mais tarde, falou sobre quando zombou dos alemães durante uma apresentação no início da carreira em Munique:

– É por causa de vocês que temos dentes ruins… nada de laranjas!

Imundície, podridão, dissipação, sombras cinzentas em paredes quebradas. Ingleses que tinham crescido depois da guerra comparam sua juventude a um filme em preto e branco. Sem vibração, sem calor. A chegada do rock'n'roll era Technicolor. Rosa chiclete! Azul claro! Ninguém jamais se importou mais com a música do que aquela primeira geração, para quem ela era brilho e vida, uma oportunidade de diversão, uma fuga da história – os Estados Unidos como somente um garoto triste poderia sonhá-los.

– Houvera uma guerra gigantesca – contou-me Ethan Russell, um fotógrafo oficial dos Stones nos anos 60. – A civilização ocidental estava em frangalhos. A Inglaterra estava destruída. Keith Richards era um garoto, morando em um casebre em uma rua bombardeada em Dartford. Mas ele estava ouvindo Chuck Berry. Uma das minhas fotos favoritas é a de Keith fazendo o passo do pato de Chuck Berry naquela rua! Ele tem quatorze anos, mas já está fora dali!

O primeiro resplendor do rock'n'roll já tinha passado quando Keith abordou Mick na plataforma da estação de trem. Parte disso era apenas o ciclo normal.

– É uma progressão de cinco anos – Neil Sedaka contou-me. – Os Everly Brothers tiveram cinco anos de músicas de sucesso. Connie Francis, cinco anos. Fats Domino e Brenda Lee, cinco anos. Todos aqueles artistas que estouraram na década de 50 estavam acabados quando os Beatles e os Stones atingiram a maturidade.

Parte disso foi uma sequência de contratempos e acidentes. Elvis entrou para o exército em 1958. Ele sairia em 1960, mas jamais seria o mesmo – o serviço militar o refreou, eliminou aquela eletricidade do blues. Jerry Lee Lewis casou com sua prima de treze anos, o que o tirou do jogo. Chuck Berry foi preso por violar o Ato de Mann. Little Richard, o mais afetado e exagerado dos primeiros astros, teve uma visão que o convenceu de que estava correndo o risco de perder a vida eterna.

– Se você quer viver com o Senhor, não pode tocar rock'n'roll – ele explicou. – Deus não gosta disso.

Isso aconteceu em um voo na Austrália. Um motor pegou fogo, o avião estremeceu. Little Richard ajoelhou-se – e suas calças roxas não se enrugaram, tampouco seu lenço rosa se amarrotou – e implorou a Deus, prometendo que, se sua vida fosse poupada, ele se dedicaria ao gospel. Ele jogou seus anéis no porto de Sydney alguns dias depois, voltou para o Alabama e entrou para a Igreja Adventista do Sétimo Dia.

Em 1963, as paradas de sucesso estavam repletas de música pop *bubblegum*. "Hey Paula", de Paul & Paula. "I'm Leaving It Up to You", de Dale & Grace. Foi quando muitos ingleses encontraram o caminho que os levou ao blues. Era um refúgio, um lugar para escapar das privações do rádio. O blues era real. Garotos como Jagger e Richards começaram a curtir blues pela mesma razão que os garotos da minha geração passaram a curtir Public Enemy e NWA. O que importava era a autenticidade. No começo, ouviam qualquer coisa que conseguissem encontrar. Com o tempo, as estrelas polares emergiram. Muddy Waters. Chuck Berry. Jimmy Reed. O blues do Delta tornou-se uma obsessão indistinguível da fé. Para os Stones, era uma religião. Nisso, eles foram afortunados. Um artista precisa de uma crença. Não importa que tal crença seja o rastafarianismo ou o comunismo. É a estrutura da crença que importa – ela dá coerência e forma ao trabalho. Ela está lá mesmo quando você não se dá conta. É claro, os Stones fizeram alguns discos horríveis, mas o blues sempre os salvou no final.

4. Colecionadores

JAGGER E RICHARDS COMEÇARAM como *geeks*.

– Caçadores de discos e colecionadores de discos – explicou Mick. – Íamos de loja em loja, de casa em casa, ouvindo. Depois, íamos para as casas de outras pessoas e ouvíamos os discos delas. É aquele período da vida no qual você é como um colecionador de selos. Os discos eram interessantes por si sós, mas o objetivo real era colecionar. Estávamos começando a conhecer aquela música, os selos e as empresas, aprendendo as canções nos mínimos detalhes.

– Devemos ter passado um ano, antes de os Stones se formarem, apenas colecionando – disse Richards.

Quando perguntei a Ian McLagan do Faces – um tecladista que mais tarde acompanhou os Stones em turnês – como ele começara na música, ele disse:

– Saindo por aí e comprando discos, o que era praticamente impossível. Porque não havia discos bons à venda na Inglaterra no final da década de 50 e no começo da de 60. Eu vivia em um subúrbio chamado Hounslow, perto do aeroporto de Heathrow. Entrei na loja local um dia e disse: "Quero *Muddy Waters at Newport*." E o cara atrás do balcão falou: "Não existe ninguém chamado Muddy Waters." Eu disse: "Também quero Thelonious Monk." Ele falou: "Você inventou isso." Mas ele olhou no catálogo e, pronto, lá estavam! Levava semanas e mais semanas para meus discos chegarem. O *boom* girava todo em torno da disponibilidade, ou da falta dela. Essa é minha teoria. A música não estava disponível na Inglaterra, o que nos deixava loucos. Quando escutava alguma coisa, você dizia "Mas que merda é essa? Tenho que ter isso". Éramos um pequeno grupo

Colecionadores

de pessoas fazendo isso. Todos conhecíamos uns aos outros. Era como um clube secreto.

Se Jagger e Richards não conseguiam encontrar uma música específica, aprendiam eles mesmos a tocá-la. Na realidade, foi assim que os Stones começaram. Já naquele momento, Mick estava à frente, carregando o tímido e sussurrante Keith. Era um papel perfeito para Mick, que crescera no escalão inferior do show business. Seu pai era professor de educação física, de agasalho e segurando um cronômetro e um apito, que ascendeu ao nível de guru de pouca importância. Em 1959, ele apresentou o programa *Seeing Sport*, da BBC. Em um clipe, Mick hesita enquanto seu pai diz:

– Aqui está Michael calçando um par de sapatos comuns de ginástica.

Mick era precoce. Várias pessoas me contaram o mesmo fato impressionante: Jagger foi o primeiro garoto em Dartford a descobrir o rock'n'roll. Foi no verão de 1955, *antes* de Elvis. Quando estava no ensino médio, ele cantava em festas – sempre a mesma música, "La Bamba", de Ritchie Valens. Afinal de contas, era impossível errar a letra. Ele juntou-se com o colega de turma Dick Taylor, um garoto de Dartford que seguiu a mesma trajetória. Uma noite, quando Mick tinha quinze anos, eles pegaram um carro emprestado, mentiram para os pais e foram para Manchester assistir a Buddy Holly and the Crickets, que tinham acabado de lançar seu segundo álbum, que incluía vários clássicos. Foi o primeiro show de verdade de Jagger.

– Depois disso, era só rock'n'roll para Mick – disse-me Taylor. – Nada mais tinha chance. Durante todo o caminho para casa, ele não conseguia parar de falar.

Jagger formou sua primeira banda alguns dias depois. É isso que acontece quando você vê Buddy Holly. Eles ensaiavam na casa de Taylor. Mick cantava porque não sentia vergonha e conseguia, sem ficar constrangido, imitar a entonação, o fraseado e a mágica dos negros americanos.

– Ensaiamos por só Deus sabe quanto tempo, mas nunca pensamos em fazer uma apresentação – disse Taylor. – Apenas tocávamos. Éramos eu, Mick e meu amigo Rupert Beckwith. De vez em quando, minha mãe dava uma olhada e sorria.

– Eu e minhas amigas costumávamos nos sentar na sala ao lado e nos contorcer de tanto rir – disse a mãe de Taylor. – Era adorável, mas muito alto. Eu sempre ouvia o Mick mais do que o via. Eu nem sonhava que eles estavam levando aquilo a sério.

Quando perguntei a Taylor que tipo de música eles tocavam, ele disse:

– La Bamba.

Quando perguntei a Taylor sobre a voz de Mick, ele me contou uma história: um dia, Mick chocou-se com um garoto na quadra de basquete e mordeu profundamente a língua. Por ordens médicas, não falou durante uma semana. Taylor pensou: "É isso, hora de encontrar um novo vocalista." Mas Mick apareceu no ensaio e insistiu em cantar. Quando abriu a boca, soou diferente, gutural, estranho. Foi parecido com o momento em que Marlon Brando, lutando com contrarregras, quebrou o nariz. Bonito demais antes, uma sensação depois. A imperfeição o tornara interessante. Aconteceu o mesmo com Jagger: sua voz foi formada por um acidente feliz. Não sei como soava antes, mas depois era esperta e suja, instantaneamente reconhecível. Boas vozes existem aos montes; o que um líder de banda precisa é de distinção.

– A voz de Mick ficou tão estranha depois daquilo – Taylor me disse. – É como soa agora, na verdade. Aquela colisão mudou-a completamente.

A voz de Mick Jagger é um veículo perfeito para o blues. Não apenas o tenor, mas como ele o emprega. Fraseado é uma arte instintiva. Não pode ser ensinado. Phil May, que, junto com Taylor, formou posteriormente a banda Pretty Things, costumava tocar com os garotos em Dartford.

– Eles eram todos bastante amadores naquela época – disse May certa vez –, mas Mick já era único. Ele conseguia entrar na letra de um blues e dar expressão a ela. Interpretava uma letra em vez de simplesmente cantá-la.

O talento de Jagger começou através da imitação. Ele era capaz de imitar qualquer som, tornar-se qualquer pessoa, o que com frequêcia significava um garoto de dezenove anos gritando como um *bluesman* negro. Às vezes, ele parodiava ao ponto de parecer um menestrel, mas geralmente acertava.

– Mesmo quando o resto de nós mal conseguia tocar – disse Taylor –, Mick acertava em cheio.

RICHARDS JUNTOU-SE à banda de maneira indireta. Apesar de conviver com Jagger, foi Taylor quem o recrutou. Taylor estudava na Faculdade de Artes Sidcup com Richards. Eles passavam o tempo no clube dos rapazes, onde futuros boêmios fumavam cigarros, conversavam sobre filosofia e levavam um som.

– Keith desejava mais do que tudo soar como o guitarrista de Elvis, Scotty Moore, enquanto todo o resto tocava folk ou jazz – disse-me Taylor. – Keith sabia que eu estava em uma banda mas nunca pediu para nos acompanhar. Nunca pensei em convidá-lo. Então, ele teve aquele famoso encontro com Mick na estação de Dartford. Foi assim que ele entrou. De repente, havia um amigo em comum. Então, Keith pegou o ônibus comigo um dia, e começamos a ensaiar. Ele tinha uma pequena guitarra Höfner arqueada – uma guitarra acústica – e colocamos um captador nela. Naquele ponto, tínhamos um excesso de guitarristas, então eu disse: "Tudo bem, tocarei bateria."

– Acho que, certa noite, todos simplesmente fomos para a casa de Dick e levamos um som – disse Keith. – Foi a primeira vez que nos envolvemos em

tocar. Coisa de garotos no quarto dos fundos, apenas para nós mesmos... Começamos tocando coisas como "Eldorado Cadillac", de Billy Arnold, Eddie Taylor, Jimmy Reed. Ainda não tínhamos tentado nada de Muddy Waters ou de Bo Diddley.

– Keith era limitado – explicou Taylor –, mas o que ele tocava, tocava bem. No começo foram duas músicas de Scotty Moore, depois um pouco de Billy Boy Arnold. Mas ele se desenvolveu depressa. Muito rapidamente, estava tocando aquelas frases do Chuck Berry. Keith não demorou muito para se tornar Keith em seu jeito de tocar.

No verão de 1962, os garotos se apresentaram no auditório da igreja de Dartford, seu primeiro show. Algumas semanas depois, tocaram no teatro Odeon, em Woolwich. Naquela altura, Taylor decidira gravar uma demo – quatro músicas, tocadas grosseiramente: "I Ain't Got You", "Shop Berries", "Around and Around" e "La Bamba". Quando perguntei a Taylor se a banda na demo soava como os Stones, ele disse:

– Mais ou menos. De certo modo. Não completamente. Um pouco. Parecido. Dá pra perceber. Na verdade, não. Mas sim, por que não?

Taylor planejava enviar a fita para Alexis Korner, que era o líder da melhor banda de blues da Inglaterra, mas primeiro ele precisava batizar o grupo.

– Tenho uma sensação terrível de que foi Mick quem pensou em Little Boy Blue and the Blue Boys – disse-me Taylor. – Afinal, que tipo de nome é esse? Eu costumava imaginar o que teria acontecido se, quando conhecemos Brian Jones, em vez de nos chamarmos Rolling Stones, tivéssemos dito: "Somos em maior número; vamos ficar com Little Boy Blue and the Blue Boys."

– Gravei a demo com meu gravador de fitas – continuou Taylor. – Devemos ter feito uma cópia, então suponho que tínhamos dois gravadores. Enviei uma fita para Alexis e guardei a outra. Em 1965, fiz uma turnê na Nova Zelândia e, quando voltei, descobri que algum idiota gravara por cima da minha demo do Little Boy Blue and the Blue Boys. Mesmo naquela época, percebi que fora uma tolice. Os Stones já eram enormes. Depois, há uns quinze anos, recebi um telefonema de uma grande casa de leilões, a

Sotheby's, eu acho. E eles disseram: "Temos uma fita que gostaríamos que você autenticasse." Saltei no ar; talvez não tivessem gravado por cima da demo! Mas, no final das contas, um amigo gravara um dos nossos ensaios. Mick comprou a fita por 50 mil.

Nas primeiras apresentações, Keith permanecia nas sombras, olhando para os dedos enquanto tocava. Ele era como um personagem de Dickens, um garoto de rua, um trapaceiro emergindo das sombras dos cortiços, magrelo e ágil. A guitarra era sua vingança e única chance. Do contrário, ele seria aquele picareta que pega você em Heathrow e fala durante todo o caminho até Londres. Sua persona foi exagerada ao longo dos anos, mas os contornos eram claros desde o começo. O fora da lei, o pirata.

– [Ele] costumava vestir uma roupa de caubói, com cartucheiras e um chapéu, e tinha aquelas grandes orelhas de abano – disse Jagger, que conheceu Keith quando os dois tinham seis anos. – Perguntei a ele o que queria ser quando crescesse. Ele disse que queria ser como Roy Rogers e tocar guitarra.

Richards cresceu em um apartamento no lado errado de Dartford, em meio a fogueiras de carvão e homens de mangas arregaçadas olhando para a rua de janelas no segundo andar. Seu pai chamava-se Bert e usava costeletas e fumava um cachimbo curvo. Ele estivera na primeira onda na Normandia no Dia D. Os roqueiros ingleses tinham aquela coisa grande atrás deles: a guerra e a pobreza que veio em seguida. Bert Richards era tipógrafo e, mais tarde, foi capataz da General Electric. Durante um tempo, trabalhou em uma fábrica de lâmpadas, onde conheceu a mãe de Keith, uma garota de escritório chamada Doris. Keith nasceu em 18 de dezembro de 1943 e era filho único. Ele tinha uma aparência engraçada, um rato das sarjetas com círculos escuros em torno dos olhos. Chamavam-no de Macaco por causa de suas orelhas. Era solitário e sofria *bullying*. Aprendeu a permanecer dentro da própria cabeça, aprendeu a correr – uma infância perfeita para o rock'n'roll, compartilhada por mil baixinhos que encontraram consolo em uma sinfonia de *power chords*.

Ele estudou na escola primária Wentworth com Jagger. O coral era a única coisa da qual gostava, um anjo de cara suja alcançando as notas agudas. Foi escolhido para um grupo que se apresentou para a rainha em sua coroação. Abadia de Westminster. Guardas reais. O *Messias* de Händel. Ele foi removido do coral quando sua voz mudou – o primeiro golpe. Depois, foi reprovado no *eleven-plus*, o exame inglês que determina o destino de um garoto – o segundo golpe. Mick, tendo sido aprovado, foi enviado para a Dartford Grammar, onde seria preparado para ingressar na classe média. Keith, tendo sido reprovado, foi enviado para a escola técnica de Dartford. Ele era um daqueles garotos que desaparecem e surgem de novo anos depois atrás de uma britadeira. Quando a baixa frequência nas aulas provou que ele não era adequando nem mesmo para o comércio, deram a ele uma vaga na Sidcup – sua última chance.

– Há muita música nas escolas de arte – contou ele depois. – Foi onde me viciei na guitarra, porque havia muitos guitarristas por lá, tocando qualquer coisa, de Big Bill Broonzy a Woody Guthrie.

Keith passava muitas tardes na seção de discos da Woolworth de Dartford. Posteriormente, ele descreveu as cabines de audição, com seus toca-discos, paredes de vidro e garotos sempre batendo para entrar, como sendo sua sala de aula.

Música era um negócio de família. O avô materno de Keith, Gus Dupree, conduziu uma banda dançante na década de 30 e outra banda dançante, Gus Dupree and His Boys, na década de 50. Gus tocava saxofone, mas conseguia tirar um som de qualquer instrumento. Mesmo quando se aposentou parcialmente, continuava se apresentando nos finais de semana. Apesar de Keith tocar um tipo diferente de música, ele credita o avô como uma inspiração fundamental. (Sem Gus Dupree, sem "Satisfaction".) Durante anos, Keith olhou desejosamente para um violão colocado sobre o piano de armário do avô. Quando perguntou se poderia segurá-lo, Gus disse:

– Um dia, quando você estiver pronto.

"Não me lembro quando foi que ele pegou o violão e disse: 'Aqui está'", Keith escreve em suas memórias, *Vida*. "Eu tinha talvez nove ou dez anos, então comecei bastante tarde." Gus insistiu que Keith aprendesse somente uma música, a balada cubana falsamente tradicional "Malagueña".

– Se você consegue tocar isso – Gus disse a ele –, você consegue tocar qualquer coisa.

Keith teve sua primeira guitarra de verdade aos quinze anos, uma Rosetti acústica "estilo profissional". Foi um presente de sua mãe. Talvez tenha sido aí que Keith começou a se referir a guitarras no feminino. "Uma linda dama! Uma garota adorável!" Ao longo dos anos, Keith remodelou-se no formato de uma guitarra, levou guitarras para a cama, abraçou-as com ternura enquanto dormia. Guitarras de aço e ocas, ressonantes e de doze cordas, Fenders e Gibsons, Starlites e Stratocasters, uma catarata de pedais *wah-wah* e captadores, madeira de cerejeira brilhante. Se observar fotos dos Stones nos anos 60 e 70, você sempre verá Keith em segundo plano com sua guitarra. "Os tiras estão revistando o apartamento?" Keith está na cama, arranhando sua linda dama. "O agente alfandegário está rasgando a bagagem?" Keith está no banco, dedilhando sua garota adorável.

5. Indomados

MICK JAGGER JÁ TINHA MUDADO. Imagine isso acontecendo em uma série de fotos em *time-lapse*, os bons modos e o treinamento cuidadoso, as inibições e a educação de mil anos de civilização desaparecendo. Seu cabelo cresceu, suas camisas se abriram, sua boca ficou mole, seus membros lânguidos. A música o penetrara, o funk, o ritmo e a batida, o sentimento perverso e o verso vulgar. Ela virou-o pelo avesso, expôs o que estivera escondido. Desejo e apetite. Um professor da London School of Economics chamado Walter Stern, que testemunhou a transformação, ficou horrorizado ao ver aquele "rapaz escrupulosamente educado das províncias [transformar-se] em um desocupado, que ficava sem fazer nada e fumava durante nossos encontros".

Os pais da década de 60 estavam certos em temer o rock'n'roll. Ele fazia os filhos se voltarem contra eles. Com o tempo, ele desfez tudo. Imagine vencer as guerras mundiais apenas para assistir ao poder abdicado nos bares sujos de Londres. Um jovem de dezoito anos no Marquee Club em 1962 tinha doze anos quando Elvis estourou. Tendo sido arrebatado pelo Rei, ele seria uma criatura completamente diferente do que seus pais eram na mesma idade. Ele seria um nativo do rock'n'roll da maneira que crianças que cresceram com a internet são consideradas nativas do ciberespaço. Ele seria o produto da escassez e da fome. Ele teria dois pais: Churchill e Presley.

– Um certo tipo de sujeito surgiu na Inglaterra no final da Segunda Guerra Mundial – contou-me Sam Cutler, que mais tarde trabalhou para os Stones como uma espécie de coordenador de palco. – O país era duro no final da década de 40 e na de 50. Se olhar para os roqueiros ingleses que

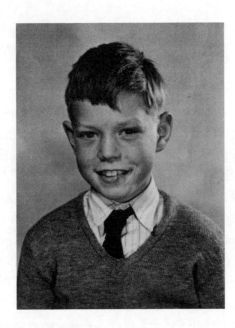

sobreviveram a isso, de Pete Townshend até qualquer outro, você encontra caras duros e magros com dentes ruins, porque não comíamos apropriadamente; eles sobreviveram a um incêndio, o que formou um grupo único.

Garotos de dezoito anos eram convocados pelo exército desde sempre. O recrutamento enchia as fileiras, mas o mais importante era que ele domava os desordeiros, esmagava seu espírito e os remodelava para a máquina. ("Durante toda a vida você ouvia: 'Quando você fizer dezoito anos, entrará para o exército, e isso vai dar um jeito em você'", disse-me McLagan.) Mas depois da guerra a Inglaterra não tinha condições de manter um grande exército permanente. O país estava destruído, o Império, aquele vasto arquipélago de subserviência, dolorosamente desmantelado. Em vez de serem enviados para patrulhar em ilhas distantes, os jovens rapazes da classe operária da Inglaterra foram liberados, libertados. Dessa maneira, uma geração escapou, sem treinamento e intacta. Na Inglaterra, a energia deles tornou-se um fator importante. No passado, ela teria sido gasta em Burma, no Egito, na Índia. Em vez disso, esses rapazes iam para os clubes de blues. A Inglaterra perdeu o Império mas ganhou o rock'n'roll – mais uma consequência não intencional da guerra.

ASSIM COMO DIZEM que toda a literatura russa saiu de debaixo do "capote" de Gógol, pode-se dizer que todo o blues inglês saiu do trombone de Chris Barber.

– Quando as pessoas falam sobre o *boom* do blues inglês, elas não retrocedem o bastante – disse-me Paul Jones, a lenda do blues inglês que era o líder de Manfred Mann. – Elas só voltam até John Mayall. Como se tudo viesse de John Mayall. Mas, na verdade, começou nos anos 50 com Chris Barber e sua banda.

Chris Barber é cinza: rosto cinza, chapéu fedora cinza, olhos cinza, dedos cinza trêmulos. Você jamais o destacaria em uma multidão e diria: "Ali está o cara que começou tudo!" Ele é o último pioneiro que ainda está por aí se apresentando. Um solo de trombone *slide* executado por um homem na casa dos oitenta anos é algo de se admirar. Eu o conheci em Londres, onde passamos um dia conversando. Ele contou-me sobre sua vida. Ele cresceu no interior da Inglaterra, onde a única fuga eram os álbuns que apareciam no armazém como pássaros desviados do curso. Sidney Bechet era seu favorito. As sequências melódicas do clarinetista. Músicas que partem seu coração. Músicas que fazem você desejar ser proscrito para que seu coração possa ser partido apropriadamente.

Ele ouviu, depois aprendeu sozinho a tocar. Apresentava-se em pequenos grupos, depois em grandes grupos. No começo da década de 50, estava à frente da banda de jazz mais popular da Inglaterra. Ela levou-o aos Estados Unidos, onde viu Muddy Waters tocar no South Side de Chicago. Bebidas de péssima qualidade. O mestre do blues de joelhos. Barber levantou dinheiro para levar Muddy e outros músicos americanos para a Inglaterra. Big Bill Broonzy, Sister Rosetta Tharpe, Sonny Terry, Brownie McGhee. Foram esses shows que deram a Barber a ideia do intervalo de blues. Durante os intervalos, quando sua banda saía para fumar ou fazer outra coisa, alguns músicos permaneciam no palco – uma banda dentro de uma banda – para tocar um estilo primitivo de blues chamado skiffle. O skiffle carecia de sofisticação – os instrumentos eram muitas vezes feitos em casa –, mas exalava emoção. Embora a intenção de Barber fosse fazer dos intervalos uma novidade, eles começaram a obter uma resposta maior do que sua apresentação regular. A inovação ocorreu quando ele gravou um punhado de músicas de skiffle: "John Henry", "Wabash Cannonball", "Nobody's Child". Cyril Davies na gaita, Alexis Korner no violão, Barber no baixo, Lonnie Donegan cantando. "Rock Island Line" era o destaque. Lançada em 1955, iniciou uma febre.

– Todos formaram um grupo de skiffle – disse-me Peter Asher, que ficou famoso com Peter & Gordon. – Era fácil de tocar e você tinha tudo que precisava para fazer os instrumentos em casa. Você pegava uma caixa de chá de madeira, amarrava um cabo de vassoura nela, colocava as cordas e tinha vários violões tocando três acordes. Você podia pegar qualquer canção folk americana e fazer uma versão skiffle dela.

Com seu baixo nível de exigência, o skiffle era a droga de entrada perfeita para o vício da música, o baseado no pátio da escola que leva à heroína do rock'n'roll. O panteão é repleto de artistas que entraram no jogo através do skiffle do intervalo de blues de Chris Barber: Van Morrison, Paul McCartney, Cliff Richard, Eric Clapton, Brian Jones, Chas Hodges, Bill Wyman.

Segundo Chas McDevitt, uma estrela do skiffle e autor de *Skiffle: The Definitive Inside History*, entre 30 mil e 50 mil grupos de skiffle foram formados no Reino Unido na esteira de "Rock Island Line". Os nomes têm o sabor das antigas gangues de rua do East Side: Terry Kari and the Cruisers, Derry and the Seniors, Cass and the Casanovas, Rory Storm and the Hurricanes, Kingsize Taylor and the Dominoes, Gerry and the Pacemakers, The Silhouettes, The Four Jays, The Bluegenes. Os Beatles começaram como um grupo de skiffle, primeiramente chamado The Blackjacks, depois The Quarrymen. Uma apresentação típica dos Quarrymen incluía versões em skiffle de "Cumberland Gap", "Wabash Cannonball", "Midnight Special" e "Rock Island Line".

Quando pedi a Chas Hodges – ele teve vários sucessos como integrante de Chas & Dave – para descrever o skiffle, ele perguntou-me se eu já tinha ouvido os Traveling Wilburys, o supergrupo que incluía George Harrison, Bob Dylan, Roy Orbinson e Tom Petty.

– Porque os Wilburys eram basicamente um grupo de skiffle – disse-me ele. – O modo como eles se uniram, uma banda com cem guitarras, cada um gritando um verso por diversão. Você parte deles diretamente para Chris Barber, que, na verdade, quero dizer, algum homem foi tão destituído do mérito apropriado?

E continuou:

– Os músicos da minha era, Albert Lee, Eric Clapton, não posso citar todos, começaram com o skiffle. Os que descobriram que sabiam tocar seguiram para o rock'n'roll. Eu estava no grupo de skiffle Horseshoe. Comprei um banjo em um bazar por um xelim. Encordoei-o com linha de pesca. Eu tinha doze anos, e na vitrine da loja de tintas local havia um anúncio em busca de um tocador de banjo para um grupo de skiffle. E minha mãe disse: "Vá fazer uma audição." Eu disse: "Mãe, não sou bom o bastante." "Sim, você é", ela disse. Fiz o teste e era o melhor cara na banda. Saí flutuando. Falei para minha mãe: "Eles me querem." E ela disse: "É claro que querem."

Para Barber, o sucesso de "Rock Island Line" foi desorientador. Como consequência, surgiu uma corrente naquela direção. Mas o trombonista permaneceu no jazz, o que gerou um cisma com seu guitarrista, Alexis Korner, que estava cansado de esperar pacientemente, noite após noite, pelo intervalo de blues. Houve uma discussão: dixieland ou skiffle? Para os músicos de jazz, o blues representava uma ameaça. Qualidades que sempre tinham sido valorizadas – capacidade de ler música, proficiência – perderam o valor. O blues não se trata de habilidade, é uma questão de atitude. "Foi muito desconcertante para músicos jovens de jazz quando o rock'n'roll entrou em cena", Andrew Loog Oldham, empresário dos Stones, escreveu em suas memórias, *Stoned*. "Muitos caras abandonaram, porque eles estavam estudando seus instrumentos e, de repente, surgia uma música com a qual, se tivesse disposição suficiente para aprender dois ou três acordes em uma guitarra e tingir o cabelo de louro, você podia subir no palco e ganhar muito dinheiro."

Depois de sair da Chris Barber Band, Alexis Korner, junto com o gaitista Cyril Davies, criou a Blues Incorporated, um grupo indefinido formado em qualquer noite específica por quem quer que tivesse vontade de tocar.

Indomados

– Ela estava sempre em um estado de fluxo – contou-me Paul Jones. – Durante um tempo, Alexis teve Jack Bruce [que posteriormente tocou no Cream] no baixo. Ele teve Spike Heatley. Em momentos distintos, teve Ginger Baker [que mais tarde tocou no Cream e no Blind Faith] e Charlie Watts, que era muito novo e estava um passo à frente de todos, na bateria.

– Essa foi a primeira banda de blues elétrico da Inglaterra – explicou Dick Taylor. – Era basicamente nossa própria versão da banda de Muddy Waters. Não havia nada parecido aqui. Você os ouvia tocar e pensava, "meu Deus...".

– Alexis saiu da Chris Barber Band com uma missão – disse-me Paul Jones. – Assim como Eddie Condon e um monte de outros líderes, ele tendia a recrutar pessoas melhores do que ele. Seu maior talento não era como guitarrista ou cantor, mas como líder de banda e caçador de talentos. Ele tinha um ouvido incrível. Não precisava ouvir muito de alguém para saber: "Eu quero ele."

– Toquei [com Alexis] em um café, o Troubador, na Earls Court – Charlie Watts disse mais tarde. – Éramos um bando de pessoas que tocavam em uma banda que era uma cópia escancarada do grupo de Thelonious Monk, e Alexis costumava participar. Seis meses depois, eu estava na Dinamarca trabalhando em publicidade e recebi um telefonema de Alexis dizendo que queria que eu voltasse para formar uma banda.

A Blues Incorporated começou tocando músicas dos intervalos de blues: versões skiffle de folk americano. A banda tinha residência em um clube do Soho chamado The Roundhouse. No começo, o público era pequeno, mas a notícia se espalhou e em pouco tempo o lugar estava abarrotado. Ficou tão barulhento que a música se perdeu, e então Korner tomou uma decisão que Muddy Waters tomara certa vez, pelo mesmo motivo. Ele havia plugado os instrumentos para ser ouvido. Mas não se pode brincar com a eletricidade. Quando você está com os cabos ligados, o barulho torna-se o objetivo. Deste modo, a música ficou cada vez mais alta até que a Blues Incorporated foi despejada do Roundhouse. Korner encontrou um novo lar para a banda no outro lado da rua da estação de metrô Ealing, no oeste de Londres. Entre os números, dava para ouvir o barulho dos pés, um milhão de trabalhadores de escritório que não faziam ideia da revolução que estava sendo incubada abaixo deles. Era fácil não ver a entrada. Para muitos músicos, descer os degraus era como atravessar o armário para Nárnia. Era um porão retangular com um bar no fundo e um palco minúsculo. Água pingava de canos expostos e formava poças no chão; paredes de concreto ecoavam tudo, transformando o som em *rockabilly*. Assim como o lago Itasca é a nascente do rio Mississippi, aquela caverna no oeste de Londres era a nascente do blues inglês.

Alguns dias antes de o clube abrir, um anúncio foi publicado no *New Musical Express*, uma espécie de bíblia da indústria que começou a ser editado em 1952:

BLUES INCORPORATED
DE ALEXIS KORNER

O EVENTO MAIS EMPOLGANTE DO ANO

G CLUB
Estação Ealing Broadway.
Dobre à esquerda, atravesse na faixa e desça a escada
entre a Casa de Chá ABC e a Joalheria.
Sábado às 19h30.

No começo do século XX, quando queria reunir uma banda em Nova Orleans, o pioneiro do blues Buddy Bolden colocava sua corneta para fora da janela e tocava de três a cinco compassos. Ele descrevia isso como "chamar os filhos para casa". O anúncio de Korner teve um efeito parecido. Ele foi sublinhado e recortado em cidades por toda a Inglaterra, pequenos lugares nos quais Korner jamais imaginara que o blues houvesse penetrado. Era como se, em todas as províncias, garotos sofrendo da mesma doença tivessem encontrado a cura.

Jagger e Richards viajaram de Dartford para a inauguração. Charlie Watts estava lá, assim como Ginger Baker, Eric Clapton, Long John Baldry e Dave Davies.

– [Havia] somente cerca de cem pessoas em Londres que gostavam de blues – disse Korner. – E todas apareceram no clube na primeira noite.

Alexis Korner não estava apenas tocando música; estava construindo um movimento. Ele fazia audições com músicos no bar, depois convidava os mais talentosos para tocar. Jagger fez sua primeira participação poucas semanas depois de o clube abrir. Cantou "Around and Around", de Chuck Berry, e "Got My Mojo Working", de Muddy Waters, um rapaz de dezenove anos com olhos de corça em um agasalho de tricô.

– Em termos gerais, Mick não era um bom cantor naquela época, assim como não é um bom cantor agora – disse Korner. – [Mas ele] tinha um tremendo carisma; e é disso que se trata o blues, mais do que de técnica.

Jagger tornou-se uma espécie de integrante regular em Ealing, cantando as mesmas duas ou três canções toda semana. Na primavera de 1962, um jornal identificou-o como "o cantor reserva da Blues Incorporated". O primeiro recorte de jornal de Jagger alarmou seus pais.

– Lembro-me da mãe dele me telefonando uma noite e dizendo: "Sempre sentimos que Mick era o membro menos talentoso da família, você realmente acha que ele pode ter uma carreira na música?" – disse Korner. – Eu disse a ela que não imaginava que fosse possível que ele fracassasse.

MICK JAGGER, Keith Richards e Dick Taylor foram a Ealing certa noite em abril de 1962, duas ou três semanas depois de o clube abrir. Eles andavam desleixadamente e fumavam nas portas, mas era tudo pose. Mick e Keith ainda moravam com a família e davam beijos de boa-noite nas mães. Você deixa o cabelo crescer e não toma banho nem faz a barba, acumulando a sujeira, ou rola na lama em busca de personalidade, mas se raspar essa camada superior estará limpo por baixo. Eles permaneceram durante o primeiro set, mas ficaram entediados e estavam prontos para partir quando Korner falou no microfone:

– E agora, pessoal, um guitarrista de *bottleneck* muito bom que veio lá de Cheltenham para tocar para vocês hoje à noite…

A incongruência não pode ser compreendida pelos americanos. Guitarra *bottleneck* representava o Mississippi negro, campos de algodão, o rio em uma tarde exuberante – sendo *bottleneck* (gargalo de garrafa) um termo utilitário, derivado da extremidade fina da garrafa de refrigerante que os músicos quebravam e encaixavam sobre um dedo – em geral o anular – e usavam como um *slide*; moviam-no sobre as cordas da guitarra, o que suja e distende cada nota, tornando até mesmo uma música simples arrepiante e estranha. Cheltenham representava a vida em um *resort*, antiquários e ruas arborizadas. Um músico de blues de Cheltenham era quase um contrassenso, não funcionava. É claro, a introdução era uma pegadinha, uma certa enganação, porque ao ouvir "um guitarrista de *bottleneck*... de Cheltenham" você esperaria um peso-leve. Ele realmente parecia um aspirante, pequeno e louro e inacreditavelmente jovem, uma guitarra posicionada alta no peito. Seus ombros eram largos, mas a cintura era fina, as pernas eram curtas e as mãos, pequenas, como se o arquiteto tivesse feito um grande projeto mas o empreiteiro tivesse ficado sem material. Mas, quando ele tocava, você esquecia tudo isso.

– Ele era absolutamente incrível – disse-me Taylor. – Ninguém mais na Inglaterra sabia merda nenhuma sobre guitarra *slide*. Amávamos o som mas jamais poderíamos pensar em fazê-lo. Era de outro mundo, misterioso. E então lá está aquele carinha esquisito de Cheltenham... maldita *Cheltenham*!... que realmente dominara a coisa.

Brian Jones não fora apresentado como Brian Jones, mas como Elmo Lewis, um pseudônimo que tinha o intuito de evocar seu herói, o grande músico de blues de Chicago Elmore James, que gravara a versão definitiva de "Dust My Broom", a primeira música que Brian tocou naquela noite. Como é o caso na maioria das canções tradicionais, a origem de "Dust My Broom" é desconhecida. Quanto mais você procura, mais velha ela fica. Robert Johnson gravou-a em 1936, mas ele usou a letra e a melodia de canções anteriores, algumas incrivelmente sujas. A versão que Elmore James gravou em 1951 – a velha canção refeita pela eletricidade, intumescida com voltagem – é definida por uma frase de abertura tão reconhecível quanto o som de um trem de carga à noite, um grito de dois acordes que ecoa através do rock'n'roll. Você a ouve em "Revolution", dos Beatles, e em "Crash on the Levee", de Bob Dylan. Aquela frase tomou Brian Jones como uma possessão demoníaca. Ele aprendeu sozinho a tocar o *slide* para exorcizá-la.

Brian Jones era minúsculo, talvez com 1,70m de altura e menos de sessenta quilos, incluindo as botas. Parecia feito de porcelana. Ele era bonito, mas você o imagina estonteante. Estava banhado em luz no clube de Ealing, sujando acordes como se sua guitarra estivesse bêbada. Para Mick e Keith, ele pareceu intocável, além do real.

– [Brian] pegou esse estilo de guitarra de Elmore James, o que me nocauteou quando o ouvi pela primeira vez – Jagger disse em certa ocasião. – Eu nunca ouvira ninguém tocar aquilo ao vivo; só tinha ouvido em discos. E era realmente muito bom. Ele dominava aquilo de verdade e era muito empolgante. O som estava certo. Os glissandos estavam todos certos. Houve uma sensação realmente boa quando ele tocou aquilo... Trata-se justamente de tirar o som certo da guitarra... Ele era bom nisso, com certeza.

Depois da apresentação, Brian baixou sua guitarra como um pistoleiro e caminhou até o bar, onde foi cercado como que por um enxame. Mick e Keith abriram caminho até ele, depois o cobriram de perguntas. Embora fosse apenas alguns meses mais velho, Brian estava anos-luz à frente.

– Ele já tinha deixado a escola – Keith explicou. – Ele fora expulso da universidade e tinha vários empregos. Já estava morando sozinho e tentando pagar um lugar para a mãe morar. Enquanto Mick e eu estávamos apenas brincando nos quartos dos fundos, ainda morando na casa dos pais.

– Quando conheci Brian ele era como um pequeno touro galês – Keith acrescentou. – Tinha ombros largos e, para mim, pareceu ser muito durão.

6. "Vigário chocado"

Há ALGUNS MESES, saí para caminhar no Soho, em Londres. Eu queria pesquisar alguns dos lugares onde os Stones começaram. Parei diante do prédio que um dia foi ocupado pela Regent Sound, onde a banda gravou seus primeiros discos, um estabelecimento desleixado que um dia foi cheio de vida. Parei diante do Marquee Club e do Roundhouse, depois vaguei pela Tin Pan Alley de Londres, onde, nas décadas de 50 e 60, os cafés eram repletos de compositores. Em um beco na rua Denmark, estudei um painel cheio de anúncios de procura-se e de chamadas para audições.

Alguns chamaram minha atenção, especialmente este:

BAIXISTA E GUITARRISTA
Procurando por
Cantor e Baterista
para começar uma
Banda de Stoner Rock/Grunge
Somos dois caras jovens (20-22) procurando por um
cantor/compositor rude **obscenamente furioso** com
uma visão negativa da vida e um baterista com uma
abordagem poderosa da bateria que **toca pesado** como
um animal, com idades entre dezenove e 23 anos,
para começar um projeto arrasador em tempo integral.
Nossas influências são bandas como Kyuss, Nirvana,
QOTSA, os primeiros discos do Incubus, Snakepit,
Korn, Snot e também RATM e RHCP.
NADA de babacas, nada de religiosidade excessiva,
NADA de moralistas.
Cabelo sujo exigido.

"*Vigário chocado*"

O anúncio chamou minha atenção pelas razões óbvias, mas também porque expressava uma verdade sobre a natureza einsteniana do rock'n'roll. Resumindo, não há tempo. O rock'n'roll é quântico. O começo está emaranhado com o fim, as saídas são entradas, cada momento está presente em todos os outros momentos e é sempre agora. De que outro modo pode-se explicar os Rolling Stones lotando estádios décadas depois de as coisas importantes terem acontecido? Ou os discos lançados por estrelas mortas há muito tempo? Não há progresso – na verdade, o rock'n'roll nunca ficou melhor do que Elvis era em 1956. Toda banda precisa redescobrir o que já foi descoberto e esquecido. É um ciclo: de Elvis para Sedaka; dos Stones para os Bee Gees; da inocência para a decadência.

O que explica a similaridade entre o anúncio na página anterior e o anúncio que Brian Jones publicou na *Jazz News* em 1962, seu chamado por músicos para formar uma banda de *rhythm-and-blues*. Ele já recrutara Geoff Bradford para tocar guitarra e Brian Knight para tocar gaita. Brian convidou Paul Jones para cantar, mas ele disse não, o que, com o passar do tempo, transformou-o naquele que poderia ter sido Jagger.

– Eu tinha dois motivos para dizer não – contou-me ele. – O motivo principal era que eu considerava ridiculamente otimista pensar que conseguiríamos ganhar a vida tocando blues. O outro era que eu tinha um bom emprego em uma banda dançante, cantando os sucessos da época. Foi um erro, mas a vida não é nada além de uma série de erros. Pelos menos, os meus foram pitorescos.

As audições foram realizadas no Bricklayers Arms, um pub na rua Wardour. Tendo chegado cedo, Keith ficou na porta assistindo um jovem tocar *boogie-woogie* no piano. Era Ian Stewart, um motorista de caminhão escocês que chocalhava as teclas como o Professor Longhair em uma noite pantanosa no Delta. Ele era troncudo e tinha o queixo quadrado, com braços grandes e olhos saltados. Seus lábios eram retorcidos, um cacho de cabelo pendendo sobre o rosto. Parecia mais um estivador do que um *bluesman*. De 1963 até sua morte, em 1985, Ian Stewart – Stu! – foi uma parte crucial da banda, conhecido como o sexto Stone, mas, por razões que se tornarão claras, permanece essencialmente desconhecido. Uma figura sombria, um homem esquecido.

Keith entrou na sala calmamente, pendurou sua guitarra no ombro e começou a tocar. Stu levantou o olhar, sorrindo. Jagger apareceu pouco depois.

– Jones disse que não achava Jagger um cantor particularmente bom, mas que ele tinha algo – contou-me Norman Jopling, um jornalista que cobria a cena para o *New Musical Express*. – E ele tinha. Jagger sempre pôde liderar.

Brian convidou Mick a entrar na banda. Mick disse que só entraria se Keith fosse incluído. Os outros membros não queriam Keith porque ele era um devoto de Chuck Berry, a quem os aficcionados desconsideravam como sendo pop, "cerveja sem álcool". Houve uma discussão. Geoff Bradford e Brian Knight foram embora furiosos, saindo da história. Como a banda estava agora incompleta, Mick perguntou se poderia trazer também Dick Taylor.

– Quando conheci Brian, ele perguntou: "Você sabe tocar baixo?" – disse-me Taylor. – Eu respondi que talvez, mas que não tinha um baixo. Ele disse: "Resolva isso." Então saí e comprei um baixo, depois aprendi tocando.

Os músicos ensaiaram durante todo o verão. Brian coordenava as sessões, marcando os horários, escolhendo as músicas. O projeto era dele, uma segunda família para aliviar sua solidão. No começo, os Stones eram motivados menos pela ambição de Mick ou pelo amor de Keith do que pela necessidade de Brian. Sua vida era uma doença que ele acreditava poder ser curada pelo blues.

Jones nasceu em fevereiro de 1942, um dos piores meses da Segunda Guerra Mundial. Seu pai, Lewis, era engenheiro aeronáutico na Dowty Rotol, uma fabricante de peças de avião em Cheltenham, uma cidade *spa* nas margens das Cotswolds. Lewis parecia Brian desgastado pela preocupação, pela obrigação. A vida que você vive depende de quando você nasceu. Ter quinze anos quando Hitler torna-se nazista faz de você Lewis Jones.

"*Vigário chocado*"

Ter essa mesma idade quando Elvis lança "Heartbreak Hotel" faz de você Brian Jones. Ele tinha duas irmãs, incluindo um bebê que morreu aos três anos, uma tragédia que nunca foi suficientemente explicada. Brian acabou pensando que a criança fora enviada para longe por causa de transgressões desconhecidas.

A família era musical. O pai de Brian tocava órgão na igreja. A mãe dava aulas de piano. Brian começou a tocar piano aos seis anos, mas passou para o clarinete quando ouviu jazz. Ele era incansável, saltando de um instrumento para outro.

As garotas o amavam de uma maneira que fazia dele o inimigo dos garotos. Ele era bonito, com cabelo louro e cílios longos, mas era a carência que elas achavam irresistível.

Então, o que ferrou com ele?

O blues, é claro, a tristeza do Delta ouvida uma vez no rádio tarde da noite. Como Mick e Keith, ele começou a frequentar os bazares em busca de discos obscuros. Sua mãe lhe deu uma guitarra de presente no seu décimo sétimo aniversário. O instrumento se tornou uma obsessão. Ouvir e tocar. Ouvir e tocar. Ele formou um grupo de skiffle, mas também tocava jazz. Foi o líder de algumas bandas: os Cheltone Six, os Ramrods. Começou a beber em pubs depois das apresentações em busca de sexo, excitação. Gabava-se de seu desprezo por camisinhas. As velhas piadas. Capa de chuva em um chuveiro etc. Quando tinha dezesseis anos, engravidou uma garota de quinze. Isso gerou um escândalo, primeiro localmente, depois nacionalmente. A história apareceu no *Times* de Londres sob a manchete "Vigário chocado". Brian não teve permissão para ver o bebê. Tornou-se um pária, evitado pelos amigos, condenado pela família. Forçado a deixar a escola, começou a vagar. Assim começou o período de exílio que o transformou em uma lenda. Brian fora o filho suburbano de um engenheiro. Tornou-se justamente o tipo de rapaz traiçoeiro que arruína as garotas. Como se ele tivesse planejado isso. Ele passou meses na Europa – principalmente na Suécia. Divagava sobre as garotas locais, trabalhava em meio período, jantava e fugia, saía de hotéis sem pagar. Segund Bill Wyman, a vida pregressa de vagabundo de Brian, por se aproximar daquela dos grandes nomes do blues, dava autenticidade aos Stones. Brian vivia para que Mick e Keith pudessem escrever a respeito.

Jones voltou para Cheltenham em 1960, onde frequentou clubes que cintilam em neon: o Aztec, o Waikiki. Quando não estava tocando, arrumava empregos provisórios. Não era um funcionário confiável, matava tempo, chegava atrasado. Ocasionalmente, roubava. Seu segundo filho ilegítimo nasceu antes de ele completar vinte anos. Um apelido o precedeu para sempre depois disso, alcançando os lugares antes de sua chegada: "o comedor de Cheltenham".

Dando uma olhada no jornal certo dia, a namorada de Brian reparou que a única banda autêntica de blues elétrico da Inglaterra, a Blues Incorporated, estava agendada para tocar no auditório da cidade de Cheltenham. Brian tomou um assento nos fundos, depois abriu caminho até a frente. Deteu-se em cada nota de cada canção: "Got My Mojo Working", "I'm a King Bee", "Walking Blues". Foi até os bastidores para conhecer Korner, mas lhe disseram que ele fora para o bar no outro lado da rua. Brian seguiu para lá ao estilo de Johnny B. Goode – com uma guitarra na mão. Pagou bebidas para Korner, depois começou a fazer perguntas, compartilhando opiniões e projetos. Korner descreveu Brian como "uma bola reprimida de energia obsessiva, falando de modo incrivelmente intenso".

Korner disse a Brian para "pegar a guitarra e tocar algo". Brian colocou o *case* da guitarra em uma cadeira e abriu-o fazendo uma cascata de fivelas. Korner recostou-se enquanto Brian tocava, avaliando-o como um caçador de talentos segurando um medidor de velocidade nos bancos de um campo de baseball dominicano. Não é o controle que importa, é o poder. Brian tinha poder desde o começo, aquela coisa crua. Korner escreveu seu endereço em um guardanapo: "Se algum dia você estiver em Londres..." Cinco dias depois, Jones bateu à porta dele.

Há um momento no qual sua vida de verdade começa, quando você se dá conta de que o que aconteceu antes foi um prelúdio. Antigos amigos e mentores – você os descarta como dentes de leite e está livre. Jones tornou-se presença constante no apartamento de Korner. Ele fora tomado sob as asas

"*Vigário chocado*" 53

de Korner – para ser treinado na magia negra. Alexis o acompanhava aos clubes, apresentava-o a pessoas, tocava com ele. Nas madrugadas, Brian, que dormia no sofá, explorava a coleção de discos enciclopédica de Korner. O grande momento ocorreu quando ele se deparou com "The Sky is Crying", de Elmore James, uma canção movida por um solo de guitarra de uma corda que desaparece em um *slide*. A música o arrebatou, como arrebatará você ao se deparar com ela em uma noite na qual esteja sentindo pena de si mesmo. É assombrosa, estranha. É como o grito de um assassino em sua fuga solitária, o lamento de um homem que desperdiçou sua última chance. Não é apenas música que você ouve – é o estúdio no qual ela foi gravada, Chicago, os trens elevados e os cortiços, as fábricas, os migrantes que ascendem ao paraíso toda noite e retornam ao inferno a cada manhã. Era um novo som para Brian, um novo timbre. Foi como descobrir uma cor que ele nunca soube que existia. Quando voltou para Cheltenham, ele disse para a namorada:

– Elmore James é a descoberta mais importante que fiz na minha vida.

Brian aprendeu sozinho a tocar guitarra *slide* com o gargalo de uma garrafa velha de Coca-Cola, depois com uma faca. Como nenhum dos dois se aproximava do som de Elmore, ele passou a usar um pedaço de tubo de aço que encontrou em um ferro-velho nos arredores da cidade. Foi a última coisa que Cheltenham deu a Brian. Ele deixou a cidade logo depois, mudando-se para Londres em 1961 e indo morar com Korner até encontrar um outro lugar. Arrumou um emprego e uma nova namorada, que logo engravidou. Filho número três. Ele tocava em bandas de blues à noite, incluindo a Thunder Odin's Big Secret, com Paul Jones. Quando Mick e Keith viram Brian no clube de Ealing, ele já era uma figura estabelecida, o comedor de Cheltenham, uma estrela em ascensão na cena. Mas o passo acelerou quando ele se juntou à nova banda. Eles ensaiavam de quatro a cinco vezes por semana. Brian era o melhor músico. Ensinou os outros a tocar. Keith dominava algumas frases mas, fora isso, era verde. Ele agora descreve seu trabalho com Ron Wood como "uma forma antiga de tecelagem", duas linhas de guitarra girando uma em torno da outra como dois feixes em uma dupla hélice, mas isso começou com Brian Jones demonstrando, explicando: você é o ritmo; você estabelece a base, o ritmo sob a música; sou o líder; carrego a melodia como um cantor – pois o que é a guitarra se não uma voz humana? Brian também instruía Jagger.

– Eu tinha acabado de conhecer Brian no clube [de Ealing] – disse o baterista Ginger Baker mais tarde. – Ele acabara de se juntar a Mick Jagger e eles iam tocar no intervalo. Alexis perguntou a Jack Bruce, Johnny Parker e eu se poderíamos ajudá-los. Eu não gostava de Jagger, mas concordamos. Foi realmente bastante divertido. Jack e eu tocamos em tempos bastante complicados com a intenção maldosa de atrapalhar Jagger. E funcionou! Então, para minha surpresa, Brian aproximou-se, parou ao lado de Jagger e gritou "um, dois, três, quatro", mostrando a Mick onde estava o ritmo!

Noutra ocasião, quando Jagger estava enfrentando dificuldades com a gaita, Jones "sacou sua gaita do bolso e disse 'Mick, acho que você deveria tocar assim'", contou Pat Andrews, namorada de Brian na época.

– Nunca me esquecerei da expressão no rosto de Mick. Foi tipo: "Ah, merda. O que mais esse cara sabe fazer?"

Brian era o espírito da banda. Ela era sua visão, seu sonho: um motor de blues – duas guitarras, uma bateria no fundo, gaita amplificada, um cantor de joelhos. Eles fizeram seu primeiro show em 12 de julho de 1962, no Marquee, no Soho – uma substituição de última hora para a Blues Incorporated, que precisara cancelar sua apresentação semanal das quintas-feiras para aparecer na BBC. O anúncio apareceu na *Jazz News* em 11 de julho. "O vocalista de R&B Mick Jagger se apresentará no Marquee Club com sua banda – Keith Richards e Elmo Lewis (guitarras), Dick Taylor (baixo), Ian Stewart (piano) e Mick Avory (bateria)... os Rollin' Stones."

Jones concebera o nome da banda quando o repórter perguntou:

– Qual é o nome da sua banda?

Em pânico, Brian olhou ao redor até seu olhar se fixar na contracapa de um LP, *The Best of Muddy Waters*. Lado um, música cinco: "Rollin' Stone", a versão de Muddy para "Catfish Blues". Embora criada no improviso, a letra realmente expressava a bravata que Brian tinha em mente

"Vigário chocado"

para seu grupo: "I got a boy child's comin'/ He's gonna be, he's gonna be a rollin' stone."[*]

Quanto à formação da banda no primeiro show, há discordância. Brian, Mick, Keith, Ian Stewart e Dick Taylor – quanto a isso há um consenso. Mas quem estava na bateria? A *Jazz News* disse que era Mick Avory, que depois foi dos Kinks, mas Avory diz que nunca tocou com os Stones.

– É um grande mistério – disse-me Dick Taylor. – Os fãs dos Stones ficam obcecados com isso. Quem diabos estava tocando bateria no primeiro show de todos? Sempre achei que tivesse sido Charlie Watts. Depois houve a história de que "não, não era Charlie Watts, era Mick Avory". O único problema é que Mick Avory nega isso. Portanto, nos últimos poucos anos, tem sido tipo *quem, quem?* Ninguém parece saber. Refletindo bem, acho que pode muito bem ter sido Mick Avory. Falo a partir da experiência da memória. Há anos inteiros dos quais não consigo me lembrar.

Ian Stewart anotou em seu diário quais músicas foram tocadas. É como um código. A lista diz quem os Stones amavam, quem queriam ser. Eles abriram com "Kansas City", uma canção de Leiber e Stoller que fora número um nas paradas com Wilbert Harrison em 1959. Leiber e Stoller, compositores de "Hound Dog" e "Poison Ivy", eram imitadores brilhantes do som negro. Desde a primeira música no primeiro show, os Stones não eram portanto nem brancos nem negros – eram negros *e* brancos, uma mistura, fazendo um cover de um sucesso de um artista negro composto por compositores brancos que vinham imitando outros artistas negros. A banda seguiu tocando uma série de canções, incluindo "Honey What's Wrong", "Hush, Hush", "Ride 'Em Down", "Up All Night", "Bad Boy", "Tell Me That You Love Me", "I Want to Love You" e "Back in the USA", de Chuck Berry. Eles fecharam com uma música de Elmore James, "Happy Home". A *Melody Maker* desprezou o show, dizendo consistir de pouco mais do que "canções bem-intencionadas mas intermináveis sobre arrendatários".

– Se soubesse que Jagger e companhia tocariam R&B do jeito que tocaram – contou depois Harry Pendleton, que era dono do Marquee –, eu jamais os teria contratado.

---

[*] "Tenho um filho a caminho/ Ele será, ele será uma pedra rolante." (N.T.)

7. Charlie e Bill

QUANDO AS APRESENTAÇÕES da Blues Incorporated na BBC tornaram-se regulares, os Stones assumiram as noites de quinta-feira no Marquee. Isso diferenciou a banda de outros aspirantes a *bluesmen*: uma apresentação regular significava tempo tocando e exposição, o que era tudo. Harry Pendleton contratou os Stones indo contra seu próprio julgamento, e depois os manteve porque eles começaram a atrair público. Enquanto quatrocentas pessoas poderiam aparecer para um show da Blues Incorporated, em pouco tempo muito mais estavam vindo para ver os Stones – garotos queriam ver outros garotos, não homens de bigode na casa dos trinta anos. Pendleton ressentia-se com as multidões de adolescentes, o fedor e o barulho, uma irritação manifestada em comentários sarcásticos, humilhações. Uma tarde, não aguentando mais, Keith Richards deu um soco em Harry Pendleton. As testemunhas divergem. Em algumas versões, Keith não acertou o soco. Em outras, Pendleton caiu estatelado no chão. De todo modo, foi o fim das apresentações.

Foi também a gota d'água para Dick Taylor, que andava pensando em voltar a estudar. Como disse Paul Jones:

– Eu achava ridiculamente otimista pensar que poderíamos ganhar a vida tocando blues.

O medo de um jovem músico era permanecer no circuito por tempo demais, somente para se dar conta de que todos os seus amigos tinham obtido diplomas e seguiam suas carreiras enquanto você permanecia exatamente no mesmo lugar que estava quando tinha dezoito anos, só que agora você não tinha mais dezoito anos. Era um estado de espírito meio melencólico, como quando se acorda de uma soneca à tarde e a casa está vazia.

– Quando perdemos o Marquee, pensei: "Bem, lá se vai nossa melhor chance" – disse-me Taylor. – Decidi olhar para mim mesmo com muita atenção e realmente refletir sobre minha situação. O tempo estava passando. De repente, percebi o que precisava fazer: deixar os Stones e tentar entrar na Royal Art College. Contei isso ao Brian. Ele foi gentil. Ele disse: "Você é o melhor baixista de rhythm & blues da Inglaterra", o que era estranho, pois eu era o único baixista de rhythm & blues na Inglaterra. Entrei para a faculdade, e praticamente assim que comecei os Stones se tornaram as maiores estrelas em todo o maldito mundo! Mas acho que abri o caminho para Bill e Charlie. Se eu não tivesse saído da banda, quem sabe o que poderia ter acontecido.

Os STONES COMEÇARAM a fazer audições para baixistas e bateristas no final de 1962. Bill Perks apareceu no Bricklayers Arms em 7 de dezembro. Ele se preparara ouvindo o tipo de música preferida da banda, o qual descreveu como "blues lento". Quando Bill entrou, os Stones estavam no bar fumando e rindo, um pequeno círculo perverso. Jagger disse oi, mas Brian e Keith permaneceram no fundo, rindo em silêncio. Em comentários sussurrados, disseram que Bill era um "Ernie", o termo que usavam para as pessoas sem graça que viviam no mundo exterior. Perks penteava o cabelo no estilo topete *pompadour* dos anos 50. Usava casacos esportivos, calças passadas e sapatos confortáveis. Era miúdo, com ombros estreitos e cabeça grande, olhos escuros, e suas mãos... como você pode tocar com mãos tão pequenas? Os outros eram desleixados em comparação a ele, com cabelos longos e ensebados e roupas largas e amarrotadas. Tendo vindo de um mundo de coreto de ternos arrumados e sapatos reluzentes, Bill ficou chocado com os Stones.

Bill Perks era de uma geração anterior do pop, cinco anos mais velho, mas uma década atrás no tempo. Nascido em 24 de outubro de 1936, conseguia se lembrar da Segunda Guerra Mundial. A Batallha da Inglaterra, os abrigos antiaéreos. Em uma lembrança antiga, ele está "de pé na rua, olhando para um céu completamente tomado por formações de bombardeiros alemães". Ele cresceu no sul de Londres, um fracote, um girino. Seu pai era pedreiro, um assentador de tijolos, o que é perfeito, pois o que é um baixista se não um homem que estabelece o alicerce? Como Muddy Waters, Perks morava em uma casa sem encanamento ou aquecimento elétrico, de modo que ingressou honestamente no blues, uma caminhada fria até o banheiro externo de cada vez. Aos quinze anos, foi aprendiz de pedreiro, mas já tinha descoberto o rock'n'roll. Escolheu a guitarra mas foi atrapalhado pelas mãos pequenas. Uma noite, ele foi ver um grupo chamado The Barron Knights se apresentar em um cinema velho.

– O som do baixo me atingiu em cheio no saco – disse ele depois. – Atordoado pelo impacto e pela base que ele dava ao som, me dei conta imediatamente do que estava faltando [na minha banda]. A partir daquele momento, eu quis tocar baixo.

Ele removeu as cordas superiores de sua guitarra e colocou cordas de baixo nas inferiores. Quando havia juntado dinheiro suficiente, comprou um instrumento de verdade. Ele amava o baixo porque combinava com sua personalidade – a maneira como ele ficava no fundo, sendo ouvido mas raramente visto, o assentador de tijolos, tímido porém de importância crucial.

Depois de uma temporada na força aérea, Bill trabalhou nas docas Royal Victoria, casou-se, tornou-se pai. Nos finais de semana, tocava em bandas. Suas aquisições principais vieram na forma de infraestrutura.

– Decidi que, se a música era algo que valesse a pena levar a sério, seria melhor que eu tivesse bons equipamentos – ele explicou.

Bill Perks era um tipo clássico: o homem pequeno engrandecido pelo rock'n'roll. Em qualquer outra era, ele teria se contentado com a esposa, o trabalho, televisão e cerveja, mas, em vez disso, foi inflado a proporções gigantescas. Ele tinha 26 anos quando fez a audição, fato ocultado posteriormente. (Em materiais para a imprensa, seu ano de nascimento foi mudado de 1936 para 1941.) Ele levou um som com os Stones, mas a coisa foi apática, desanimada. "A grande reviravolta ocorreu quando peguei meu equipamento no carro e o montei", ele escreve. "Os olhos deles se arregalaram ao ver meu Vox AC30."

Quando Bill Perks fez a primeira apresentação com os Stones, perguntaram-lhe como gostaria de ser apresentado. Essa é a grande coisa do rock'n'roll. Você pode se reinventar, assumir qualquer identidade que quiser. Michael Jagger torna-se Mick Jagger. Brian Jones torna-se Elmo Lewis. Bill Perks lembrou-se de um garoto que conhecera na Força Aérea Real, um rebelde que fazia o que queria, nunca se desculpava. Seu nome era Lee Wyman. Soava mais perverso do que Perks, mais durão. Perks é um cara a quem você pede um empréstimo. Wyman é um cara que se diverte até não aguentar mais. E assim Bill Perks tornou-se Bill Wyman. E assim nasceu Bill Wyman.

CERTA NOITE, Ginger Baker chamou Brian Jones para um canto. Ele disse que os Stones eram bons, mas precisavam de um baterista decente. Ele sugeriu Charlie Watts, o que não foi uma surpresa. Watts era considerado o melhor baterista na cena. Em um momento ou outro, ele tocara com praticamente todos os Stones, incluindo Brian e Mick, mas resistiu aos convites deles. Não precisava dos shows, tampouco se importava com a música deles.

– Você precisa entender uma coisa – disse-me ele anos depois, em seu quarto, enquanto tomávamos chá. – Não sou um roqueiro. Nunca fui. Você não podia de forma alguma me apresentar como um cara do rock'n'roll – ele prosseguiu. – Nunca fui como o adorável Keith Moon. Minha personalidade não é como a de Keith Moon. Eu gostava demais dele como pessoa. Ele era adorável, mas nunca fui como ele. Não sou um baterista do Aerosmith, nunca fiz isso. Um produtor de TV, se quisesse uma banda de rock'n'roll em um clube noturno, daria a você um clone do Aerosmith, ou o baterista do Pearl Jam. Aquele visual. Entende o que quero dizer? Não estou sendo ofensivo com eles, não quero ser, se é o que parece. Estou só dizendo que não tenho essa aparência. Apenas toco bateria. Acontece que toco nos Rolling Stones. Tenho feito isso há muito tempo. Foi algo que começou e continuou. É uma banda de blues. Você pode chamar de rock'n'roll, mas é blues. Chuck Berry é um músico de blues, mas virtualmente inventou o rock'n'roll.

Charlie Watts nasceu em 2 de junho de 1941. Cresceu em Islington, no norte de Londres. Sua mãe trabalhava em uma fábrica. Seu pai era motorista da British Rail. Enquanto isso, Charlie escutava Duke Ellington na BBC. Amava bebop. Depois de se formar na Faculdade de Artes Harrow, enquanto trabalhava como designer em uma firma de propaganda de Londres, ele montou uma biografia gráfica do saxofonista Charlie Parker: *Ode to a Highflying Bird*. Para Charlie Watts, Elvis em 1956 era Earl Bostic em 1952, um saxofonista *alto* que liderava um conjunto no Harlem que entrou para as paradas de sucesso com "Flamingo", um *jump blues*. Charlie estudou a música. Foi a primeira vez que prestou atenção em qualquer baterista, nesse caso Lionel Hampton, que tocava percussão e também vibrafone. A beleza de como a bateria era tocada, de como ela mantinha tudo unido. Foi uma fascinação que cresceu até se tornar uma obsessão com os Estados Unidos, não com a energia do rock'n'roll, mas com o *cool blue jazz*, o solo de trompete, a caixa da bateria quando é tão leve quanto a batida do coração de um viciado em heroína.

– Eu costumava ouvir os discos e sonhava em ir ao Savoy Ballroom ver Chick Webb – disse Watts. – Eu adoraria ter visto Ellington no Cotton Club. Eu adoraria ter visto Charlie Parker no Royal Roost e Louis Armstrong no Roseland Ballroom com uma *big band* atrás dele...

Quando tinha quatorze anos, Watts ouviu "Walking Shoes", do Gerry Mullingan Quartet. A bateria – Chico Hamilton tocando com escovas – impeliu-o à ação. Ele arrancou as cordas de um banjo velho e aprendeu sozinho a tocar caixa. Para encher o som, batucava em potes e panelas. Seus pais lhe compraram uma bateria naquele Natal. Ele aprendeu ouvindo discos, copiando não apenas o som, mas também o estilo de seus heróis. Olhos frios, calma impassiva, o meio sorriso que sugere que o cérebro não está consciente do que as mãos estão fazendo. E as roupas – meu Deus, as roupas! Camisas mais exuberantes do que Jay Gatsby, *tweeds* mais finos do que Lucky Luciano. Ele é bonito de uma maneira incomum, com maçãs do rosto altas e olhos tão afastados que parece um peixe tropical. Para mim, ele parece particularmente inglês. O comportamento, a elegância, a perplexidade. Ouvindo parcialmente, filtrando mas nunca deixando passar

nada, um excêntrico no mundo sujo do rock'n'roll, com um humor tão seco que só pode ser detectado em pequenos vestígios.

– Dou a impressão de estar entediado – disse ele certa vez. – Mas não estou entediado. Só tenho um rosto entediante.

Charlie começou a tocar jazz em Londres com músicos mais velhos. Ele ficava no clube de Ronnie Scott, no Soho, entrando em grupos nos quais faltava um músico. Dessa maneira, foi descoberto por Korner, que foi mentor de Watts, como fora de muitos outros. Mais tarde, Watts falou de sua primeira visita ao apartamento de Korner como tendo sido mágica, uma introdução para uma nova vida:

– As paredes eram repletas de discos. A moda era tê-los também no chão. Todos os discos tinham sido enviados por gravadoras e achei aquilo a coisa mais legal do mundo. Todo o esquema de Alexis era muito glamoroso para mim, algo de que eu queria fazer parte.

Korner impeliu Watts a ingressar nos Stones, que representavam uma das melhores oportunidades de levar a música adiante. Eles careciam apenas de uma pulsação apropriada. Ele finalmente mergulhou de cabeça em 14 de janeiro de 1963, quando estreou com os Stones no Flamingo Club.

A PRESENÇA DE CHARLIE uniu as pontas soltas, sonora e visualmente. Talvez por causa de sua formação jazzística, seu estilo é único no rock'n'roll. Na maioria das bandas, o baterista estabelece o ritmo e os outros o seguem. Nos Stones, a guitarra rítmica estabelece o ritmo, que o baterista capta e segue. Isso atribui ao som dos Stones um aspecto arrastado característico, uma espécie de fala lenta musical. Você percebe isso mesmo que não possa explicar o porquê. São apenas os Stones, esse murmúrio idiossincrático. É um dos motivos pelos quais as bandas cover nunca conseguem reproduzir o som exatamente: elas carecem da anormalidade.

Vi isso com meus próprios olhos certa noite, assistindo aos Stones ensaiando. Uma música depois da outra, era Keith quem começava, enquanto Charlie observava, esperava e depois, como um surfista pegando uma onda, capturava e delineava o ritmo. Em um caso extremo, Keith começou o riff enquanto Charlie estava no outro lado da sala tomando chá. Quando Charlie terminou, jogou o lixo fora cuidadosamente, ajeitou a camisa, atravessou a sala, sentou-se na bateria, girou as baquetas como Shane girando suas pistolas, sorriu para mim, acenou positivamente com a cabeça para Keith, respirou, depois começou de repente.

– Os Stones sempre tiveram um estilo único construído em torno de uma espécie de atraso – disse Ron Wood. – Keith toca alguma coisa na guitarra, Charlie o segue na bateria e Bill fica levemente atrás de Charlie com o baixo. Quando estava tocando com eles, Brian ficava em algum lugar no meio. Eles se combinavam e criavam uma espécie de efeito explosivo abafado.

Quando perguntei a Darryl Jones, que substituiu Bill Wyman como baixista dos Stones em 1994, qual era a sensação daquilo para um músico, ele gargalhou.

– Quando comecei nos Stones, era tipo, esses caras são um caos – disse ele. – E há uma certa medida de caos! É como uma roda girando rápido

Charlie e Bill

no limite de virar. Mas é preciso ter um pouco disso, do contrário soa muito planejado. Isso tem sido uma parte importante do rock'n'roll desde o começo... desde Elvis e esses caras. O perfeito simplesmente não é perfeito, entende?

Não foi apenas o modo como Charlie tocava bateria que completou o quadro. Foi sua persona, estoica e inabalável. Para os Stones, que, como disse Darryl Jones, parecem sempre à beira de desmoronar, Watts serve como uma âncora, um lastro no âmago do navio que sacode. *Cool* como um baterista de jazz que foi parar na festa errada, contratado para um show pervertido, gola aberta, gravata desamarrada. Com Watts posicionado ao lado de Wyman, os Stones tinham uma segunda linha implacável.

8. Edith Grove

No FINAL DA DÉCADA DE 80, morei com meia dúzia de amigos em uma casa em uma rua secundária perto da Universidade Tulane, em Nova Orleans. A maioria dos meus amigos que morava na casa tinha abandonado a faculdade. Alguns tinham ido para a orientação mas nunca se matricularam. Eles haviam ido ao bairro francês, dado duas voltas e se perdido para sempre. Todos tinham um violão. Ficavam sentados na varanda tocando músicas de Lefty Frizzell enquanto o bonde passava. De manhã, você podia sentir o cheiro do rio Mississippi, a bílis não processada, as entranhas dos Estados Unidos sendo vomitadas no golfo. A casa devia ter sido linda um dia, mas, como nós, deixaram-na deteriorar. Havia janelas e cornijas apodrecidas, uma vaga para carros reluzindo na chuva tropical. Ratazanas corriam rapidamente sobre os fios de alta tensão e as latas de lixo transbordavam de embalagens vazias. Uma fina névoa narcótica pairava sobre tudo. Vi um garoto chamado Travis tentando levantar de um sofá, fazer um buraco nele com o cotovelo e depois vomitar no buraco. Vi uma barata pregada a uma parede sob as palavras "ele morreu por seus pecados".

Nas manhãs, conversávamos no estilo heroico farsesco dos personagens de John Steinbeck em *Boêmios errantes*. À noite, saíamos para ouvir música. A banda de jazz no Preservation Hall. Walter Wolfman Washington no Maple Leaf. Jerry Jeff Walker no Tipitina's. Um amigo meu bateu na porta de Charles Neville e perguntou se poderia entrevistá-lo para um trabalho escolar sobre índios no Mardi Gras. O músico suspirou e disse:

– Sim, mas primeiro vamos fumar o cachimbo da paz.

Embora houvesse discussões e rivalidades, considerávamo-nos irmãos, um grupo de Huck Finns que tinham se libertado do caminho burguês e

Edith Grove

estavam criando o próprio percurso, mesmo que a maioria de nós estivesse na verdade seguindo de modo bastante ordenado em direção a destinos predeterminados. Conversávamos em uma língua secreta formada por expressões aprendidas nos bares do bairro francês com os frequentadores mais barra-pesada, com filmes e canções ou inventadas do nada. Álcool de péssima qualidade era "ruína azul". Uma farra especialmente ousada era um "tango da morte". Se você estivesse por fora, dizíamos que você era um Melvin ou um Marty. Se você possuísse aquele tipo de compreensão que parecia a chave para tudo, dizíamos que você era *keek*.

Depois, fomos embora – alguns para o Texas, outros para a Califórnia ou Nova York. Nunca voltei a falar com nenhum deles. Era como se tivéssemos sido conspiradores em um crime. Ou apenas nos esquecemos. Na época, não parecia nada além de uma festa. Era o que você fazia se não precisasse acordar cedo, pagar contas ou estar em algum lugar. Somente depois me dei conta de que estávamos na verdade fazendo algo importante naquela casa – transformando a vida que nossos pais fizeram para nós naquela que faríamos por conta própria. Não sou um guerreiro masai. Nunca saí em um passeio noturno pelo campo ou em uma caçada sagrada. Tampouco sou um sioux das Black Hills. Nada de tenda do suor xamânica para mim, nenhuma busca visionária. Sou um americano nascido no Illinois depois da Segunda Guerra Mundial e antes da internet: meu rito de passagem foi minha residência temporária na Cromwell Place em Nova Orleans, embebedando-me, fazendo juramentos, pervertendo meu caminho rumo à transcendência. Investigue o passado de muitos americanos e você encontrará uma versão daquela casa, um lugar no qual se soltavam, buscavam justiça e faziam promessas que jamais poderiam cumprir. Menciono isso apenas para chamar atenção para o apartamento no qual Mick, Keith e Brian moraram entre o outono de 1962 e o verão de 1963, onde beberam, ouviram música, tocaram, vomitaram, discutiram e se tornaram os Rolling Stones.

O NÚMERO 302 da rua Edith Grove é um prédio residencial de três andares nos limites de Chelsea, em Londres. Os Stones moravam no segundo andar: dois salões, uma cozinha, um quarto de fundos. Custava dezessete libras por mês, a maior parte paga por Jagger, que recebia um auxílio para os estudos. Ele dividia o tempo entre as aulas, o apartamento e a casa dos pais em Dartford, para onde se recolhia para lavar roupas e se recuperar. Keith saíra de casa. Brian fora expulso pela namorada – não a que dera à luz seu terceiro filho, mas sim uma outra mulher. Ele se mudou para Edith Grove pouco depois. Havia um banheiro compartilhado, mas não havia aquecimento central. Décadas depois, Mick e Keith ainda falavam sobre o quanto sentiram frio em Edith Grove – casacos e cobertores, jornais enfiados entre as ceroulas e as calças para isolamento, a chama azul do fogareiro de querosene. Os garotos se aconchegavam entre si para se aquecer, compartilhando uma cama como os tios e as tias em *A fantástica fábrica de chocolate*. Imundície e fedor – uma cena familiar para qualquer pessoa que tenha entrado em uma casa de fraternidade. Garotos sem os pais. Sem lei, sem regras. Lixo nos corredores, vômito nas pias, lixo jogado pelas janelas. Ocasionalmente, eles chegavam em casa e encontravam o senhorio na entrada, abanando a cabeça.

Em um dado momento, decidiram que precisavam de mais um morador para ajudar a cobrir os custos. Mick fez um anúncio durante um show. Mais tarde, enquanto os Stones guardavam os equipamentos, um jovem tímido apareceu diante deles. Mick explicou a situação e deu o endereço. James Phelge apareceu com sua mala alguns dias depois. Desde então, tornou-se um mito. Não tendo nem o talento e tampouco o desejo de ter sucesso como músico, ele fez seu nome por conta do comportamento ultrajante. Era Phelge que passava pelado pelos aposentos, urinava na escada, cuspia nas paredes. Um substituto para os fãs, uma testemunha da banda em seu primeiro lar, experiência que ele registrou em suas memórias *Nankering with the Rolling Stones: The Untold Stories of the Early Days*. *Nankering* era o termo deles para fazer caretas – caretas de um tipo específico, lábio inferior cobrindo os dentes, olhos esbugalhados. Se você olhar fotos antigas da banda, verá muitas nas quais os Stones estão *nankering*. Quando começaram a compor, as canções escritas no estúdio pelo grupo todo foram creditadas a James Phelge. Quando formaram uma cor-

Edith Grove 67

poração, chamaram-na de Nanker Phelge, em homenagem ao cidadão que representava o espírito primitivo da banda em sua infância.

Segundo Phelge, o passatempo principal dos Stones naqueles meses era matar tempo, permanecer vivos. Eles dormiam tarde, depois passavam o dia em busca de aquecimento e sustento. Viviam à base de batatas e cerveja. Roubavam comida de lojas e reviravam festas em busca de garrafas vazias, que devolviam para obter o dinheiro do depósito. Era assim que pagavam o aluguel.

– Mick, Keith e Brian estavam morrendo de fome – disse Ian Stewart. – Bill e eu comprávamos comida para eles com o pouco dinheiro que sobrava dos nossos salários. Eu costumava ir para lá direto do trabalho, em torno das seis da tarde, e eles ainda estavam na cama. Quando Bill e eu chegávamos, levávamos eles para o Wimpy Bar para comer algo.

"Keith e eu tínhamos adotado o hábito de ir para a cama em torno da meia-noite", escreveu Phelge. "Colocávamos uma pilha de singles no toca-discos e ficávamos deitados ouvindo e fazendo comentários. Era sempre a mesma seleção... 'Donna', de Ritchie Valens, 'Ballad of Billy Joe', de Jerry Lee Lewis, 'Love Letters', de Ketty Lester, 'You Better Move On', de Arthur Alexander, e 'Goin' By the River', de Jimmy Reed."

A vida na casa se resumia a ouvir música e aprender a tocar juntos. Brian e Keith praticavam por horas. Enfeitiçados pelos Everly Brothers – "Wake Up Little Susie", "Love is Strange" –, eles passavam semanas aperfeiçoando uma única canção. A cada um ou dois dias, um disco novo chegava pelo correio: Chuck Berry, Bo Diddley. Os Stones passavam o álbum de mão em mão, examinando cuidadosamente a capa, as anotações. Depois, colocavam-no na pick-up. Se uma canção mexesse com eles, acrescentavam-na ao show.

As tensões que perturbariam a banda posteriormente já eram evidentes. Jones era temperamental. Jagger era distante. Sua insistência em continuar na faculdade levantava dúvidas. O modo como ele escapulia para as aulas toda manhã enquanto Jones e Richards dormiam sugeria uma certa astúcia. Ele estava se safando, mantendo os dois caminhos abertos. Jagger não abandonou a faculdade até o outono de 1963, quando os Stones já estavam encaminhados. E, mesmo assim, trancou a matrícula, só por precaução. Isso irritou Richards, que era um Cortés do rock'n'roll: "Incendeiem os navios!"

– Keith é um homem de crença, e Mick é um homem de medo... "E se eu fizer merda?" – disse Alexis Korner. – É muito mais fácil ser como Keith do que ser como Mick.

Os Stones moraram na Edith Grove por menos de um ano, mas experiência gera identificação. Porque ali foi o berço, porque todos tivemos um lugar assim. Se for lá hoje, você verá o mesmo prédio, a mesma varanda, os mesmos quartos desbotados, mas ele parece diminuído, como um corpo sem alma.

ENQUANTO ISSO, os Stones tocavam quase toda noite. Eel Pie Island. The Flamingo. The Railway Club, em Harrow. Uma banda cover do tipo mais brilhante: não era na capacidade musical deles que você confiava, mas em seu gosto. Quando cumprimentei Charlie Watts pela criatividade da banda, ele franziu a testa e disse:

– De onde você é?

– Chicago.

Ele riu.

– O que é tão engraçado?

– Bem, vou lhe dizer. Tudo que sempre fizemos foi tocar uma versão da música de Chicago. É tudo que queríamos fazer. Em outras palavras, você precisou viajar, musicalmente falando, até a Inglaterra para ouvir sua própria música. Acho isso engraçado.

Mas, mesmo no começo, os Stones estavam fazendo mais do que tocar músicas de outros artistas e copiá-los. Isso era realmente o que queriam fazer, mas não foi o que realizaram. Tentando imitar o blues de Chicago, eles criaram algo distinto, único, da mesma maneira que tudo o que Frank Sinatra canta, não importa o que seja, acaba se tornando uma canção de Sinatra. Na tentativa de imitar seus heróis, eles preenchiam as canções com suas próprias experiências e personalidades e assim inventaram algo novo.

Edith Grove

Os Stones ouviram os Beatles pela primeira vez no inverno de 1962, quando moravam na Edith Grove. Phelger chamou-os para a sala para ouvir a BBC, que estava tocando "Love Me Do", o primeiro single dos Beatles, lançado pela Parlophone, com quem os Beatles assinaram um contrato depois de serem rejeitados pela Decca. Segundo Phelge, Brian e Mick entraram em pânico. A letra era *bubblegum*, mas a música os atingiu como um porrete. Era tudo pelo que os Stones estavam trabalhando.

Jones:

– Ah, não. Escutem isso. Eles estão fazendo!

Richards:

– Espere. Vamos ouvir a guitarra.

Jones:

– Eles têm harmonias também! É justamente o que não queríamos.

Phelge:

– Qual é o problema?

Richards:

– Não está ouvindo? Eles estão usando uma gaita... eles fizeram antes de nós.

Jones:

– Eles curtem o mesmo tipo de blues que nós.

Mais tarde, Keith disse que "Love Me Do" causou-lhe dor física. O choque foi menos musical do que filosófico; era Robinson Crusoé descobrindo pegadas na areia.

– Pensávamos que éramos animais totalmente únicos – disse Jagger em 1988, enquanto introduzia os Beatles no Hall da Fama do Rock'n'roll. – Depois, ouvimos que havia um grupo de Liverpool... esse grupo... eles tinham cabelo comprido, roupas amarrotadas, mas [também] tinham um contrato com uma gravadora e um single nas paradas com uma gaita de blues chamado "Love Me Do". Quando ouvi a combinação de todas essas coisas, quase fiquei doente.

Todas as bandas em Londres perderam o chão por causa de "Love Me Do" e pela sequência de sucessos dos Beatles que a seguiram: "From Me to You", "She Loves You", "I Want to Hold Your Hand". Lá estavam os

Stones, os Kinks e os Yardbirds conquistando respeito na capital, quando, do nada, perdem o prêmio para provincianos – Liverpool é para Londres o que Pittsburgh é para Nova York. Aquilo colocou para dezenas de músicos a mesma pergunta: existe espaço para outra banda de blues inglesa, ou será que os Beatles já tinham ocupado esse espaço?

Teria sido mais fácil se os Beatles tivessem sido populares mas não fossem bons, como tantos grupos na lista do Top 40. Mas os Beatles eram populares e ótimos. Algumas pessoas estavam convencidas de que eles deviam ter tido alguma ajuda. Quando conversei com Paul Jones, ele falou sobre isso enquanto explicava o abalo sísmico registrado pelos primeiros discos pela Parlophone.

– John Lennon era muito melhor na gaita do que as pessoas se dão conta – disse-me ele. – Era tão bom, na verdade, que suspeito que não era ele naquele primeiro disco. Tenho até uma teoria. Delbert McClinton estava aqui [na Inglaterra] em 1962. Ele viera para uma turnê curta e uma das apresentações foi no Teatro Adelphi, em Slough, uma cidade na qual eu por acaso estava tocando com uma banda dançante. Eu era fã de Little Walter, Sonny Boy Williamson e de mais um monte de outros caras. Mas, quando ouvi Delbert tocando gaita, achei que ele era tão bom quanto qualquer outro deles. Agora, é um fato conhecido que os Beatles *também* foram ver Delbert McClinton. Portanto, quando ouvi "Love Me Do", pensei: "Vocês levaram Delbert McClinton escondido para o estúdio! Vocês sabem que fizeram isso, seus desgraçados!"

No final, o sucesso dos Beatles provaria ser um benefício para todas as bandas inglesas, até para aquelas que ficaram indignadas com eles. Foram os Beatles que mostraram aos executivos das gravadoras que os garotos nos clubes eram algo mais do que os detritos de uma maré noturna.

9. Giorgio!

E LÁ VEM GIORGIO GOMELSKY! Com um casaco preto que vai até o chão e uma gravata estreita de jazz, bigode guidão, botas de couro, suspensórios, cigarros e uma gargalhada cacarejante da Europa central! Alto e esguio, magrelo, com olhos cavernosos. Ele surge neste livro como surgiu em Londres, espalhando histórias fantásticas sobre lugares distantes, tiranos e czares, nazistas e antros de ópio. Ele conversa, faz amigos, escuta, abraça e murmura, seguindo um ritmo interior que o levou a atravessar o continente em busca de um som autêntico, uma música que finalmente eliminasse a última memória da guerra. Se você o seguisse por uma sala, veria as pessoas se animando em seu rastro. Ele fazia com que todos se sentissem incluídos, como um novo cidadão de sua nação especial. Seu sorriso mudava o clima. E sua voz? Bem, uma vez, anos atrás, quando perguntei ao apresentador de talk show Larry King como, apesar de parecer um sapo, ele conseguira conquistar tantas mulheres lindas, a resposta foi:

– Nunca subestime o poder da voz.

A voz de Giorgio Gomelsky era assim, melosa, mas pontuada pelas consoantes percussivas do Pacto de Varsóvia.

Quando completou 28 anos, em 1962, ele estava no auge de sua energia, em uma missão designada por Deus. Giorgio queria espalhar a música que amava, o som dos Estados Unidos negro, que atravessava as paredes através da Rádio das Forças Armadas dos Estados Unidos quando, ainda garoto, ele vivia sob o toque de recolher militar na França – uma expressão pura de liberdade. Ele nascera em Tbilisi, Geórgia (o país, veja bem, que na época era parte da União Soviética), mas sua família era errante. Síria. Egito. Itália. Suíça. Ele começou a assinar jornais de música ingleses depois da guerra, acompanhando a cena à distância. Mudou-se para Londres em 1955. Harry Pendleton contratou-o para fazer um filme sobre Chris Barber em 1962, mas Giorgio ficou convencido de que o futuro não estava nos aficcionados, mas sim nos garotos que deixavam Pendleton com vontade de vomitar. Ele alugou um quarto nos fundos do Station Hotel em Richmond, uma vizinhança chique de Londres, e começou a fazer shows todos os domingos.

Uma noite, por causa de uma grande nevasca, a banda residente de Giorgio, uma versão prematura dos Kinks chamada The Dave Hunt R&B Band, precisou cancelar o show. Enquanto procurava por um substituto, Giorgio telefonou para Ian Stewart – Brian Jones o andava assediando por um show. Uma hora depois, os Stones estavam se preparando no palco. A neve continuava caindo, as ruas estavam desertas. Apenas um pequeno grupo de pessoas compareceu. Gomelsky diz que eram três pessoas. Quando Brian perguntou "o que devemos fazer?", Giorgio disse:

– O que quer dizer? Toquem!

Você não pune as pessoas que compareceram pelos pecados daquelas que ficaram em casa.

Depois, Giorgio pediu a cada membro da plateia que voltasse no domingo seguinte com dois amigos. Foi o que fizeram. O processo foi repetido até que, alguns meses depois, os shows estavam lotados. Naquela altura, os Stones tinham assumido a posição de banda residente.

– No começo, a maioria do novo público era de garotos, fãs de blues e colecionadores – disse Gomelsky mais tarde. – Alguns eram músicos iniciantes, como os futuros Yardbirds e Eric Clapton, que costumavam aparecer com álbuns difíceis de encontrar embaixo do braço. O boca a boca funcionou como um sonho. O lugar se tornou tão popular que as pessoas precisavam ficar na fila desde as duas da tarde para entrar cinco horas depois.

Dessa maneira, o clube de Giorgio virou um ponto de referência, tão importante para o rock'n'roll quanto o Café Wha? ou o Max's Kansas City em Nova York. Assim como o Cavern Club nos deu os Beatles, o Station Hotel nos daria os Rolling Stones.

Giorgio! 73

– Em Richmond, nós nos tornamos uma espécie de culto – disse Charlie Watts. – Não por nossa causa... apenas aconteceu. Seguimos o público, depois o público nos seguiu.

O salão comportava cem pessoas, mas Giorgio espremia três ou quatro vezes mais gente.

– Uma noite, quando a banda estava realmente arrasando, fiz um sinal para meu amigo e assistente Hamish Grimes subir em uma mesa para que todos o vissem e começar a balançar os braços acima da cabeça – disse Giorgio. – Em segundos, todo mundo estava balançando, como uma onda. Esse talvez tenha sido o evento mais importante no desenvolvimento da capacidade dos Stones de estabelecer uma ligação entre palco e plateia, de se conectar e se unir ao público, realizar algo que lembrava um ritual tribal, não "muito diferente de um encontro de revivalistas no extremo sul" [como disse um jornalista]. Filmes em preto e branco dessa dança são frequentemente exibidos em documentários sobre a Swinging London, como se contassem a história por si sós. Como era geralmente executada durante o cover dos Stones para "Crawdad", de Bo Diddley, a dança passou a ser conhecida como o Crawdad, assim como o próprio clube.

O Crawdaddy foi uma fornalha onde os Stones assaram até atingir a perfeição. Todos que os viram lá recordam vividamente.

– Havia um palco muito baixo, com trinta ou sessenta centímetros de altura – disse-me Ian McLagan. – Você podia ficar na frente, observando as mãos deles, estudando como faziam aquilo. Brian tocava aquela guitarra *slide. Ah, meu Deus!* Eu nunca ouvira nada parecido. Estávamos chocados. Keith? Nunca olhávamos para ele. Ele só estava ali. Bill era estático. Não dava para ouvir [Ian Stewart]. Era Brian e Mick. Mick, que se debruçava sobre a plateia e nos provocava e estimulava. Ninguém mais estava tocando aquele tipo de música na Inglaterra. Não daquela maneira. Chuck Berry, o maldito Jimmy Reed... O lugar inteiro costumava latejar. Eu ficava bêbado com um litro de cerveja e esperava até que tocassem "Route 66". Eles não tocavam essa música até o final. Era absurdamente incrível. Ao vê-los, todos pensávamos a mesma coisa: "Talvez eu possa fazer isso."

Se ama música, você provavelmente teve uma noite como essa, um lugar como esse, um bar e uma banda que te arrebataram. Para mim, foi Dash Rip Rock na Carrollton Station em Nova Orleans, em 1988. Dash, que tocava uma variedade de músicas que chamavam de *"cowpunk"*, descendia, indiretamente, dos Stones, apesar de eu não saber disso na época. Tudo com o que eu me importava era a energia dos músicos e do público, a comunhão. Era transcendente, estar espremido entre as pessoas, balançando em conjunto, reconhecendo cada música, bêbado mas consciente, a música funcionando como as orações nunca conseguiram. Gostei particularmente da versão *rockabilly* de Dash para a canção gospel "I Saw the Light", de Hank Williams. Eu estivera no Jazz Fest o dia todo, cozinhando sob o sol. Estava com raiva da minha namorada, ou ela estava com raiva de mim. Eu batera com o BMW dela em uma árvore enquanto dirigia sobre os trilhos dos bondes. Eu estava usando uma camiseta que dizia "Bebo, logo existo". Mas esqueci de tudo quando eles tocaram aquela música, que me queimou por dentro como um ferro de marcar gado. Se tiver sorte o bastante para ver um show como esse aos dezenove anos, você nunca mais será o mesmo.

10. Conheçam os Beatles

EM ABRIL DE 1963, o *Richmond & Twickenham Times* publicou um artigo sobre a histeria no Station Hotel. O repórter escreveu sobre o clima no clube, o ritmo palpitante, o êxtase do rock'n'roll livre, garotos na escuridão, músicos uivando no palco, Jones acompanhando Jagger, que invocava os demônios.

Brian carregou o recorte de jornal na carteira durante anos. Era um triunfo, a confirmação de que seu pai estava errado. Brian teria ainda mais sucesso, mas jamais ficaria tão satisfeito. Milhares de outras pessoas leram o artigo, incluindo os Beatles, que por acaso estavam em Londres. Giorgio Gomelsky foi atrás de John Lennon no Ken Colyer Jazz Club e convidou-o ao Crawdaddy.

Os Beatles apareceram na metade do show. John, Paul, George, Ringo – eles ficaram no meio do salão, sorrindo. "Estavam vestidos de modo idêntico, em longos sobretudos de couro", escreveu Bill Wyman. "Fiquei muito nervoso e disse para mim mesmo: 'Merda, são os Beatles!'"

"Brian ficou radiante com sua guitarra, e o rosto de Keith pareceu se iluminar por um momento também", escreveu por sua vez James Phelge. "Então, os Beatles foram convidados a subir no palco. Enquanto gritos e aplausos os saudavam, John Lennon acenou de volta, e depois os outros Beatles tiraram as mãos dos bolsos e também acenaram."

Os membros dos Stones frequentemente descartam os Beatles como uma influência ou um facilitador para seu sucesso. Keith os amaldiçoou com um leve elogio: necessários mas nem sempre ótimos.

– Eles foram perfeitos para abrir portas – disse ele –, mas em algum lugar no caminho eles ficaram pesados.

Mas artistas tendem a obscurecer seus benfeitores mais importantes. Ao comparecer ao Station Hotel, ao dançar e acenar do palco, os Beatles abençoaram os Stones, tocaram-nos com a Beatlemania. Com o tempo, esse presente também provaria ser uma maldição, elevando mas limitando os Stones, destinando-os ao segundo lugar – os Beatles e os Stones, nunca os Stones e os Beatles. Existe um poder gigantesco em ser o primeiro. Na ordem de nascimento, no misterioso círculo da fama. Ser o primeiro significa ser livre para inventar e fazer isso sozinho. Estar em qualquer lugar que não no primeiro significa seguir no rastro. Significa ser definido por comparação. Significa ser os próximos Beatles, os antiBeatles, os novos Beatles, ou os Beatles ruins. Não importa o quanto os Stones fizessem sucesso, eles jamais superariam completamente o fato de terem chegado na cena quando John, Paul, George e Ringo já eram estrelas.

Os Beatles seguiram os Stones até a Edith Grove. Eisenhower e Krushchev, uma cúpula do rock'n'roll, os jogadores principais comparando anotações no amanhecer de uma era. Lennon e McCartney ficaram chocados com a sujeira do apartamento. Mick Jagger e Brian Jones eram garotos de classe média brincando de ser da classe operária; tinham se soltado de uma maneira especial conhecida somente por garotos ricos. Os Beatles eram realmente da classe operária, filhos e netos do proletariado. Era uma ironia estranha – como os Beatles foram limpos e vendidos como garotos respeitáveis da classe média, enquanto os Stones, criados para ser todas essas coisas, foram transformados justamente no tipo de personagens degenerados que os Beatles tinham nascido para interpretar.

John Lennon e Brian Jones ficaram debruçados sobre o toca-discos, bebendo vinho e ouvindo música. Gosto é mais importante do que conhecimento. Qualquer um pode aprender; apenas poucos podem *saber*. Eles concordavam em algumas coisas (Chuck, Muddy), noutras não. Quando Jagger tocou "I'll Change My Style", de Jimmy Reed, Lennon ouviu por um momento e depois disse: "É uma merda." Os Beatles ficaram até as quatro da manhã. Quando estavam de partida, convidaram os Stones para seu show no Royal Albert Hall. Era um contraste doloroso: o Royal Albert Hall versus o Crawdaddy. De repente, você se lembra que são semelhantes mas não iguais. Lennon disse aos Stones que não precisavam de ingressos: bastava ir até a área de carregamento, pegar uma guitarra na van e entrar como se fosse da equipe. Quando Brian, com seu cabelo comprido e casaco de couro, chegou no Royal Albert Hall e pegou um instrumento, foi cercado por garotas. Elas confundiram-no com um Beatle. Ele estava desgrenhado quando entrou, mas feliz. De repente, sabia exatamente o que queria ser – uma estrela do rock.

11. Magnata adolescente de merda

QUANDO VOCÊ TRABALHA em um livro como este, você ouve rock'n'roll, e quando você ouve rock'n'roll, você espera juventude – de si mesmo e daqueles que o compuseram, tocaram, gravaram, divulgaram e descobriram. Mas Norman Jopling, assim como todos que entrevistei sobre os Stones, é velho. Eu estava sentado em um hotel em Knightsbridge, observando enquanto ele atravessava o saguão. Aos setenta anos, ele está aposentado, é alto e recurvado, com um rosto anguloso, olhos aumentados por lentes grossas. Ele pode usar um sobretudo e carregar uma maleta, mas seu interruptor interno continua ligado no rock'n'roll. Ele tomou café e conversamos sobre sua infância.

Ele amava o blues. Não tinha a aptidão, mas tinha o ouvido, um gosto tão apurado quanto o de Brian ou de Keith. Tornou-se colecionador de discos, depois jornalista. Seu primeiro artigo foi publicado no *Record Mirror* quando tinha dezessete anos. Para o editor, foi um presente de Deus, um correspondente adolescente para registrar o "terremoto jovem".

– Fiz a primeira entrevista inglesa com Little Richard – disse-me ele. – Enviaram-me para o quarto de hotel no qual ele estava, minúsculo, com duas camas de solteiro. Billy Preston dormia em uma, Richard estava na outra. Eu não tinha ideia de que ele era gay até ele acariciar meu rosto e dizer: "Você tem bochechas tão macias, mas o homem com as bochechas mais macias de todas é Elvis. Aquele garoto é um gato."

O patrão de Jopling pediu-o para conferir a cena no Station Hotel, sobre o qual ouvira falar através de Gomelsky, que estava sempre promovendo o lugar. Como regra, o *Record Mirror* só cobria artistas que tivessem um disco para vender, mas o burburinho em torno dos Stones era intenso. Jopling desprezou a tarefa.

– Brancos simplesmente não conseguem fazer esse tipo de música – explicou.

O que Jopling amava no R&B não era a boa técnica dos músicos, pois não era boa, tampouco a interpretação polida, pois ela era rude, mas sim a autenticidade, a sensação de que você estava ouvindo a verdade da vida de outro homem, o groove elaborado a partir do sofrimento. Mas isso seria impossível para uma banda como os Rolling Stones, que não tinha sofrido. O que torna uma obra de arte autêntica? Por que uma pintura original é mais valiosa do que uma falsificação perfeita? É o propósito que motivou o artista. Muddy Waters era motivado pela dor de sua história – ele transformou o sofrimento em música; os Stones eram motivados por Muddy Waters. Não importava quão boa a música deles fosse, sempre seria algo de segunda mão, uma fantasia da existência de outra pessoa. Quando Jagger cantava *"I'm gonna retire on the Delta, layin' out there in the fallin' rain"*,* ele estava envolto em muitas camadas de faz de conta.

– Para cantar aquele tipo de música, eu pensava que você precisaria saber um monte de coisas que Jagger e companhia jamais saberiam e, ao mesmo tempo, não saber um monte de coisas que eles jamais poderiam esquecer – explicou Jopling. – Não parecia que aquele tipo de música poderia ser feita pela classe média inglesa. Eles não tinham vivido para aquilo.

Mas quando o editor do *Record Mirror* ameaçou escrever ele mesmo o artigo, Jopling vestiu seu sobretudo, buscou a namorada e foi para Richmond.

– Havia uma grande multidão no lado de fora – disse-me ele. – Giorgio estava esperando na frente. Ele pegou minha mão e arrastou-me através da multidão. Então, eu vi: os Stones no palco arrasando. E a ficha caiu imediatamente, como acontecia com todos suficientemente sortudos para vê-los no Station Hotel: "Podemos fazer isso!" Com isso, eu queria dizer pessoas brancas, garotos ingleses. Podemos tocar R&B. Pois não se tra-

---

* "Vou me aposentar no Delta, deitar-me lá na chuva que cai." (N.T.)

tava apenas da música. Era toda a sensação. Eu não experimentara nada parecido com nenhuma banda branca. Era o que faltava em todos aqueles grupos ingleses. Você precisa sentir. E você podia sentir com os Stones. Emanava deles como calor.

Jopling colocou entre nós uma cópia de seu artigo, que foi publicado em 11 de maio de 1963:

OS ROLLIN' STONES: R&B AUTÊNTICO

Station Hotel, na Kew Road, em Richmond, bem nos arredores de Londres. Lá, nas noites de domingo, os garotos antenados se jogam com a nova "música das selvas" como jamais fizeram nos dias mais contidos do jazz tradicional ... talvez você nunca tenha ouvido a respeito [dos Rollin' Stones] – se você mora longe de Londres, é provável que não tenha. Mas, por Deus, você ouvirá! Os Rollin' Stones estão provavelmente destinados a ser o maior grupo na cena R&B se continuarem a florescer. E pela lotação do Station Hotel, em Richmond, florescer é meramente um eufemismo, considerando que há três meses apenas cinquenta pessoas apareciam para ver o grupo. Agora, o promotor do clube, o barbado Giorgio Gomelsky, precisa fechar as portas cedo – mais de quatrocentos fãs de R&B lotam o salão.

Alguns dias depois de Jopling entregar seu artigo, mas antes de ele ser publicado, o editor do *Record Mirror*, Peter Jones, esbarrou em um jovem assessor de imprensa pilantra chamado Andrew Loog Oldham. Jones contou a Oldham sobre o artigo. Publicar uma matéria grande sobre uma banda antes mesmo que ela tivesse lançado um disco, muito menos uma música de sucesso, era algo sem precedentes.

Todo profeta precisa de um intermediário, um guru que consiga embalar a mensagem para vendê-la às massas. Jesus tinha Paulo. Elvis tinha o Coronel. Os Stones tiveram Andrew Loog Oldham, o garoto gênio que transformaria os Rollin' Stones nos Rolling Stones e Mick Jagger em um Lúcifer do rock'n'roll.

ANDREW OLDHAM ERA um garoto abandonado magrelo de dezoito anos, um ano mais novo do que Jagger e Richards. Era louro, com maçãs do rosto altas e olhos azuis deslumbrantes. Ele podia se passar por masculino e durão ou por feminino e coquete. Ele era emblemático – o *baby boom* em forma de garoto, o bom e o mau, a inventividade, a energia e a ambição, mas também o narcisismo e a carência.

Jazz, rádio, teatros, varandas, castiçais de cristal, conversíveis vermelhos e dinheiro... era isso que ele amava. Ele queria transformar suas características em uma fantasia dos Estados Unidos, Nova York na década de 50, Walter Winchell e Humphrey Bogart, o Royal Roost e o Five Spot, malandros com chapéus fedora caminhando a passos pesados pela calçada em busca do grande golpe. Apesar de ter estudado em escolas secundárias inglesas de elite, dizia ter sido criado por Hollywood. Seu primeiro disco, comprado em 1955, foi "Cherry Pink and Apple Blossom White", de Pérez Prado. Ele abandonou a escola e foi trabalhar para Mary Quant, a designer de moda que inventou a minissaia. Mas ele era impulsivo. Quando tinha

obtido o suficiente de uma experiência, caía fora. Uma manhã, telefonou para Quant e disse a ela que chegaria atrasado.

– De onde você está telefonando, Andrew?

– Paris.

Ele também trabalhava no Ronnie Scott's Jazz Club. Cuidava da chapelaria e servia as mesas. Sua ambição era a segunda coisa na qual você reparava. Quando perguntado sobre o que gostaria de ser, ele sorria e dizia: "Um magnata adolescente de merda." Ele começou a frequentar o hotel Stratford Palace Court, onde músicos americanos ficavam. Ele os abordava no saguão, tentava convencê-los a contratá-lo no elevador. Prometia colocar os nomes deles nas fofocas e nos negócios. Ajudaria a vender discos. Em pouco tempo, Oldham tinha um monte de clientes, incluindo Brian Hylans ("Sealed with a Kiss") e Little Eva ("The Loco-Motion"). Em seu décimo nono aniversário, enquanto acompanhava um grupo ao programa de TV *Thank Your Lucky Stars*, ele viu os Beatles pela primeira vez. Ele foi até John Lennon na sala verde e disse: "Quem representa vocês?" Lennon apontou para Brian Epstein, o herdeiro da fortuna da loja de discos NEMS que descobrira a banda durante seu horário de almoço em Liverpool. Oldham teve sorte por ter conhecido Epstein quando ele ainda tentava levar os Beatles ao sucesso. Epstein reclamou da Parlophone – não estavam promovendo o suficiente. Ao oferecer seus serviços como assessor de imprensa em Londres, Oldham ligou-se aos Beatles um instante antes de eles explodirem.

Segundo Richards, Epstein demitiu Oldham depois de "uma briga feia". Como diz a lenda, Oldham recrutou e refez os Stones como seu instrumento de vingança: os Stones como matadores dos Beatles. Na verdade, Oldham jamais tivera a intenção de permanecer com os Beatles. Ele sempre estrelaria seu próprio filme. Ficaria com eles até quando encontrasse seus próprios Beatles.

Ao contar a história de sua primeira incursão no Crawdaddy, Oldham detém-se na atmosfera, em como ele caiu na órbita da banda como você cai em um sonho. Ele conferiu a multidão diante do hotel e depois foi caminhar. Em um beco na Kew Road, deparou-se com um garoto e uma garota

Magnata adolescente de merda

discutindo. Ele encolheu os ombros, não querendo se intrometer, mas não conseguia parar de olhar. Feio em todos os detalhes, o garoto era bonito como um todo. Indolente, lânguido. A garota era uma modelo, Chrissie Shrimpton, a primeira namorada séria de Mick Jagger, a inspiração por trás de muitas das primeiras canções. "[O garoto] lançou-me um olhar que me perguntava tudo sobre mim em um instante", escreve Oldham. "Ele era magro, sem cintura, o que lhe dava a forma humana de um puma sem um gênero próprio."

Alguns minutos depois, Oldham estava na frente do palco, ouvindo o garoto cantar. "Eu já estava de pé, mas o que vi, ouvi e senti levantou-me outra vez, enquanto o ar que restava foi expulso do salão por centenas de mãos balançando, pés dançando e corpos se contorcendo, puro prazer."

Andrew Oldham perdeu a cabeça no Crawdaddy. Depois do show, ficou parado na rua, estupefato. Não conseguiu abordar a banda. Precisava ir para algum lugar, recompor-se, pensar. Ele telefonou para Brian Epstein e contou a ele o que vira, depois se encontrou com Eric Easton, um agente experiente do show business. Oldham contou a Easton sobre os Stones e perguntou se gostaria de se juntar a ele como sócio. Oldham tinha apenas dezenove anos; ele precisava de uma figura estabelecida para dar credibilidade à sua operação.

Oldham e Easton voltaram ao Station Hotel no domingo seguinte. Eles pressionaram Charlie Watts depois do show e perguntaram quem era o líder da banda. Watts apontou para Brian, que depois ficou no bar enquanto Oldham proclamava: "Podemos transformar vocês em estrelas!" Depois de descrever a si mesmo como uma parte crucial do aparato dos Beatles, Oldham disse que queria levar os Stones a um estúdio para gravar uma demo.

– Andrew era ainda mais novo do que nós – disse Richards. – Ele não tinha ninguém em seu quadro de artistas, mas era um falastrão incrível, um enganador fantástico, e também tinha trabalhado na publicidade do começo dos Beatles.

Os últimos detalhes foram acertados no escritório de Easton na Regent Street.

Onde estava Giorgio Gomelsky?

Fora Giorgio quem fizera os movimentos essenciais, estimulara o público e iniciara a febre, trouxera os Beatles e o repórter do jornal para o Crawdaddy Club. Giorgio, que se considerava empresário dos Stones, até ajudara a banda a gravar uma primeira demo. Contudo, é ele, que estava no funeral do pai na França quando Oldham apareceu no Station Hotel, que está prestes a deixar estas páginas.

– Eu achava que tínhamos um acordo verbal e fiquei imensamente decepcionado quando eles me deixaram – disse ele mais tarde. – Brian estava muito determinado a ser uma estrela a qualquer custo.

A juventude é a qualidade que precisa ser enfatizada. Jagger era um garoto. Richards era um garoto. Jones era um garoto, assim como Oldham. Quão jovens eles eram? Quando chegou a hora de assinar o primeiro contrato com o empresário, Jagger e Oldham precisaram que os pais também o assinassem. Isso deu sabor ao momento, atribuiu a tudo uma aura de revolta. A editora da *Vogue*, Diana Vreeland, chamou isso de "terremoto jovem": garotos responsáveis por garotos, construindo uma máquina de entretenimento para outros garotos; garotos no palco e garotos na plateia; garotos nas laterais dos palcos, com pranchetas e talões de cheques – a única autoridade sendo Andrew, o magnata adolescente de merda com seus óculos escuros, pronunciamentos e pose irônica.

– Andrew era fascinante na época porque era um bebê mas era absolutamente seguro – disse-me Marianne Faithfull. – Eu nunca conhecera alguém assim… um garoto que usava maquiagem, e o jeito como ele falava! "Baby, vou fazer de você uma estrela." Eu assistira a *A embriaguez do sucesso* e também a todos os filmes de Laurence Harvey, então compreendia de onde ele tirara sua persona, mas ainda assim era incrivelmente convincente.

Como não sabia o que não sabia, Oldham era destemido. Ele fazia grandes mudanças rapidamente, com o instinto de um sonâmbulo. Sua primeira ação foi dolorosa. Tinha a ver com a apresentação da banda, o que preocupava Oldham, cujo modelo eram os Beatles. "Eu estava convencido de que um grupo de seis integrantes tinha pelo menos um sobrando", ele escreve. "O público não seria capaz de se lembrar, muito menos de se

Magnata adolescente de merda

importar, com quem eram os membros individuais de uma banda de seis integrantes."

Sentado com Jagger e Jones, Oldham falou delicadamente:

– Escutem, desde a primeira vez em que vi vocês, senti... só posso ver... cinco Rolling Stones. – Depois argumentou que Ian Stewart, o pianista de *boogie-woogie* e motorista da van, precisava sair da banda.

– Eu fui um pouco mais cruel – Oldham explicou posteriormente – acrescentando que [Stu] era feio e estragava o "visual" do grupo.

Não era preciso ser um gênio. Basta uma olhada nas primeiras fotos da banda e você sabe que Ian Stewart é o estranho. Enquanto os outros cinco têm a aparência esfomeada de garotos de rua, Stu é grande e atarracado com, segundo Oldham, "um tronco de Popeye, mandíbula de William Bendiz e um corte de cabelo ruim como o de Ray Danton". Uma deficiência de cálcio decorrente de sarampo na infância deixara-o com o queixo quadrado.

– Ele pode ser um músico maravilhoso – explicou Oldham –, mas o rosto dele acaba com a fantasia.

Oldham disse que Stewart poderia gravar com a banda, mas não poderia aparecer com eles em fotos ou na televisão.

Jones deu a notícia em um ensaio. "Você entende, não é mesmo, Stu? E não se preocupe, enquanto a banda existir, você receberá sua parte integral. E ainda pode dirigir a van!"

Para mim, o momento em que os Stones dispensaram Ian Stewart é o momento no qual eles perderam o encanto. Eles tinham mostrado uns aos outros seus corações covardes. Nenhum sacrifício seria grande demais, nenhum membro importante demais. Jones reclamaria mais tarde que os Stones se venderam quando se tornaram pop, traíram o blues pela fama, mas foi o próprio Jones que fez o acordo quando disse a Stu que ele poderia dirigir a van mas não ser visto em público.

Stu recebeu bem aquilo... Foi o que todos disseram, por anos e anos. É o que ainda dizem agora. (Keith: "Stu aceitou melhor do que eu aceitaria.") Ele continuou a viajar com a banda, não continuou? A tocar nos discos, ficar nos hotéis e resolver as brigas? "O sexto Stone." O homem sem importância mais importante. Deveria ter sido uma estrela do rock mas não era. O que não quer dizer que ele não queimava por dentro.

– O que quer que Stu ou qualquer outra pessoa tenha dito, ele *realmente* se importava de ter sido relegado – Cynthia, esposa de Stewart, disse depois. – Ele tinha o bastante com o que se preocupar pois era tão dolorosamente tímido. Mas o que importava para Andrew era que o rosto de Stu não se encaixava. Andrew amava os garotos bonitos, magros e cabeludos. Stu ficou amargurado, não porque não estava no palco, mas por causa da maneira selvagem com que foi deixado de lado.

As ações que se seguiram foram triviais em comparação a essa, de natureza ortográfica. Na esperança de se beneficiar da fama do cantor pop Cliff Richard, Andrew convenceu Keith a encurtar seu sobrenome, uma mudança que Keith desfez mais tarde. A mudança de Richards para Richard e de volta para Richards é a história dos Stones em seu aspecto mais sutil. Enquanto Richards tinha uma letra a mais, Oldham acreditava que a banda tinha uma a menos. Os Rollin' Stones? "Como você pode esperar que as pessoas levem vocês a sério se vocês nem ao menos se dão ao trabalho de soletrar seu nome corretamente?" Assim, os Rollin' Stones tornaram-se os Rolling Stones.

Então, Oldham levou a banda para a Carnaby Street para comprar roupas. Em um filme, a excursão de compras seria mostrada em uma montagem, os garotos entrando e saindo de provadores, ora de sobretudo e botas, ora de casaco de pele, ora de couro, caindo e rindo juntos. Oldham ainda tinha os Beatles em mente. Fofos, limpos, melódicos, divertidos. O empresário vestiu os rapazes sob sua responsabilidade em ternos *houndstooth* e gola rulê, mas os Stones não eram os Beatles. Eram perversos desde o princípio, anárquicos, delinquentes. Os casacos foram perdidos, as golas rulê reduzidas a trapos.

– Há fotos de nós em ternos xadrez *dogtooth* com as golas de veludo preto – disse Richards. – Todos estão de calças pretas, gravata e camisa. Durante um mês, na primeira turnê, dissemos: "Tudo bem. Faremos isso. Você conhece o jogo." Mas o lance dos Stones começou a predominar. Charlie deixava o casaco em algum camarim e quando eu tirava o meu havia manchas de uísque ou pudim de chocolate nele todo.

Magnata adolescente de merda 87

E as entrevistas... não importava o quanto os Stones se vestissem bem ou se comportassem, eles passavam a imagem de delinquentes. Eram suas carrancas, seus rostos. Oldham deu-se conta quando levou a banda para o Tâmisa para tirar fotos de divulgação.

"Coloquei os Stones... contra uma parede horrorosa", Oldham escreveu depois. "Aquele visual, aquele visual de 'acabamos de sair da cama e vá se foder' – o rio, os tijolos, a locação industrial – foi o começo da imagem que os definiria e os profetizaria. A notícia se espalhou: o resultado da sessão de fotos na margem do rio era 'nojento'. Os Stones eram desgrenhados, sujos e rudes. Amei as fotos, entendi a situação, a ficha caiu."

O empresário soube de repente o que tinha em mãos: não os Beatles, mas o oposto deles, a embalagem do doce rasgada, a alma sombria revelada.

– Quando entramos em cena, os Beatles estavam usando os chapéus brancos – disse-me Richards. – Então, o que restou para nós?

– [John Lennon] acreditava que os Stones tinham roubado a imagem original dos Beatles – Chris Hutchins, um editor da *New Musical Express*, disse mais tarde. – Brian Epstein fez [os Beatles] se comportarem, se adequarem, se apresentarem, vestirem ternos, serem educados, fez com que fizessem shows na Royal Variety. Isso deixou o campo livre para Andrew dizer "foda-se isso, os Stones não fazem isso".

– [Andrew] armou deliberadamente para nós – disse Richards. – Encenação. Você sabe que se for ao Hotel Savoy sem gravata você será expulso. Então ele nos mandava para lá e, como previsto, éramos expulsos, e a foto de nós sendo escoltados para fora do hotel saía nos jornais. Era um jogo. Uma brincadeira.

Oldham tropeçara em uma verdade simples: os jovens abraçavam mais furiosamente o que seus pais odiavam mais furiosamente. Para fazer com que os Stones fossem amados, ele faria com que odiassem os Stones, uma estratégia coroada no ano seguinte quando ele cunhou um slogan famoso: "Você deixaria sua filha se casar com um Rolling Stone?"

– Os Beatles querem segurar sua mão – Tom Wolfe escreveu na época –, mas os Stones querem incendiar sua cidade.

Em 1963, Andrew Oldham reuniu-se com Dick Rowe, o principal homem de A&R da Decca Records. Rowe era um produto da era das *big bands*, de cabelo curto, com 41 anos. Mas Oldham estava menos interessado em seu ouvido – ele contratara Tommy Steele, Tom Jones e Engelbert Humperdinck – do que em sua psique. Rowe era "o idiota que rejeitara os Beatles", um juízo que grudou nele como tinta. (Quando ele morreu, em 1986, essa foi a primeira linha em seu obituário.) Em outras palavras, Dick Rowe estava preparado. Oldham nem precisou tocar uma demo. Ele só precisou dizer: "Esses caras serão os próximos Beatles." Desse modo, os Stones foram moldados no caminho aberto pelo seu maior concorrente. Não uma cópia, não uma tangente, mas um produto do momento. Brian Epstein recortara os Beatles de um pedaço de tecido, depois fora embora. Oldham usou o que restava do tecido para costurar os Stones.

Eles assinaram com a Decca em maio de 1963, depois foram para o Regent Sound na rua Denmark gravar um disco. No começo, os Stones enrolavam no estúdio durante semanas, tocando riffs e ficando doidões até que o momento certo chegasse, mas aquela primeira sessão foi *"bang, bang"*, um monte de canções que impressionaram Oldham como sucessos em potencial produzidos em uma única tarde. Apesar de saber pouco sobre a arte da gravação, Oldham contratara a si mesmo como produtor. Isso significava andar de um lado para o outro atrás do vidro e gritar para o engenheiro de som, que ficou surpreso quando Oldham foi embora de repente, com o trabalho pela metade.

– Você não vai mixar as músicas?

– Não – disse Oldham. – Faça isso você.

Apesar de a Decca ter refeito tudo, as faixas continuavam terríveis. A energia que tornava a banda eletrizante no palco, o caos e a violência – nada daquilo foi capturado. Aquilo não eram os Stones como mais tarde seriam no estúdio, tampouco a banda do Crawdaddy. Não era nenhuma das duas coisas, nem coisa alguma. O paciente morrera na mesa de operação. Oldham escolheu o primeiro single, "Come On", uma versão incrementada de uma canção de Chuck Berry. É uma coisa horrível. Rápido demais, cambaleante, nada convincente. O que quer que fosse perigoso na canção

Magnata adolescente de merda 89

está amenizado, domado. Ela é superbranca e sôfrega, provavelmente o motivo pelo qual Oldham a escolheu. Ao procurar por aquele primeiro sucesso de suma importância – porque a maioria das bandas só tem uma chance –, ele naturalmente escolhera a música mais parecida com as músicas que já ouvira no rádio. Era o equivalente sonoro de vestir os garotos em ternos *houndstooth*. Os Stones odiaram a música tanto quanto odiaram os casacos. Os Beatles foram perfeitos desde o começo, mas a ascensão dos Stones foi cambaleante.

Quando eu era garoto, meu pai, que escreveu um livro chamado *Você pode negociar qualquer coisa* e era realmente um especialista em tratar tudo como um jogo, disse-me que a vida é 99% marketing.

– É melhor ter um ótimo vendedor e um produto medíocre – ele disse – do que uma obra-prima e um idiota para vendê-la.

Apesar de "Come On" ser horrível, Oldham soube exatamente o que devia fazer. Havia apenas cerca de 450 lojas de discos na Inglaterra que mandavam informações para as listas de mais vendidos. Ele enviou membros do fã-clube dos Stones – garotas adolescentes – a essas lojas para comprar o single no sábado. Na segunda-feira, outra leva foi encaminhada apenas para constatar que o disco estava "esgotado" nas lojas. Quando os gerentes telefonaram para a Decca na terça-feira para refazer o pedido, a notícia espalhou-se na indústria – os Rolling Stones tinham um disco de sucesso.

12. Imagens da estrada

EM SETEMBRO DAQUELE ANO, os Stones partiram em sua primeira turnê. Foi uma temporada de despedidas. O último ensaio no Bricklayers Arms, as últimas noites na Edith Grove. Anos depois, em um avião particular com o logotipo da banda impresso na fuselagem, músicos dormindo em torno dele no escuro, Keith contou-me que aquela partida foi o momento crucial, apesar de ele não ter se dado conta disso na época. Quando os Stones deixaram os barzinhos locais, eles perderam seu primeiro público e completaram sua primeira missão, que era tocar blues para aficcionados. Na estrada, eles se apresentariam para multidões de garotas aos berros que não tinham interesse, tampouco conhecimento.

– Foi quando assinei meu contrato com o diabo, bem ali, quando deixei a cena pequena e saí em busca da grande fama – disse ele suavemente. – Você faz isso porque é lógico, é o próximo passo. Você faz isso sem saber o que está fazendo. Mas depois que está feito, e você se tornou... que expressão estúpida... uma estrela do rock, não há mais volta.

A banda fez a turnê como parte de um pacote, tocando com seus heróis, os Everly Brothers e Bo Diddley, cujas canções constituíam uma parte nada pequena dos shows no Crawdaddy.

– Não será o caso dos pupilos competindo com o mestre – Brian Jones disse na época –, pois retiraremos todos os números de Bo Diddley do nosso show.

Para os Stones, a turnê tornou-se uma espécie de graduação, uma oportunidade de aprender os truques do ofício com os pioneiros. Toda noite, eles ficavam na primeira fila ou nas laterais do palco, estudando.

Imagens da estrada

A turnê estava programada para durar cinco semanas, mas, de certo modo, depois que a banda caiu na estrada, nunca mais a deixou. Southend-on-Sea. Guildford. Warford. Cardiff. O teatro em Cheltenham, que foi um triunfo para Brian. Derby e Doncaster. The Cavern, em Liverpool. Manchester. Glasgow. Sheffield. Birmingham. Uma onda de rostos, cinzentos e negros, a multidão rugindo.

– Entre aquele momento e 1966... durante três anos... tocamos praticamente toda noite, ou todo dia, às vezes dois shows em um dia – disse Richards. – Fizemos muito mais de mil shows, quase um seguido do outro, praticamente sem intervalos.

Imagens da vida em turnê: a van como um fantasma sobre os pântanos à meia-noite; uma concha acústica à beira-mar; salões de baile e palcos ao ar livre; o outono se aproximando; Mick olhando com ar sonolento através das frestas de uma persiana fechada; Keith tropeçando ao atravessar o saguão de um hotel, olhos como asteriscos; postos de gasolina nos arredores das cidades; pubs nos quais os garotos procuram o tipo de anfetamina que mantém os motoristas de caminhão acordados a noite toda; os Stones espremidos em um pequeno palco na floresta, a bateria retumbando enquanto Charlie olha para o outro lado; Brian tocando em um mar de luz, perdido em um sonho melódico.

Os shows eram aparições relâmpago. Três ou quatro músicas, trinta minutos, e pronto. Os Stones começaram como aprendizes, mas o interesse aumentou até o público querer somente Brian e Mick. Era algo que tinha menos a ver com como tocavam do que com a identidade deles: adolescentes, nada diferentes do público – o que você poderia ser se continuasse praticando.

Brian Jones escreveu uma coluna sobre a vida na estrada:

De pé na lateral do palco, esperando as cortinas abrirem, você tem o primeiro vislumbre de toda a excitação. Assistentes de palco afastam freneticamente garotas que tentam abrir as cortinas. A atmosfera é mais do que elétrica nessa altura – é algo tangível, como um grande elástico, pronto para arrebentar a qualquer momento. Então, começamos. As cortinas se abrem lentamente,

Keith explode em "'Talkin' About You". Conforme nossa música ganha energia, os garotos balançam como palmeiras em um furacão. Um rugido gigantesco abafa nossos amplificadores. Sentimos como se estivéssemos realmente ali com os fãs. Conforme a excitação aumenta, as garotas vêm em uma enxurrada até os refletores no chão e começam a nos cobrir de presentes – doces, amendoins e brinquedos fofinhos. Estamos nos sentindo muito bem. De repente, tudo acaba. A cortina se fecha rapidamente, ocultando os rostos por trás do barulho de romper os tímpanos. De volta ao camarim, tomamos Coca-Cola para tirar o gosto de lixa das nossas gargantas. Começamos a relaxar enquanto esperamos que a polícia providencie nossa saída. Sempre nos sentimos um pouco tristes partindo no carro em meio à enxurrada da multidão.

Os shows tornaram-se cada vez mais caóticos, até mesmo violentos, à medida que os Stones conquistavam fama. A banda estava usando a energia que motivara o rock'n'roll desde o começo. Segundo o crítico Robert Palmer, o primeiro tumulto do rock datava de antes de Elvis. Ele ocorrera em 21 de março de 1952, no Baile de Coroação Moondog, apresentado pelo *disc jockey* Alan Freed, em Cleveland. Quando os ingressos se esgotaram na bilheteria, os adolescentes enlouqueceram, como se o ritmo liberasse a mania. É o que Frank Sinatra quis dizer quando descreveu o rock'n'roll – "tocado e composto por bandidos cretinos" – como "a música marcial de todo delinquente de costeletas na face da terra". Os fãs dos Beatles tendiam a se comportar, mas os Stones invocavam os anjos negros. Em muitas noites, eles tocavam apenas metade de uma música antes que vândalos começassem a invadir o palco. Segundo aqueles que viveram o momento, Jones estimulava os tumultos.

– Quando Brian estava no palco, ele incitava todo homem no recinto a socá-lo – disse Ian Stewart. – É pura verdade. Essa era a sensação que você tinha. No começo, Brian era a imagem da agressividade nos Stones, muito mais do que Mick.

– Ele tocava deliberadamente para a garota de alguém – explicou Alexis Korner – e, quando o cara ficava irritado, ele batia com um pandeiro no rosto do sujeito.

Imagens da estrada

Em um instante, os Stones passaram de clubes pequenos repletos de fanáticos por blues, quase todos homens, para grandes teatros lotados de garotas adolescentes que gritavam até que parecesse não haver sentido em tocar. É o que Keith quis dizer quando falou sobre fazer um pacto com o diabo: você ganha dinheiro e fama, e em troca perde a ligação com o público e com a própria música.

– Houve um período no começo dos anos 60 em que nos perguntávamos que diabos estávamos fazendo – disse-me ele. – Fazíamos o show por dez ou quinze minutos; depois, ou havia um tumulto ou éramos arrastados do palco pela polícia. Você nunca sabia. O público... mais barulhento do que nós. Vindo dos clubes, de repente éramos estrelas pop tocando para garotas de doze, treze, quatorze anos, gritando e jogando suas calcinhas esfarrapadas. Mas aquele era o público. Era o mesmo com os Beatles. É desanimador porque você tenta fazer um bom show mas poderíamos estar tocando qualquer coisa... eles não escutariam. Eu não conseguia levar ninguém para a cama um mês antes, e de repente elas estão se jogando em cima de mim – prosseguiu Keith. – Uma foto no jornal e... quem sabe? Não sei sobre essa merda. O que acontece é que a maioria dos roqueiros... Se eles não têm um pouco disso no começo, nunca vão começar de verdade. Se você passa por isso e efetivamente sobrevive, você chega à parte dois. Mas você não sabe disso na hora... Na hora, você acha que não será nada mais do que um tumulto de garotas para sempre. Mais tarde, se você sobrevive, você pode relaxar sobre o que realmente faz. Mas, primeiro, você precisa domar o público.

Em um filme, um diretor pode mostrar pessoas dançando valsa. Enquanto elas dão voltas pelo salão, o mundo – sem que os dançarinos se deem conta disso, pois a dança é tudo – muda. Nações ascendem e caem. Guerras são combatidas. A terra acomoda-se em uma paz inquieta. Era assim com os Stones, que, lacrados dentro da bolha hermética da turnê, só percebiam parcialmente que tinham se tornado quase tão famosos quanto os Beatles.

– Você pode sentir essa energia aumentando à medida que você viaja pelo país – Richards disse à *Rolling Stone* em 1971. – Você a sente ficando cada vez mais intensa, até que um dia você chega lá na metade da primeira música e o palco está simplesmente tomado por garotas gritando "Nháááá!".

Quando perguntei a Charlie sobre a primeira turnê, ele ficou em silêncio por um longo tempo, depois riu.

– Para mim, é um pouco parecido com a manhã após você ter se embebedado em um bar – disse ele. – Você pensa e pensa, mas simplesmente não consegue se lembrar de como chegou em casa.

Os STONES NÃO CONSEGUIAM chegar a um acordo quanto ao single que seguiria "Come On". Reunidos no Studio 51, o clube no Soho no qual estavam ensaiando, Jagger, Richards e Jones brincaram com meia dúzia de covers de blues enquanto Oldham observava nervoso, mas nada parecia certo. Exasperado, Oldham vestiu o casaco e partiu, emergindo como um tiro, a figura mais exuberante na Swinging London. Não há nada tão divertido quanto um dândi andando furiosamente pelas ruas. Um táxi parou e dois homens saltaram, John Lennon e Paul McCartney. Eles vinham de uma cerimônia na qual receberam um prêmio de composição e estavam um pouco bêbados. Lennon disse a Oldham que ele parecia irritado. Oldham explicou. McCartney disse: "Vamos ver os Stones." Alguns minutos depois, estavam todos reunidos na escuridão do porão. Lennon disse aos garotos que ele e McCartney andavam trabalhando em uma música – que não era apropriada para os Beatles, mas era perfeita para os Stones. Pegando as guitarras, eles rapidamente terminaram "I Wanna Be Your Man", uma canção de blues tão artificial quanto um diamante falso. A letra faz referência a marcos sagrados: "I Just Want to Make Love to You", de Muddy Waters; "Let's Get Together", de Jimmy Reed. Você ainda pode ouvir o som característico dos Beatles – as harmonias entrando em falsete em *woo-woos!* –, mas Lennon e McCartney tinham-no retrabalhado. Eles sabiam o que os fãs queriam dos Stones antes que os próprios Stones soubessem: amor dos Beatles, sexo dos Stones; esperança dos Beatles, pecado dos Stones. Jagger e Richards estavam dentro demais para compreender, mas Lennon e McCartney conseguiam ver de fora. Sublinhe e coloque em

Imagens da estrada

negrito. Foi necessário ter John Lennon e Paul McCartney para compor a primeira canção dos Rolling Stones.

"I Wanna Be Your Man" alcançou o 12º lugar nas paradas inglesas, enquanto os Stones experimentavam seu primeiro momento de estrelato pop. Roupas novas, carros novos. Eles tinham deixado a Edith Grove, saído pela porta enquanto o apartamento desmoronava atrás deles. Pois agora tinham dinheiro, e quem quer viver daquela maneira? Foi um daqueles movimentos cuja importância só fica clara posteriormente, quando você percebe que era menos um lugar do que uma época. Clubes, festas, shows, um mundo perfeito de ruas de Londres, discos de sucesso e dinheiro, dias azuis e noites negras que pareciam que continuariam para sempre, até que... um dia... você liga a televisão...

– Vi em uma pequena televisão em preto e branco – disse-me Dick Taylor. – Eu estava no apartamento de uma garota e me lembro porque, ao mesmo tempo, o gato estava doente. Não acho que estivesse relacionado. Foi só tipo: "Oh, o gato está muito doente, e atiraram no presidente Kennedy."

– Eu tinha um disco subindo nas paradas, *Misty* – disse-me Lloyd Price, que escreveu o que é possivelmente a primeira canção de rock, "Little Miss Clawdy". – Eu havia me reconstruído como líder de uma *big band* e tinha gravado aquela música lenta, porque uma música lenta é uma assinatura. Ela estava no número dezoito das paradas de sucesso, e subindo rapidamente. Então, o presidente foi assassinado. Vinte e dois de novembro de 1963. Eu estava em uma barbearia em Nova York olhando para a televisão enquanto fazia o cabelo. O que eles chamavam de "processar", na época. Queimando meu cérebro. Eu não conseguia acreditar que o presidente tinha sido assassinado. A indústria fonográfica simplesmente morreu. Foi algo como "vire a página, a festa acabou".

A melancolia assolou os Estados Unidos. Ninguém queria ouvir nada, ir a lugar algum. As ruas estavam silenciosas, as tavernas vazias. De vez em quando, uma nação vivencia uma cesura, uma pausa entre eras. Para aqueles que reconhecem isso, é uma oportunidade. Porque uma morte é um nascimento, e uma saída é uma entrada. Porque você só pode chorar por um certo tempo. Porque depois das lágrimas você precisa de riso. Conforme os Estados Unidos emergiam de seu pesadelo, os americanos queriam algo imaculado pela tragédia, fresco e novo. Não é coincidência que os Beatles tenham aterrissado nos Estados Unidos menos de três meses após o assassinato.

13. Sem amor em uma redoma

No OUTONO DE 1989, um amigo me deu um ingresso para ver os Rolling Stones. Eu estava no último ano da faculdade, morando em Nova Orleans. Eu ia para as aulas durante o dia e saía para ver música à noite. The Replacements. The Pogues. Dash Rip Rock. The Long Ryders. Lone Justice. The Wild Tchoupitolas cantando "tenho fogo, não consigo apagar...". Ou ia caminhando da Dumaine até a rua Rampart atrás de um funeral de jazz, os metais tocando "Nearer My God to Thee" a caminho do cemitério porque a morte é incrível e "Didn't He Ramble" no caminho de volta porque a vida é ainda mais incrível. Música era mais do que música; era crença. Ela falava para a natureza da minha existência. Certos bares eram sagrados: o Christmas Club Lounge na rua Oak, uma cabana vinda diretamente das Antilhas francesas; o Benny's na rua Camp, uma casa com um toldo de estanho onde os músicos tocavam depois que todos os outros lugares tinham fechado. Mas Tipitina's era Meca, um estabelecimento lendário batizado em homenagem à canção de Professor Longhair. Havia um busto de Longhair na frente e costumávamos brincar dizendo que, como em um milagre religioso, tínhamos visto o cabelo afro de aço inoxidável crescer. Ouvi praticamente todas as bandas das quais gostava no Tip's: os Neville Brothers, Clifton Chenier, os Radiators, Snooks Eaglin, Jerry Jeff Walker, Big Audio Dynamite, Marcia Ball. Certa tarde, passei lá para comprar uma camiseta, aquela famosa com a banana. O clube estava fechado mas o gerente me deixou entrar. Enquanto pagava, ouvi uma banda fazendo a passagem de som. A guitarra era intricada e limpa. O baixo e a bateria formavam uma teia. Era o Oingo Boingo, um grupo ao qual eu não dera muita importância até aquele exato momento. Aquilo me fez perceber o quanto você precisa ser bom para ser simplesmente legal.

O deus dos hebreus é a ira. O deus dos cristãos é o perdão. O deus do rock'n'roll é a energia. O inimigo desse deus é o rock de arena, que parece e tem a sensação de rock de verdade, mas na verdade é uma abominação. O que me traz de volta ao ingresso que eu ganhara de presente. Era 1989, e os Stones, no meio da turnê Steel Wheels, estavam tocando no Superdome. Eu já os havia deixado de lado. Não eram os rapazes – era eu. Eu havia me tornado fã muito cedo. Eu era o aluno da sexta série cantando "19th Nervous Breakdown". Eu sabia a letra antes de entender seu significado. Mas depois, quando todos me alcançaram, meu amor pelos Stones, que fora precoce e legal, tornou-se lugar-comum. Então, segui para uma música cada vez mais obscura, matagais de vinil onde ninguém poderia me seguir. Contudo, mesmo então, os Stones continuavam sendo minha base. Eles eram o modelo, o grupo primordial. Por causa dos Stones, uma banda deveria ter cinco membros. Por causa dos Stones, uma estrela do rock deveria ser viciada em algo. Por causa dos Stones, toda frase de guitarra deveria ter um toque de Chuck Berry, assim como todo martíni deveria ter um toque de vermute. Eu me sentia em relação ao Stones como você deve se sentir em relação à namorada com quem fez tudo pela primeira vez. Sim, brigamos. Sim, nos separamos. Mas sempre, e para sempre, quem vai saber?

Quando fui vê-los em 1989, eu estava esperando recapturar aquela velha mágica, mas Mick e Keith estavam velhos, Brian estava morto e o Superdome era monstruosamente impessoal, cavernoso e frio. Meu assento era na última fila da parte superior, o mais alto possível. A banda abriu com "Start Me Up" ou "Satisfaction" ou "Jumpin' Jack Flash". Quem se lembra? Quem se importa? Todas as canções eram iguais, como toda a comida no McDonald's é igual. Mesmo àquela distância, havia algo constrangedor na dança de Jagger. Não havia sangue nela, nenhuma vida. Ele estava atuando automaticamente, fazendo aquilo porque fora excitante quando o fizera tanto tempo atrás. Que saco! Ver uma banda que você idolatrara, emulara e amara reduzida a uma série de movimentos antiquados. Você precisa ser jovem para viver o rock'n'roll? O sucesso precoce deixa sulcos tão profundos dos quais você não consegue se libertar?

Sem amor em uma redoma

NAQUELE VERÃO, consegui um trabalho na *New Yorker*. Eu era mensageiro. Eu carregava provas de arquivos por Manhattan, ficando de pé no primeiro vagão do metrô, observando os trilhos em sépia se movendo. Sentava-me no apartamento de escritores que me pediam para esperar enquanto faziam correções. De volta ao metrô, eu poderia ler um matéria que Alastair Reid marcara a lápis, substituindo a frase "pequeno e minúsculo" pela frase "minúsculo e pequeno", ou mudando a cor de uma praia dominicana de "branca" para "loura". Você pode pensar que ver essas pequenas minúcias me curaria da vontade de ser escritor, mas aconteceu o contrário. O fanatismo pelo detalhe preciso pareceu-me similar a Keith Richards voltando repetidas vezes ao estúdio em busca do som perfeito para a frase de abertura de "Honky Tonk Women".

Eu queria ser escritor desde pequeno. Acho que tinha algo a ver com a biblioteca na nossa casa. Desde o começo – antes dos discos, antes das guitarras – parecia-me claro que não havia nada mais importante do que um livro. Quando Deus quis contar sua história, ele não fez um filme. Li todos os livros em nossa casa. Eu me importava menos com o assunto do que com o som das palavras. Comecei a escrever como *freelancer* para a *Rolling Stone* em 1993. A revista era perfeita para mim, pois a sensibilidade de seu fundador, Jann Wenner, refletia a minha. Gonzo mais rock'n'roll. Depois do meu segundo ou terceiro artigo, um editor me chamou e disse que Jann queria me ver imediatamente.

– Acho que ele vai lhe oferecer um emprego em horário integral.

Eu estava ficando em um condomínio no Upper East Side. A *Rolling Stone* fica na rua 52 com a Sexta Avenida. Pensei sobre Jann enquanto atravessava o Central Park. Eu o conhecia como um personagem secundário nos livros de Hunter S. Thompson. Eu também o vira, não muito antes, sendo entrevistado. Ele era do Oeste, com botas de caubói, infantil e anasalado. Eu admirava sua história. Ele abandonara Berkeley quando tinha dezenove anos, pegou dinheiro emprestado com amigos e parentes e fundou a revista, que começou em São Francisco. Ele queria que a *Rolling Stone* fosse sobre música, mas também sobre a cultura criada pela música. Seu assunto era o mundo; sua lente, o rock'n'roll.

Sentamo-nos à mesa redonda no escritório de Jann. Ele apoiou os pés na mesa e recostou-se. Através das grandes janelas atrás dele, eu podia ver a Sexta Avenida. Ele perguntou-me sobre minha infância, minha experiência na faculdade, minha cidade natal. Contou-me sobre os primeiros anos da revista, lidando com Hunter Thompson, os ótimos artigos que ele publicara. Eu viria a conhecer bem Jann. Quando queria fazer uma matéria sobre um amigo – Clive Davies, Lorne Michaels – ele costumava me enviar. Eu me perguntava por quê, mas nunca o indaguei a respeito.

– Se Jann gosta de você – disse-me um editor antes da entrevista – ele perguntará sobre qual banda você gostaria de escrever. Não diga a verdade. Qualquer banda que você mencionar, ele jamais lhe dará o trabalho.

Em outras palavras, eu estava preparado. Como eu queria entrevistar os Stones, falei para Jann:

– Bem, se pudesse ser qualquer um, acho que escolheria Bruce Springsteen.

Nos meus primeiros meses na *Rolling Stone*, fui designado para escrever matérias excêntricas. Escrevi sobre um ciclista de mountain bike chamado Wayne Maluco, sobre Jennifer Lopez e Rosie Perez e as Fly Girls, sobre o DJ underground Junior Vasquez. Viajei pelo Maine com o comediante Carrot Top, que saiu de um banheiro em Bangor com papel higiênico pendurado nas calças. Mas, com o tempo, Jann aproximou-me do tema central da revista: música. Escrevi artigos sobre Naughty by Nature, Hootie & the Blowfish, Nas, os Mavericks. Então, em junho de 1994, recebi o telefonema de Sid Holt, o gerente editorial da revista.

Ele perguntou-me o que eu faria naquele verão.

– Nenhum plano especial. Por quê?

– Jann precisa que você voe até Toronto para ver os Rolling Stones ensaiarem para sua turnê.

– Estou bastante ocupado – eu disse. – Quando precisam que eu vá?

– Hoje à noite.

– Tudo bem.

Sem amor em uma redoma

Os STONES TINHAM ACABADO de concluir *Voodoo Lounge*, o segundo álbum depois de Jagger e Richards terem se reconciliado de sua famosa briga e voltado para a estrada – esta fora a turnê que eu vira em Nova Orleans, Steel Wheels.

– Nós superamos aquilo – disse-me Keith. – Quebramos nossos ossos mas eles cicatrizaram e nunca vamos quebrá-los no mesmo lugar outra vez.

Meu avião saiu do aeroporto LaGuardia no pôr-do-sol. Eu parecia calmo por fora, mas minhas entranhas rugiam como um carro em ponto morto com o acelerador pressionado até o fundo. O avião decolou para o norte. O país estava escuro pela janela, mas dava para ver que era verão. Passei rápido como uma bala pela alfândega canadense, depois peguei um táxi para o Hotel Harbour Castle – onde, doze anos antes, Richards fora detido pela Real Polícia Montada e acusado de tráfico de heroína. Fiquei em um quarto no mesmo andar da equipe e estava desfazendo as malas quando a agente de Keith, Jane Rose, bateu na porta. Doce e bonita, Jane carregava um cachorrinho. (Tenho uma foto minha com o cachorro na minha escrivaninha.) Era tarde e eu não esperava ter notícias de ninguém até de manhã, esquecendo que estávamos agora no horário do rock'n'roll.

– Eles acabaram de começar a ensaiar – disse-me Jane. – Vamos conferir.

Seguimos de carro sob uma lua crescente, passando por casas com luzes amarelas nas varandas, TVs brilhando em salas de estar azuis. Estávamos em uma missão, nos encontrando com líderes rebeldes nos arredores da cidade. O carro parou diante de uma escola primária e entramos. Era a típica imagem de armários de troféus e murais de avisos, corredores dolorosamente silenciosos. Nenhum lugar é mais assustador do que uma escola primária à noite. Então, eu ouvi. "Brown Sugar"! Aquele riff inconfundível. Ele me atingiu como uma bala. Jane conduziu-me pelos corredores, passando por salas de aula, e finalmente descemos uma escada. Empurrei uma porta de vaivém e parei na passagem, olhando. A bateria e as guitarras. Os microfones e a mesa de som. Os Stones, seus rostos tão grotescos quanto os de gárgulas. Familiares, mas estranhos. Cabeças gigantes em corpos minúsculos. Keith captou o olhar de Jane e sorriu, um sorriso perverso. Ver os Stones em um ginásio tão parecido com aquele no qual me faziam dar voltas correndo por ser um espertinho foi perfeito. Significava que eu completara o círculo, retornara ao habitat de tiranos do ginásio com cortes de cabelo militares, aforismos e assobios, agora reaproveitado para o rock'n'roll. Sobre a montanha, através do espelho, dentro da fábrica de chocolate, caindo no buraco do coelho, entrando em Nárnia.

À meia-noite, Jane foi embora. Durante as várias horas seguintes, éramos apenas eu, um engenheiro de som e a banda. Sentei-me em um banco e os assisti montarem um show. Como eu era um garoto concentrado em fazer um bom trabalho, a estranheza da situação não me ocorreu até mais tarde. Hora após hora, eles tocaram para um público de exatamente uma pessoa. Entre os números, eles ficavam de pé fazendo sugestões de canções do catálogo e conversando sobre elas.

– Tudo vai muito bem no ensaio – disse-me Jagger. – Mas e se você sobe no palco diante de todas aquelas pessoas e o show sai uma merda? E se elas ficarem entediadas? Não é uma sensação boa.

Quando todos concordavam quanto a um número, o engenheiro procurava em uma pilha de CDs, depois colocava a gravação original. Keith dedilhava a guitarra enquanto a música tocava, avaliando. Ron Wood, muitas vezes com a tarefa de replicar o trabalho de Brian Jones ou do guitarrista posterior dos Stones, Mick Taylor, identificava acordes e os anotava em um bloco. Mick quicava. Na verdade, ele nunca parava de se mexer.

– Você se lembra das músicas de um jeito, mas quando volta e as escuta de novo, você se dá conta de que era diferente – disse-me ele. – Para nós, com tantas canções e tantos shows no passado, escutar a gravação antiga é uma maneira de lembrar como fizemos algo, de encontrar o groove.

Descrevendo o ensaio na *Rolling Stone*, escrevi: "Jagger diz um título, um técnico coloca a faixa, e os Stones, como crianças copiando uma imagem de uma revista em quadrinhos, tocam diretamente por cima do original. Então há uma segunda vez, tocada com diversão, agora sem auxílio do disco. Na terceira vez, a banda toca uma versão completa. No final de tudo isso, se a canção manteve um pouco de seu poder original, Wood atravessa o ginásio e anota o título em uma tabela a partir da qual a banda eventualmente criará um setlist."

"Not Fade Away", "Connection", "Rip This Joint", "Doo Doo Doo Doo Doo (Heartbreaker)", "Far Away Eyes". A banda trabalhou em dez ou doze canções próprias naquela noite. Houve covers também: "Mr. Pitiful" e "I Can't Turn You Loose", de Otis Redding; "I Can't Get Next to You", uma canção dos Temptations que Jagger disse que queria "tocá-la como Al Green faz". No começo da madrugada, Jagger e Richards estavam de pé atrás de teclados elétricos em lados opostos do ginásio, cantando juntos "Memory Motel", uma balada melancólica sobre um caso de amor à beira da praia em Montauk, Long Island. Observá-los, ouvir suas vozes se misturando, lembrou-me do que eu sempre amara nos Stones – os altos e baixos de Mick e Keith, que representam a amizade de modo geral.

De vez em quando, um dos Stones olhava para mim e sorria. Keith disse:

– Como estamos indo, garoto?

Mick piscou um olho. A caminho do saguão, ele sussurrou:

– É mais divertido do que parece.

Tentei me fundir com o cenário enquanto escrevia títulos de canções e trechos de diálogos no meu caderno. Em um certo ponto, Charlie disse que eu era um espião. Fiquei ruborizado, mas depois percebi que aquilo era o senso de humor de Charlie. Se ele zomba de você, ele aprova. Do contrário, silêncio. Nos intervalos, os Stones conversavam sobre a Copa do Mundo, o julgamento de O.J. Simpson ou a estranheza de estar de volta a Toronto, local da infame prisão por drogas de Keith.

– Se eu tivesse rancor de toda cidade em que fui detido – disse-me ele – não restaria nenhum lugar para ir.

Assistentes começaram a aparecer com sedãs de luxo por volta das cinco da manhã.

– Estamos todos ficando em casas a mais ou menos quinze minutos de distância umas das outras – disse-me Ron Wood. – Exceto Charlie, que está no hotel. Ele precisa ter seu quartinho onde possa colocar suas coisinhas organizadamente. Bateristas são assim.

Fui de carro com Charlie de volta para o Harbour Castle. Ele passara a noite toda tocando, mas ainda parecia inteiro, de calça de sarja e com o tipo de camiseta que só quando chega perto percebe que é feita de algo mais fino do que algodão. Seu cabelo grisalho estava curto. Ele falava suavemente. Em uma banda composta por integrantes cujas roupas velhas estão em exibição permanente no Hall da Fama do Rock'n'roll, o baterista é o mais estiloso. De longe. Ternos e gravatas, lenços de seda e chapeu-coco – Charles está ao mesmo tempo no centro da ação e a uma certa distância, afastado, etéreo, frio. Quando eu disse a ele que costumava beber no Checkerboard, o bar de Buddy Guy em Chicago, ele sorriu. Conversamos sobre a Chess Records e o South Side, o lago no verão e quando está congelado, Muddy Waters e Howlin' Wolf. Ele disse que havia apenas cinco americanos que tinham feito diferença na música moderna, depois mencionou três: Charlie Parker, George Gershwin e Duke Ellington.

– Não é que eles sejam meus favoritos – ele explicou. – Por exemplo, gosto mais de Count Basie do que de Duke Ellington. Apenas acho que a influência de Duke Ellington na música americana foi muito maior.

Sem amor em uma redoma

Conversamos sobre sua coleção de artefatos da Guerra Civil, o que parece conectado, de modo não declarado, com a música americana que é sua paixão. Enquanto o carro estacionava, perguntei por que ele ficava no hotel, longe dos outros membros da banda.

– Não é preciso morar juntos, como os Beatles fizeram – disse-me ele. – Nunca fomos assim. Gosto de estar com Keith mas isso não significa que preciso estar perto dele o tempo todo.

NA NOITE SEGUINTE, fomos de carro para a escola por volta das oito horas, o que me daria tempo para conversar com os Stones antes do ensaio. Ron Wood e Keith Richards jogavam sinuca em uma sala descendo o corredor do ginásio – uma mesa de sinuca é colocada onde quer que eles se instalem. Keith vestia jeans, botas, uma camiseta e um casaco de pele de leopardo. Ele parecia cansado, apático. Ronnie usava uma camisa que provavelmente fora roubada da esposa – rendada e preta. Fui recebido calorosamente pois Charlie dissera a todos que eu era legal. Ronnie ofereceu-me um gole de sua garrafa de Jack. Aceitei, fazendo uma careta. Keith estava revirando a maleta de médico antiquada que carregava para todos os lugares. Seu rosto era estoico e assustadoramente são, cabelo pendendo sobre olhos pretos cintilantes. Reparei em seu brinco e no anel em forma de crânio no dedo anular. Reparei em seus dentes e nos dedos retorcidos. Ele parecia exatamente como se supõe que Keith pareça, belo de uma maneira que jamais será reproduzida, tão confiável quando Monk Eastman, rei das gangues do East Side.

Jagger e Richards tinham 51 anos. Enquanto escrevo isto, estou com 46. Mas sinto-me o mesmo de sempre, enquanto que eles pareciam tão velhos quanto uma pessoa pode ficar. Os jornais estavam repletos de piadas sobre a senilidade que os espreitava. Uma manchete referia-se a eles como "the Strolling Bones" [os Ossos Ambulantes]. Quando perguntei a Keith a respeito, ele zombou.

– Em qualquer noite, ainda somos uma banda muito boa – disse-me ele. – E, em algumas noites, talvez até a melhor banda do mundo. Portanto, dane-se a imprensa e o lixo que dizem sobre a Turnê Geritol. Seus babacas. Esperem até chegar à nossa idade e vejam como estarão. Tenho uma novidade para vocês, ainda somos um bando de desgraçados durões. Enforquem-nos e, ainda assim, não morreremos.

Depois de passar algum tempo com todos os outros, Tony King levou-me para ver Mick Jagger. Tony, que na época servia como uma espécie de assistente particular de Mick, tem sido parte da cena desde o começo: ele estava na Decca *antes* de os Stones serem contratados. Ele é alto, engraçado, levemente perverso e ridiculamente bonito. Não há nada que ele não saiba.

Mick estava separado dos outros, em um trailer atrás da escola. Tony conduziu-me até ele como um plebeu é conduzido até a rainha. Ficamos no lado de fora até Tony receber o sinal. Houve uma pausa, o momento se estendeu, entramos. Era uma espécie de casa móvel. Sentei-me no sofá. Jagger estava ao telefone, discutindo locais para shows, preços. Ele não percebeu minha presença. Eu não estava lá. Ele apoiou a testa na palma da mão, suspirou. Seus movimentos eram fluidos. Sentou-se rapidamente, cruzando as pernas. Seu rosto era comum e cinzento, apenas mais um inglês jogando com o mercado. Então, enquanto terminava a ligação, virou-se para mim, sorriu e tornou-se Mick Jagger. A transformação foi impressionante. Foi como se uma luz tivesse acendido dentro dele. Conversamos por trinta ou quarenta minutos. Ele perguntou-me sobre minha música favorita, sobre O.J. e futebol americano, fez piada com o meu cabelo, que tinha se tranformado, sem que eu me desse conta, em algo estúpido. Tony deu um tapinha no meu ombro. Hora de partir. Ele conduziu-me para fora, mas nunca superei aquilo: como aquele homem de negócios exausto pressionara um interruptor e se transformara em uma estrela do rock.

Passei uma semana em Toronto. Todos os dias eram iguais. Eu acordava ao meio-dia, fazia hora até as oito, depois ia para a escola assistir aos Stones ensaiarem. Entrevistei os músicos e os membros da comitiva, roadies, engenheiros e executivos da turnê. Conversamos durante intervalos ou de

Sem amor em uma redoma

volta no hotel ou caminhando pela cidade ou bebendo no bar ou durante uma refeição. Sentei-me com Jagger em seu trailer, e depois novamente no jantar. Ele inclinou-se para perto de mim, pousou uma mão no meu braço. Em público, ele geralmente é acompanhado por um guarda-costas. Houve um tempo no qual as pessoas esperavam o assassinato de Mick, como esperavam a morte de Keith por overdose. Esses homens devem agora acreditar que estão anos além da zona de perigo, mas o antigo temor nunca desaparece completamente. Mick caminha através de saguões de aeroportos e de hotéis em um passo que chamo de casual rápido – o mais rápido que pode, enquanto atrai o mínimo de atenção possível. Vi pânico em seu olhar certa noite no jantar quando um fã bêbado sentou-se de repente ao seu lado, imprensando-o em uma cabine e se gabando de um show dos Stones que vira em 1972: o tumulto da multidão, os bis. O guarda-costas congelou, e pude ver Mick calculando as probabilidades, perguntando-se se aquela seria a noite.

Conversamos sobre o novo disco e o novo selo da banda, sobre a aritmética dos shows e se é pouco característico para um roqueiro estar envolvido nos negócios da turnê.

– Mas, para mim, isso não são negócios *negócios* – disse Jagger. – Acho que as pessoas meio que entendem errado quando dizem: "Mick é interessado nos negócios." Negócio é olhar para os dólares e centavos e quanto você está recebendo e quanto está gastando. Não estou interessado nisso. O que acho interessante é fazer a coisa toda funcionar.

Quando você entrevista Mick Jagger, você toma consciência de um fenômeno estranho. Suponho que esteja relacionado com a magnitude de sua fama, sua presença e persona, o que faz com que suas declarações mais comuns pareçam profundas. À medida que ele fala, você olha para seu gravador e pensa: "Sou um pescador capturando coisas maravilhosas na minha rede." Cada maneira de dizer algo traz a sensação de um furo de reportagem invocado por sua própria presença confiável. Mas depois, quando as entrevistas são transcritas, você se dá conta de que sua rede está vazia. Mais uma vez, o animal mítico escapuliu. A impossibilidade de conhecer Mick Jagger, que não é compreendido porque não quer ser compreendido; que dá somente o que precisa ser dado; que dominou o truque do atleta profissional de responder a tudo sem dizer nada. Mistério é poder. Distância é carisma. Você quer defini-lo e ir embora, mas não consegue, então fica ouvindo para sempre. É um paradoxo. Mick Jagger é exposto excessivamente mas, no entanto, permanece oculto. Ele está entre as pessoas mais famosas do mundo, mas quem é ele realmente? Será que alguém sabe? Será que ele mesmo sabe? Ele é Mercúrio – um planeta sólido – ou é Netuno – uma bola de gás orbitando o sol? Como ele sobreviveu? Como passou de tragédia em tragédia aparentemente intacto? Aqui está a estrela do rock em forma platônica. Até seu nome de batismo soa como um pseudônimo, tão ameaçadoramente irreal quanto nomes artísticos inventados por artistas menores: David Bowie, Sid Vicious, Joe Strummer, Johnny Rotten.

– Você se lembra daquele show? – perguntei mais tarde.

– Qual show?

– Aquele sobre o qual o cara bêbado estava falando... 1972.

Mick gargalhou.

– Não, tenho certeza que não.

– Você se lembra de qualquer um dos shows antigos?

Mick pensou por um momento, então disse:

– Mais do que você imaginaria. Sou muito bom nisso. Às vezes, pessoas me abordam na rua e dizem: "Ah, vi vocês em Heidelberg em 1976." Eu digo que não me lembro. Então, eles dizem: "Você se lembra do cara que saiu correndo e saltou do palco?" E eu digo: "Sim, *disso* eu me lembro!" Por algum motivo, essas coisas permanecem com você durante anos. Especialmente plateias... é muito impressionante o quanto você se lembra.

Perguntei a Mick se ele sentia falta de se apresentar quando não estava na estrada.

– Não sinto tanta falta assim, não – ele disse. – Não sou uma dessas pessoas. Existem algumas pessoas, elas falam o tempo todo sobre voltar para a estrada. Tenho muita sorte por não ser assim. Eu fico um pouco miserável e deprimido às vezes, e preciso me apresentar. Mas não tenho aquele desejo por isso que algumas pessoas têm. É um tipo de vício.

Sem amor em uma redoma

Fiz a pergunta que todo repórter faz: Você imaginava, quando era jovem, que ainda estaria fazendo isso aos cinquenta anos? É claro que, quando perguntam isso hoje, não é cinquenta, mas setenta – setenta anos de idade e cantando "Satisfaction". Mick disse, certa vez, que preferiria estar morto a estar cantando "Satisfaction" aos 45 anos. Era um sentimento generalizado. The Who estava gritando: "Espero morrer antes de ficar velho." Mas não era tocar rock'n'roll na meia-idade que era inimaginável – era a própria meia-idade. Todos tinham 24 anos. Depois, todos tinham 49.

– Eu não pensava absolutamente no futuro quando tinha vinte anos – disse-me Jagger. – Um ou dois amigos pensavam a respeito e eram chatos. Não me importo muito com o passado ou com o futuro. Só com o agora. O que quer que mexa com você agora é o que importa.

ENTREVISTEI RON WOOD na escola. Tenho uma foto tirada justamente quando estou me sentando. Estou usando uma credencial de acesso livre dos Stones e segurando meu gravador. Pareço muito jovem e muito sério. Woody parece uma estrela do rock que acaba de sair da embalagem. Renda preta, sombra de olho e cabelos naquele tom preto misterioso de Elvis. Ele juntou-se aos Stones em 1975 – depois que Brian Jones morreu e seu substituto, Mick Taylor, demitiu-se. Ele me disse que ainda se referiam a ele como "o garoto novo". Ele é provavelmente o membro da banda mais fácil de caricaturar. Careta, nariz adunco, olhos negros, dentes serrilhados. Feio de uma maneira inglesa *vintage*. Sua fala é Spinal Tap puro.

– O que surgiu no decorrer da minha vida que é terrível para os jovens é a aids – disse-me ele. – É por isso que [minha esposa] sabe que eu jamais... É claro, rapazes serão rapazes. Nos velhos tempos, se alguém dissesse "Ei, você poderia vir comigo..." Tudo bem, você sabe, sim! E realmente sinto saudades das antigas *groupies* porque costumava haver alguns personagens ótimos. Mas elas não são mais tão bonitas quanto costumavam ser e sempre há aquela chance de contrair a doença.

Quando perguntei a Wood se *ele* se lembrava dos shows antigos, ele gargalhou.

– Eu me lembro de tudo – ele disse. – Lembro-me de Anaheim, quando Mick disse "Deem-me seus sapatos", e uma chuva de sapatos e uma bota de caubói caíram sobre o palco, e depois do show fomos procurar a outra bota e não conseguimos encontrá-la, e foi um grande mistério cômico. E lembro-me de Barcelona, onde tocamos na arena de touradas, e a poeira vermelha subindo e as pessoas.

CONVERSEI COM CHARLIE WATTS em seu quarto no hotel. Ele estava sentado em uma cadeira com as costas voltadas para a janela. Parecia frágil, refinado. Desde o momento em que ingressou nos Stones, ele tem sido um elemento crucial, tanto emocional quanto musicalmente. Ele permaneceu sóbrio enquanto os outros ficavam doidões. Ele permaneceu humilde enquanto os outros acreditavam na própria grandeza. Ele nunca tomou LSD, nunca aderiu ao *flower power*. Ele tem sido o equilíbrio, estoico e inabalado, o amortecedor entre Jagger e Richards, tão necessário quanto a cartilagem que impede que os ossos de seu joelho triturem uns aos outros até se tornarem pó.

Perguntei a Charlie o que ele achava do hip-hop.

– O quê, rap? – disse Watts. – Eu adoro! Sempre amei a linguagem *jive* desde Slim Gaillard, seus últimos poemas, e um cara chamado Scott-Heron. Fantástico. É como conversa de jazz. Mas não gosto tanto agora. Ficou um pouco previsível e monótono. Mas é o que acontece com coisas populares. É como o cha-cha-cha. As primeiras duas vezes que tocaram cha-cha, foi uma coisinha adorável. "Cherry Pink and Apple Blossom White". Era legal. Mas depois de dois anos, era uma porcaria. O rock'n'roll também foi assim. Ele sai pelos portões rugindo, depois se dissipa.

Conversamos sobre roupas. Charlie tem um estilo incrível. Não é algo que você consegue fazer só porque tem dinheiro. É como ter ouvido para a música. Ou você o tem, ou não tem.

– Aonde você quer chegar? – perguntou Charlie.

Sem amor em uma redoma

— Seu senso de estilo — eu disse.

— Se você quer ver minhas roupas, porque simplesmente não pede?

— Posso ver suas roupas?

Charlie atravessou o quarto e abriu o armário. Parei ao seu lado e olhei. Casacos xadrez e ternos de gabardine, lenços e gravatas de casimira, camisas organizadas pelas cores, dos tons vibrantes ao amarelo bebê. Charlie chegou ao seu guarda-roupa como Gatsby. É uma ambição. Gatsby queria se vestir como o pessoal que andava na moda em Manhattan. Charlie queria se vestir como Dexter Gordon e Miles Davis, grandes nomes do jazz com um senso elegante do pitoresco dos clubes noturnos. O visual de Charlie, que sempre tem sido norte para a banda, é a resolução de opostos: o sóbrio empresário da Fleet Street fundindo-se com o malandro da Beale.

— A idade não lhe traz talento, mas lhe traz personalidade — disse-me ele. — Músicos antigos como Ben Webster e Lester Young tinham muita, mas muita personalidade. Eles *eram* personagens e isso estava em seu modo de tocar. Não quero dizer que Louis Armstrong aos sessenta anos tocava melhor do que Louis Armstrong aos vinte. Não acho isso, necessariamente. Mas ele transmitia Louis Armstrong melhor, se é que você me entende.

ENTREVISTAR KEITH É o oposto de entrevistar Mick. Mick é absolutamente claro, Keith é difícil de entender. As frases de Mick são concisas, as de Keith tortuosas. De vez em quando, ele gargalha sem motivo aparente, como se seu humor surgisse de repente, e a gargalhada muitas vezes inicia um acesso de tosse. Ele parece proceder através de livre associação, de um *non sequitur* para outro. Quando você grava uma entrevista com Keith, você fica preocupado por não estar capturando nada em sua rede além de bagres e talvez um pneu. Mas quando *essas* fitas são transcritas, você se dá conta de que pescou um tesouro. Enquanto as respostas de Mick, claras e precisas, revelavam pouco, as respostas murmuradas de Keith eram reveladoras, inteligentes e surpreendentes.

Quando perguntei a Keith sobre sua briga com Jagger, ele disse:

– Você torna isso algo pessoal, mas, olhando de uma distância, parece que a coisa principal que estava incomodando Mick e eu, sem que nos déssemos conta, era saber que não poderíamos continuar a fazer o que estávamos fazendo para sempre. A banda. Precisávamos fazer outra coisa se quiséssemos seguir avançando; precisávamos ser outra coisa. Tínhamos atingido um platô. Naquele ponto, depois de termos saído e gravado discos solo, ou a banda termina ou sobrevive à tempestade. Nunca duvidei disso. Não mesmo. Mas sempre havia essa chance. Todas aquelas brigas internas. Estávamos tentando romper o vácuo de sermos exclusivamente os Rolling Stones. Algo estava faltando.

Keith estava sentado em uma cadeira de couro vermelha com braços ornamentados de madeira enquanto conversávamos, como um rei em um conto de fadas. Uma Telecaster é seu cetro, um anel de crânio seu sinete. Eis um monarca que está há tempo demais no banquete, embebedando-se com hidromel. Seu rosto era marcado porém belo, romântico. Marianne Faithfull descreveu-o certa vez como uma alma byronesca atormentada. Sombrio e devastado, esvaziado até a alma, tão desiludido quanto um existencialista que sabe que a única verdade é aquela que você cria com sua guitarra.

– Você está conversando com o louco – disse-me ele, gargalhando. – O maldito lunático original.

Keith abandonara a heroína, mas ainda havia bebida, cigarros, comprimidos. De vez em quando, você precisa enlouquecer os sentidos. Há uma espécie de reafirmação em conversar com Keith. Não há nada que você tenha feito que ele não tenha feito em excesso – nada que você tenha sofrido a que ele não tenha sobrevivido. Você se confessa a ele como se confessa a um padre bêbado. Keith é Matusalém, talvez não infinitamente sábio, mas infinitamente experiente.

Como eu não conseguia pensar em nada para dizer, perguntei a ele sobre seu estilo de vida.

– Meu estilo de vida?

– É, seu estilo de vida.

Ele gargalhou.

Sem amor em uma redoma

– Não tenho um estilo de vida – ele disse. – Sou apenas eu. Faço o que faço. O que é meu estilo de vida? Não sei. Arrasto-o em uma corrente atrás de mim. *Junkie* e louco, deveria estar morto, gênio mítico. Depende de onde você vem e como olha para mim.

Perguntei o que ele esperava conquistar com mais uma turnê.

– Você nunca diz para si mesmo: "Já fizemos isso?"

– Ninguém fez uma banda de rock'n'roll chegar tão longe. Então, por que parar? – disse ele. – Por que não descobrir exatamente por quanto tempo conseguiremos continuar? Os garotos estão tocando bem. E o que realmente conheço é a música dessa banda, e, se um deles sentisse que não estava se saindo bem ou não conseguisse, ou não quisesse, isso não aconteceria. A única razão pela qual isso está acontecendo é porque queremos que aconteça. E você realmente não precisa de nenhuma outra razão além desta.

– As apresentações mudaram ao longo dos anos?

– A sensação de tocar sempre foi a mesma – ele disse. – Você pode estar se sentindo como merda de cachorro cinco minutos antes de começar... Você pode estar com febre ou ter bebido a água errada... Mas no minuto que escuta: "Senhoras e senhores, os Rolling Stones"... você está curado. Quando termina, você se sente ótimo. É uma cura para tudo. Recomendo isso para todo mundo.

Quando os Beatles pararam de fazer turnês no final da década de 60, John Lennon disse: "Fomos o mais longe que pudemos na estrada." Mas, segundo Keith, não há fim para a estrada. O rock'n'roll só vive diante de uma multidão.

– Não podemos existir sozinhos – disse-me ele. – Podemos ser fantásticos no ensaio, e quem fica sabendo? Somente a banda. Precisamos do ingrediente final, o qual, para os Rolling Stones, é o público. É aquele dar e receber: recebemos energia deles, depois a damos de volta. É uma via de mão dupla. No palco, você está três segundos à frente da vida. Com um pouco de sorte, às vezes cinco, dez segundos à frente. Você sabe o que está acontecendo logo antes de acontecer. Deve haver um vidente lá em cima quando as coisas estão indo bem, porque você olha para seus dedos, pensando: "Não sei fazer isso. Não sei fazer o que estou fazendo." Isso é o que o público faz para uma banda. Sempre fico impressionado – acrescentou Keith – quando olho em volta da sala logo antes de subirmos ao palco... Ali está Mick, ali está Charlie, aqui estou eu... e me dou conta de que é isso. É tudo o que é e o que sempre foi. Apenas amigos que se encontraram há muito tempo e conhecem uns aos outros desde antes do rock'n'roll.

Perguntei a Keith se ele poderia explicar o sucesso contínuo dos Stones.

– Não analiso isso muito de perto – disse-me ele –, mas devido a alguns ingredientes misteriosos esta banda é interessante para as pessoas. Gosto de pensar que é porque somos uma boa banda. E é simples assim. Mas não tenho certeza de que isso dê conta de tudo. Há algo na química entre esses caras. Os bons tempos e os ruins, também.

– Por quanto tempo você acha que os Stones continuarão tocando?

– Não sei: quanto tempo viverei? Fui o número um na lista da morte durante anos, então não curto previsões.

Ele tomou um gole de algo, fez uma careta, sorriu, limpou a garganta, depois começou a *me* fazer perguntas: o que eu achava do disco novo, dos ensaios, de passar tempo com eles? Quando tentei explicar o que os Stones tinham significado na minha vida – o pôster no quarto do meu irmão, aquele primeiro disco, os shows de talentos do ginásio – ele me interrompeu:

– Em que ano você nasceu?

– Mil novecentos e sessenta e oito.

– Não consigo imaginar isso – ele disse, sorrindo. – É estranho. Você deveria estar me respondendo as perguntas. Diga-me você. Eu não sei. Como é viver em um mundo no qual os Stones sempre existiram? Para você, sempre houve o sol e a lua e os Rolling Stones.

Keith riu em silêncio – um ronco abafado, a tosse contida –, pegou sua maleta de médico, levantou-se. Hora de ensaiar. Mas, antes de partir, ele me fez um elogio que me fez superar muitas dificuldades:

– Vou lhe dizer uma coisa. Charlie gosta de você. Ele gosta de você de verdade, o que é muito incomum. Não é toda década que Charlie dá uma entrevista e diz: "Gosto dele. Aquele é um cara interessante." Isso é muito raro. Você merece a medalha de ouro por isso, garoto.

Sem amor em uma redoma

CERTA TARDE, os Stones se reuniram no refeitório da escola, que fora tomado por câmeras e telas verdes, para filmar um vídeo de "Love Is Strong". Isso foi em 1994, quando a MTV era a MTV. David Fincher estava dirigindo. O cenário era legal – os Stones, ampliados em proporções gigantescas, caminhando por Manhattan como Godzillas –, mas a maneira que Jagger e Richards recostavam-se um no outro, sussurrando, interessou-me mais. Foi a primeira vez que vi os dois passando algum tempo juntos. Os Stones se separaram na década de 80 e se reuniram na de 90, mas Mick e Keith nunca se reuniram de verdade. O que eles tiveram na primeira vez era amor; o que veio depois era um acordo. Mas ao vê-los trabalhando no vídeo, você podia imaginar como a vida tinha sido antes de tudo dar errado.

14. Primeiras frases

George Gershwin compôs suas primeiras melodias no piano da família no West Side de Manhattan. Jack Kerouac escreveu *Na estrada* rapidamente na casa da mãe em Nova Jersey. Mick Jagger e Keith Richards fizeram suas primeiras composições em seu apartamento em Londres – Mapesbury Road, 33, Chelsea – no qual Andrew Oldham os trancara com a advertência: "Não saiam sem uma música."

Oldham não compreendia tal absurdo.

– Eu não era um compositor – disse-me Keith. – Eu tocava guitarra. Eu ficava de pé no palco. Mas Andrew não sabia disso.

Mick e Keith eram performers, não compositores. Eles tocavam números tradicionais que se desenvolviam por acumulação, com material novo acrescentado ao antigo até se tornar algo impressionante e estranho. Uma canção como "Stagger Lee" não pertence a ninguém. É um objeto encontrado. Apareceu na praia. Portanto, escrever uma canção original de blues seria uma falsificação – uma obra nova feita para soar antiga. Uma imitação.

Por que Oldham insistiu?

Na verdade, isso estava relacionado com o catálogo de blues, aquele conjunto de canções que os Stones poderiam escolher para seus discos. Oldham acreditava que a banda já utilizara a maioria das canções que tinham condições de atravessar a fronteira e se tornar sucessos pop. É por isso que ele precisara brigar por aquele segundo single de Lennon e McCartney. Além do mais, ao criar canções originais, ser dono dos direitos autorais era o próximo passo óbvio. Os Beatles tinham mudado as regras: uma banda precisava compor músicas. Bob Dylan tornou isso ainda mais

Primeiras frases 117

importante. Era uma questão de autenticidade. Um cantor cantando suas próprias palavras é um artista; um cantor fazendo um cover das palavras de outra pessoa é um ator.

Por que Oldham cutucou Mick e Keith para escrever aquela primeira canção, uma decisão que perturbaria a dinâmica da banda? Afinal de contas, havia cinco Stones, ou seis se você incluísse Ian Stewart. Mick e Keith nem sequer eram a escolha lógica. Fora Brian quem formara o grupo, era ele que falava com a imprensa, tinha o senso fervoroso de estar em uma missão. Oldham disse que foi porque ele vira Mick e Keith fazendo arranjos no estúdio, portanto sabia que podiam compor. Mas a proximidade também deve ser levada em conta. Em 1964, Oldham fora morar com Jagger e Richards. Quando ele decidiu encomendar uma canção original, Mick e Keith estavam à mão. Geografia é destino. Além disso, Brian era puro demais. Sua defesa convicta do blues tradicional tornava-o menos disposto a compor o tipo de material necessário. O que seria um desafio para Mick e Keith soaria como se vender para Jones. Havia também a questão do talento. Segundo Oldham, Brian simplesmente não tinha o talento necessário. Ele prosperou quando a técnica era tudo, mas teve dificuldades quando compor tornou-se fundamental.

Jagger e Richards não eram compositores natos como Lennon e McCartney, que teriam sido compositores em qualquer era. Tendo chegado nesse ponto como resultado de uma demanda, eles progrediram através de tentativa e erro. Suas primeiras canções tendiam a ser baladas – "It Should Be You", "That Girl Belongs to Yesterday" – totalmente inapropriadas para a imagem que Oldham elaborara para os Stones. Oldham explorou essas primeiras composições com outros clientes. A primeira canção de Jagger e Richards a chegar ao Top Ten foi "As Tears Go By", cantada por Marianne Faithfull. Mick e Keith levaram meses para entender como compor para o próprio grupo. A revelação não veio através de uma imitação do blues, mas da abordagem dos músicos de blues, cujas letras adquiriam poder incluindo particularidades de suas próprias vidas. Enquanto compositores pop tendiam a se deter no universal – amor e corações partidos –, os músicos de blues citavam nomes, clubes e tavernas, certas mulheres em certas cidades.

Quando Robert Nighthawk canta "fui até o Eli's, para tirar minha pistola do penhor", você pode ver o sangue que será derramado na rua Maxwell. Foi somente quando Mick e Keith começaram a inserir particularidades de suas vidas de estrelas do rock que seu som surgiu.

Eles estavam relutantes quanto a levar uma de suas próprias canções para o estúdio.

– Não era como enganar alguén na Tin Pan Alley e deixar que eles acrescentassem um bom arranjo – Keith disse posteriormente. – Precisávamos apresentar a canção para os Stones. Esperávamos que Charlie não nos expulsasse da sala e que recebêssemos um sorriso de aprovação em vez de um leve franzir da testa ou aquele olhar de confusão que é ainda pior do que um "de jeito nenhum" direto.

"Tell Me" foi a primeira canção original dos Stones, levada para os outros oito meses depois de Oldham supostamente ter trancado Mick e Keith na cozinha em Mapesbury Road. Keith abre a canção em uma guitarra de doze cordas. Depois, Charlie entra no tambor. Depois vem Mick, daquele jeito preguiçoso e pausado:

You said we were through before
You walked out on me before*

Você quer ler detalhes pessoais na canção, Mick e Keith, suas vidas sem precedentes de jovens estrelas do rock, mas não é da letra que você se lembra. É a ameaça púrpura por trás das palavras, Keith e Brian cantando em segundo plano, as guitarras, a cacofonia de uma grande banda de bar. A produção é rudimentar, caseira – como se uma quadrilha tivesse invadido o estúdio –, o que atribuiu ao single uma espécie de poder que os Sex Pistols e The Clash conquistaram uma década depois. Lançada em fevereiro de 1964, "Tell Me" foi a primeira canção dos Stones a entrar na lista das cem canções mais quentes da *Billboard* americana.

---

* "Você disse que tínhamos terminado antes/ Você já me abandonou antes." (N.T.)

Primeiras frases 119

O processo Jagger/Richards já estava estabelecido. Uma canção dos Stones geralmente começa com um riff, uma sequência de três ou quatro notas que Richards cria na guitarra. "Jumpin' Jack Flash", "Beast of Burden", "Start Me Up". A capacidade de Keith de elaborar um número aparentemente infinito de frases indeléveis foi um dos milagres do rock'n'roll. Ele brincava com o riff durante semanas ou meses, acrescentava acordes e o gravava em seu gravador de fitas portátil.

– Não sei escrever uma nota de música sequer – ele explicou –, mas a maioria dos melhores compositores dos últimos cinquenta anos também não sabiam.

Depois de acrescentar uma frase característica – por exemplo, "Goodbye, Ruby Tuesday" –, ele a entregava para Jagger, que preenchia o resto: letras, ponte, tudo.

É impossível citar um único antecessor de Keith, mas certos precursores se destacam. Foi Chuck Berry quem estabeleceu a canção pop com guitarra elétrica. De certo modo, todos os riffs dos Stones são apenas uma brincadeira em cima das maiores canções de Berry: "Sweet Little Sixteen", "Carol", "Brown Eyed Handsome Man".

– Mesmo suas introduções são ritmos – Richards disse à *Interview* em 1988. – É tudo tocado em duas cordas, lindo... Os solos de Chuck Berry decolam como uma extensão de seu trabalho rítmico sem perder a força ou o ponto central da música.

É claro que Chuck Berry não inventou seu estilo do nada. Seus truques eram elaborações em cima de outros artistas, instrumentos, gêneros. Nele, você ouve os solos de saxofone de Louis Jordan e as viradas divertidas de seu próprio pianista, Otis Spann, assim como o guitarrista T-Bone Walker, que aprendeu a tocar nas ruas de Dallas, Texas, no começo do século XX, com Blind Lemon Jefferson, que pode muito bem ter inventado o country blues. Você sente toda essa história nas melhores canções dos Stones: as vidas errantes, os barzinhos, a beira do rio onde o homem cego canta ao lado do garoto.

– Todos passam isso adiante – disse Richards. – Se Chuck passou para mim, por exemplo, quem despertou o interesse de Chuck? Louis Jordan e Nat King Cole. Quem despertou o interesse de Nat King Cole?... Essa história vai cada vez mais longe, provavelmente até Adão e Eva.

À MEDIDA QUE A CAPACIDADE de Mick e Keith em compor aumentava, a confiança de Brian diminuía. Bill Wyman disse que a estrutura de poder da banda começou a mudar assim que Jagger e Richards levaram aquela primeira canção para o estúdio. Quando Brian tentava responder com suas próprias músicas, elas eram dispensadas. Oldham decidira: Jagger e Richards eram os compositores.

– Eles nem sequer ouvem qualquer coisa minha – Jones disse a James Phelge.

Segundo Oldham, as músicas de Brian simplesmente não eram boas o bastante. Ou seja, ele não fracassou por ter sido rejeitado, ele foi rejeitado por ter fracassado. Oldham até chegou a trazer um cantor e compositor americano que criara sucessos na década de 50 para trabalhar com Brian. Mas não ajudou. Brian Jones simplesmente não sabia compor uma canção pop.

RICHARDS CONSIDERA "The Last Time", gravada na primavera de 1965, a primeira música de verdade dos Stones. Ela tem todos os elementos que se tornariam característicos: o riff de abertura, o groove e o tema, que é autêntico e específico. Contudo, se "The Last Time" não é um cover, é o mais próximo que se pode chegar de um sem terminar no tribunal, imitando acentuadamente a versão dos Staple Singers da canção gospel "This May Be the Last Time". Keith retrabalhou a canção, acrescentando cordas de aço e velocidade. Desse modo, os Stones descobriram uma fórmula através do cover, tracejando tão fora das linhas originais que uma canção velha tornava-se nova. Mas o movimento característico permanece o mesmo, o decrescendo, o lamento do vocal declinando do verso para o refrão: *"This could be the last time, this could be the last time, maybe the last time, I don't know."** A maior mudança era lírica, um ajuste que replicava uma modificação mais ampla da música de igreja para o rock'n'roll. Um hino sobre Jesus e o Juízo Final tornara-se uma

---

* "Esta pode ser a última vez, esta pode ser a última vez, talvez a última vez, eu não sei." (N.T.)

Primeiras frases

canção pop sobre garotas e punição adolescente merecida. É por isso que pregadores atribuíram essa música a um círculo especial do inferno. Órgãos Hammond e palmas, chamadas e respostas – tiques que definem o rock'n'roll tinham sido surrupiados da casa de Deus, arrastados do altar para a rua.

15. América

O ÔNIBUS DA TURNÊ disparava pela Pensilvânia atravessando território do carvão, cada cidade cercada por montanhas betuminosas. Bill Wyman estava na frente com o motorista. O resto da banda estava no fundo, olhando pelas janelas. Eles estavam vindo da Harrisburg's Farm Show Arena, um show marcado por um agente com um mapa mas pouca noção de escala. Trezentas pessoas tinham aparecido em um local que comportava o dobro. Fora de Nova York e de Los Angeles, ninguém tinha ouvido falar nos Rolling Stones. Mas para os músicos, estar na América – a terra da Disney e de Elvis – era o bastante. Uma tempestade chegou, uma tormenta apalache, repentina e de encharcar, o vale sendo inundado como uma bacia. Keith pressionou o rosto contra o vidro, impressionado com as nuvens, os cânions do céu. As montanhas enegreceram. Grandes gotas de chuva caíam ruidosamente, pipocando os campos. Gotas de chuva pequenas caíam dentro das grandes. Os relâmpagos estavam distantes, depois bem acima do ônibus. Um raio rasgou o céu, como se um dedo o riscasse. Ele atingiu a casa de uma fazenda – *crash!* –, que irrompeu em chamas. É apropriado que a primeira turnê dos Stones nos Estados Unidos tenha começado com uma imagem apocalíptica.

Eles tinham aterrissado no aeroporto JFK em 1º de junho de 1964. Quando os Beatles atravessaram o mesmo asfalto em fevereiro daquele ano, foram recebidos por multidões de garotas gritando, repórteres, colecionadores de experiências. Os Stones, que ainda não tinham conquistado um sucesso significativo nos Estados Unidos, foram recebidos por ervas daninhas e vento, homens em ternos baratos e um punhado de garotas contratadas pela gravadora. A viagem de carro ao sair do aeroporto passou

América 123

por ferros-velhos e terrenos baldios, varandas de tijolos e toldos de alumínio, ruas vazias, fábricas. Manhattan apareceu ao longe, as torres elevando-se como uma visão. Nova York em 1964 estava mais para a cidade de Legs Diamond do que para a cidade de Starbucks e West Elm de hoje. Robert Wagner era o prefeito. Joe Bonanno controlava o crime organizado. Mickey Mantle dominava o estádio dos Yankees. Frank Sinatra estava enchendo a cara com Jackie Gleason no Toots Shor's. Os Stones chegaram como que do futuro, cheios de si como socialites com cabelos e unhas feitas.

Seu primeiro LP americano – *England's Newest Hit Makers* – fora lançado recentemente. Ele era na verdade apenas uma desculpa para atravessar o oceano na esperança de replicar o sucesso dos Beatles, que tinham se envolvido com os anseios que surgiram depois do assassinato de Kennedy. Para muitos americanos, os Beatles e os Stones foram sua primeira experiência com o blues, um som nativo desconhecido para muitos nativos. Se você fosse branco, escutar música negra significava ultrapassar limites, tanto físicos quanto simbólicos. Significava dessegregação, miscigenação. Primeiro, você dança com eles... Portanto, pegar um trem da zona norte de Chicago para os bares da zona sul exigia coragem. Ouvir a mesma música na Inglaterra não exigia nenhuma coragem. Em Liverpool, o blues podia ser desfrutado sem referência à ordem cultural. Em Dartford, você podia amar a música negra sem adotar um posicionamento racial. É por isso que foram necessários ingleses para apresentar a música negra aos garotos brancos. Enquanto nos Estados Unidos o blues era uma história de intolerância e dor, na Inglaterra ele era um groove. Músicos como John Lennon e Keith Richards tiraram aquele groove e aquelas letras de contexto e os copiaram. No processo de cópia, levaram a música de volta ao seu local de origem.

Os Stones ficaram no Hotel Astor na Times Square, um marco decadente. Em fotografias antigas, o prédio é um gigante rosa sob um telhado de mansarda. Em 1964, eram partículas de poeira e mofo. A banda ocupou quatro quartos no terceiro andar, com duas pessoas por quarto por questões econômicas e também companheirismo. Em certa época, ser uma estrela do rock significava nunca estar sozinho. Brian ficou com

Bill. Mick ficou com Keith. Charlie Watts ficou com Andrew Oldham. Ian Stewart ficou com Eric Easton. Cada um tinha o próprio itinerário, seus locais preferidos.

– Fomos ao Apollo Theater pela primeira vez – disse Richards. – Joe Tex e Wilson Pickett e a James Brown Revue completa. Nunca pude superar o fato de que eles estavam na onda do soul em 1964.

Watts saiu em busca dos bares de jazz sobre os quais fantasiava há tanto tempo, veludo vermelho e luz azul.

– Naquela época, a única maneira de se chegar a Nova York era em uma banda ou em um navio de cruzeiro – disse ele. – Tive sorte de chegar lá antes do Birdland fechar. Vi Charlie Mingus com uma banda de treze integrantes.

Murray "the K" Kaufman fora contratado para ciceronear os Stones pela cidade. Vamos fazer uma pausa para lembrar aquela raça perdida do *disc jockeys* de alta intensidade das madrugadas, suas vozes cafeinadas enchendo os quartos da América. Murray, com seu cabelo suspeitamente jovial e frases prontas caprichosas, era o rei dos tocadores de discos. Seu slogan – "É o que está acontecendo, baby!" – podia quebrar um artista.

Murray the K: O que está acontecendo, baby?
Ringo Starr: Você é o que está acontecendo, baby.
Murray the K: Você também é o que está acontecendo, baby.
Ringo Starr: Certo, nós dois somos o que está acontecendo, baby.

Apesar de incapaz de ajudar os Stones como dissera que tinha ajudado os Beatles, Murray deu a eles uma canção. Ele tocou-a para eles em sua estação: "It's All Over Now", de coautoria do cantor negro Bobby Womack, é menos R&B do que country. Murray tinha reconhecido uma melancolia nos Stones, aquele lugar no qual o blues tocava a guitarra caipira em si menor. Gravada dez dias depois, foi a primeira incursão dos Stones no country e seu primeiro sucesso número um.

América

– Bobby Womack ficou indignado com um grupo branco da Inglaterra copiando sua canção – disse-me Norman Jopling. – Então, ele recebeu o cheque de *royalties*: era mais dinheiro do que vira em toda a vida.

Os STONES VOARAM para Los Angeles em 5 de junho de 1964. No começo da década de 60, L.A. era os Estados Unidos em sua manifestação mais pura. Nunca ficou melhor do que isso. Eles foram humilhados no programa de variedades de Dean Martin, *The Hollywood Palace*. O pateta e travesso Martin deveria ter apreciado os Stones mas, em vez disso, zombou deles.

É um encontro fascinante: aqui você tem um avatar do *cool* da era Eisenhower – não havia ninguém mais moderno do que Dino cantando com o copo na mão – reagindo ao avatar da nova geração no estilo da velha guarda. Se você reconhecer seu sucessor, pise no pescoço dele. Mas, no final das contas, tudo que importava era a apresentação. Os Stones tocaram "Not Fade Away", "I Just Want to Make Love to You" e "Tell Me". Procure no YouTube. É incrível. Filmagens de bandas daquela era – os Beach Boys, Jan & Dean – costumam ser comportadas, datadas. Mas os Stones parecem tão frescos e crus quanto devem ter parecido naquela tarde. Jagger explode da tela. Em um instante, Dino fora relegado à história do pop.

A parte oeste da turnê abriu de modo arrebatador em San Bernardino, depois foi rapidamente ladeira abaixo. Treze shows, nove cidades. Salões vazios, cidades desoladas. Luz de *jukebox* em tavernas country. Viagens de volta sob o luar. Charlie Watts começou a desenhar seus quartos de hotel, todas as camas capturadas em poucos traços. Uma maneira de ancorar a experiência, de fixar cada dia em seu lugar – do contrário, as horas escapavam como em um sonho.

– Ouvi histórias dos garotos sobre quando vieram para cá pela primeira vez durante os velhos tempos do fanatismo pelos Beatles, antes de os Stones serem conhecidos – disse Ron Wood. – Eles tocaram em enormes arenas ao ar livre, públicos gigantescos eram esperados, mas ninguém apareceu. Eles fizeram um show em Omaha para 5 mil pessoas em um estádio para 50 mil. Esses foram os difíceis tempos pioneiros.

– As primeiras turnês foram fantasticamente estranhas – disse-me Gered Mankowitz, fotógrafo da banda na década de 60. – Lembre-se de que esses garotos tinham sido educados pela TV americana. Caubóis e índios estavam em seu sangue. Hopalong Cassidy, o Cavaleiro Solitário, Gene Autry, Roy Rogers. E as revistas em quadrinhos. E a música, blues e R&B. A América era o lugar sobre o qual todos sonhavam, mas não foi nada parecido com o que tinham imaginado, especialmente no começo.

Os Stones ficaram atordoados com o sul. Mil novecentos e sessenta e quatro foi o Verão da Liberdade, quando voluntários viajaram em massa para registrar eleitores negros no Mississippi. Havia tensão nas cidades, ódio no ar. Em 21 de junho, três ativistas dos direitos civis, Andrew Goodman, Michael Schwerner e James Chaney, desapareceram perto de Filadélfia, Mississippi. Em agosto, seus corpos foram encontrados; eles tinham sido mortos a tiros e enterrados em uma cova rasa.

– Nova York era maravilhosa [em 1964] – disse Jagger. – L.A. era meio interessante. Mas, fora isso... achamos que era a sociedade mais opressora de todas. Muito preconceituosa. Em todos os aspectos, ainda havia segregação. E as atitudes eram fantasticamente antiquadas. Os americanos me chocaram com seu comportamento e pensamento limitado.

MAS CHICAGO FOI uma sensação. Como recompensa para a banda, Andrew Oldham providenciou algum tempo no estúdio da Chess Records, um selo que geralmente não deixava forasteiros usarem suas instalações. O saguão e os corredores enfumaçados, o estúdio aconchegante como um caixão com seus microfones e mau cheiro – "fedor", disse-me um veterano da Chess, "caras tocando e suando no verão" –, a mesa de som e músicos de apoio, o lendário produtor Ron Malo –, tudo era reservado para a Chess. Mas, como costumava ser o caso naqueles anos, Andrew Oldham teve sorte. Quando ele contou ao seu mentor, o produtor Phil Spector, o que tinha em mente, Spector telefonou para o selo e, em vez de chamar Leonard Chess, o *macher* que administrava o negócio, ao telefone, ele chamou o filho de Leonard, Marshall. Leonard não entendia

América

o blues inglês, tampouco acreditava que a música inspirada por Muddy Waters e Howlin' Wolf pudesse alcançar um público branco de classe média, mas Marshall compreendia a fome de seus contemporâneos. Ele fora um consumidor do blues inglês pré-Beatlemania, muito interessado nos formulários de pedidos que chegavam da Inglaterra. Ele se lembrava de atender os pedidos de Michael Jagger de Dartford, Inglaterra. Portanto, o convite, comunicado via Spector, veio como um ricochete, um eco, o som da Chess quicando na lua.

– Eu era apaixonado por aqueles grupos desde o começo – explicou Marshall. – Os Yardbirds no início, os Kinks, os Stones. Foi nossa primeira experiência de sermos refeitos por outras pessoas. Com o tempo, foi dessa maneira que nossa mensagem se espalhou, a maneira através da qual os discos que gravamos na avenida South Michigan ajudaram a mudar a consciência do planeta. Jamais deixaríamos pessoas de fora utilizar nossos estúdios, mas eu sabia quem eram os Stones. Eu tinha o disco deles. Parecia algo especial.

Marshall serviu como o guia da banda em Chicago. Ele se lembra de dirigir pela rua State em um conversível com Brian, seu cabelo comprido voando enquanto pessoas nos outros carros buzinavam, apontavam e gritavam todas as variações de "bicha". Ele lhes mostrou o estúdio, fazendo apresentações. Quando pedi a Marshall para descrever a Chess naquela época, ele disse:

– Costumava fazer tanto calor. Muddy Waters, ele usava uma daquelas camisetas sem manga. E Willie Dixon, ele estava lá, compondo músicas obstinadamente. Willie costumava dizer que a melhor mulher é uma mulher beberrona, você as leva para um beco e as fode, você não precisa vê-las depois. Buddy Guy trouxe-me um *mojo* autêntico [um amuleto mágico criado por médicos vodu em Nova Orleans, que, segundo a geografia de Muddy Waters, fica atrás do sol]. Eu o usava, aquela maldita bolsinha – prosseguiu Marshall. – Prendi ele na minha camiseta. Havia cerdas saindo dele. Se você usasse aquilo, seria capaz de levar alguém para a cama. Foi o que ele me disse.

Os Stones chegaram na Chess em 10 de junho de 1964. Quarta-feira. Quente demais para a estação do ano, equatorial, quase quarenta graus ao meio-dia. O estúdio ficava no número 2120 da South Michigan, o centro da Record Row. O prédio não tinha nada de especial – você vê dezenas como ele em toda a cidade. Dois andares, mais comprido do que alto, um toldo sobre a porta. "Entramos no Chess Studios, e havia esse cara de macacão preto pintanto o teto", escreveu Keith. "E é Muddy Waters, e ele tem cal escorrendo pelo rosto e está no alto de uma escada."

Marshall nega isso com veemência. De jeito nenhum. Nunca aconteceu. Mas mesmo que não seja literalmente verdade, é simbolicamente verdadeiro. A verdade é que os artistas que trabalhavam para a Chess acreditavam com frequência que estavam sendo enganados em relação ao dinheiro que recebiam. Não eram pagos o que deveriam receber, ganhando um carro em vez de *royalties*, enganados para serem excluídos dos direitos autorais, e daí em diante. Entre eles, referiam-se às vezes ao selo como Plantação Chess. Se Keith realmente *imaginou* a cena, como é interessante que tenha colocado seu herói com o rosto pintado de branco.

Os Stones trabalharam no Estúdio A. Era enervante tocar naquele solo sagrado enquanto veteranos da Chess, incluindo Willie Dixon e Chuck Berry, assistiam. Segundo testemunhas, Jagger cantou os primeiros números com as costas voltadas para eles. Ele não conseguia encarar todos aqueles olhares. Mas os veteranos amaram os Stones, *especialmente* Jagger. Porque ele estava fazendo algo único. Ao tentar imitar os mestres, ele imbuíra as canções da própria experiência e personalidade, cujo resultado era uma nova música, familiar porém estranha.

– Vocês estão soando muito bem, se é que posso dizer isso – Chuck Berry disse a eles. Depois, antes de partir, Berry acrescentou uma coda: – Mantenham o *swing*, cavalheiros.

Jagger diz que não se lembra de ter visitado a Chess. É difícil de acreditar, pois a banda passou vários dias lá, gravando seu segundo álbum. Mas Mick quer vir de lugar nenhum, o que significa jogar terra nas próprias pegadas. Keith é o oposto. Ele quer se basear na tradição – dessa maneira, ele pode escolher os próprios pais. Ele ainda fala sobre aquelas horas na Chess com empolgação, admiração:

– Havia um cara chamado Big Red, ou algo parecido, tocando no estúdio B, um blues arrasador, um cara negro albino muito, muito grande, com uma Gibson que parecia um bandolim em suas mãos. Mick, Charlie, Stu e eu entramos para escutá-lo; era uma banda poderosa, mas nem chegamos a pensar em pedir aos artistas da Chess para tocar conosco. Estávamos simplesmente felizes por estar naquela sala.

Durante anos, Keith deitara na cama ouvindo aqueles músicos, imaginando aquele estúdio que parecia ao mesmo tempo intangível e o lugar mais importante do mundo. Mais do que um selo musical, a Chess era todos os artistas que trabalharam lá, cada canção gravada em vinil. Era a cidade e o som. Foi um groove perfeito que apareceu, como que do nada, em algumas fazendas do Delta no começo do século XX.

O LÍDER DE BANDA W.C. Handy falou sobre tê-lo visto tocar certa noite em uma plataforma de trens em Tutwiler, Mississippi. Após cochilar, Handy foi despertado por uma guitarra bêbada de uísque caseiro, indistinta e assombrada, gemendo como um prisioneiro. Isso foi em 1903. Handy se viu olhando nos olhos de "um negro esguio, desengonçado…"

– Enquanto tocava, ele pressionava uma faca sobre as cordas do violão da maneira popularizada por violonistas havaianos que usavam barras de aço. O cantor repetiu uma frase três vezes – "Indo para onde o Sul cruza com o Cachorro"–, acompanhando a si mesmo com a música mais estranha que eu jamais ouvira.

Ao fazer referência ao lugar onde a Ferrovia Sul cruzava com a Ferrovia de Yazoo e do Vale do Mississippi, também conhecida como Cachorro Amarelo, o progenitor já tinha delimitado as obsessões fundamentais: o trem e sua promessa, velocidade e fuga.

O blues do Delta começou como um primo country do jazz sofisticado de Nova Orleans. Desde o começo, era caracterizado pelo violão e pela gaita, os instrumentos preferidos dos pobres – porque eram baratos, mas também porque eram os que chegavam mais perto de se parecer com a

voz humana. Isso era especialmente verdade no caso do *slide*, que geme como um homem na cremalheira.

– Não existiu um primeiro cara que reuniu tudo isso – disse-me David Evans, autor de *Big Road Blues: Tradition and Creativity in the Folk Blues*. – Provavelmente, foi um processo gradual que não compreendemos de fato. No estágio inicial, é provável que fosse como Handy descreve: trechos de canções, frases, peças curtas fragmentárias com muita repetição. Depois, no decorrer de um período bastante rápido, as pessoas começaram a dar forma à música. Pessoas que eram mais sofisticadas musicalmente, artistas profissionais, teriam criado coisas como o formato de doze compassos que surgiu no final da primeira década do século.

– Está tudo relacionado com trazer caras da África e obrigá-los a viver aqui e a trabalhar nos campos, na escravidão – Keith Richards disse ao jornalista Stanley Booth. – Tem tudo a ver com as contracorrentes da música, e com todas as coisas estranhas sobre as quais ninguém pensa quando precisam de um pouco de mão de obra barata. E eles nunca se deram conta das ramificações, nem dos efeitos... Tudo que eles querem é agora, agora, agora, dinheiro, dinheiro, dinheiro, barato, barato, barato. Então você avança algumas centenas de anos e a pressão te obriga a libertar esses caras. Enquanto isso, eles aprenderam todas as suas coisas.

América

Em certo ponto, todos que amam o blues do Delta devem chegar às vias de fato com Robert Johnson. Nascido em 8 de maio de 1911, ele construiu seu primeiro instrumento – um *diddley bow** – com arames e pregos. Com cerca de quinze anos, começou a aparecer na Funk's Corner Store em Robinsonville, Mississippi, fascinado pelos homens que tocavam violão no lado de fora, especialmente Son House. De vez em quando, Johnson participava tocando gaita. Ele queria tocar violão, mas era terrível.

– Robert, não faça isso – Son House dizia a ele. – Você vai acabar mandando as pessoas para casa.

Os pais de Johnson proibiram-no de acompanhar os músicos de blues aos bares, provavelmente o motivo pelo qual ele fugiu de casa. Alguns dizem que ele foi para o norte trabalhar nos campos madeireiros, outros dizem que foi para as ilhas Carolinas. Ele se foi por seis meses, um ano. Então, certa noite em 1931, ele entrou em um bar no qual Son House estava se apresentando com Willie Brown. Johnson tinha um violão pendurado no ombro.

– Eu disse: "Bill, Bill... veja só quem está entrando pela porta!" – contou House. – Robert abriu caminho através do público, até chegar onde nós estávamos. E eu disse: "Garoto, onde você está indo agora com esse violão?"

– Vou lhe dizer – falou Johnson. – Este é seu horário de descanso?

– Podemos fazer deste nosso horário de descanso – eu disse. – O que você quer fazer, irritar o pessoal?

– Apenas me dê uma chance.

– Então eu e Willie nos levantamos, e dei meu lugar a ele. – prosseguiu House. – Ele sentou-se. E aquele garoto começou a tocar. Ele tinha colocado uma corda adicional, um violão de seis cordas transformado em um de sete cordas, ele mesmo a colocou. Algo que eu nunca tinha visto, nenhum de nós tinha. E quando aquele garoto começou a tocar, as bocas de todos ficaram abertas.

As pessoas que ouviram Johnson dizem que ele era o melhor violonista do Mississippi. Muddy Waters o viu em uma rua no Mississippi. Ele disse que era como ouvir uma banda.

---

* Instrumento de uma única corda de origem africana. (N.T.)

– As coisas que ele fazia eram coisas que eu nunca ouvira nenhuma outra pessoa fazer – disse o músico de blues Johnny Shines, que viajou com Johnson. – Seu violão parecia falar... repetir e dizer palavras. Seu som afetava a maioria das mulheres de uma maneira que nunca consegui compreender. Certa vez, em St. Louis, estávamos tocando uma canção que Robert gostava de tocar, "Come On in My Kitchen". Ele estava tocando muito devagar e apaixonadamente, e quando ele parou, reparei que ninguém estava falando nada. Foi quando me dei conta de que estavam chorando... tanto os homens quanto as mulheres.

O mistério persiste: Robert Johnson deixa Robinsonville, Mississippi, um jovem tolo entusiasmado, e volta seis meses depois como um mestre. Havia rumores, histórias fantásticas. Alguns diziam que ele fizera um contrato com o diabo, trocara sua alma pela habilidade fantástica. Não apenas por proficiência, mas pela própria música, os ritmos transcendentais que fluíam dele como sangue. Por que aquilo era tão poderoso? Por que fazia as mulheres chorarem? Porque é o diabo. A operação era descrita: como Johnson levou sua guitarra para a interseção da autoestrada 49 com a autoestrada 61, um cruzamento à meia-noite, os campos se afastando. Um homem aproximou-se, alto, com um longo sobretudo. Robert tocou uma canção, depois entregou o violão para o estranho, cujo cabelo era branco e os olhos azuis, e ele tocou uma música própria, depois devolveu o violão. E foi assim – o contrato estava fechado.

Quando perguntei a David Evans, que descreveu essa história como uma antiga lenda africana para explicar a criação, como ela veio a ser associada a Johnson, ele disse:

– Está presente o tempo todo nas letras dele. Ele era obcecado por temas espirituais, pelo sobrenatural, Deus, o diabo, vodu, vitimização, decisões que não podem ser desfeitas. Ele não diz explicitamente que fez um pacto com o diabo, mas chega perto disso e sugere que esteve nas garras do diabo.

No que me diz respeito, isso é mais do que uma história. É uma grande verdade por trás do blues e do rock'n'roll. Robert Johnson negociou com o diabo não apenas por sua habilidade, mas pela própria música, música de

América

133

igreja caída do céu, a música de Deus transformada em pecado. Todos que seguiram os passos de Johnson herdaram os termos do contrato, foram à mesma encruzilhada, assinaram na mesma linha. O teor do contrato ecoa através do melhor dos Stones, do Zeppelin, dos Allman Brothers. Eric Clapton disse que foi estilhaçado por seu primeiro encontro com Johnson.

– Foi uma espécie de choque que pudesse existir algo tão poderoso – ele explicou. – No começo, era doloroso demais, mas cerca de seis meses depois que comecei a ouvi-lo, eu não queria ouvir nenhuma outra coisa. Até meus 25 anos, se você não soubesse quem era Robert Johnson, eu não falaria com você... Era como se eu tivesse sido preparado para receber Robert Johnson, quase como uma experiência religiosa que começou quando ouvi Chuck Berry.

A coisa mais vívida a respeito de Johnson, fora sua música, é sua morte. Ele fazia apresentações regulares perto de Greenwood, Mississippi, em 1938. Certa noite, quando pediu uísque, o proprietário, tomado por ciúmes – sua esposa começara a gostar do músico –, colocou veneno na bebida. Johnson estava tropeçando às duas da manhã, comportando-se como um homem possuído. Seus últimos instantes em movimento foram andando de quatro, latindo como um cachorro. Ele entrou em coma e morreu. Tinha 27 anos.

Alguns anos depois, o arquivista Alan Lomax, comissionado pela Biblioteca do Congresso para gravar o blues negro, saiu em busca de Johnson. Ele procurou nos *juke joints* e nos bares, mas era sempre enviado para a cidade seguinte com um abano de mão. Ele recebeu a notícia no Mississippi. "Sim, Robert esteve aqui. E sua pele era alabastro e seus dentes eram marfim. Mas ele está morto." Disseram a Lomax que havia, no entanto, outro jovem com um som parecido, a mesma fagulha diabólica. Ele vivia na Plantação Stovall, perto de Clarksdale. Seu nome era McKinley Morganfield, mas todos o chamavam de Muddy Waters.

Lomax tirou uma foto de Muddy atrás de seu casebre. É a imagem mais antiga que temos dele. Ele parece tão elegante quanto um modelo da Gap, em uma camiseta de manga comprida, calça de sarja e sapatos brancos, os dedos repousando sobre um violão da Sears, Roebuck & Co., a última versão de um modelo barato que a loja vendia por encomenda desde a década de 1890. Para muitos grandes músicos, este foi seu primeiro instrumento de verdade. Ele vinha pelo correio com instruções para tocar uma única canção, "Spanish Fandango", a qual, como resultado, está entre as músicas mais sorrateiramente influentes da história.

Lomax entrevistou Waters, que disse seu nome e contou sua história, depois tocou. Por fim, Lomax gravou quinze canções de Muddy, incluindo "Country Blues", "I Be's Troubled", "You Gonna Miss Me" – as mesmas canções que, posteriormente, ele gravaria para a Chess. Elas soam iguais, mas diferentes. São como imagens do país antigo: sua avó em Bielsk em vez de Miami Beach. Despojadas, básicas, lindas, estranhas. Para Muddy, gravar era menos importante do que ouvir as gravações. Foi a primeira vez que ele ouviu a si mesmo. Na década de 40, uma pessoa poderia passar a vida inteira sem ouvir a própria voz. Muddy ficou entusiasmado. Os homens que ele ouvira nos discos e no rádio sempre soavam perfeitos. Ouvindo a si próprio, Muddy deu-se conta de que era tão bom quanto qualquer um deles.

– Mais tarde [Lomax] enviou-me duas cópias do disco e um cheque de vinte pratas – disse Waters. – Carreguei o disco até a esquina e coloquei-o no *jukebox*. Apenas o toquei várias vezes e disse: "Eu sei fazer isso, eu sei fazer isso."

Muddy Waters pegou um trem e partiu para o norte. Da terra para o aço. Dos campos para as cidades. Os arredores de Chicago. Fábricas, cha-minés, chamas. Ruas intermináveis. Bairros. Políticos, bandidos. Campos de carvão, fábricas de embalagens. Muddy fez parte de um êxodo, a Grande Migração, que, entre as guerras mundiais, atraiu milhares de negros do sul para o centro-oeste e o norte em busca de trabalho, liberdade. Em Chicago, eles instalaram-se principalmente na zona sul.

Muddy conseguiu um emprego dirigindo um caminhão. Ele ia para casa no final do dia, tomava um banho, vestia suas roupas boas e ia para os bares. Em 1945, os maiores músicos de blues estavam em Chicago. Elmore James. Howlin' Wolf. Johnny Shines. Honeyboy Edwards. Pinetop Perkins. Eles tocavam em tavernas e em festas em casas e na rua Maxwell. Todos

América 135

tinham acabado de chegar. Todos queriam ser Robert Johnson. Todos sonhavam com a música que Robert Johnson teria feito se tivesse vivido o bastante para ver Chicago depois da guerra.

Muddy apresentava-se em clubes pequenos. No começo, quando tocava – uma voz lamuriosa acompanhada por um violão –, ele não conseguia ser ouvido em meio ao barulho do público que conversava, dos caminhões na rua, dos trens passando ruidosamente. Quando Bob Dylan adotou a eletricidade, foi para perturbar seu público. Quando Muddy Waters adotou a eletricidade, foi para ser compreendido. Ele colocou captadores no seu violão e o conectou a uma caixa de som atrás do palco. Ele percebeu rapidamente que o resultado não era seu instrumento antigo somado à eletricidade, e sim um instrumento inteiramente novo. A mecânica era a mesma, mas o efeito era inovador. Aqueles que resistiram a tal inovação – os que tentaram tocar com eletricidade como tocavam acusticamente – fracassaram. Aqueles que a aceitaram como um novo meio iniciaram uma revolução.

Desse modo, o blues do Delta incorporou o som da cidade – o murmúrio do Cinturão do Aço, o chacoalhar dos trens elevados, Cadillacs e Fords latejando na pressa do começo da manhã, martelos a vapor e apitos de fábricas. O símbolo perfeito dessa transformação – do country blues para o R&B – era o *slide* de Muddy. No Mississippi, ele usava o gargalo de uma garrafa de Coca-Cola, do tipo encontrado no cruzamento ao longo dos trilhos da ferrovia, lixo do campo. Ele trocou-o na zona sul por um tubo de aço que pegou na fábrica na qual trabalhava meio período. Ele atribuiu ao seu violão um tom metálico, preciso.

Há muitos anos, tive um momento de iluminação. Eu estava no Café Melkweg em Amsterdã e acabara de comer um brownie gigantesco. Estava sentado com as pernas esticadas sob a mesa, magrelo e com vinte anos, em contato com cada osso em meu corpo perecível. Estava tocando música a noite inteira, mas não reparei nela até o DJ colocar "Mannish Boy", de Muddy Waters. A canção abriu-se como uma mão de pôquer – só cartas com figuras. Rainhas e curingas. O rei com uma faca apontada para a cabeça. O valete de um olho só. Eu a ouvira um milhão de vezes, mas aquela foi a primeira vez que compreendi a música, como ela evoluía, de onde vinha. Pude ver Muddy tocando para Alan Lomax atrás de seu casebre no Mississippi. Pude ver o trem transportando-o para o norte, a música levando o aço das cidades em seu decorrer. Pude ver os músicos da zona sul, cada um acrescentando um som particular. Era Robert Johnson transformando-se nos Rolling Stones.

Em Chicago, Muddy Waters encontrou um colaborador perfeito em Leonard Chess, que havia nascido na Polônia. Depois de períodos vendendo heroína e álcool, Chess fundou uma gravadora porque reconheceu um mercado onde outros tinham visto somente uma massa – os emigrantes do Mississippi que lotavam o gueto. A intenção inicial de Leonard era vender discos para festas. Com o passar do tempo, sua visão evoluiu. Nas primeiras sessões com Muddy, Leonard gravou-o da maneira mais básica: sozinho com um violão. Mas a pedidos do músico, ele logo trouxe a banda elétrica de Muddy, resultando em uma série de clássicos que formam a base sob meus pés: "Rollin' Stone", "I've Got My Mojo Working", "I'm a King Bee". Leonard nunca imaginou que aquela música fosse durar. Era detrito, os restos de uma noite de sábado. Sua capacidade de transcender lhe escapava completamente. Na essência, ele permanecia um traficante de heroína. Ele era como o caçador que partiu em busca de um veado e voltou com um puma. Ele não compreendia a natureza de sua presa. Mas os discos que fez mudaram o mundo. Eles tiveram um impacto pequeno na América, mas um grande impacto na Inglaterra, onde as pessoas eram livres de implicações raciais. É por isso que foi necessário que tipos como Jagger, Richards e Jones ouvissem a música pelo que ela era – música.

No primeiro dia na Chess, os Stones gravaram cinco canções, incluindo "It's All Over Now" e "Time Is on My Side". Eles gravaram mais onze no segundo dia, incluindo "Around and Around". Eles não estavam atrás apenas de um produto. Era a atmosfera, a melancolia das famosas gravações de blues, a crueza e a reverberação, a gargalhada entre os takes. Em Chicago, eles finalmente capturaram a energia do show ao vivo. "Under the Boardwalk", "Congratulations", "Susie Q", "2120 South Michigan Avenue" – o segundo álbum da banda, 12×5, é um sonho da Chess Records.

16. Satisfaction

— Você PODE FICAR muito *blasé* quanto a uma música como "Satisfaction". Ela existe desde sempre, foi composta e gravada há tanto tempo, foi tocada em tantas rádios tantos milhões de vezes que desaparece. Você não pensa a respeito dela, talvez fique cansado de falar sobre ela. Mas isso não era inevitável. Não precisava ter acontecido. Se ela não tivesse sido composta e gravada quando foi, quem sabe? Ela evitou que nós fôssemos apenas mais uma banda boa com uma trajetória legal. Aquele grande estouro no começo é essencial. Você pode ter muito sucesso sem ele, vender muitos discos, mas não irá além disso. "Satisfaction" fez isso por nós. Você realmente precisa daquela canção específica.

Isso foi Mick Jagger falando por volta de 1998. Eu o estava seguindo, absorvendo cada palavra e gesto na tentativa vã de decifrar o mistério. Eu o reverenciava como você reverencia um mestre no topo de uma montanha. Ele sorria e oferecia sabedoria. Ele parecia me amar e eu me amava porque ele me amava. Ele era o rei e tudo que ele tocava brilhava.

Obviamente, não foi sempre assim...

Jagger retornou de sua primeira viagem aos Estados Unidos esvaziado. A turnê foi vista como um fracasso terrível. Enquanto os Beatles tinham feito uma fortuna nos Estados Unidos, os Stones não fizeram nada além do eco de uma banda tocando em uma arena vazia. Buda pergunta: "Qual é o som de um homem vaiando?" Mas a segunda turnê foi melhor, a terceira melhor ainda. No final de 1964, os Stones tinham começado a definir sua posição como o oposto dos Beatles. O ponto de virada foi provavelmente a aparição no *The Ed Sullivan Show* – o primeiro mergulho no grande *mainstream*. Eles tocaram "Time Is on My Side"; Jagger, esguio e sugestivo, falava com o público como um pastor decaído. Pessoas que tinham ficado chocadas com Elvis e foram tranquilizadas pelos Beatles ficaram chocadas de novo. "Eles me tocaram", escreveu mais tarde a cantora Patti Smith, que na época tinha dezoito anos e assistiu o programa com o pai. "Fiquei totalmente ruborizada. Aquela não era música de filhinho de mamãe. Era alquímica. Eu não conseguia decifrar a receita, mas estava pronta. O amor cego pelo meu pai foi a primeira coisa que sacrifiquei para Mick Jagger."

O sucesso significava mais apresentações, mais cidades. Drogas pesadas ainda não tinham entrado em cena, tampouco muito dinheiro.

– Aquela foi a melhor época – disse-me Gered Mankowitz. – Porque eles ainda eram uma gangue. Não tínhamos luxo ou sofisticação. Não tínhamos banda de apoio. Não tínhamos passagens de som ou iluminação. Só tínhamos uns aos outros. Era primitivo, e era fantástico. Certa noite, acampamos na reserva apache nos arredores de Phoenix. Era como algo saído de *O cavaleiro solitário*. Dormimos sob as estrelas, cozinhamos em uma fogueira. Keith comprou pistolas e chapéus stetson para todos nós.

Em Los Angeles, Joe Smith, copresidente da Warner/Reprise, convidou Andrew Oldham e Keith Richards para uma sessão de gravação de Frank Sinatra. No lendário estúdio na Sunset, "[Frank] sentou-se, ajeitou-se no banquinho, colocou o fone sobre um ouvido, indicou que queria o playback nos fones e nas caixas de som", Oldham escreve na continuação de suas memórias, *2Stoned*.

> Ele estalou os dedos para sentir o ar na sala, olhou para seus sapatos, balançou a cabeça e indicou para a cabine começar a tocar a fita... Keith e eu ficamos sentados um pouco chocados com a tranquilidade profissional que estávamos vendo e ouvindo. Nos 45 minutos seguintes, Frank Sinatra gravou dois ou três takes para cada uma das três canções. Quando ficava satisfeito com como lidara com uma canção ... ele não parava ... ou pedia para escutar o que acabara de fazer. Ele sabia o que tinha feito e apenas dizia "próxima" e, talvez, "por favor".

Entre os takes, Sinatra e Richards ficavam em um canto da sala de controle, rindo juntos como pontífices de eras distintas. Keith era um garoto de rua desgrenhado, magricela, com dentes protuberantes. Frank era roliço e de meia-idade, lindamente bem-cuidado e com loção pós-barba Barbasol, vestindo seda e couro, mas os dois eram, de certo modo, a mesma pessoa, vivendo variantes da mesma existência. Ambos cresceram com a música de sua época, a qual remodelaram em um som que afetou gerações. Ambos pegaram a onda do *zeitgeist*. Ambos roubaram e emularam o gênio musical negro da América. Ambos eram perseguidos por *bobby-soxers*.* Ambos tiveram carreiras que nunca terminavam, um feito que somente os artistas mais habilidosos conseguem realizar. Ambos ansiavam pelas apresentações ao vivo, pelo brilho e calor da primeira fila. Ambos eram selvagens e perigosos quando jovens, e imponentes e sábios quando velhos. Ambos precisaram aprender, na meia-idade, como fazer o que um dia tinham feito por instinto. Ambos tinham o coração partido e expressavam aquilo em canções. Ambos tinham altos e baixos, períodos de excessos e de abstinência. Ambos devoravam mas permaneciam famintos. Ambos eram exemplos, expressões de um certo tipo de masculinidade. Ambos inspiraram livros motivacionais. Na minha prateleira, ao lado de *The Way You Wear Your Hat: Frank Sinatra and the Lost Art of Livin'*, de Bill Zehme, está *What Would Keith Richards Do? Daily Affirmations from a Rock'n'Roll Survivor*, de Jessica Pallington West. Ambos invocavam, dos homens americanos, a mesma resposta que obtive do meu amigo de faculdade Ricky Heroes quando lhe pedi sua opinião sobre o lutador de luta livre Jerry Lawler: "Aquele filho da puta é um homem!" Ambos olharam para a escuridão se perguntando: "Por quê, baby, por quê?"

Oldham e Richards fofocaram com Smith depois de Sinatra ir embora.

– Andamos pelo corredor e estávamos conversando sobre a vida em geral, ou criticando outros artistas, quando me virei e olhei, através das portas de vidro do estúdio, para a Sunset – prossegue Oldham. – Ali, com um chapéu de palha preto, terno *slub* de seda preta ou pelo de cabra, em

---

* *Bobby-soxer* é um termo sociológico cunhado na década de 40 usado para descrever os fãs fervorosos da música pop tradicional, especialmente de seus criadores, como Frank Sinatra. (N.T.)

um Lincoln Continental preto conversível, esperando o sinal abrir, Sinatra estava sentado ao volante. Não havia comitiva, guarda-costas, Rat Pack ou clã.* Apenas um homem, satisfeito, sozinho, depois de terminar o dia de trabalho, juntando-se ao trânsito do começo da noite de Los Angeles, indo para casa.

JAGGER E RICHARDS ESTAVAM sob uma pressão gigantesca na estrada. Entre os shows, esperava-se que compusessem os sucessos que manteriam tudo funcionando.

– Viajávamos à noite – disse-me Greg Mankowitz. – Eles saíam do palco, entravam na limusine e iam direto para o aeroporto. Voávamos até as duas, três, quatro da manhã, hospedávamo-nos em alguma espelunca. Ninguém para nos dar boas-vindas. Nada aberto. Nenhuma comida. Cidade dos mortos. Grande parte da turnê foi assim. Você faz o show, depois vai embora. E em todos os momentos em meio a isso, Mick e Keith estavam trabalhando. Eles tinham ordens para produzir material novo. E era uma luta porque a agenda não contribuía para isso. Mas eles seguiam em frente, registrando as ideias sempre que elas surgiam. Você os via o tempo todo fazendo pequenas anotações durante a turnê.

Quando não funcionava, era dor. Quando funcionava, era prazer. Capturar uma música do vazio. Invocar uma melodia da inexistência. Se uma canção dos Stones começa com um riff, de onde vem o riff? É um mistério. No caso de "Satisfaction", aconteceu quando Keith estava dormindo. Relatos colocaram o sonhador, variadamente, em um hotel nos Estados Unidos, em uma casa em Chelsea ou no Hilton de Londres. Em *Vida*, Keith diz que estava em seu apartamento em Carlton Hill, em St. John's Wood.

Eu durmo com um inalador e um copo d'água do meu lado. Meu filho dorme com uma foca de pelúcia chamada Sealy. Keith dorme com um vio-

---

* Rat Pack é o apelido dado a um grupo de artistas populares muito ativo entre meados da década de 50 e meados da década de 60. Sua formação mais famosa foi composta por Frank Sinatra, Dean Martin, Sammy Davis Jr., Peter Lawford e Joey Bishop, que apareceram juntos em filmes e em apresentações nos palcos no começo dos anos 60. (N.T.)

Satisfaction   141

lão e um gravador de fitas Philips. Certa manhã, em 1965, ele reparou que a guitarra tinha mudado de lugar e que o gravador fora ligado. Examinando com mais atenção, ele viu que alguém gravara a fita inteira. Quando ele rebobinou e pressionou *play*, ouviu a própria guitarra ser pega e tocada. Cinco notas: segundo traste na corda lá tocado lentamente duas vezes, uma vez rapidamente, seguido pelo quarto e quinto trastes na corda lá. Baa-Baa Ba-Ba-Ba... A guitarra era largada, um corpo caía sobre os lençóis.

Keith colocou a fita em um envelope marcado "Can't Get No Satisfaction". Ele nunca explicou a origem da frase. Anos depois, em uma entrevista na qual trabalhei com Jann Wenner na *Rolling Stone*, Jagger disse que Keith foi provavelmente influenciado por "Thirty Days", de Chuck Berry, que inclui a letra: *"If I don't get no satisfaction from the judge."**

– Keith deve ter ouvido a canção na época, pois de forma alguma nenhum inglês se expressaria dessa maneira – explicou Jagger. – Não estou dizendo que ele roubou nada de propósito, mas ouvíamos muito aqueles discos.

O riff parece parte Chuck Berry, parte alguma outra coisa. A progressão de quatro ou cinco notas, aquele som sujo de banda de garagem, estava no ar. Quando escuto "Satisfaction", ouço menos "Maybellene" do que "I Can't Explain", do The Who, ou "Where Have All the Good Times Gone", dos Kinks. Para mim, essas canções são como variações sobre um mesmo tema. É o clima do momento traduzido na guitarra. Como o próprio Keith disse, você opera, nos melhores dias, menos como um compositor do que como um médium. O fato de que ele recebeu o riff durante o sono apenas enfatiza essa ideia.

Jagger e Richards só começaram a trabalhar na música várias semanas depois, e naquela altura já estavam de volta à estrada. Mick preencheu as peças que faltavam: acordes, refrão, ponte. Certa tarde, estavam sentados à beira da piscina no hotel Fort Harrison em Clearwater, Flórida, trabalhando. O hotel fora construído em 1926 e era administrado por Ransom Olds, o homônimo do Oldsmobile. Para marcar a inauguração do hotel, o audacioso Henry Roland escalara o exterior do prédio de olhos vendados.

---

* "Se eu não obtiver nenhuma satisfação do juiz." (N.T.)

Desde então, o local tornou-se um quartel-general da Cientologia. Pouco depois de os Stones se hospedarem, Jones e Wyman ficaram com *groupies*, do tipo que vagam por bares frequentados por astronautas e pistas de corrida. De manhã, a garota de Brian apareceu na piscina com um olho roxo. Paranoico e cada vez mais invejoso da parceria de Mick e Keith nas composições, Jones dava vazão à sua fúria nas mulheres. Quanto mais intensa a paranoia, mais violenta era a explosão. Como disse Keith: "Ele não era um homem bom." Como Charlie disse: "Ele era um babaca." Mike Dorsey, um ator inglês que servia de motorista e protegia os Stones, deu uma bronca em Brian, depois o nocauteou com um soco. Além do delito moral, era simplesmente burrice bater em uma garota local no Cinturão Bíblico.

Enquanto isso, Jagger e Richards estavam finalizando "Satisfaction". Se o riff era totalmente Keith, a letra era totalmente Mick. Você conhece a trama: um jovem, muito parecido com Jagger, grande porém prestes a se tornar muito maior, denunciando as pressões, as pessoas e as preocupações comerciais que o cercavam por todos os lados. É tanto uma pose quanto uma canção, a maneira de Jagger se colocar no mundo. Ela conectava-se com o cinismo de uma geração assediada pela propaganda. *"When I'm watchin' my TV/ And a man comes on to tell me/ How white my shirts can be."** Em poucas linhas, você tem o desprezo pelos pais e a sabedoria obtida, assim como a onipresença do "homem", que representa autoridade e disciplina, e a quem, como tarefa principal, devemos confrontar, de acordo com o filme seminal *Escola do rock*. Este é um dos talentos de Jagger: a capacidade bizarra de capturar o *zeitgeist* em uma frase. Ele é um historiador social trabalhando a partir do interior, observando o momento enquanto o transforma.

Quando perguntei a Jagger sobre isso – De onde vêm as músicas? Como você captura o momento? –, ele fez uma pausa, depois disse:

– Trata-se de ser um animal social. Todos estamos em um formigueiro. Todos temos estas antenas.

---

* "Quando estou assistindo minha TV/ E aparece um homem para me dizer/ O quanto minhas camisas podem ser brancas." (N.T.)

Os outros Stones ouviram "Satisfaction" pela primeira vez em um dos quartos do hotel. Keith tocou violão enquanto Mick murmurava a letra. No começo, soava menos como um hino do que como um lamento fúnebre. Ela protestava e reclamava.

"Nem Mick nem Keith viam a canção como um single em potencial, e certamente não como um sucesso", escreve Wyman. "O instinto de Keith deve ter lhe dito que ela era digna de algum empenho, porque ele continuou trabalhando nela." A maior influência na letra era provavelmente Bob Dylan, cujo álbum *Bringing It All Back Home* fora lançado naquele ano. Na verdade, existe uma fotografia de Jagger na beira da piscina em Clearwater estudando a contracapa do disco. Dylan estava reescrevendo as regras, dando aos compositores permissão para escrever sobre as próprias vidas em uma linguaguem pessoal que, como uma piada interna, jamais poderia ser plenamente compreendida por alguém de fora. É um truque que Dylan pegou emprestado dos beats – um truque modernista que obscurece uma canção, como um enigma. Ao não ser totalmente claro, o compositor te convida a ouvir canção diversas vezes. O que é mais atraente do que a conversa de uma estrela do rock parcialmente ouvida em uma mesa, a história que você mesmo precisa completar?

EM 9 DE MAIO DE 1965, os Stones tocaram no Arie Crown Theater em Chicago. Na tarde seguinte, voltaram para a Chess Records, onde gravaram "Try Me", "That's How Strong My Love Is", "The Under Assistant West Promotion Man" e "Mercy, Mercy". No final da sessão de nove horas, gravaram "Satisfaction". Mais tarde, Oldham descreveu essa primeira versão como "acústica, irregular, com muita gaita: [ela] simplesmente não serviria… o gancho causava uma impressão entre o medíocre e nada." Jagger e Richards estavam prontos para abandoná-la, mas Oldham os persuadiu a continuar trabalhando nela. "Por causa daquele riff!" Ele estava enterrado, mas presente, repicando como um sino: si-si-si-dó sustenido-ré.

A banda voou para Los Angeles no dia seguinte, onde, no RCA Studios em Hollywood, reuniu-se com o engenheiro de som David Hassinger e o produtor e músico Jack Nitzsche, que se provariam essenciais. Nitzsche, que merece seu próprio livro, impulsionou a banda durante cada repetição de "Satisfaction". Ele tocou piano nas sessões. Apesar de a gravação dele tocando ter sido removida depois, ela foi, segundo Oldham, essencial para delinear e manter a unidade do groove. Em outras palavras, apesar de você não poder ouvi-lo no disco, ele está lá.

Jagger acertou no vocal, mas o resto da canção precisava evoluir. O primeiro take da RCA era fraco. Oldham comparou-o a "Walk Right In", dos Rooftop Singers – "[Ela] clamava por camisas listradas, brilhantina, calças de basquete e um intervalo." A sujeira estava faltando. No começo da madrugada de 12 de maio, no final de uma sessão de quatorze horas, Charlie Watts mudou o andamento e todo o resto começou a se encaixar. Quando Keith ouviu a nova versão, ele soube o que estava faltando. "O riff!" Ele precisava aumentar o volume do riff. Na manhã seguinte, Ian Stewart voltou da loja de instrumentos com uma *fuzz box* Gibson Maestro, um novo aparelho que distorcia a guitarra, sujava o som. O som era parecido com o da guitarra principal em "You Really Got Me", dos Kinks, o qual, segundo a lenda, resultou de uma briga entre Dave Davies e Ray Davies. Um dos irmãos cortou o alto-falante de um amplificador com uma navalha, gerando o mesmo tipo de frase ruidosa que Keith obteve com o pedal de *fuzz*. É exatamente o que era necessário para enfatizar a frase que abre "Satisfaction".

– Foi um milagre – Richards disse à revista *Guitar Player*. – Eu gritava por mais distorção. Queimamos os amplificadores e aumentamos o volume, e ainda não estava certo. Então, Ian Stewart dobrou a esquina e foi para a Wallach's Music City ou algo parecido e voltou com uma caixa de distorção: "Experimente isso." Foi assim, tão improvisado. Aconteceu simplesmente do nada. Eu nem curti muito a coisa depois daquilo. Seu uso era muito limitado, mas era perfeitamente apropriado para aquela música.

OLDHAM FEZ UMA VOTAÇÃO: "Satisfaction" deveria ser o próximo single? Segundo Bill Wyman, o resultado foi apertado, com Charlie, Bill e Brian

Satisfaction 145

votando sim, enquanto Mick e Keith se opuseram. O voto de Brian é o mais surpreendente, pois, mais tarde, ele disse odiar a canção. *Fleur du mal* – uma flor do mal que significava ruína. Keith não considerava a música um sucesso. Mick não se lembra de ter votado. Andrew diz que nenhuma votação foi necessária pois todos perceberam que "Satisfaction" seria um monstro. Ainda assim, Keith diz que ficou surpreso quando ela foi lançada. Ele só ficou sabendo a respeito quando a música tocou no rádio enquanto a banda viajava atravessando Minnesota de carro em junho.

– Nem sabíamos que Andrew tinha lançado aquela coisa maldita! – Ele explicou. – Inicialmente, fiquei morto de vergonha. No que me dizia respeito, aquilo era somente a gravação base.

Mas é essa qualidade crua, inacabada, que concede ao single seu poder. É claro, você não pode compreender isso isoladamente. Você precisa levar o contexto em consideração. Se você quer apreciar Marlon Brando em 1954, compare-o com Gary Cooper. Se você quer apreciar Elvis Presley em 1956, compare-o com Perry Como. Se você quer compreender "Satisfaction" em 1965, compare-a com "The Birds and the Bees", de Jewel Akens, ou com "This Diamond Ring", de Gary Lewis and the Playboys. Ao lado delas, "Satisfaction" é pervertida e estranha, um garoto usando botas de motociclista em uma escola careta. A canção subiu nas paradas como um projétil, superando "Help", dos Beatles, e "Crying in the Chapel", de Elvis. Ela pairava como uma lua crescente, o primeiro número um dos Stones nos Estados Unidos, o som do verão de 1965, tocando em alto volume em todo rádio transistor. Ela foi dez vezes maior do que qualquer coisa que os Stones tinham experimentado – um salto quântico que tirou todas as dúvidas. No mundo comercial, geralmente há dois de tudo. É ou um ou outro, a dialética do consumismo. Pepsi ou Coca-Cola. Marlboro ou Kool. Não seria os Kinks, nem o The Who, nem o Dave Clark Five. Do lançamento de "Satisfaction" até a entrada de Yoko Ono, o rock'n'roll seria ou os Beatles ou os Rolling Stones.

O sucesso em grande escala pode ser perigoso, causar isolamento. Ele separou os Stones de mentores e amigos. Ele os tornou suspeitos aos olhos dos membros da geração mais velha, que consideravam o estrelato pop uma ofensa contra o blues, apostasia. Quando perguntei a Chris Barber sobre os Stones, ele respondeu da maneira como Obi-Wan Kenobi falaria sobre Darth Vader, o cavaleiro Jedi fracassado.

– Não é real – ele disse sobre a música de Mick e Keith. – E o triste é que eles eram capazes de fazer a coisa de verdade. Mas descobriram outra coisa que não é real mas que dá uma montanha de dinheiro. E todas as outras pessoas também fazem muito dinheiro. Portanto, todos gostam disso. Mas não é real, e se você é um músico sério, você sabe que não é real. Olhe para Brian Jones. Ele era sério, muito sério. Ele era o prodígio de Alexis Korner. Mas ele não conseguiu impedir isso. Porque eles foram tentados, terrivelmente tentados, desde o começo, e não conseguiram resistir. Mas Brian nunca se sentiu bem a respeito. Estava claro para qualquer um que o conhecia.

Brian Jones foi a primeira baixa de "Satisfaction". A canção era uma arma apontada para sua cabeça. Ela o atordoou. Era a transgressão, a maneira como ela convertia alguns dos tiques mais amados do Delta em pop adolescente. O sucesso – sua magnitude – era o mais difícil de tudo. Ele afastou Brian de Mick e Keith, que, com "Satisfaction", assumiram o controle da banda. Quando a canção atingiu o número um, estava tudo terminado para Brian. Ele jamais seria líder novamente ou ocuparia o centro do palco. Ele fora relegado ao segundo plano. E odiou isso. E rebelou-se. Seus problemas de verdade começaram naquele verão. Ele tinha acessos de raiva, ficava bêbado, violento e agressivo, tropeçava pelos lugares, com cabelos caindo sobre os olhos, rosnava ou desaparecia. Enquanto o resto da banda tocava "Satisfaction", ele improvisava o tema do *Marinheiro Popeye*.

– Na primeira sessão de fotos que fiz com os Stones no começo de 1965, Brian tinha o glamour, o carisma – disse-me Gered Mankowitz. – Ele era o mais arrumado. Ele era a estrela. Mick e Keith ainda eram grosseiros. E, eu diria, tinham um ar de estudantes. Mas as questões difíceis e estranhas da personalidade de Brian vieram à tona muito rapidamente. Quando estávamos em turnê no meio 1965, ele estava se tornando bastante errático e pouco confiável. Ele desaparecia, tocava muito mal. Era como uma criança.

Por exemplo, lembro-me de ter parado para comer um hambúrguer entre Fort Worth e Dallas. Brian disse que não queria nada, que ficaria na limusine. Então, entramos e comemos nossos hambúrgueres, e quando voltamos para a limusine, Brian decidiu que queria alguma coisa e entrou no café. Eram coisas estúpidas como essa. Andrew não permitiu que Brian se safasse daquilo – ele foi arrastado para fora do restaurante.

ANDREW OLDHAM FOI a segunda baixa de "Satisfaction". Foi mais um ricochete do que um tiro direto. Começou com a percepção de Oldham de que o tamanho daquilo colocava os Stones em outra jogada, o que o deixaria sobrecarregado. Oldham era um visionário, um homem de Relações Públicas, um magnata adolescente de merda; aquilo exigia um profissional. Allen Klein era um contador da indústria musical conhecido por auditorias de gravadoras que geravam para clientes como Sam Cooke centenas de milhares de dólares em *royalties* que não tinham sido pagos (dos quais Klein ficava com a metade). Em meados da década de 60, Klein, que sonhava em dominar o mercado do pop inglês, tinha acordos de gerenciamento com os Dave Clark Five, The Animals e os Herman's Hermits, entre outros. Oldham conheceu-o em uma convenção da indústria musical em Miami. E ficou impressionado. No verão de 1965, Oldham rompeu com o sócio Eric Easton e trouxe Klein para negociar um novo contrato dos Stones com a Decca, colocar a operação em uma boa posição financeira e coagenciar os Stones.

Allen Klein! A lenda! A ameaça! Sua fotografia está pendurada na galeria dos vilões do rock'n'roll, o impostor que roubou os Stones como um bêbado em um beco. Ele passou boa parte da infância em um orfanato em Nova Jersey, frequentou a escola no GI Bill, bebia whisky da garrafa e carregava dinheiro em um rolo – o raro contador público certificado cheio da grana. Atrás dele há uma legião de homens de gravadoras, ladrões de esquina que construíram sua trajetória do nada. Syd Nathan. Morris Levy. Hy Weiss. Eles navegavam as águas cristalinas como tubarões de recifes, compreendiam as letras miúdas e o alçapão e pensaram: "Por que receber 20% quando posso ficar com tudo?" Para os Stones, Klein era o lado negro do sonho. Você quer viver como as lendas do blues? Bem, o que é mais característico dessas vidas do que ser roubado por tipos como Allen Klein?

Foi a persona de cara durona que atraiu Oldham. Ele achou que o contador obstinado de Jersey seria uma arma perfeita nas futuras negociações com a Decca.

– Andrew gostava de me retratar como aquele americano sombrio que podia cuidar de qualquer coisa – disse Klein. – Isso foi Andrew, ele apenas criou isso, que eu era como um gângster. Ele disse: "Eles vão amar isso na Inglaterra." Ninguém jamais falava comigo sobre aquilo. É o que os ingleses pensam de todos os americanos que possam ser italianos.

– Se ele foi difamado? É claro que sim – Ronnie Schneider, sobrinho de Klein e um gerente de turnê dos Stones, disse-me. – Mas a difamação funciona de duas maneiras. Saddam Hussein a usou para manter-se em segurança durante muitos anos.

Os Stones são um romance russo. Abra em qualquer página e você encontrará um incidente dramático. Nesta, eles tocam "La Bamba" em um porão em Dartford. Naquela, são detidos por mijar na parede de um posto de gasolina em Londres. "Mijaremos em qualquer lugar", grita Jagger. Nesta, Keith está de pé no saguão da Chess Records observando Muddy Waters pintar o teto. Naquela, os Stones, de óculos de sol e ternos escuros, estão de pé atrás de Allen Klein enquanto ele negocia com o presidente e fundador da Decca, Edward Lewis.

– Ele fazia a gente se vestir como capangas, uma gangue da máfia – disse Charlie Watts. – Ele nos disse exatamente o que deveríamos falar, que era nada.

Se Lewis ficar em silêncio, explicou Klein, faremos ainda mais silêncio. Deixe-o preencher o silêncio com seus próprios demônios. Quem falar primeiro perde.

Satisfaction 149

Foi um duelo famoso, o novo guarda arrancando a moeda da mão fechada do rei moribundo. Os Stones saíram com o contrato musical mais lucrativo da história. Receberam um milhão de libras de adiantamento pelo próximo álbum. Citando os impostos punitivos na Inglaterra – a alíquota máxima ficava bem acima de 90% –, Klein aconselhou os Stones a criar uma corporação nos Estados Unidos. Foi uma decisão da qual eles se arrependeriam.

17. Escrevendo matérias

MEU PRIMEIRO ARTIGO sobre os Stones foi publicado na *Rolling Stone* em 25 de agosto de 1994. Aquela capa e toda a empolgação em torno dela parecem relíquias do último momento de ouro do rock, a última vez que alguém se importou e que não havia nada mais importante. Os Stones demonstram um tipo de autoconfiança nas fotos que nenhuma banda jamais vai demonstrar. A corrente que passava por Elvis Presley e Mick Jagger foi cortada quando Kurt Cobain apontou a arma para sua cabeça. Lembro-me de Jann Wenner saindo do seu escritório certa tarde, irritado com uma série de capas recentes: Green Day, Hootie & the Blowfish, the Lemonheads. "Quem gostaria de foder com Evan Dando?"

Na época, aquilo me pareceu o delírio de um *baby boomer*. Mas, em restrospecto, acho que ele estava certo. O fogo que acendera o rock'n'roll no começo e fora passado como uma tocha de Buddy Holly para os Beatles, dos Stones para o Clash, se apagara no final da década de 90. Suponho que isso esteja relacionado com a internet, computadores e videogames, todos esses mundos intangíveis. A energia que abastecia as cenas musicais de Chicago, Detroit, Alabama e Londres se mudara para o Vale do Silício.

Continua a se fazer música, é claro. As melhores bandas são tão proficientes quanto sempre foram. As melhores canções ainda mexem com as pessoas. Mas a crença por trás de tudo se foi. Ninguém pensa que a música mudará o mundo, tampouco quer que ela o faça. É muito parecido com a religião. As pessoas lotam as igrejas, se bem que menos por medo e temor do que por hábito. Fazemos isso porque nossos pais faziam. Fazemos isso porque é o que sempre fizemos. Da mesma forma que ainda ficamos em

Escrevendo matérias

151

bares escutando bandas. Porque é divertido, não porque acreditamos nisso ou achamos que isso trará significado para nossas vidas.

Para mim, aquela capa dos Stones é uma memória de outro tempo, um instantâneo de um país que era meu lar. Onde o rock'n'roll era o rei. Onde as estrelas nos guiavam. Onde você aguardava pelo próximo disco como as pessoas um dia esperaram pelo novo panfleto de Voltaire. Onde uma canção podia mudar a estação do ano e a música certa na hora certa podia significar transcendência. À medida que desvanesce em sépia, minha infância, que transcorreu da metade da década de 70 até o final da de 90, parece mais próxima em espírito da década de 50 de Gene Vincent and His Blue Caps do que de Taylor Swift.

ALGUNS DIAS ANTES de a matéria chegar às bancas, os Stones convidaram Jann Wenner, eu e meu editor, David Fricke, para um show de aquecimento pré-turnê em Toronto. Seria uma pequena apresentação privada, com a banda tocando em um bar canadense. Peguei a linha nove do metrô para o centro de Manhattan, balançando sob a luz tênue enquanto olhava para meu reflexo na janela. Eu era jovem, mas já tinha sido mais jovem. Eu não estava velho, mas estava ficando mais velho. Você tem 22 anos. Então, você tem 24. Quando completa 26 anos, você se dá conta de que nunca mais completará 25. Esse trem viaja somente em uma direção. No parque de diversões, te colocam no carro e você acredita que está dirigindo até que você levanta as mãos e compreende que esteve o tempo todo em um trilho. Não importa o que você faça. Os amigos que você tem, a música que ama, as escolas que fizeram diferença – tudo isso porque seus pais escolheram esta cidade em vez daquela cidade, esta rua em vez daquela rua.

Na *Rolling Stone*, há um corredor coberto de capas. Você o atravessa como atravessa o Túnel do Amor, a história inteira se desenrolando. Não apenas os cantores e comediantes, não apenas Bowie e Belushi, mas os editores e correspondentes, todas aquelas matérias sendo escritas e reescritas. Enquanto caminhava por ele, eu disse a mim mesmo: "Sou um escritor e trabalho para a *Rolling Stone*, e escrevi uma matéria de capa sobre os Rolling Stones." Em *Picardias estudantis*, Spicoli se imagina na TV falando sobre curtir com Mick e Keith. Bem, eu acabara de fazer aquilo. De verdade! E estava prestes a fazer mais. De verdade! Eu nunca fizera parte de uma tradição, tampouco sentira que entraria para um clube ou uma gangue. Eu fora um nativo de Chicago, um fã dos Bears, um torcedor do Trevian, um estudante da Tulane, mas nada daquilo se encaixava com firmeza, em nada daquilo eu era completamente aceito. Mas, por um momento, naquele corredor, com minha capa ligada àquela longa série de capas, senti que eu pertencia a algo.

Fui ao escritório de David Fricke e sentei-me em uma cadeira em frente à sua mesa. Ele parecia mais um roqueiro do que um editor – não qualquer roqueiro, mas um roqueiro do Lower East Side em torno de 1977. Alto e pálido, com cabelo escuro comprido, em uma jaqueta de motociclista, jeans e tênis. Na rua, você poderia confundi-lo com um Ramone. Ele saudou-me de seu jeito habitual: "Oi, cara." Conversamos um pouco, depois descemos para a rua. Um carro nos esperava. Ele levou-nos ao aeroporto Teterboro em Nova Jersey, onde embarcamos no jato particular de Jann. Acredito que era um Gulfstream, talvez um G-II. Seu interior era ocupado por poltronas e telas. Decolamos para o oeste, depois nos inclinamos sobre Manhattan, as torres de vidro subindo e descendo como notas em uma partitura musical.

Brooklyn e Queens, Nassau e Suffolk, a costa sul de Long Island correndo muito abaixo de nós, subdivisões dando lugar para ilhas barreiras, estradas na praia. Folheei o livro de convidados de Jann. A caligrafia de Paul McCartney me saltou aos olhos: "Obrigado pelo avião!" Saber que o beatle ocupara aquele mesmo assento lançou tudo numa onda brilhante de estrela do rock. Aterrissamos no aeroporto de East Hampton, onde Jann subiu a bordo, resmungando. Ele é atarracado, com um grande sorriso que transforma seus olhos em pequenos pontos. Ele olhou pela janela para outro avião enquanto taxiávamos, um G-IV. Ele colocava o avião de Jann no chinelo. Jann amaldiçoou o proprietário do outro avião, quem quer que ele fosse. Avançamos até o final da pista, viramos e decolamos. O avião fez uma subida acentuada, junto com minha alma. Uma hora

Escrevendo matérias   153

depois, estávamos em Toronto. Passamos o dia socializando com estrelas do rock. Quando telefonei para a revista e falei com meu amigo Bob Love, ele perguntou:

– Como vão as coisas?

Eu disse:

– Bem, mas estou sorrindo tanto que minha cabeça está me matando.

Ele disse:

– Conheço essa dor de cabeça.

Naquela noite, fomos para El Mocambo, um clube no qual os Stones tinham feito shows de aquecimento no passado. O bar estava repleto de pesos-pesados da indústria musical, além de algumas pessoas locais sortudas. Os Stones começaram a tocar às nove horas. O palco era minúsculo, a banda estava espremida. Jagger gritou alguma coisa. Richards tocou o riff de abertura de "Honky Tonk Women". O lugar explodiu. Já vi os Stones em teatros, estádios, em uma redoma. Até cheguei a vê-los em um ginásio de uma escola. Mas naquele clube enfumaçado, os Stones fizeram o melhor show de rock que já vi. Eles tocaram de modo violento e sujo, mais como uma banda de garagem do que um grupo de velhos profissionais. Por um momento, fui transportado de volta para o quarto do meu amigo Jamie Drew, tomando cerveja Mickey's Big Mouth através de um furo no fundo da lata e pontificando. É uma pena que a maioria dos fãs jamais testemunhará a banda dessa maneira, em um palco pequeno, em um ambiente pequeno, posicionados como peças de um motor. Em um estádio, a energia é dissipada, mas no Mocambo os rapazes tocavam em função uns dos outros e amplificavam-se mutuamente. Mick e Keith. Charlie e Woody. As interações entre eles eram pura química. Um grupo de amigos se divertindo. Uma gangue. Os Stones cresceram além de sua proporção ideal, tornaram-se grandes demais para o bem da sua música. Eu os estava vendo em seu habitat natural – um bar repleto de bêbados fanáticos. Era como ver Elvis no Eagle's Nest em Memphis, ou os Beatles no Cavern em Liverpool, ou Springsteen no Stone Pony em Asbuby Park, ou os Ramones no CBGB na Bowery. Para as pessoas que me dizem que não entendem os Stones, que dizem "Fui ao show em Meadowlands e gostei de algumas coisas, mas...", eu digo "Você nunca viu os Stones. Essa banda só existe em um bar depois que você tomou três drinques, e Charlie se soltou, e Keith encontrou o groove, e Mick se lembrou de quem realmente é".

ENCONTREI A BANDA na Carolina do Norte algumas semanas depois. Eu tinha uma credencial de imprensa, um lugar no ônibus e um assento no avião. Estava escrevendo uma continuação da matéria de capa, uma carta da estrada. Assisti uma música da mesa de som, outra da lateral do palco. Em uma ocasião, sentei-me atrás do amplificador de Ron Wood, bem ao lado de Charlie Watts, que, de vez em quando, no meio de uma música, virava para mim e sorria. Ou seja, eu assisti não dos assentos nem da lateral do palco, mas do próprio palco, como se eu fosse um Rolling Stone. O melhor era a "sala da guitarra", onde Richards e Wood aqueciam antes de cada show. Ela era remontada em cada arena, de modo que, se você fosse uma estrela do rock movendo-se em uma névoa, você poderia acreditar que nunca mudara de lugar. Na verdade, tudo era desmontado e remontado, transformando cada cidade na mesma cidade. O arranjo dos quartos, os lençóis nas camas, os livros nas prateleiras – nada daquilo mudava. Havia uma mesa de sinuca na "sala da guitarra", sofás, mesas de café, cinzeiros e, é claro, guitarras: acústicas e elétricas, havaianas e *pedal steel*, Martins e Fenders.

Eu encontrava uma cadeira no canto e desaparecia entre as almofadas, apenas mais um dos objetos, observando Keith e Ronnie levando um som até estarem prontos. Eles fumavam e bebiam, gargalhavam e contavam piadas, mas, principalmente, tocavam, sozinhos e juntos, alternando-se entre a guitarra rítmica e a principal, canções country, Hank Williams, George Jones, Ernest Tubb. Richards debruçava-se sobre a guitarra, cigarro colado no lábio, sorrindo enquanto se curvava tocando "We Had It All" ou "You Win Again". Ron Wood podia fazer um comentário sobre uma música, dizer algo ininteligível, depois pegar uma guitarra semiacústica para demonstrar um ponto. Aquele era o santuário interno, a sala nos fundos onde os cardeais se preparam para a comunhão.

Escrevendo matérias

Cerca de vinte minutos antes do show, Mick Jagger começava a cantar escalas com um treinador de voz. Era possível ouvi-lo, ao longe, em seu trailer. Richards levantava o olhar, fazia uma careta. Além de um treinador de voz, Mick fazia a turnê com um coreógrafo e um preparador físico. Keith fazia a turnê com uma maleta de médico, guitarras e garrafas de bebida.

– O que ele pode fazer lá dentro que não podemos fazer aqui fora? – ele perguntou, sorrindo.

Deitando no chão, Keith fez cinco flexões, das boas, a ponta de seu cigarro queimando um buraco no carpete, uma marca registrada do rock'n'roll.

Richards e Wood fizeram um pequeno intervalo entre a jam na sala da guitarra e o show propriamente dito. De pé ao lado dos trailers como aberrações de um circo, eles respiravam o ar quente noturno enquanto o locutor fazia a apresentação: "Senhoras e senhores...!" O show propriamente dito passou em um instante. Enquanto os Stones tocavam o bis, a equipe aguardava em uma fila de vans, com viaturas policiais nas duas extremidades, com luzes piscando, para a corrida até o aeroporto. Eu estava no segundo veículo enquanto os Stones tocavam "Jumpin' Jack Flash". Fogos de artifício encheram o céu, walkie-talkies ganharam vida. Um instante depois, a banda emergiu da arena quase correndo. Jagger entrou na primeira van, onde viajava com seu guarda-costas e assistente; todos os outros entraram na segunda van. Deslizei para a janela, notebook no colo, abrindo espaço. Charlie sentou na minha frente, sereno como sempre. Wood sentou atrás de mim, de braços cruzados. Keith sentou ao meu lado, desgrenhado. Ele não parece se mover muito no palco. O floreio ocasional de Chuck Berry: um passo do pato, a mão direita voando para dar ênfase, pernas em uma pose de poder. Fora isso, seu comportamento é *cool*. Como se ele tivesse acabado de acordar de uma soneca, engolido por um punhado de blues. Mesmo quando canta, é como se estivesse fazendo isso na varanda dos fundos em uma tarde de verão. Mas ele está ensopado na última música, camisa encharcada. Ele não conseguia recuperar o fôlego na van, curvado, bufando. Os outros Stones pareciam não reparar, mas fiquei preocupado. Quando seu arquejar ficou rouco, ofereci a ele meu inalador.

– Estarei bem em vinte minutos – ele disse. – Deixo tudo de mim no palco.

Um momento depois, ele sentou-se ereto e sorriu em meio ao cansaço, um sorriso retorcido, bogartiano, e então incorporou o boxeador Jake LaMotta depois de levar uma surra em *Touro indomável*: "Coloque meu roupão direito! Ei, coloque meu roupão!"

Quando o artigo foi publicado em 3 de novembro de 1994, tive um vislumbre em primeira mão da rivalidade que quase destruiu os Stones. O agente de Jagger telefonou-me furioso.

– Você deu o título errado para o artigo, não deu? – ele esbravejou em um sotaque inglês antiquado. – Você o intitulou "Na estrada com os Rolling Stones", mas não está certo. Você deveria tê-lo intitulado "Eu amo Keith Richards e quero ter um filho dele".

É claro, ele estava certo. Eu realmente amo Keith. Ele representa sobrevivência. Ele pode lhe ensinar como permanecer digno em uma era decadente. Mick? Quem pode ser Mick? Mick é Elvis em uma jaqueta de lamê dourado. Mick é Michael Jackson fazendo o *moonwalk* através dos tempos. Um em um milhão, uma aberração da natureza. Não pode ser copiado, só pode ser desfrutado. Mas Keith? Se você viver tempo suficiente, mantiver um esforço equilibrado e concentrar toda sua paixão, então, talvez, bem no final... Suponho que, de certo modo, eu realmente queira ter um filho dele.

Quando vejo aquela turnê em retrospecto, não é do avião que me lembro, nem dos shows ou dos hotéis. É da maleta de médico de Keith, uma maleta antiga de couro coberta de fivelas. Ele dava tapinhas nela com um aspecto sábio, olhava dentro dela amorosamente. Óleo de cobra e elixires. Na minha mente, algo dentro dela brilha, banhando seu rosto com uma luz química – o rosto de um pirata benevolente, olhos escuros e pele pálida, as tranças pendendo. Eis um homem que navegou todos os mares, tocou todas as ilhas, assolou todas as cidades; que caminhou na prancha e sobreviveu; que rompeu a forca na ponta do mastro e nadou para a liberdade

Escrevendo matérias

enquanto balas salpicavam o rio. Ele levantava os olhos enquanto revirava a maleta, dizendo:

– Diga-me o que há de errado. Aqui dentro tenho uma cura para o que quer que lhe aflija.

De uma certa perspectiva, a história dos Stones são as drogas. Isso começou durante aquela primeira turnê na Inglaterra. Anfetaminas e comprimidos de emagrecimento, *speed* – do tipo preferido pelos caminhoneiros. Você as tomava para suportar os shows sem dormir. Keith lembra-se de comprá-las em lanchonetes e em postos de gasolina, os comprimidos entregues em um envelope, os famosos vermelhos tomados por qualquer um que trabalhasse no período noturno, de poetas beat a policiais durante a patrulha. No quinto dia, sua visão fica ofuscada e seu coração dispara. Em 1965, Johnny Cash foi preso com 668 cápsulas na fronteira com o México.

– Eu falava com os demônios e eles respondiam – disse Cash. – Eles diziam: "Vá em frente, John, tome mais vinte miligramas de dexedrina, você ficará bem."

No começo, o consumo de drogas era visto como prático, até razoável, apenas mais uma ferramenta no equipamento do guerreiro da estrada. Mais tarde, quando os Stones ficaram famosos e a última semelhança com a vida comum desaparecera, era um meio de fuga, um corredor para um quarto silencioso no centro da mente. Ainda mais tarde, era um caminho para a iluminação, um meio de remover as portas das dobradiças e as dobradiças dos batentes.

– Estávamos realmente tentando fazer algo tomando algumas substâncias químicas – Keith explicou. – Todo mundo naquele ponto estava preparado para usar a si mesmo como uma espécie de laboratório, para encontrar alguma saída daquela confusão. Era muito idealista e muito destrutivo ao mesmo tempo.

É aqui que minha geração, a Geração X, se separa dos *baby boomers*. Eles arruinaram as drogas, como arruinaram as botas Frye e as calças boca de sino. Nunca compartilhamos seu sonho de abrir as portas da percepção ou de tocar o rosto de Deus. Por causa deles, a iluminação parecia besteira. Tudo que permanecia era a onda. Com seu entusiasmo constrangedor, eles tranformaram tudo em uma piada. Comeram a fruta e deixaram a casca, fumaram a maconha e deixaram a resina, engoliram as epifanias e deixaram a realidade. Quando chegou a nossa vez, eles nos repreenderam, dizendo que era perigoso demais – você precisaria ser um idiota para experimentar. Sobre seu próprio comportamento quando jovens, eles diziam: "Não sabíamos na época o que sabemos hoje." Quando nós chegamos, tudo era proibido, temido e coberto por uma camada protetora, mas você pode imaginar o quanto o LSD deve ter sido divertido em 1964, quando era legalizado?

Perguntei a Marianne Faithfull como eram as drogas na década de 60.

– Fantásticas!

– O que você aprendeu com o LSD?

– Tudo. Era uma experiência sagrada e importante para mim, para Mick, Keith, para todos nós. Ele nos mudou e nos tornou pessoas melhores. Foi um período maravilhoso, maravilhoso. Nunca tive uma *bad trip*, mas é claro que eu estava tomando ácido incrivelmente bom. Mas eu não recomendaria isso para ninguém hoje, porque não é mais bom, não é puro, é misturado com merda, então não se dê ao trabalho, acabou.

18. Ácido

Se o LSD não foi inventado por acidente, poderia muito bem ter sido. Albert Hofmann, um químico da Sandoz Company, na Suíça, pesquisando um tratamento para problemas circulatórios, experimentara com ácido lisérgico na década de 30, sem resultados. Em 1943, ao examinar seu antigo trabalho, deparou-se com sua 25ª mistura – LSD 25. Ele fez a primeira viagem inadvertidamente quando uma pequena quantidade foi absorvida por seu dedo. Intrigado, tomou uma dose intencionalmente três dias depois. O efeito começou enquanto pedalava sua bicicleta por Basel. "Tive muita dificuldade em falar com coerência", Hofmann escreveu em seu diário. "Meu campo de visão oscilava diante de mim e estava distorcido como reflexos em um espelho de parque de diversões." Ele não registrou árvores de tangerina ou céus de marmelada, mas mencionou uma perda de ego.

A notícia da droga espalhou-se – cientistas contaram a amigos, que contaram a outros cientistas e aos seus amigos, até que um exército de evangelistas se formou. Isso começou com agentes da CIA e membros do governo que acreditavam que o LSD ou era o soro da verdade, um meio de dissipar medos da morte, ou a chave para compreender o universo. Aldous Huxley, o romancista e distópico inglês que escrevera a bíblia dos alucinógenos, *As portas da percepção*, acreditava que a mente é um filtro. Ela dá a ilusão de individualidade mas bloqueia 90% do que existe. O LSD remove os filtros, permitindo que você experimente a fantástica infinidade da criação. O eu se dissolve. Você sente o sabor da música e ouve cores e percebe que nunca esteve sozinho. Em sua primeira viagem, Huxley disse que viu "o que Adão havia visto na manhã de sua criação".

Quando as estrelas do rock começaram a ter experiências com a droga, o resultado foi um novo tipo de música, um novo tipo de canção. Bob Dylan foi o pioneiro, os Beatles aperfeiçoaram. Quanto a Dylan, ninguém tem certeza de quando ele tomou sua primeira dose. Alguns dizem que foi em abril de 1964, e naquela altura o cantor já tinha sido encantado pelos poetas simbolistas franceses, especialmente Arthur Rimbaud, que descrevia o processo artístico como uma espécie de loucura: "O poeta faz de si mesmo um vidente através de uma longa, prodigiosa e racional desordenação dos sentidos." Dessa maneira, os fanáticos por ácido eram na verdade apenas uma versão moderna dos antigos bebedores de absinto. Perguntado diretamente, Dylan disse: "[Sou] pró-química." Phil Ochs descreveu-o como "LSD no palco". Isso explica o salto que ele fez das baladas folk *faux-naïf* para visões de Ezequiel da roda de fogo. *Bringing It All Back Home*, lançado em 22 de março de 1965, é 45 minutos de delírio. "Mr. Tambourine Man", "Gates of Eden", "It's Alright, Ma (I'm Only Bleeding)". As canções causaram uma sensação entre músicos. Elas fizeram com que todos quisessem alucinar.

Na metade da década de 60, o LSD transformara tudo. Havia as roupas, as horrorosas camisetas e os casacos largos em cores primárias, os quais, repletos de miçangas, faziam um barulho terrível na secadora de roupas. Havia os carros, Kandy-Kolored,* avançando na primeira marcha pela Sunset Strip. Havia os filmes – *Viagem ao mundo da alucinação*, com Peter Fonda, *Sem destino*, a motocicleta acelerando pelas estradas da América de mente fechada. Havia os romances e os festivais e *be-ins*** e sonhos de uma nova era – Aquário – na qual as pessoas vagariam tão livremente quanto os lírios do campo, veja como crescem; não trabalham nem fiam.*** Havia as buscas

---

* Kandy-Kolored é uma referência ao livro *The Kandy-Kolored Tangerine Streamline Baby*, de Tom Wolfe, referindo-se à cor de bala de seu carro. (N.T.)

** Reuniões de hippies e membros da contracultura americana da década de 60, onde se cultivava a expansão da consciência através do consumo de psicodélicos, uma consciência política liberal, descentralização política e cultural, vida comunitária e consciência ecológica. (N.T.)

***Brincadeira com a passagem bíblica "Olhai para os lírios do campo, como crescem; não trabalham nem fiam"; em Mateus 6:28. (N.T.)

Ácido

espirituais: os Beatles seguindo o Maharishi, Jimmy Page estudando o satanismo de Aleister Crowley. Havia a linguagem, os adjetivos e verbos readaptados que podem muito bem representar o legado mais duradouro daquela era: *bummer, burnout, bad trip, crash, dose.**

E havia a música. *Acid rock*. Psicodelia. As primeiras músicas desse tipo, aparentemente gravadas por uma banda do Texas chamada The 13th Floor Elevators, abriram a era das jams intermináveis, dos shows de laser e dos aluguéis de estacionamentos de carros. Você ia ao banheiro e voltava vinte minutos depois para encontrar o guitarrista capturado pelo mesmo riff interminável. Os Animals tiveram um sucesso com "A Girl Named Sandoz". Os Byrds tiveram um sucesso com "Eight Miles High".

O que constitui uma canção de LSD?

A letra, é claro, mas também as minúcias, efeitos estranhos elaborados no estúdio, instrumentos orientais, sinos viajantes, flautas de metal irlandesas, bolas quicando e trechos de códigos compostos para o ouvinte atento viajandão preparado para tocar o disco ao contrário. A ação principal é entre o músico e a química. Soa maravilhoso quando você está doidão, mas fica velho como um pôster de luz negra. É válido considerar a distinção de Keith Richards entre "músicas drogadas" e "músicas sobre drogas". Os Beatles escreveram músicas drogadas. Os Stones escreram músicas sobre drogas. "Tomorrow Never Knows", do *Revolver*, de 1966, é a "obra-prima de LSD" dos Beatles. John Lennon disse que foi inspirada no *Livro tibetano dos mortos*. Desafio qualquer pessoa a escutá-la enquanto corre ou escreve um livro. Ela é mais uma relíquia do que uma canção, a prova de um clima estranho que atingiu milhões de pessoas.

A psicodelia era um ciclo fechado. Seu único caminho era de volta a si mesma. John Lennon disse que tomou mais de mil doses de LSD, parando somente quando seu corpo se tornou imune. Ele disse que o ácido destruía sua criatividade. Durante anos, convencido de sua despersonalização, ele não conseguiu compor. Pois o que é uma expressão

---

* Em tradução livre, *bummer*: chatice; *burnout*: lesado; *bad trip*: viagem ruim; *crash*: o cansaço depois de uma viagem psicodélica; *dose*: uma dose de LSD. (N.T.)

mais audaciosa de ego do que impor sua vontade à linguagem? Ele era um membro de uma legião de viajantes que não conseguiram voltar completamente. Quando perguntei a Paul Jones sobre LSD, ele falou sobre as ruínas, todos os garotos prejudicados que, como no final de um incêndio, ficavam esvaziados e ocos.

Os Stones chegaram tarde na festa. A primeira vez que a maioria deles se lembra de ter visto um baseado foi nos bastidores em 1964, quando estavam na mesma programação que Bo Diddley. Algum fã estava recostado em um canto, fumando um baseado enorme. Isso gerou pânico entre os rapazes, que, imaginando manchetes de jornais e desfiles de acusados, expulsaram o delinquente. Isso era equivalente a um judeu pedir a Elias para deixar a mesa da páscoa judaica. Pois ali estava a libertadora ganja – em dez anos, Keith e Peter Tosh fumariam até as paredes derreterem e se transformarem em Jah. Segundo Bill Wyman, Charlie Watts era o único Rolling Stone que conhecia alguém que consumia maconha, pois Charlie saía com músicos de jazz, e você sabe como eles são.

Linda Keith, que localizei em Nova Orleans, disse-me que Richards era um pudico inacreditável em relação a drogas. Modelo e garota selvagem que partiu o coração de Richards, Linda aparece em algumas canções dos Stones, mais notavelmente em "Ruby Tuesday". Quando ela começou a tomar ácido no meio da década de 60, Richards não tinha a menor ideia. Ela espalhava garrafas de vinho pelo apartamento para que ele presumisse que estivesse bêbada.

– Eu estava um ou dois anos à frente dele, mas naquela época poderia muito bem ser um século – disse-me ela. – Eu estava passando por coisas que o assustavam, coisas que ele ainda não conseguia compreender.

Isso mudou rapidamente. Keith disse que os Stones retornaram de sua terceira turnê nos Estados Unidos com os bolsos cheios de ácido. Brian foi o primeiro a tomar, o que é importante. Não é apenas o que você faz, mas quando o faz. Existem três tempos: tarde demais, cedo demais e a hora certa. Brian estava sempre adiantado demais. Rápido em viver, rápido em engravidar alguém, rápido em ficar famoso, rápido em transtornar os sentidos. De certo modo, ele era apenas mais uma vítima do ácido. Sua mente se abriu demais, tanto para o lado ruim quanto para o lado bom. Segundo Tony Sanchez, traficante de drogas da banda e autor de *Up and Down with the Rolling Stones*, Brian começou a se deteriorar logo depois de sua primeira viagem de ácido.

(Você consegue imaginar como sua história seria contada pelo cara que lhe vendia drogas?)

Em um instante, o guitarrista de blues deu lugar ao surtado, com olheiras, um doidão Kandy-Kolored.

Richards foi o próximo a tomar uma dose.

– Na primeira vez que Brian e eu tomamos ácido, achamos que era como fumar um baseado – disse ele. – Fomos nos deitar. De repente, olhamos ao redor e todas aquelas coisas de Hieronymus Bosch estavam lampejando. Isso foi em 1965.

Bill e Charlie evitaram a cena totalmente. Isso os colocou como observadores, olhando da última fila.

– Lamentavelmente, nunca tomei ácido – Watts contou depois. – Digo lamentavelmente porque eu morria de medo daquela maldita coisa e gostaria de ter tomado para saber como era. Acho que fui a única estrela do rock a nunca usar um par de contas. Eu gostaria de poder ter feito aquilo, mas nunca me pareceu certo.

Mick Jagger foi o último a tomar. Ele sempre fora prudente, calculista. Um pé na London School of Economics e outro na Edith Grove. Um pé na sala de reuniões, outro no palco. Ele finalmente sucumbiu porque eram os anos 60 e se você era uma estrela pop e um líder você precisava fazer aquilo. Por um momento perigoso, ele flertou com a linguagem fecunda do aristocrata hippie.

– Quando estou no palco, sinto que os adolescentes estão tentando se comunicar comigo, como que por telepatia, uma mensagem de certa urgência – ele disse ao *Daily Mirror* na época. – Não sobre mim ou sobre a música, mas sobre o mundo e a maneira como vivemos.

Eu poderia preencher várias páginas com citações viajantes de Jagger, mas não o farei porque me recordo de coisas que disse quando tinha vinte anos que ainda me fazem arder de vergonha.

Cada Stone reagiu à droga ao seu próprio modo. Enquanto Mick se tornou um rei hippie, Keith entrou na nuvem onde, de certo modo, passaria o resto da vida. Veja fotografias de Richards tiradas antes de 1966. Seus olhos são claros e alertas, seu rosto tracejado em linhas finas. Agora, veja fotos dele tiradas em 1969, 1975, 1997. É o mesmo cara, mas o olhar é nebuloso e sem foco. Algo foi perdido mas, estranhamente, algo foi ganho. Na década de 70, ele está encarquilhado, resistente. O Buda pré e pós-iluminação. Ele tomou ácido sob a árvore bodhi. Ele levitava enquanto meditava sobre Muddy e Wolf. Em suma, drogas são ruins para todos exceto Keith Richards, a quem quase mataram mas, em vez disso, enriqueceram.

QUAL FOI A PRIMEIRA MÚSICA sobre drogas dos Stones?

Alguns citam "Satisfaction" (*"He can't be a man 'cause he doesn't smoke the same cigarettes as me"*).* Outros cogitam "Mother's Little Helper" ou "19th Nervous Breakdown". Com o tempo, as drogas tornaram-se um dos grandes temas da banda: ficar doidão, o final da onda e os momentos leves entre os dois. Ao meu ver, os Stones compuseram as melhores canções sobre drogas daquela era. Diferentemente da maioria, as canções dos Stones ainda podem ser ouvidas sem nostalgia ou ironia. Como literatura, as melhores delas permaneceram novas. Você pensa menos em títulos do que em frases específicas: *"Drop your reds, drop your greens and blues"*;** *"There will always be a space in my parking lot, when you need a little coke and sympathy"*.***

Essas canções sobrevivem enquanto tantas outras – estou olhando para vocês, "White Rabbit", "White Room" e "Lucy in the Sky with Diamonds" – coagularam porque o blues dava a elas uma base sólida. Enquanto as canções sobre drogas dos Beatles parecem soltas – uma tentativa vigorosa de recriar uma viagem de ácido –, os Stones ainda explodem como Chicago.

---

* "Ele não pode ser um homem porque não fuma os mesmos cigarros que eu." (N.T.)

** "Tome seus vermelhos, tome seus verdes e azuis." (N.T.)

*** "Sempre haverá um espaço no meu estacionamento, quando você precisar de um pouco de cocaína e atenção." (N.T.)

Ácido   165

Elas são menos como mensagens vindas de dentro do hippie do que relatórios do quarto dos fundos onde o hippie está caído em uma cadeira. Com duas exceções, os Stones nunca cederam aos anos 60 ou se sentaram ao pé do Maharishi, nunca foram intoxicados por noções abstratas de paz ou se consideraram maiores do que Muddy Waters. Enquanto os Beatles ferviam, os Stones permaneceram na deles, escrevendo sobre drogas no estilo sujo dos velhos caubóis cantores. Dick Justice, por exemplo, que gravou a primeira versão caipira de "Cocaine" em 1929, ou Tommy Duncan, cuja "I'm a Ding Dong Daddy from Dumas", de 1937, contém o verso *"I can sell you morphine, coke or snow"*,* ou os Texas Rhythm Boys, que em 1948 cantaram *"Throw away your Ovaltine/ Buy yourself some Benzedrine/ and roll, roll, roll on down the line"*.**

Aftermath, o primeiro álbum dos Stones composto inteiramente por Jagger e Richards, foi lançado nos Estados Unidos em junho de 1966. Brian, excluído das composições, buscou se distinguir de outra maneira. Quando você ouve um instrumento estranho nesse disco, é Jones: a cítara em "Paint It Black"; o saltério em "Lady Jane" e "I Am Waiting"; o xilofone em "Under My Thumb". *Between the Buttons*, lançado um ano depois, conta com um punhado de músicas obviamente sobre drogas, incluindo "Connection" e "Something Happened to Me Yesterday". Apesar de ser considerado um grande álbum, é da capa que as pessoas se lembram: os Stones vestindo sobretudos em um dia frio. Charlie está na frente, nítido como uma ferida, mas a foto perde o foco nas bordas – um efeito que Gered Mankowitz obteve espalhando vaselina na lente de sua câmera. Keith está embaçado como o papa na pintura de Francis Bacon. Era uma referência em código ao ácido, a uma distorção geral. Brian sorri como um maníaco, como um bruxo ou feiticeiro.

Quando perguntei a Gered Mankowitz sobre a sessão de fotos, ele falou principalmente sobre Brian, que estava se tornando cada vez mais um problema.

---

* "Posso lhe vender morfina, cocaína ou heroína." (N.T.)

** "Jogue fora seu Ovomaltine/ Compre um pouco de benzedrina/ e role, role, role linha abaixo." (N.T.)

– Eles estavam gravando no Olympic – disse-me Mankowitz. – Naquela época, eles costumavam começar em torno das dez, onze da noite, e iam até as seis ou sete da manhã. Eu frequentemente passava a noite com eles, matando tempo, tirando fotos. Certa manhã, enquanto tropeçávamos no amanhecer, virei-me e olhei para eles e pensei: "Jesus, eles parecem exatamente os Rolling Stones." Tudo que pensávamos a respeito dos Rolling Stones estava incorporado em uma espécie de borrão. Eles estavam fora de foco, se é que você me entende. E eu disse para [Oldham]: "Acho que seria ótimo fazer uma sessão agora." Sugeri Primrose Hill, que ficava no outro lado de Londres, mas naquela época e naquele horário levava apenas cerca de 25 minutos para chegar lá de carro. Eu queria a luz do começo da manhã, o céu e árvores. Duraria apenas uns vinte minutos porque estávamos cansados, chapados e com frio. Então, precisava ser rápido. Fiquei com raiva porque achei que Brian estava fodendo com a sessão, escondendo-se na gola do casaco, ou lendo um jornal, ou dando as costas para mim. Falei para Andrew: "Estou preocupado com Brian, o que posso fazer?" E Andrew disse: "Não se preocupe com o que ele faz, porque estamos em um ponto com a banda em que isso não importa. Ele não pode prejudicar os Stones. Ele só pode contribuir." Foi uma orientação brilhante, pois me libertou completamente. Simplesmente parei de me preocupar com Brian. E o que é muito engraçado é que ele está fantástico em todas as fotos. Mas foi porque Andrew reconheceu que não importava. Ele tinha uma banda na qual se você não conseguisse ver todos os cinco sorrindo ou olhando para a câmera igualmente, aquilo não importava. Apenas os tornava mais intrigantes.

Mankowitz fotografou os Beatles, assim como os Stones, então perguntei a ele com qual banda era mais interessante trabalhar.

– Os Beatles tinham seus momentos, visualmente – disse ele. – E houve duas ou três capas fabulosas no começo. *Rubber Soul* é incrível. Mas os Stones tinham algo mágico. Eles não pareciam estar jogando nenhum jogo. Os Beatles... no começo, pelo menos... estavam sempre muito dispostos a sorrir, sorrir ironicamente, posar. Camisas e gravatas, por Deus! Eles pareciam limpos. Sua avô gostava dos Beatles. Era terrível. Mas os Stones? Eles mijariam em qualquer lugar, cara.

19. A batida

CERTO DIA, Brian Jones foi ao Blaises Club, em Kensington, uma caverna de urso que era frequentada por estrelas do rock. Com 24 anos e já no outro lado de tudo, ele sentou no bar mendigando drinques. O estranho que se sentou no banquinho ao seu lado era na verdade um repórter do *News of the World* que fora informado por um cliente: "Um Rolling Stone está lá dentro." O tabloide vinha publicando uma série sobre a cena das drogas, com uma ênfase especial no rock'n'roll. O repórter pagou um coquetel para Brian, depois começou a fazer perguntas. Há uma letra de Sonny Boy Williamson: "Não me faça começar a falar, contarei tudo que sei." Jones entrou em detalhes naquela noite: a primeira vez que usou narcóticos, experiência tímida e hábito perverso, o desafio de encontrar drogas de qualidade, a beleza da onda perfeita, pegar o trem da meia-noite. Do lado de fora do clube, ele mostrou ao repórter um tablete de haxixe e perguntou se ele queria "vir ao meu apartamento para fumar".

Quando o artigo do *News of the World* foi publicado em 5 de fevereiro de 1967 – "Estrelas pop e drogas: os fatos chocarão você" –, o músico bebendo no bar foi identificado não como Brian Jones, mas como Mick Jagger. "Durante o tempo que passamos no Blaises Club em Kensington, Londres, Jagger tomou cerca de seis comprimidos de benzedrina. 'Eu simplesmente não ficaria acordado em lugares como esse se não os tomasse', ele disse."

Teria o repórter simplesmente se enganado na identificação do entrevistado, ou será que foi intencionalmente enganado? A resposta depende da sua opinião a respeito de Brian Jones. Seria ele uma borboleta teimosa merecedora de pena? Ou seria ele, como Charlie Watts sugeriu, um babaca?

"Lembro-me da manhã em que Mick leu o artigo que detonou a coisa toda", escreveu Marianne Faithfull, que começara a namorar Jagger cerca de um ano antes.

"Era uma manhã de domingo no começo de fevereiro de 1967 e estávamos na cama com café e croissants quando os jornais foram entregues. Mick é viciado em jornais, ele lê tudo, do *Observer* ao *The Sun*. Estávamos folheando muito felizes os jornais e, de repente, Mick deparou-se com o artigo no *News of the World*. Ele pirou completamente."

– Mas que merda! – ele esbravejou, saltando da cama.

– O que foi, querido?

– Escute isso: "Jagger nos disse: 'Não tomo muito (LSD) agora que os caras (fãs) começaram a tomar. Ele ficará com o nome sujo.'"

Jagger foi retratado como um pervertido na matéria do *News of the World*, um jovem perturbado. Má sorte, e injusto. Aquilo não somente não era Mick, como não era nada parecido com ele. Ele não era um consumidor abusivo de drogas. Nem era imprudente. Ele não fazia confissões a estranhos. Como aquilo poderia ter sido um acidente? Mick não era nada parecido com Brian, não falava nem um pouco parecido com Brian. Ele ainda estava furioso naquela noite quando apareceu no *Eamonn Andrews Show*, um popular programa de entrevistas inglês. Ele queria justiça. Ele disse que iria processar o jornal. Por ser jovem, ele não sabia o que os cantores de gospel dão por certo: não se pode lavar as mãos em águas turvas. Para vencer no tribunal, Mick precisaria provar não apenas que tinha sido identificado erroneamente, mas também que o artigo não era verdadeiro. O *News of the World* precisaria apenas confirmar a alegação essencial: Mick Jagger consome drogas.

Jagger decidiu ir embora cerca de uma semana depois. Ele estava cansado do escrutínio, dos repórteres e fãs, a loucura o cercando. Depois de uma sessão que durou a noite inteira no Olympic Studios, ele dirigiu até Redlands, a propriedade que Keith comprara no campo. Mick estava viajando com Marianne Faithfull, talvez a mulher mais linda do mundo. Segundo a lenda, Faithfull emergira em março de 1964 em uma festa de lançamento para Adrienne Posta. A Swinging London no seu auge. Paul

A batida

McCartney estava na festa, assim como John Lennon, Peter Asher, Andrew Oldham e vários dos Stones. Marianne era uma garota de vinte anos que estudava em um colégio interno de freiras e estava noiva do artista John Dunbar. Esbelta e loura, virginal e peituda, se tornava ainda mais linda por aparentemente não ter consciência da própria beleza. Oldham descreveu-a como "um anjo com peitos grandes".

– No instante em que ela entrou, todos reparamos nela – disse-me Linda Keith. – E, é claro, a odiamos.

O pai de Faithfull fora oficial da marinha inglesa, filólogo e espião. Sua mãe era uma condessa húngara. Ela estudara existencialismo e jazz. Abordando Faithfull, Oldham murmurou:

– Você tem algo, quero conhecer você, você sabe cantar?

– Em outro século, você zarparia em um navio por ela – Oldham explicou mais tarde. – Em 1964, você a gravaria.

Algumas semanas depois, tendo abandonado a escola, Faithfull estava em um estúdio de gravação em Londres.

– Eu estivera me preparando para ir à universidade – disse-me ela. – Mas então... bem... fui descoberta, pelo amor de Deus!

Ela gravou "As Tears Go By" em 1964, a primeira canção de Jagger e Richards a atingir o Top Ten. Mick era louco por ela, mas ela estava interessada em Keith. "Era bastante claro, mesmo naquela época, que ele era um gênio", ela escreveu. "Ele não é nem um pouco tímido agora, mas quando o conheci ele era agonizantemente tímido e dolorosamente introvertido. Ele não falava absolutamente nada."

Faithfull ficou com Richards no final de uma festa longa. Em seu livro, ela o descreve como o melhor sexo de sua vida. Ela estava apaixonada por Keith, mas Keith, apaixonado por outra pessoa, estimulou-a a se aproximar de Mick, dizendo:

– Você sabe quem é realmente louco por você, não sabe?

Jagger seguiu com cartas, flores, adulações.

Segundo Chrissie Shrimpton, que falou sobre tudo isso muito depois, Jagger e Faithfull ficaram pela primeira vez depois de um show dos Stones em Bristol, Inglaterra. Shrimpton e Jagger andavam brigando. Chrissie tomou uma overdose de soníferos. Ela acordou em um hospital e depois foi internada em uma clínica psiquiátrica. Enquanto isso, Jagger começou a namorar Faithfull. Eles tentaram ser discretos – Faithfull era casada e tinha um filho –, mas a notícia vazou. Uma foto no jornal, fofocas espalhadas nas colunas sociais. Em 1966, eles tinham se tornado *O casal de Londres*. Marianne Faithfull, proto-hippie chique, descalça, sem sutiã, sardenta e loura, agarrada à estrela do rock vestida de veludo e seda. Elizabeth Taylor e Richard Burton. Joe DiMaggio e Marylin Monroe. Pessoas lindas, vidas perfeitas – vivendo o sonho pelo resto de nós. Shrimpton desmoronou.

É o padrão romântico de Mick – você o detecta repetidamente. O cortejo, a lua de mel – um iate flutuando no Mediterrâneo, um hotel na França –, o casamento, sacramentado ou não, seguido por negligência e dissolução, abandono, o corte na relação. Nada disso preocupava muito Marianne, que estava certa de que ela e Mick viveriam felizes e para sempre.

KEITH RICHARDS COMPROU Redlands em 1966. Construída meio século antes de John Hancock assinar a Declaração de Independência, era considerada um chalé, mas era na verdade uma mansão, rica com os tipos de características geralmente associadas aos livros infantis. Trapeiras e empenas, jardins secretos e recantos escuros, um zelador, um fosso, um jardineiro chamado Jack Dyer mas apelidado de Jumpin' Jack. Keith redecorou a casa até o interior lembrar um conto das *Mil e uma noites*: sofás cobertos de almofadas, almofadas no chão e cortinas de musselina que compunham cada encontro na meia-luz do ar adocicado por incenso. Um repórter que visitou o lugar logo depois de Keith se mudar para lá listou os livros na biblioteca: *A Grande Guerra, Dicionário de gírias. Grandes batalhas navais, Desenhos de Rembrandt.*

Redlands, a uma hora ao sul de Londres, em Sussex, tornou-se um santuário. Se Keith fosse o Super-Homem, ela seria a Fortaleza da Solidão. Se ele fosse Lyndon Johnson, seria White House West, onde ele poderia criar pôneis, assar salsichas e relaxar. Só que em vez de pôneis eram guitarras, e em vez de salsichas eram canções. As estrelas do rock

americanas aspiram à imortalidade. Elas querem ser James Dean e morrer lindamente. As estrelas do rock inglesas aspiram a aristocracia. Elas querem adquirir títulos e casas com nomes. Conforme as estrelas do blues inglês enriqueceram, a história mudou das ruas das cidades para amplas propriedades, nas quais muitos se instalavam como o Rei Sol em Versailles. Jagger comprou Stargroves, uma mansão do século XVI em Hampshire. Charlie Watts comprou uma fazenda de cavalos do século XVII em Devon, na extremidade sudoeste da Inglaterra. Ron Wood comprou Sandymount House, uma velha mansão irlandesa onde os Stones gravaram *Voodoo Lounge*.

Jagger e Faithfull chegaram em Redlands em 11 de fevereiro de 1967. Uma multidão de estrelas pop, "facilitadores" para drogas e fãs "seguidores" já havia se reunido, incluindo o galerista dândi de arte londrino Robert Fraser e o aristocrata Christopher Gibbs. A maioria dos hóspedes planejava passar o final de semana. Outros vinham e partiam. Charlie Watts. George Harrison e sua namorada, Pattie Boyd. Brian Jones não foi, tampouco Bill Wyman, mas Michael Cooper, que substituiria Mankowitz como fotógrafo dos Stones, apareceu.

David Schneiderman trouxe as drogas. Mistério cerca o dito rei do ácido. Ele usava óculos escuros e um terno. Seu nome é escrito de maneiras distintas em diferentes relatos. Dizem que foi ele quem vendeu a Jimi Hendrix o tipo de LSD chamado Purple Haze, mas ninguém sabe quem ele realmente era, de onde viera ou o que queria. Em algumas narrativas, ele mal é mencionado. Em outras, é o centro de tudo, o sumo sacerdote conduzindo rituais sagrados. Faithfull diz que ele carregava "uma maleta de alumínio cheia de drogas ... Dentro dela, havia os conteúdos de aparência mais suspeita que você jamais viu: pacotes incrivelmente volumosos de vários tamanhos, todos envoltos em papel-alumínio. Era quase a maleta clássica de traficante".

O final de semana transcorreu como um retiro religioso. Na era pop, à medida que a fé tradicional retrocedia, a iluminação química veio com tudo. Os amigos acordaram cedo no sábado e sentaram-se com olhos sonolentos em suas camas enquanto o rei do ácido ia de quarto em quarto, administrando seu elixir: um tipo de ácido conhecido como White Lightning servido com chá.

Se você voltasse a dormir, como muitos fizeram, acordava em um novo mundo. Tudo cintilava. Tudo brilhava. Tudo pendia para a escuridão. As asas das xícaras transformavam-se em dedos. As árvores sussurravam seu nome secreto. O dia se expandiu como uma bolha. Eles vagaram através dele. Coisas antigas tornavam-se novas, compreendidas pela primeira vez. Você descobria vidas passadas, retornava à infância, e dava-se conta de que já estivera lá mil vezes antes. Você compreendia como o universo é ordenado, como por trás da criação há túneis e conexões, como você poderia cair em um daqueles túneis a qualquer momento e se perder, mas ainda manter o brilho essencial que persiste quando os detalhes da biografia se esvaem. Pela primeira vez, você sabia que não havia nada a temer.

Eles saíram à tarde, dirigindo pelas estradas de terra, parando na praia. Seguiram para a casa surrealista do colecionador de arte Edward James, com sua estranha escultura no jardim. Jagger e Richards agarravam-se como Sancho e Quixote gargalhando enquanto atravessavam a planície castelhana. Faithfull disse que foi um momento decisivo na amizade. Mick e Keith tornaram-se irmãos naquele dia. Eles compartilharam uma visão, sonharam o mesmo sonho. Nele, viram a próxima mudança que a banda faria, a mudança do blues de Chicago para algo mais solto, ruídos e metais. "Brown Sugar". "Jumpin' Jack Flash", um som concebido naquela tarde estranha.

Michael Cooper fotografou Richards no jardim em Redlands. Ele está vestindo um casaco afegão acolchoado e óculos de sol, um capuz de pele envolvedo seu rosto, sua expressão feliz e serena.

Todos se sentaram em torno da lareira no pôr-do-sol. Charlie Watts partira, assim como George Harrison e Pattie Boyd. Era apenas o núcleo. A droga os deixara contidos, calmos e felizes. Marianne foi tomar um banho de banheira, depois desceu usando um tapete de pele como toalha.

Bateram na porta. Ninguém reagiu, tampouco tinham certeza de que haviam ouvido. Depois, a batida veio outra vez, mais alta. Keith levantou e olhou para fora. Ele ainda estava alucinando? Mais de dez policiais e um outro com dificuldades ao longe. Ele caíra no fosso. Quando Keith abriu uma fresta na porta, um homem apresentou-se como inspetor chefe Gordon Dineley da polícia de West Sussex. Ele disse que tinha um mandado para revistar o local. Keith deixou-o entrar, depois recuou para o sofá. Ele colocou *Blonde on Blonde* de Bob Dylan no toca-discos, aquele som fino de mercúrio. "Rainy Day Women #12 & 35": *"They'll stone ya when you're tryin' to go home..."** O inspetor Dineley pediu a Keith para desligar o som. Ele recusou, mas disse que diminuiria o volume. (O homem moderado sempre encontra um meio-termo.) Os policiais revistaram prateleiras, casacos, gavetas, tudo. Enquanto abriam a maleta de metal do rei do ácido, Schneiderman pediu para que por favor tomassem cuidado, pois os pacotes continham filme. Aparentemente acreditando no truque, o policial fechou a maleta e continuou a revista, alimentando suspeitas – "Quem esse rei do ácido conhecia? Para quem ele realmente trabalhava?" Uma policial mulher pediu a Faithfull para acompanhá-la ao segundo andar para uma revista. Faithfull levantou-se, deu alguns passos, virou-se, sorriu e largou o tapete – isso se tornou o foco dos tabloides: "Garota nua em festa dos Sto-

---

* "Elas vão te apedrejar quando você estiver tentando voltar para casa..." (N.T.)

nes." A polícia não encontrou muita coisa. Um pouco de resina. Segundo Bill Wyman, foi encontrada em um cachimbo sobre uma mesa. Quatro comprimidos de estimulantes em um casaco de couro verde comprados de modo legal na Itália. Embora provavelmente fossem de Faithfull, Jagger disse que eram dele, assumindo a culpa galantemente.

O mais azarado foi o galerista de arte Robert Fraser, em cuja posse foram encontrados 24 comprimidos de heroína, os quais ele alegou que eram para sua diabetes.

A batida em Redlands foi uma das maiores encenações dos hippies anos 60. Ela tinha tudo que o roteirista deseja: drogas, estrelas do rock, nudez. Quase imediatamente após a polícia partir – Jagger, Richards e Fraser compareceriam posteriormente no tribunal – as pessoas começaram a procurar o delator. É um mistério capaz de ocupar um certo tipo de fã por horas. Os suspeitos óbvios eram os chefes do *News of the World*, motivados pelo processo planejado por Jagger, para provar que ele era realmente usuário de drogas. Os editores tinham recebido uma informação sobre a festa, contataram a polícia, depois enviaram um repórter para cobrir o caos que se seguiu.

– O jornal estava constrangido por não ter distinguido Jagger de Jones, mas eles sabiam que estavam certos quanto à reportagem, antes de mais nada – Trevor Kempson, o repórter que recebeu a tarefa de cobrir o caso, disse ao autor Terry Rawlings. – Eles, por sua vez, contataram-me no jornal e me disseram os detalhes, que haveria uma festa dada por alguns dos Stones em Sussex, em Redlands, e que tínhamos sido informados a respeito. Era alguém que trabalhava muito próximo à banda e ele nos disse que supostamente havia drogas sendo consumidas lá.

Alguém que trabalhava muito próximo à banda.

Durante anos, todos presumiram que foi David Scheiderman. No cenário mais absurdo, o rei do ácido estava trabalhando não para o *News of the World*, mas para o "establishment" – repararam como os policiais aguardaram até que o amado Beatle George Harrison partisse antes de fecharem o cerco? –, que passara a considerar os Stones uma ameaça. É uma narrativa um pouco paranoica, que ganha peso pelo estranho caso do rei do ácido que chegou com a maleta de metal, aplicou a medicação e depois desapareceu.

O que aconteceu com David Schneiderman?

Procurei por ele durante anos, como outros fizeram. Ele desempenhou seu papel, depois foi embora. Faithfull diz que cruzou com ele em um restaurante em Beverly Hills. Ele estava velho e ela também, mas a fúria ainda ardia. Só que o delator não era Schneiderman, afinal de contas. Schneiderman era exatamente o que alegava ser: o rei do ácido. Que carrega visões em sua bolsa. Cuja maleta é cheia de papel alumínio. Ele estava apenas sendo esperto quando desviou o policial de seu suprimento dizendo a ele que eram filmes. Keith escreveu depois que foi seu motorista quem informou o *News of the World* – o dinheiro vence a lealdade –, o titã derrotado pelo próprio guarda-costas.

Por que a batida repercute?

Porque foi lúgubre. Porque epitomizou sexo, drogas e rock'n'roll. Porque, se você pudesse escolher uma festa na história para ir... Porque foi o último momento da velha ordem na qual as estrelas do rock viviam entre nós. A história da batida entrou imediatamente para o folclore, onde foi engordada com boatos. "A primeira vez que ouvi sobre a barra de chocolate foi através de Mick pouco depois do julgamento", escreveu Faithfull. "Mick disse: 'Você sabe o que estão dizendo sobre nós em Wormwood Scrubs? Estão dizendo que quando os tiras chegaram eles me pegaram comendo uma barra de Mars da sua boceta.'"

– REDLANDS FOI MEU momento da verdade – disse-me Faithfull. – Foi quando percebi que estava em uma situação que eu não podia suportar. Eu não queria estar ali, eu não pertencia àquele lugar. Tinha sido divertido, e acho que todos cometemos o mesmo erro, acreditamos que nada poderia nos tocar, esquecendo completamente a inveja da classe operária e da classe média, de como as pessoas se sentiriam. Isso nem me ocorreu na minha arrogância.

Eu: Foi isso que motivou a batida, você acha? Inveja da classe operária?

Ela: É. Era a gente tendo toda aquela liberdade e diversão. Aquilo os estava enlouquecendo.

A batida teve o efeito perverso de amplificar os Stones, inflando-os, tornando-os enormes. Antes de Redlands, eles eram uma grande banda. Depois de Redlands, eram os lordes negros do rock'n'roll.

– Seguimos em frente durante um bom tempo, tentando fingir que estava tudo bem e que ainda podíamos nos divertir – Faithfull continuou. – Mas eu estava começando a me sentir mal em relação a mim mesma. Então, você sabe, tive o tipo de problemas habituais que toda mulher tem com Mick Jagger. Eu simplesmente não conseguia mais suportar, todas as mulheres diferentes. E eu recebia cartas de ódio tenebrosas. Nunca vou me esquecer. Você precisa lembrar que eu só tinha dezenove anos. Eu levava tudo a sério. Acreditava nas coisas terríveis que escreviam sobre mim. Fiquei deprimida e ninguém pensou nisso, você sabe, "ela pode estar precisando de um pouco de ajuda". Mick e Keith, que Deus os abençoe, ficaram maiores, melhores, mais fortes, mais brilhantes, mais perversos, mais maldosos e mais poderosos do que nunca. Mas as regras eram diferentes se você fosse mulher.

20. Marrocos

Alguns dias depois da batida, Keith e Brian decidiram deixar a cidade. O julgamento estava marcado para o verão, o que dava a Keith tempo para ir embora. Ele iria para o Marrocos para beber, fumar e relaxar longe dos olhos curiosos de advogados, editores e fãs. Ele voou para a França, onde encontrou Tom Keylock, que viera de balsa com o carro, um Bentley que Keith chamava de Lena Azul em homenagem a Lena Horne. Keylock era o motorista de Keith, mas Keith tinha um jeito de cooptar pessoas. Eles pegaram Jones e sua namorada, Anita Pallenberg, em Paris, onde também se juntaram à amiga Deborah Dixon, que estava namorando o cineasta Donald Cammell.

Eles foram de carro para as províncias, a França de estradas tranquilas e florestas, de fumaça de madeira e chuva. Você podia entrar sorrateiramente em uma daquelas cidades, desaparecer em outra vida. Pallenberg, Jones e Dixon viajavam no assento traseiro, braços e pernas esticados, regalando-se. Richards ficava na frente com o motorista, de camiseta e jeans, dentes tortos, braços tão magros quanto limpadores de canos. De vez em quando, ele dava uma olhada no retrovisor, tentando capturar um vislumbre de Anita... "Meu deus, ela era linda!" Alta e loura, como as outras garotas que andavam com eles, mas inteiramente única. Seus dentes eram como presas. Seus olhos eram como adagas. Seu rosto era cheio de personalidade, com uma inteligência cruel, seu sotaque difícil de definir. Ela era alemã mas crescera na Itália. Tudo a seu respeito sugeria experiência – ela sabia mais do que você poderia aprender em cem vidas.

De vez em quando, Anita pegava Keith olhando e o encarava de volta. Se isto fosse uma autoestrada em vez de um livro, eu colocaria uma placa aqui para avisar a presença de uma interseção perigosa, um triângulo amoroso. Apesar de não fazer parte dos Stones, Pallenberg teria basicamente tanta influência quanto qualquer membro. Foi Anita quem apresentou a banda aos artistas e aristocratas que se tornaram seu círculo. Foi Anita quem os apresentou à adoração ao demônio de Aleister Crowley. Foi Anita quem os colocou em contato com o cineasta ocultista e amante de Lúcifer Kenneth Anger. Foi Anita quem os inspirou a adotar o mal como um tema, com o qual os Stones brincaram até se queimarem.

– Acredito que Anita é, por falta de uma palavra melhor, uma bruxa – Kenneth Anger disse depois. – Eu ia filmar uma versão de *Lucifer Rising* com os Stones. Todos os papéis seriam definidos cuidadosamente, com Mick sendo Lúcifer e Keith como Belzebu... O oculto dentro dos Stones eram Keith e Anita e Brian. Veja bem, Brian também era um bruxo. Ele mostrou-me sua teta de bruxo. Ele tinha um mamilo extra em um lugar muito sexy no lado interno da coxa. Ele disse: "Em outra época, teriam me queimado na fogueira."

– Essa foi uma parte na qual eu poderia não ter me envolvido – disse-me Marianne Faithfull. – Não quero depreciar Kenneth, aquele pobre velho, mas fui uma idiota por tocar aquilo com uma vara de três metros, até mesmo com uma de sete metros. Magia negra. Eu nunca deveria ter feito nada como aquilo, não sei o que estava pensando. Eu era fascinada pelo poder, e nesse sentido não sou a primeira e não serei a última.

> Eu: Você acredita que essas coisas são reais?
>
> Ela: Não, realmente não acredito. Mas eu era muito jovem e boba, meio que pensei que pudessem ser.
>
> Eu: Ouvi dizer que Brian Jones tinha uma teta de bruxo.
>
> Ela: É, isso é Kenneth Anger. E daí? Não acredito nisso.
>
> Eu: É, bem, nem sei o que é isso.
>
> Ela: É algo oriundo da Idade Média, da Idade das Trevas, do período dos julgamentos de bruxas. Se você pesquisar Salem, encontrará isso. Deveria ser uma prova de que você era uma bruxa. Era como um mamilo extra em seu peito, com o qual você alimentava sua besta.

Anita foi primeiro atrás de Brian. Foi depois do show dos Stones em Munique, Alemanha. Ela tinha 21 anos, mas o ar de uma pessoa mais velha. Modelo e atriz, ela apareceria mais tarde em alguns filmes. *Barbarella*. *Dillinger morreu*. *Candy*. Não era nunca a estrela, mas sempre roubava a cena. Mesmo se esquecesse todo o resto, você se lembrava dela. A curvatura do lábio, como ela escutava. Se pareço me estender sobre Anita Pallenberg, é porque ela foi importante. Durante um tempo, ela parecia controlar os Stones, ela era o que Brian e Keith desejavam. É esse desejo, sublimado, que você ouve em algumas das melhores canções da banda. Apesar de seu nome não aparecer em nenhum crédito, ela era muitas vezes a inspiração deles. Ainda assim, a qualidade que levava os homens a ela, o sexo e o carisma, não pode ser capturada em uma página. Não de verdade. É como um vampiro. Você tira a foto, mas depois, quando revela o filme, ele não está lá.

Ela entrou no camarim em Munique na base da conversa e misturou-se aos Stones. Era atraída pela banda como alguém destemido em um barril é atraído por uma catarata. "Satisfaction" estava no topo das paradas. O grupo estava experimentando seu primeiro momento de fama. Ela perguntou se algum deles gostaria de tomar amil-nitrato. *Poppers*. Ela tinha na bolsa. *Abra, inspire: whoosh*. Brian foi o único a dizer sim. Este poderia ser o lema dele: Brian dizia sim para tudo.

– Não sei quem você é – ele disse a Anita – mas preciso de você.

Eles voltaram para o quarto de hotel de Brian mas não fizeram sexo – em vez disso, ficaram abraçados. Posteriormente, Anita disse que Brian chorou a noite toda. Sobre Mick e Keith, algo que eles tinham feito, algo perverso. Em outras palavras, o relacionamento começou com Brian agarrando-se a Anita, e também foi assim que terminou. Eles se tornaram inseparáveis: Brian e Anita, Bonnie e Clyde. Todos comentavam o quanto eram parecidos. A mesma altura, o mesmo peso: duplos trocando joias, trocando roupas. Quando Brian apareceu vestindo as roupas de Anita, a moda mudou. Era o começo do *glam rock*, David Bowie e Alice Cooper. Em 1966, eles moraram juntos no número 1 da rua Courtfield em South Kensington. O relacionamento já havia se tornado turbulento. Brian inflava de orgulho na companhia de Anita, mas experimentava uma dor terrível quando ela se tornava fria. Aquilo o lançava em acessos violentos.

– Ele era baixo mas muito forte, e suas agressões eram terríveis – ela disse mais tarde. – Eu ficava com calombos e hematomas em todo o corpo durante dias. Em seus acessos de raiva, ele jogava coisas em mim, o que quer que pudesse pegar... abajures, relógios, cadeiras, um prato de comida... Depois, quando a tempestade dentro dele passava, ele se sentia culpado e me implorava para perdoá-lo.

Keith começou a dormir no número 1 da rua Courtfield. Ele disse que precisava de um lugar para ficar – Redlands estava sendo reformada –, mas todos podiam ver que era mais do que isso.

A viagem para o Marrocos foi ideia de Brian. Era o lugar dele, onde se sentia mais livre. Em visitas anteriores, ele gostara da música local, da comida, da devassidão. Quando perguntei a Jagger sobre a cena, ele a descreveu como decadente. Isso é tudo. Uma palavra. Decadente. Não como um efeito colateral de alguma outra doença, mas como um objetivo em si. Brian não tinha estrutura física para tal extravagância. Ele era fraco, afligido por doenças. Peito, pernas, cabeça. Ele começou a sofrer enquanto o Lena Azul subia a caminho da Espanha. Uma frase aparece repetidamente: "Brian ficou doente nas montanhas." Ele deitava no assento traseiro do carro, arfando. Ele terminou em um hospital em Toulouse. Testes foram realizados. Ele tinha o coração dilatado; seus pulmões estavam cheios de líquido. Talvez fosse pneumonia. Ele foi internado e lhe disseram para ficar pelo menos algumas noites.

Ele sugeriu que os outros seguissem viagem sem ele. Assim, Keith passou do banco da frente para o de trás, tomando seu lugar ao lado de Anita enquanto o carro prosseguia rumo à Espanha. Eles passaram a noite em uma aldeia, onde houve problemas com a polícia. Deborah Dixon voltou para Paris. Keith e Anita seguiram viagem. Não demorou para que começassem a se tocar, depois a fazer mais do que se tocar. O Lena Azul, com Keith e Anita em seu primeiro amasso delirante, reluz nos arquivos do rock'n'roll como a carruagem puxada por cavalos aparece reluzente pelas ruas provincianas em *Madame Bovary*: "Ocasionalmente, o cocheiro em sua cabine lançava olhares desanimados para as casas públicas. Ele não conseguia compreender que desejo furioso por locomoção impelia aqueles indivíduos a nunca querer parar."

"Atravessamos os Pirineus e em meia hora já era primavera, e quando chegamos em Valência era verão", Keith escreveu em *Vida*. "Ainda me lembro do cheiro das laranjeiras em Valência. Quando você transa com Anita Pallenberg pela primeira vez, você se lembra das coisas."

Eles registraram-se no hotel como conde e condessa Zigenpuss. Em Algeciras, registraram-se como conde e condessa Castiglione. Eles chegaram ao Marrocos de balsa. Espuma marinha e sal, as luzes das cidades árabes ao longo da baía. Em Tânger, hospedaram-se no El Minzah, um antigo hotel grandioso. Ficaram em quartos separados, mas visitavam-se com frequência. ("Durante cerca de uma semana, era transar, transar e transar, dentro da casbá, e ficávamos excitados como coelhos.") Uma multidão de expatriados e amigos apareceu à beira da piscina: Mick e Marianne, Rober Fraser, Michael Cooper, William Burroughs e seu confidente Brion Gysin. Eles foram para Marrakech. Certa noite, Cecil Beaton fez uma visita, um homem pequeno e visionário de chapéu de palha e roupas largas, um socialite e fotógrafo de moda. Como um boêmio de uma era anterior, Beaton era fascinado por Jagger. "Eu estava determinado a não dar a impressão de que estava interessado somente em Mick, mas aconteceu que nos sentamos lado a lado enquanto ele bebia uma vodka collins e fumava com os dedos esticados apontando para o alto", Beaton escreveu em seu diário. "A pele dele é branca como peito de frango e de uma qualidade fina. Ele possui uma enorme elegância nata. Ele falava sobre a música nativa."

Naquela noite, eles foram para um restaurante marroquino, onde Mick mostrou a Beaton como comer à moda local, com os dedos. Beaton perguntou a Jagger sobre LSD. Mick aconselhou-o a experimentar, pois seria benéfico a qualquer artista. Ácido devia ser tomado com amigos, Jagger disse, em meio à luz do sol e flores:

– Você não sofrerá nenhum efeito ruim. Somente as pessoas que odeiam a si mesmas sofrem.

Beaton acompanhou Jagger de volta ao seu quarto, onde ficaram sentados ouvindo discos. Mick adormeceu. Beaton observou-o dormir. Mick acordou às oito da manhã e entrou debaixo das cobertas. Às onze, eles se encontraram na piscina. "Levei Mick através das árvores para um local aberto para fotografá-lo sob o sol do meio-dia", escreve Beaton, "dando assim ao seu rosto as sombras de que ele precisa. Ele era um Tarzan de Piero di Cosimo. Lábios fantásticos, corpo branco e quase sem pelos. Ele é sexy, mas completamente assexuado. Ele quase poderia ser um eunuco."

Telegramas chegaram de Brian. De início Anita ignorou-os, mas eles se tornaram insistentes. Bill Wyman reproduziu um deles em *Stone Alone*. No telegrama, Brian fala sobre sua recuperação e sua necessidade de se reunir aos outros. Ele exige que Anita viaje para a França para buscá-lo. Desespero brilha entre as palavras como o sol refletido na lâmina de uma faca.

DEPOIS DE MUITOS mais dias de transar, transar e transar, Anita finalmente voltou para a França para buscar Brian.

– Desde o momento em que cheguei – ela disse – ele me tratou terrivelmente.

Brian estava enfurecido quando chegou ao hotel. Ele não sabia sobre Anita e Keith, mas no fundo ele sabia. Ele ficava de mau humor e insultava, fazia comentários irônicos, saía furioso dos lugares, batia portas, ficava doidão, vomitava, dormia para se recuperar, reaparecia, ia embora furioso e vomitava de novo. A irritação dele era evidente. Em um desenho animado, ele estaria cercado de raios. Um homem pequenino de calça boca-de-sino rosa e chapéu mole pode parecer fantástico em uma revista, mas é absurdo em meio a um acesso de raiva. Nesse momento exato, Michael Cooper tirou uma foto que pode ser lida como um hieróglifo. Keith, Anita e Brian sentados em um jardim de hotel em Marrakech. Anita de chapéu, usando um lenço e um agasalho, estilosa de uma maneira que parece

Marrocos 183

apenas acidental. Ela segura um cigarro, entediada. Brian está ao seu lado, um gêmeo em roupas ridículas, cabelo comprido emoldurando os olhos. Ele segura a mão de Anita, mas ela não segura a dele. Keith está sentado diante deles no mesmo casaco afegão que usara em Redlands.

Um dia, Anita voltou para o quarto e encontrou Brian na cama com duas prostitutas, descritas nos relatos como putas de Berber, com piercings e tatuagens. Brian puxou as cobertas e convidou-a enquanto os sons do mercado penetravam no quarto azul através das cortinas de musselina. Quando Anita hesitou, Brian ordenou-a a se despir. Ela recusou. "Brian tinha uma queda por prostitutas e sexo grupal", escreve Bill Wyman. "Quando Anita recusou-se a fazer sexo com ele e umas mulheres que ele conhecera na cidade, sua tendência violenta veio à tona: ela foi espancada tão intensamente que disse ter temido por sua vida."

Forçados a lidar com uma situação ruim, Keith e os outros o fizeram não através de confronto ou de um ultimato, mas de uma artimanha. Alguém chamou Brian para um canto e, penetrando na névoa das drogas, disse a ele que repórteres estavam a caminho do hotel. Todos precisavam dispersar. Brian Jones e Brion Gysin partiram para o *souk*, onde passaram horas vagando entre as barracas. Enquanto isso, os outros partiram: Keith e Anita subiram pela costa no Lena Azul, Mick e Marianne foram para a Irlanda. Jones deu-se conta do que ocorrera quando retornou. Ele telefonou para Gysin aos prantos:

– Venha rápido! Todos foram embora e me deixaram. Deram no pé. Não sei para onde foram. Não há nenhum recado. O hotel não quer me dizer. Estou aqui totalmente sozinho. Ajude-me.

Jones apareceu em Paris alguns dias depois.

– Ele me telefonou do aeroporto – o cineasta Donald Cammell disse mais tarde. – Eu não tinha a menor ideia do que estava acontecendo. Brian era sempre tão meticuloso quanto a suas roupas, mas, quando chegou na minha casa, estava imundo; ele não tinha trocado de camisa e estava usando renda e veludo esfarrapados.

21. O julgamento

Tribunal dos Magistrados, Chichester, Inglaterra. Eles estavam vestidos tão conservadoramente quanto banqueiros, mas seu desalinho e tranquilidade os entregava. Jagger fora acusado de posse de narcóticos – aqueles quatro comprimidos de anfetamina. Richards fora acusado de permitir que sua casa fosse usada para atos criminosos – aquela resina. O julgamento de Mick foi realizado em 27 de junho de 1967. Keith foi ao banco dos réus no dia seguinte. Foi um circo, estrelas do rock e *groupies* enchendo as ruas e a galeria. Em certo ponto, praticamente todos os amigos ou parceiros da banda apareceram para demonstrar apoio, com a exceção de... *Onde diabos estava Andrew?* Justamente quando Mick e Keith precisavam dele, justamente quando estavam realmente com medo, ele saiu à francesa, temendo a própria prisão.

Jagger e Richards foram representados por Michael Havers, um famoso advogado de defesa inglês. O caso foi presidido por Leslie Block, um juiz de 61 anos que abordava os Stones como que com um atiçador.

– Ele foi extremamente ofensivo, obviamente tentando me provocar para conseguir o que queria – Keith lembrou-se. – Ele me chamou, por ter usado minha casa para o consumo de resina de *cannabis*, de "escória" e "lixo"... e disse que pessoas como eu não deveriam poder ser absolvidas.

Malcolm Morris, um "mestre do tribunal", que conduzira celebremente a investigação de John Bodkins Adams, suspeito de ser um *serial killer*, foi o promotor do caso. Morris, nascido em 1913, vivenciara a Europa antes do dilúvio. A Primeira Guerra Mundial estilhaçou a velha ordem e fez os cacos voarem para todos os lados, dando-nos o Vagabundo de

Charlie Chaplin, o bebop e, por fim, o rock'n'roll. Em Malcolm Morris, era possível detectar um traço da sensibilidade vitoriana. Ele compreendia o quão rapidamente as coisas desmoronam. É por esse motivo que, apesar de o caso ter sido de pouca importância, ele mesmo o conduziu. Era uma espécie de julgamento espetáculo no qual dois jovens representavam um estilo de vida que não deveria ser tolerado.

Em um diálogo famoso, Morris pressionou Richards:

– No curso ordinário dos acontecimentos, [você não] esperaria que uma jovem ficasse constrangida se não estivesse usando nada além de um tapete de pele na presença de oito homens, dois dos quais eram "facilitadores" e o terceiro um criado marroquino?

– De forma alguma – disse Keith.

– Você considera isso bastante normal?

– Não somos velhos – disse Keith. – Não estamos preocupados com morais insignificantes.

Até aquele momento, "os Stones" eram Mick e Brian. Ao expressar o sentimento de sua geração – velho versus jovem –, Keith mudou isso. Foram a batida e o julgamento que lhe deram sua identidade, a carranca de pirata e o vocabulário de doidão. Redlands transformou Keith em Keef, um substituto para todos os hipsters que cortejavam a morte.

Jagger e Richards foram considerados culpados, assim como Robert Fraser – não se esqueça desse pobre desgraçado. Mick foi condenado a três meses de prisão. Keith recebeu um ano. Fraser recebeu seis meses. A viagem que esses homens fizeram do tribunal para a penitenciária é uma encenação rock'n'roll da Paixão, um tríptico da marcha para o calvário de mentira. No primeiro painel, você vê Jagger de pé diante do juiz, afetado e com medo. No segundo painel, você o vê no assento traseiro de uma viatura policial, algemado enquanto os cenários de sua cidade passam. No terceiro painel, ele está sendo conduzido através de portas de ferro para o interior da prisão Lewes, nos arredores de Londres. Entregaram a ele uma folha de papel e lhe disseram para escrever para casa. "Queridos mamãe e papai, não acreditem no que eles dizem…" Depois, suas roupas foram tomadas. Ele recebeu um uniforme da prisão. As portas bateram ruidosamente. Os prisioneiros assoviavam, seus rostos primitivos e malvados, a Inglaterra da Idade das Trevas, demônios, corcundas e bandidos. Naquele momento, será que ele se arrependeu de tudo? Das drogas? Dos carros e das garotas? Das *groupies*, da bebida, das fogueiras à beira-mar onde os Beach Boys cantavam Bob Dylan?

Marianne Faithfull visitou-o poucas horas depois. Eles se sentaram na cela, o gângster de cinema e sua rameira conversando aos sussurros. Ela trouxe cigarros – *"smokes"* [fumos], como dizem na prisão. Mick estava mal, torcendo as mãos, choramingando. A queda de deus do pop para prisioneiro comum o atordoava – nem mesmo em seus piores pensamentos… Ele murmurava: "O que vou fazer? O que vou fazer?" E começou a chorar. Marianne estourou: "Por Deus, Mick, recomponha-se! O que esses tiras vão pensar de você quando o virem desmoronando desse jeito? Você está apenas confirmando as piores imagens que eles têm de você. Eles pensarão que você é apenas uma estrela do pop covarde e mimada."

Foi esse o momento em que o último lado frágil de Mick Jagger morreu?

Naquela noite, ele escreveu a canção "2000 Light Years From Home", a distância da prisão Lewes para o apartamento em Chelsea.

Keith estava em Wormwood Scrubs, uma penitenciária do século XIX no oeste de Londres. Os prisioneiros esticavam os braços enquanto ele passava, gritando seu nome. *Keef. Keef.* Tendo reconhecido Richards como um deles, eles o cobriram de histórias e cigarros.

Enquanto isso, a repercussão começara. A virada decisiva veio na página editorial do conservador *Times* de Londres, na qual o editor, William Rees-Mogg, publicou um *"J'Accuse"* da era pop: "QUEM QUEBRA UMA BORBOLETA NUMA RODA?"* "O sr. Jagger foi acusado de posse de quatro tabletes contendo sulfato de anfetamina e cloridrato de metilanfetamina", escreveu Rees-Mogg. "Os tabletes tinham sido comprados, de maneira perfeitamente legal, na Itália... Se, depois de sua visita ao papa, o arcebispo da Cantuária tivesse comprado comprimidos para enjoo no aeroporto de Roma e importado os tabletes não utilizados para a Inglaterra ao retornar, ele teria arriscado cometer precisamente o mesmo crime."

Jagger e Richards passaram uma noite na prisão. Eles foram liberados enquanto seus casos transitavam nos tribunais. No final de julho, a sentença de Mick foi suspensa; a de Keith foi anulada. (Malcolm Morris disse que a ordem de arquivar os casos tinham vindo "de cima".) Mick agiu como se a coisa toda não tivesse sido nada de mais, mais uma confusão tratada com a frieza de Chuck Yeager.

– Não há muita diferença entre uma cela [em uma prisão] e um quarto de hotel em Minnesota – ele explicou. – E faço meu melhor pensando em lugares sem distrações.

Na verdade, a batida e o julgamento tiveram um impacto enorme sobre os Stones. Esses eventos os isolaram, os separaram de seu público. Não haveria mais fãs "seguidores" e agregados nas festas, nada mais de reis do ácido misteriosos. A partir daquele momento, eles atravessavam as multidões rapidamente, em meio a uma legião de guarda-costas e "facilitadores". Seus temas viriam cada vez menos do mundo mais vasto do que de suas próprias vidas isoladas de estrelas do rock.

E Robert Fraser?

---

* Referência a um poema satírico de 1735 de Alexander Pope, no qual ele questiona o uso desproporcional da força e do poder, como utilizar um instrumento de tortura (a roda de Santa Catarina) em algo tão frágil quanto uma borboleta. (N.T.)

– Fiquei chocada que o pobre Robert tenha ficado na prisão – disse-me Faithfull. – Mas isso foi porque encontraram heroína com ele. E ele quase se safou. Nunca me esquecerei disso. Eu estava bem ao lado dele e ele gaguejava e dizia ao policial: "Bem, na verdade, senhor, isto são comprimidos para minha diabetes." E o policial quase os devolveu, depois desistiu. Quando saiu da prisão, ele não era mais o mesmo. Cerca de quinze anos depois, morreu de aids.

NAQUELE OUTONO, os Stones lançaram *Their Satanic Majesties Request*. O disco era terrível, um desastroso subproduto de uma era decadente: LSD, Redlands, tudo em excesso. A culpa foi em parte do processo judicial, que distraiu a banda, e em parte dos Beatles. Aquele era o momento do auge do álbum conceitual, quando um punhado de bandas competia entre si em experiências cada vez maiores de extravagâncias ampliadas no estúdio: *Rubber Soul*, dos Beatles, levou a *Pet Sounds*, dos Beach Boys, o qual levou a *Revolver*, dos Beatles, que levou ao single "Good Vibrations", dos Beach Boys, que levou sete meses e custou cerca de 40 mil dólares para ser produzido. Em 1º de junho de 1967, os Beatles completaram esse ciclo com o lançamento de sua obra-prima pop, *Sgt. Pepper's Lonely Hearts Club Band*.

O quão distante aquilo estava do rock'n'roll dos velhos tempos?

Tão longe quanto Wormwood Scrubs do Station Hotel.

O que uma vez fora construído em cima do modelo da banda de Muddy Waters – duas guitarras, baixo, bateria – tornara-se uma orquestra, uma paisagem sonora, sinos e metais, relógios, apitos e arcos narrativos, canções sobre LSD, canções sobre morte, canções sobre outras canções. "Good Morning, Good Morning", "A Day in the Life", "With a Little Help from My Friends". Aquilo se adequou ao momento com perfeição absoluta. O piadista político Abbie Hoffman disse que *Sgt. Pepper* expressava "nossa visão do mundo". (A Sociedade John Birch condenou o disco como sendo uma arma na guerra maniqueísta: os Beatles empregando hipnose – todos aqueles apitos e sinos – como parte de uma trama comunista.) Em porões

O julgamento 189

por todos os lugares, garotos fumavam maconha tailandesa, escutavam o disco, decodificavam e transcendiam.

Sgt. Pepper ficou em primeiro lugar nas paradas dos Estados Unidos durante quinze semanas – o verão inteiro de 1967. O disco recebeu quatro prêmios Grammy, incluindo o de Álbum do Ano. No entanto, é estranho. Na arte, você tem uma escolha, apesar de provavelmente você não se dar conta no momento. Posteridade ou agora. Com *Sgt. Pepper*, os Beatles navegaram um maremoto de agora, música pop ferrada por alucinógenos, tornada imbecil em tie-dye. O disco não tinha nada da energia desleixada que fizera do rock'n'roll um veículo da adolescência. Cada frase fora trabalhada à perfeição, cada vocal polido para brilhar como uma cusparada em um sapato engraxado. Era cultura *trash* em sua forma mais barroca.

Os fãs transformaram a capa do disco em um fetiche. Ela mostrava os Beatles de barba, vestindo uniformes fluorescentes de bandas marciais, em meio a um mar de pessoas famosas. Ratos de dormitórios universitários identificavam cada rosto, depois tentavam decifrar o que os Beatles queriam dizer ao incluí-los. Bob Dylan porque Bob Dylan é a fonte da sabedoria. Marlon Brando porque Marlon Brando está sempre se rebelando. Marilyn Monroe porque ela dormiu com os dois Kennedys antes de ascender ao paraíso. Sonny Liston porque ele era o homem mais terrível do mundo. Adolf Hitler porque, apesar de não tão terrível quanto Sonny Liston, era infinitamente mais malvado.

E quanto a Elvis Presley?

– Elvis era importante demais e muito acima do resto para que sequer fosse mencionado – disse Paul McCartney. – Ele era mais do que um cantor pop. Ele era o Rei Elvis.

Para músicos pop, *Sgt. Pepper* representava um problema. Como você faz depois? Como você responde? Ele destruiu Brian Wilson, que arruinou seu cérebro tentando criar a obra-prima dos Beach Boys. *Smile*, o disco perdido de Wilson, nunca foi considerado perfeito o bastante para ser lançado. Os Beatles tinham estabelecido um parâmetro alto demais. Outras bandas simplesmente lançavam imitações, preenchidas com letras viajantes, sons estranhos, capas loucas. A psicodelia assolou a nação, uma inundação de chapéus moles e pequenos óculos redondos. Só Bob Dylan descobriu uma maneira de escapar da armadilha. Uma vez, anos atrás, vi-me empacado sobre um par de esquis no topo de uma colina impossivelmente íngreme, perguntando-me o que fazer, quando meu amigo Jim Albrecht passou em disparada, descendo a colina em duas curvas. "É claro", falei para mim mesmo. "A maneira de ir é seguindo em frente!" Foi o que Dylan fez com *John Wesley Harding*, lançado enquanto seus colegas lutavam com *Sgt. Pepper*. Em vez de responder a flautas com flautas, ele retornou aos elementos básicos de Woody Guthrie. Guitarra acústica, voz humana. Não mais – menos. Quando você está perdido, volte para o lugar de onde partiu e comece de novo.

Chris Barber disse-me que Brian Jones queria fazer o mesmo. Pular a psicodelia; retornar ao blues do Delta. Jones nunca gostara de música pop, de todo modo. Jagger era mais maleável. Apesar de se passar por um verdadeiro fiel, ele era na verdade um realista. Se os garotos querem tímpanos, dê tímpanos a eles. Segundo Tony Sanchez, Jagger discutiu com Jones, dizendo:

– Muito em breve tudo será psicodélico, e se não estivermos lá em nosso próximo álbum, vamos ficar para trás.

"Brian odiou o novo som", escreveu Sanchez, "e ele lutou amargamente – e em vão – para que os Stones permanecessem fiéis às suas raízes."

Their Satanic Majesties Request foi lançado em dezembro de 1967. Era a resposta dos Stones para a resposta dos Beatles aos Beach Boys. O título foi retirado da legenda na capa de todo passaporte inglês: "O secretário de Estado de Sua Majestade Britânica solicita e exige…" As canções são uma caixinha de surpresas, algumas bem-sucedidas, algumas muitas ruins. "Sing This All Together". "The Lantern". "Gomper". "In Another Land", intitulada originalmente "Acid in the Grass". Em 1995, Jagger disse a Jann Wenner que o álbum foi um tiro errado, o resultado de tempo demais somado a drogas demais.

Quando você se vende e tem sucesso, é uma coisa. Mas e quando você se vende e fracassa? *Satanic Majesties* foi um fracasso. O disco subiu nas paradas, depois caiu, depois desapareceu. Os críticos disseram que era um desastre, possivelmente um desfecho para os Stones. Escrevendo para a *Rolling Stone*, John Stones disse que o disco era ruim o bastante para "colocar a posição dos Stones em risco". Mas acho que foi uma coisa boa. Acho que foi necessário. Acho que foram os Stones eliminando o momento hippie de seu sistema. Em *Satanic Majesties*, você pode ouvir a banda colocando o tie-dye para fora, como em uma gripe.

ANDREW OLDHAM ERA uma presença ocasional nas sessões. Ele estava lá, depois sumia, vestido como um dândi, vivendo sua mania. Ele não gostava da nova música, nem das roupas, nem da pretensão. Ele era um filho do rock'n'roll com um amor pelo showbiz. Ele não acreditava que o mundo estava à beira de uma nova era, tampouco achava que a natureza humana mudara.

Seu clima interior era constante: nublado com possibilidade de tempestades trovejantes. Ele sentia a banda afastando-se dele como tinham se afastado de Giorgio Gomelsky. Jagger sabia que a primeira era tinha terminado: a onda da juventude. Os Stones precisariam se reinventar como algo novo com outra pessoa.

– De repente, Mick e eu percebemos que tínhamos mais noção do que a banda poderia fazer do que Andrew – disse Richards. – Andrew só queria discos de sucesso; nós queríamos grandes discos.

– Acho que as drogas tiveram algo a ver com isso, mas penso que a força motivadora era apenas a necessidade de se desligar de Andrew – disse-me Gered Mankowitz. – Os Stones precisavam assumir o controle das próprias carreiras. Suponho que tenha sido como adolescentes deixando uma família. Eles tinham atingido um ponto no qual sentiram que Andrew não podia mais contribuir.

O rompimento final ocorreu em setembro de 1967, quando Oldham abandonou uma sessão de gravação no Olympic Studios. Ele entrou em seu Rolls dirigido por um motorista, disse algumas palavras e desapareceu pela cidade. Ele pediu ao motorista para encostar o carro e telefonou para Jagger de um telefone público.

– Mick, não vou voltar.

– Bem, Andrew, se é como você se sente.

De uma hora para outra, Andrew Oldham estava muito mais velho. Ele caiu em uma profunda depressão. Foi de Londres para Nova York para L.A. para a América do Sul. Sua vida mudou de tempos verbais, de viver para recordar. Para muitas pessoas que trabalharam com os Stones, tudo é datado em função daqueles poucos meses ou anos que passaram no círculo central. Nada se compara a isso. Quando você está fora, está fora. Sem energia, confiança, nada. Elas tiravam muito daquela parceria – uma sensação de importância, de pertencer a algo, de celebridade emprestada. Mais do que se davam conta até que tudo terminasse. Elas passam o resto de suas vidas contando as histórias. Quando troquei e-mails com Andrew Oldham em 2015, ele estava em um hospital na Alemanha, sofrendo sozinho. Quebrara o fêmur em um aeroporto quando retornava de uma palestra que fizera sobre os velhos tempos no Crawdaddy. Portanto, ali estava ele, um velho, carregando sua bagagem pela Europa em busca de uma pequena plateia, enquanto os Stones ainda estavam na ativa, tocando, noite após noite, para 70 mil pessoas.

22. A morte de Brian Jones, parte um

Em 1968, Brian Jones estava no que meu orientador do ensino médio chamaria de "um lugar ruim". Ele sempre fora o Rolling Stone lindo, o único membro realmente bonito da banda. Não interessante ou atraentemente feio, mas atraente de modo clássico, com cabelo dourado e traços finos. Mas aquilo tinha desaparecido – tinha sido jogado na descarga com as drogas quando a polícia fez a batida. Alexis Korner disse que Brian estava "começando a ficar horroroso" no verão de 1967.

– Como uma visão pervertida de Luís XIV doido de ácido, deteriorado. Foi nesse ponto que me dei conta de que poderia haver uma vítima do ácido.

Segundo o jornalista Nick Kent, Jones começava o dia com anfetamina e cocaína, algumas doses de ácido e um pouco de Mandrax ou Tuinal para aparar as arestas. Mandrax é um quaalude. Assim como cavalheiros preferem as louras, Brian preferia relaxantes. Eis uma dica: antes de engolir um Tuinal, fure a cápsula. Ele entra na corrente sanguínea muito mais rápido.

– Quando o fotografei [em 1968], ele estava com uma aparência horrível – disse-me o fotógrafo Ethan Russell. – É um close-up. Ele estava com 26 anos, mas aparentava 48. Não percebi na hora. Talvez porque eu tivesse um trabalho a fazer. Ele subiu para o segundo andar, vestiu sua camisa da bandeira americana e desceu brandindo uma pistola. Tudo que consegui pensar foi: "Mas que legal!" Eu realmente não vi aquele cara diante de mim. Ele ainda tinha o cabelo perfeito. Acho que tudo que vi foi aquele cabelo lindo.

Tudo se acumulava dentro de Brian – a raiva e o medo, a indignação, *a arrogância deles!* –, ferrando sua personalidade, tornando-o não confiável, disfuncional, desagradável.

— Ele não estava aparecendo [nas sessões] – disse Charlie. – E você sabe o que acontece quando as pessoas não aparecem. Você se vira sem elas. E quando você começa a se virar sem elas, de repente elas não são necessárias.

— PRIMEIRO, eles tomaram minha música, depois, tomaram minha banda, e agora tomaram meu amor.

Essas palavras, ditas por Jones ao amigo Dave Thomson em 1967, dizem tudo.

Primeiro, eles tomaram minha música.

Brian fundou os Stones como uma banda de blues. Ele queria fazer covers de clássicos de Chicago, as canções de Elmore James e Little Walter que lhe traziam consolo quando estava isolado em Cheltenham. Ao fazer isso, ele esperava servir à música, aumentando seu público e retribuindo aos homens que o tinham inspirado. Mas conforme os Stones ficaram famosos, eles foram seduzidos pela perspectiva de mais fama, o que significava tocar música com um apelo mais abrangente. Com isso em mente, Brian ajudou a redirecionar os Stones. Com o tempo, ele passou a se sentir como um apóstata. Ele traíra a missão, trocara sua alma musical por um casaco de veludo e saltos altos.

– Ele só queria estar em uma banda de blues e não achava realmente que seria show business – Jagger disse depois. – Talvez a maior ambição [dele] ... fosse tocar no Marquee às terças-feiras.

Depois, tomaram minha banda.

Brian tocou em vários grupos antes de completar vinte anos. Ele geralmente era o músico mais talentoso, o prodígio em um cenário cheio de talentos. Ele fundou os Stones para que pudesse liderar. Ele agendava os shows, dava as entrevistas, falava entre as canções. Sua banda representava sua visão,  seu nome, seu setlist. Durante um tempo, ele foi a estrela. Mas conforme os Stones começaram a fazer turnês no interior, distante dos clubes repletos de aficcionados, o público começou inevitavelmente a se focar no cantor, que serve como a voz e o rosto de qualquer grupo. Jones se ressentia disso. Quando um engenheiro de um estúdio reclamou que a voz de Jagger estava perdida na mixagem, Jones esbravejou: "Somos os Rolling Stones, não Mick Jagger e os Rolling Stones." As coisas pioraram quando Jagger e Richards começaram a compor. Com o fenômeno de "Satisfaction", Jones perdeu o último vestígio de controle. Em um instante, ele estava de volta ao ponto de partida: um artista na banda de outra pessoa. Por que ele ficou? Porque dinheiro e fama eram tão viciantes quanto Mandrax.

Agora tomaram meu amor.

Brian era infiel e mulherengo. Ele buscava a aprovação de estranhos, principalmente de mulheres. Ele precisava ver a si próprio pelos olhos delas: a estrela do rock, o rei do pop. Só assim qualquer coisa parecia real. Ele estava procurando, mas o que procurava? Aprovação, amor, eternidade? Ele era imprudente na busca, cruel, monstruoso. Quantos filhos ilegítimos ele teve? A contagem atual é cinco. Ele parecia não fazer distinções – batizou dois deles de Julian. Ele poderia ficar durante um ou dois meses, mas sempre partia no final. Ele acreditava que finalmente chegara ao fim de sua busca com Anita Pallenberg. Ele deu a ela sua vida e sua alma. Depois, o que aconteceu? Keith tomou-a, justamente como Mick tomara a banda. Imagine voltar para a estrada, o grande amor da sua vida ainda na turnê, só que agora na cama do outro guitarrista.

No FINAL DA DÉCADA DE 60, Jones começou a perder a cabeça. O LSD destruiu seu ego, despedaçou-o sinapse por sinapse. Anita disse que ele nunca se recuperou de fato daquela primeira viagem de ácido. Como consequência, ele ficou nervoso a partir dali. Era um paranoico com inimigos reais, sua sanidade desafiada pelas prisões por porte de drogas e o escrutínio da polícia que caracterizavam aquela era. Segundo Richards, o editorial do *Times* de Londres tivera a ideia certa mas o Stone errado. Mick e Keith eram fortes. Era Brian. Ele era a borboleta sendo quebrada na roda. Ele estava convencido de que os amigos falavam sobre ele. Estava obcecado com a ideia de que estavam zombando dele. Ele acreditava ser o tema da letra de Bob Dylan sobre o vagabundo *"with no direction home/ like a rolling stone"*,* assim como acreditava ser o objeto da indagação de Dylan em "Ballad of a Thin Man": *"Something is happening here, but you don't know what it is, do you, Mr. Jones?"***

O advogado de Brian descreveu-o no tribunal como "um garoto muito doente".

– Um suicida em potencial? – perguntou o juiz.

– Certamente.

---

* "Sem direção para casa/ como uma pedra rolante." (N.T.)
** "Algo está acontecendo aqui, mas você não sabe o que é, não é mesmo, sr. Jones?" (N.T.)

23. Sympathy for the Devil

NA PRIMAVERA DE 1968, o cineasta francês Jean-Luc Godard tomou um porre de rock'n'roll. Parando em uma loja a caminho de casa quando voltava de um clube noturno, ele comprou tudo que havia nas prateleiras – os Beatles, os Stones, The Who. A ideia lhe ocorreu de uma só vez. Ele filmaria uma daquelas bandas trabalhando, mostraria uma música sendo criada, depois intercalaria isso com cenas do mundo político. O resultado seria algo maior do que a soma de suas partes, motivo pelo qual ele chamou o filme de *One Plus One*. Por fim, Godard fechou um contrato com Jagger, filmando os Stones no Olympic Studios ao longo de quatro noites em junho de 1968. O diretor ficava atrás de uma câmera 35mm equipada com película especial para filmar trechos longos, de nove ou dez minutos, o que é uma eternidade em tempo cinematográfico, mas é exatamente o quanto os Stones levam para explorar um groove.

– As coisas eram assim naquela época – disse Jagger. – Um diretor quer filmar você, e acaba sendo Godard, e por acaso ele aparece quando você está trabalhando em "Sympathy for the Devil".

A canção era parcialmente inspirada no romance *O mestre e Margarida*, de Mikhail Bulgákov, que Marianne emprestara a Jagger. Bulgákov caíra no desagrado dos censores russos, que consideravam seu trabalho um ataque contra Stálin. Embora tenha sido escrito em 1930, o livro só foi publicado na Inglaterra em 1967, quando se tornou uma sensação literária. Nele, o demônio, descrito como um professor de magia negra, aparece em Moscou para gerar o caos. Seu pano de fundo é uma crônica de sofrimento. Sempre que o mal corria solto, ele estava nas sombras, mexendo os pauzinhos. A história culmina no Baile do Demônio, uma festa para acabar com todas as festas, na qual um bilhão de almas condenadas dançam ao som de uma banda que toca algo como o rock'n'roll. "Em uma fileira, sentavam-se orangotangos, tocando trompetes reluzentes. Empoleirados em seus ombros havia chimpanzés com acordeões. Dois babuínos com jubas leoninas tocavam pianos de cauda, e os pianos eram abafados pelo trovejar, guinchar e retumbar de saxofones, violinos e tambores nas patas de gibões, mandris e saguis."

– Sim, dei o livro a Mick, ou ele o encontrou largado no apartamento, o que dá no mesmo – disse-me Faithfull. – O importante é que ele o devorou. Ficou acordado a noite toda, lendo e lendo.

Quando escuto "Sympathy for the Devil", escuto Mikhail Bulgákov nas descrições de Jagger de Pôncio Pilatos, do massacre da realeza russa, da *Blitzkrieg* alemã. Depois de cada verso, Mick grita: *"Hope you guess my name."** Cantar como o demônio dá a ele licença para glorificar alguns dos eventos mais vergonhosos da história. É uma homenagem brilhante – um pastiche dos mitos mais antigos por trás do blues. Estamos de volta à encruzilhada, só que agora por trás dos olhos do velho que devolve a guitarra mas fica com sua alma.

Ouvi a música pela primeira vez quando tinha dez anos. Meu irmão tocou-a repetidamente, perguntando-me a cada vez: "Quem está cantando?"

Eu: Mick Jagger.

Ele: Sim, mas como quem ele está cantando?

Eu: Mick Jagger.

Ele: Sim, mas quem é *ele*?

Eu: Mick Jagger.

Ele: Mas quem ele *deve* ser?

Eu: Mick Jagger.

Ele: Mas quem ele *pensa* que é?

Eu: É, quem diabos ele *pensa* que é?

---

* "Espero que você adivinhe meu nome." (N.T.)

Sympathy for the Devil

Godard capturou a música em cada estágio. É fascinante assistir essa peça musical icônica, que começou como uma canção folk ao estilo de Dylan, assumir a forma que conhecemos. Isso aconteceu no decorrer de vários dias. Nas primeiras imagens, os Stones estão sentados em um círculo, de pernas cruzadas no chão do Olympic, tocando acusticamente. Keith acelera o ritmo para um andamento 6/8 à medida que o groove country dá lugar ao samba. O andamento é acelerado ainda mais. Tambores são acrescentados, bongôs. O clima é livre, todos descalços, saltando de um instrumento para outro: Wyman na cabaça, Richards no baixo. Vemos o grande músico de estúdio Nicky Hopkins tocando piano, marretando aqueles crescendos lindos.

– Os padrões rítmicos mudavam constantemente – disse Phill Brown, engenheiro de som do Olympic. – Charlie parecia estar com dificuldades de vez em quando, enquanto Brian ficou sentado por horas em sua cabine, tocando seu violão e fumando sem parar.

Vemos também momentos indiferentes, Brian apagado em uma cabine de som, Keith encolhido em um sofá. Os vocais de apoio foram gravados perto do final, os cantores reunidos em um semicírculo sob um microfone pendente, Brian fazendo *woo-woo* ao lado de Keith e Anita. Robert Kennedy foi assassinado em 5 de junho de 1968 – um evento que pode ser deduzido quando a letra de Jagger muda de repente de *"I shouted out who killed Kennedy"* para *"I shouted out who killed the Kennedys"*.*

Foi assim que os Stones compuseram muitas de suas melhores músicas. No final, o crédito sempre ficava com Jagger e Richards, mas o processo era intensamente colaborativo. Tudo começava com um riff. Depois, a banda começava a brincar, fazendo mudanças, acrescentando elementos. Quando conversei com Chris Kimsey, um engenheiro do Olympic que veio a produzir vários discos dos Stones, ele usou o verbo "caçar".

– Existem bandas que chegam com uma canção pronta, ou perto disso, depois gravam – disse ele. – Os Stones, não. Eles chegavam com uma ideia geral, depois começavam a caçar a coisa no estúdio. Eles faziam

---

* "Eu gritei quem matou Kennedy" e "Eu gritei quem matou os Kennedys". (N.T.)

muitas versões de cada canção, iam atrás dela várias vezes. Fizeram uma versão depois da outra de "Brown Sugar" só para ouvi-las. Até canções do começo da carreira, como "Ruby Tuesday" e "Jumpin' Jack Flash", foram essencialmente concebidas no estúdio. Era como eles queriam fazer. Para os músicos naquele período, o estúdio era um local sagrado.

Uma das imagens de Godard se destaca: Keith, sem camisa, inacreditavelmente magro, parecendo franzino demais para conter os próprios órgãos internos, sem sapatos, jeans desbotados, com fones de ouvido, uma alça de guitarra nos ombros, uma silhueta perfeita de homem e instrumento. Ele está esperando, preparando-se como um surfista que acaba de ver uma onda. Dois, três, e ele começa, tocando a frase, seu corpo conectado à corrente, viajando na carga elétrica. Apesar de você não poder ouvir a música, você pode vê-la o atravessando, um groove refratado. Você vê também a felicidade dele, como todas as drogas, corações partidos e sofrimentos são apenas o preço que paga para chegar a esse lugar onde ele desaparece em seu trabalho, onde ele se torna música.

One Plus One estreou no final de 1968. Se não fosse pelos Stones, o filme seria impossível de assistir, uma coletânea aparentemente sem sentido de cenas aleatórias – uma garota em uma loja de revistas pornográficas lendo *Minha luta* em voz alta; uma personagem chamada Eva Democracia interpretando a entrevista de Norman Mailer para a *Playboy* – intercaladas com os Stones. Quando lhe perguntaram o que aquilo significava, Jagger disse: "Não tenho a menor ideia." Richards descreveu o filme como "um grande monte de merda". Um produtor reeditou o filme sem permissão, terminando-o com a versão final da canção dos Stones e reintitulando-o *Sympathy for the Devil*. Isso transformou o filme em um clipe musical. A estreia chegou às manchetes quando – segundo a agência de notícias UPI – Jean-Luc Godard socou o produtor canadense Iain Quarrier no rosto e no estômago sexta-feira à noite no National Film Theater, diante de seiscentos fãs de cinema chocados. A pancadaria começou depois que Godard impeliu o público a ir embora em vez de ficar para assistir a *One Plus One*. Ele alegava que a adição de uma canção, "Sympathy for the Devil", arruinara o filme.

Sympathy for the Devil

É claro que a questão verdadeira era controle. De quem era o filme, de Jagger ou de Godard? Jagger não tentou assumir o filme, mas o carisma da banda simplesmente superou qualquer opinião política que o diretor estivesse tentando apresentar. Seu suposto tema era perturbação e revolução. Seu tema verdadeiro era os Stones no começo da fase de ouro que os carregaria durante quatro discos, de *Beggar's Banquet* (1968) a *Exile on Main Street* (1972) – talvez o período mais criativo na história do rock'n'roll.

24. A fase de ouro

TUDO COMEÇOU EM maio de 1968, com o lançamento de "Jumpin' Jack Flash", que foi visto como uma retomada, um retorno à forma depois das brigas, prisões por posse de drogas e processos aos quais poucos imaginaram que a banda sobreviveria. *Satanic Majesties* era o estertor da morte. "Jumpin' Jack Flash" era a ressureição. A *Rolling Stone* descreveu-a como "Blues do Delta passando pela Swinging London". As raízes reinventadas. Absolutamente antiga, completamente nova. Gravada no Olympic alguns meses antes de Godard chegar, ali estavam os Stones como ainda os conhecemos, saídos da sombra da Chess Records, de Andrew Oldham e dos Beatles. Uma banda tem sorte se tiver um único momento. Uma canção de sucesso, um disco de ouro, um verão inesquecível. Quando a escuta, você se recorda de um momento específico. Grandes bandas ascendem e caem, depois ascendem novamente. Os Stones viveram e morreram tantas vezes que podem muito bem ser imortais. Sua primeira encarnação foi como uma banda de covers de blues no Crawdaddy; a segunda foi como a sensação pop por trás de "Satisfaction". "Jumpin' Jack Flash" era a terceira encarnação, os Stones pós-veludo, pós-ácido. Você sente a empolgação já nos primeiros acordes.

Segundo Bill Wyman, "Jumpin' Jack Flash" começou como um riff que ele tocou ao piano no começo da noite durante um ensaio.

Keith riu.

"O que é tão engraçado?"

Você reconhece isso, não reconhece?

Richards disse mais tarde que o famoso riff de "Jumpin' Jack Flash" era na verdade o riff de "Satisfaction" ao contrário.

A fase de ouro

Texto: enquanto pensava que inventara algo novo, Wyman estava apenas reproduzindo uma versão retorcida do trabalho anterior de Richards. Subtexto: nessa nova era, os Stones inverteriam tudo que tinham feito antes.

"Jumpin' Jack Flash" abre com uma frase que soa estranha. Ela está no meio do caminho entre o acústico e o elétrico. Keith, que na época viajava com três coisas – roupas, guitarra e um gravador Philips –, criou o efeito em motéis baratos enquanto a banda atravessava os Estados Unidos. "Tocando um violão, você saturava o toca-fitas ao ponto de distorção de modo que, *wham*, quando ele reproduzia a gravação ela era efetivamente uma guitarra elétrica", ele escreveu em *Vida*. No Olympic, em vez de tentar reproduzir o som com equipamento profissional, ele simplesmente conectou seu gravador à mesa de som. Um violão tocado no Philips, depois processado por um equalizador topo de linha, resultou em um instrumento inteiramente novo. A distorção era a mensagem, aquele gemido metálico. Você a ouve em várias canções definitivas: "Jumpin' Jack Flash", "Street Fighting Man", "Gimme Shelter". Keith desistiu desse som porque a Philips parou de produzir aquela máquina, e sua antiga quebrou.

"Jumpin' Jack Flash" foi engordada com instrumentos, viradas. A faixa é intensamente rica, tecida tão espessamente quanto corda de manila. Keith aplicou o conhecimento musical que vinha adquirindo desde seus primeiros dias na Regent Sound.

Usei uma Gibson Hummingbird acústica afinada em ré aberto, seis cordas – ele explicou. – Ré aberto ou mi aberto [afinação], o que é a mesma coisa... os mesmos intervalos... mas a corda era um pouco afrouxada até o ré. E então havia um capotraste, para obter aquele som firme. E havia outra guitarra por cima dela, mas em uma afinação Nashville. Aprendi isso com alguém na banda de George Jones em San Antonio, em 1964. A guitarra em afinação Nashville também era acústica. As duas guitarras acústicas foram reproduzidas através de um gravador de fitas Philips. Apenas coloque o microfone diretamente na guitarra e toque através de um alto-falante de extensão.

A letra começou com um diálogo cotidiano. Se você é escritor, certas frases, captadas por acidente, grudam como carrapichos; quando você chega em casa, percebe que está coberto deles. No início de uma manhã, Keith e Mick, apagados em Redlands, foram despertados por passadas monstruosas.

Mick: O que é isso?

Keith: Deve ser o jardineiro, Jack Dyer.

Mick: Ele faz muito barulho.

Keith: Ele tem pés tamanho 46.

Mick: Parece que ele está pulando.

Keith: Sim, bem, isso é ele. Jumpin' Jack [Jack saltador].

Segundo o acadêmico Robert Alter, um personagem da Bíblia é definido pelas primeiras palavras que ele ou ela pronuncia. O Rei Davi, por exemplo, começa dizendo: "Quanto uma pessoa receberia por matar este homem?" Isso também vale para os Stones. Se você quer saber o clima da banda em um momento específico, veja o primeiro verso da canção. "Connection" abre com *"All I want to do is to get back to you"*.* "Mother's Little Helper" abre com *"What a drag it is getting old"*.** "Jumpin' Jack Flash" abre como *"I was born in a crossfire hurricane"*.*** O clima é de quase-morte e retorno glorioso: "Foda-se, ainda estamos aqui, nos divertindo. Na verdade, é uma festa maravilhosa." A canção foi um grande sucesso – número um nos dois lados do Atlântico.

– Os Stones pararam de fazer turnês durante quase dois anos – disse-me Norman Jopling. – Eles tinham sido uma boa banda trabalhadora quando pararam, mas quando voltaram, eram uma lenda. Eles tinham mudado de estilo. Tinham mudado tudo. E retornaram com muito estardalhaço.

O QUE INICIOU a fase de ouro?

Segundo Marianne Faithfull, ela começou com aquela visão que Mick e Keith compartilharam durante a viagem de ácido em Redlands. Eles esbo-

---

* "Tudo que quero fazer é voltar para você." (N.T.)
** "Mas que saco é envelhecer." (N.T.)
*** "Nasci em um furacão de fogo cruzado." (N.T.)

A fase de ouro

çaram uma estratégia nas semanas seguintes, de como os Stones poderiam viver além do primeiro momento, o qual Jagger chamava de "onda jovem". É interessante que os Beatles, enquanto banda, não tenham sobrevivido a esse momento. O que começou com cortes de cabelo em forma de cuia terminou em barbas. Eles pararam de fazer turnês em 1966. Em 1969, tinham praticamente acabado, o que foi oficializado em 1970. O término dos Beatles teve um impacto enorme sobre os Stones – mais um ingrediente fundamental da fase de ouro. Os Stones sempre tinham sido definidos em oposição. Eles eram a alternativa, o oposto, o anti. A fama deles cresceu em um espaço negativo criado pelos Beatles. O primeiro grande sucesso dos Stones foi composto por Lennon e McCartney, e muitos daqueles que o seguiram eram vistos como respostas ou cópias dos Fab Four. Diziam que "As Tears Go By" era uma resposta a "Yesterday". Diziam que *Satanic Majesties* era tido como uma cópia de *Sgt. Pepper*. Mas depois que os Beatles se separaram, não havia mais um modelo. Os Stones estavam sozinhos no topo e finalmente livres para encontrar o próprio caminho. O resultado foi um som novo que os tornaria, na minha opinião, ainda maiores do que os Beatles.

O QUE DEFINIU a fase de ouro?

Aquela sequência de discos perfeitos que chegaram, um depois do outro, como tardes de verão: há uma qualidade unificadora que nos leva a considerá-los uma única obra. Atenção a detalhes, camadas de som, textura – esses eram álbuns feitos para pessoas com toca-fitas Nakamichi e caixas de som KEF, pufes e tempo livre. Você pode até defender a tese de que o produtor Jimmy Miller foi um autor secreto dessa fase. Ele fora baterista, nascido no Brooklyn, antes de assumir seu lugar atrás do vidro. Alto e barbudo, com uma queda por emoção, ele estava trabalhando com o Traffic no Estúdio B quando Jagger cruzou com ele. Ele produzira "Gimme Some Lovin" e "I'm a Man". Jagger pediu a ele para aparecer e conferir o novo material dos Stones. Em uma semana, ele preenchera o vácuo deixado pela partida de Oldham. Os Stones finalmente tinham um produtor de verdade, embora sua abordagem fosse casual, instintiva.

– Creio que seu maior dom era sua capacidade de captar grooves. O que, para uma banda como os Stones, é muito importante – disse o engenheiro Glyn Johns à *Goldmine* em 2010. – Veja a diferença entre *Beggars Banquet* e *Satanic Majesties*. [Jimmy Miller] colocou-os perfeitamente de volta nos trilhos.

A FASE DE OURO FOI caracterizada pela ambição. Você pode ouvi-la na complexidade dos arranjos, na qualidade dos músicos de apoio, na amplitude das letras. Jagger queria comprimir toda uma era em um single de três minutos. E o som! A técnica! A guitarra de Keith tornara-se sublime. Você já olhou atentamente para os dedos dele, aqueles dedos nodosos, artríticos? Em 1961, ele sabia tocar duas, três músicas. Em 1971, ele era Mozart em seis cordas. Ele aperfeiçoara um estilo particular, uma teia vibrante que resultava de inovações, ajustes, truques. Como você faz uma guitarra reproduzir o barulho dentro da sua cabeça? Ele começou a brincar com afinação aberta.

Desde tempos imemoriais – o começo da Renassença, provavelmente –, quando os primeiros violões espanhóis e italianos surgiram, o instrumento de seis cordas tem sido afinado da mesma maneira, com cada corda esticada em uma nota específica. Da sexta corda para a primeira, da nota grave para a aguda: mi, lá, ré, sol, si, mi. Quando você toca sem pressionar nenhuma corda, você obtém um mi menor com 11ª. Insatisfeito, Keith começou a experimentar. Ré aberto. Si aberto. Em tais arranjos, as cordas são reafinadas de modo que um toque sem pressionar nenhuma corda gera um acorde de ré ou de si. Keith fez isso pela novidade, por diversão. Ele estivera procurando um som novo como você pode procurar um novo barato. Ele encontrou-o com o sol aberto. É fácil: coloque uma guitarra no colo e comece a girar as cravelhas. Da sexta corda para a primeira, reafine as cordas para ré, sol, ré, sol, si, ré. Quando você toca, obtém um acorde de sol maior. Como aquele ré inferior não funciona de verdade com o estilo de tocar de Keith, ele removeu a corda. Nessa configuração, Keith praticamente não usa nenhuma posição extravagante dos dedos. São

A *fase de ouro* 207

sempre acordes com pestana, o dedo indicador bloqueando trastes inteiros enquanto ele viaja pelo braço de sua Telecaster. Keith modificara seu modo de tocar para a simplicidade.

A afinação em sol aberto de Keith foi ouvida pela primeira vez em "Honky Tonk Women", uma música composta por Jagger e Richards quando estavam de férias no Brasil em dezembro de 1968. O *cowbell* que inicia a canção – isso é Jimmy Miller – é seguido pela bateria de Charlie, depois pelo riff de Keith. Os melhores guitarristas transformam seus instrumentos em uma voz. Os solos clássicos de Neil Young, muitas vezes tocados em uma única corda, são uma iteração mecânica de seu gemido absolutamente humano. O mesmo vale para Eric Clapton e Jimi Hendrix. Com o sol aberto, Keith encontrou uma voz que arqueja quando gargalha, que é cheia de uísque, madrugadas e confusão. Ela se comporta como um homem que apenas aparenta estar bêbado: desleixado e confuso mas que nunca erra um passo. Arte que parece não ter arte. Tornou-se uma marca registrada dos Stones: aquela guitarra rítmica excêntrica, enferrujada, resmungante, desajeitada.

Onde ele conseguiu esse som?

Richards dá o crédito a Ry Cooder, um prodígio da Califórnia que levou um som com os Stones em Redlands. Todos estavam sentados tocando "Sister Morphine" quando Keith foi atraído pelo som distinto de Cooder. "Como você faz isso?" No final da noite, ele tinha se apaixonado pelo sol aberto como você pode se apaixonar por uma garota. O que traz à tona uma reclamação comum: os Stones são vampiros que se alimentam de outros músicos. Jagger e Richards começaram como colecionadores que procuravam álbuns em caixotes nas lojas de discos, e de certo modo foi isso que continuaram sendo. Seu dom é conseguir reconhecer sons que podem ser apropriados. Em outras palavras, seu brilhantismo está menos em como tocam do que em seu gosto musical. Muddy Waters, os Beatles, Peter Tosh – quem quer que eles admirem, eles absorvem. Quando o líder dos Byrds, Roger McGuinn, ouviu pela primeira vez "American Girl", de Tom Petty, ele disse: "Onde gravamos isso?" Quando Ry Cooder ouviu "Honky Tonk Women" pela primeira vez, ele chamou os Stones de sanguessugas.

É claro que Roger McGuinn não inventou Roger McGuinn do nada. Ele imitara Bob Dylan, que imitara Woody Guthrie. Isso é a América. Uma mistura, um ensopado. Nada vem do nada. Todo rio é abastecido por outro rio que desaparece no mar. Ahmet Ertegun, fundador da Atlantic Records, contou-me sobre sua busca pelo criador, o grande músico que inventara tudo – mas, não importava o quanto voltasse no tempo, ele era enviado ainda mais além, rumo a um mestre perdido que nunca pode ser encontrado. Em resumo, apesar de admirar Ry Cooder, considero sua rixa com Keith Richards uma besteira. Esqueça o fato de que o sol aberto existia há anos – se Richards roubou o som de Ry Cooder, por que as canções de Ry Cooder não soam nada parecidas com os Stones? Por que não são nem de longe igualmente evocativas, ameaçadoras? Isso toca em uma profunda injustiça: toda a habilidade do mundo não resulta em genialidade. Ry Cooder é, tecnicamente, melhor instrumentista do que Keith Richards. Ele estava brincando primeiro com o sol aberto e estava atrás de alguns dos mesmos efeitos, mas não tinha a mesma alma artística. Os poetas espanhóis chamam-na de *duende*, aquela coisa misteriosa que pode transformar até a obra de um artista semianalfabeto em uma obra-prima. As músicas não vêm da afinação; a afinação é uma rede tecida para capturar a música que estava lá desde o começo.

Beggar's Banquet foi o primeiro *tour de force* dos Stones. O disco foi gravado entre fevereiro e junho de 1968 no Olympic Studios em Barnes, Londres. Vale a pena se deter nesse estúdio, que era, à sua maneira, justamente tão importante quanto qualquer músico. Você não consegue ouvir *Beggar's Banquet* sem imaginar as salas enfumaçadas, as pessoas curtindo, dormindo ou acordando para mais um take. O Olympic começou como uma casa de *vaudeville* no começo do século passado e foi posteriormente adaptado para gravações. Ele era a base dos Stones em 1966, onde ficavam mais à vontade, onde nada podia tocá-los. Certa noite, enquanto a banda gravava "Dandelion", policiais invadiram o estúdio.

A fase de ouro

– Mick estava fumando um baseadão – disse Glyn Johns. – Mick era tão brilhante. Ele coloca o baseado atrás das costas e diz: "Andrew, o que precisamos nisso são dois pedaços de madeira sendo batidos ao mesmo tempo. Como clavas." "Que tal esses?", os policiais ofereceram enquanto pegavam voluntariamente seus cassetetes. Portanto, [Mick] escapou colocando-os no disco.

Há não muito tempo, passei um dia no Olympic com Chris Kimsey, que começou a trabalhar lá quando tinha quinze anos. O estúdio fora reformado no final da década de 90. Desde então, foi transformado em um cinema e em um clube particular. Os corredores eram cobertos de fotos de Mick e Keith – eles pairam sobre o lugar como divindades benevolentes. Kimsey, corpulento e gentil, mostrou tudo com a melancolia de um homem que assistiu a queda do reino. Ele parecia um pouco perdido enquanto me conduzia pelo cinema, que tinha sido o Estúdio A. Ele falou sobre os artistas que gravaram lá, Mick e Keith tocando no banheiro por causa do eco.

– Quando você escuta os grandes discos, é este lugar que você está ouvindo – disse-me ele. – É um elemento unificador. Ele atribuiu a tudo aquele som do Olympic.

A maioria das sessões começava com os Stones sentados em um círculo no chão tocando uma canção em instrumentos acústicos – era essa a metodologia de Glyn Johns, famoso produtor e engenheiro de som que colaborou em muitos dos clássicos dos Stones. Charlie Watts batucava em uma espécie de almofada. Como uma leitura para uma peça teatral, aquilo definia o andamento, delineava o groove e dava a cada músico tempo para absorver o clima e a mensagem. Naquela época, os Stones chegaram a uma correlação impecável entre sua música e suas vidas. Enquanto o clima era gerado pelo estúdio, as canções eram geradas pelo momento.

Vejamos a canção "Street Fighting Man", uma marca registrada da banda. Em Nova York, Londres e Paris, multidões protestavam contra a guerra do Vietnã. Jagger juntou-se a uma multidão que marchou até a embaixada americana em Londres. Se você for lá hoje, verá muros altos e janelas estreitas, barricadas, arame e estátuas de Eisenhower e

Reagan, mas em 17 de março de 1968 você teria visto milhares de pessoas exigindo mudanças. Para Mick, esse flerte com a dissidência era uma anomalia, um momento de engajamento pontuando uma vida apolítica. Uma estrela do rock é uma figura do *status quo*. Ela não quer a luta, e sim a aura dela. "Street Fighting Man" não é sobre revolução – é sobre limites. Quando se trata de protestar, a celebridade simplesmente atrapalha. Onde quer que Jagger fosse naquele dia, a mensagem mudava de "Estados Unidos fora do Vietnã!" para "É Mick!". A letra registra essa realidade com um dar de ombros: "O que um pobre garoto pode fazer, exceto cantar em uma banda de rock'n'roll?" Bruce Springsteen disse que esse é um dos maiores versos na história do rock. Quando Jagger o levou para o estúdio, Keith acrescentou sua própria marca registrada. A frase que abre "Street Fighting Man" está entre suas mais distintas. Ela conduz a um groove de maracas que é sinuoso como uma garota dançando sob a luz de um *jukebox* em um bar de motoqueiros.

Ou "Stray Cat Blues", a oitava faixa do álbum, que é uma estrela do rock cantando sobre uma *groupie*. *"I can see that you're fifteen years old..."** Ou "Parachute Woman", a quarta faixa, que é sobre *groupies*, ou divulgadores de discos, ou possivelmente as duas coisas. É um blues lento, carregado de influências – uma letra de Bob Dylan, um riff de Muddy Waters – remodelado pelo clima no Estúdio A, os Stones jogando pingue-pongue entre os takes. Na maioria das noites, eles não começavam até as duas da manhã. Os primeiros takes eram ensaios, na metade da velocidade, Evel Knievel correndo com sua moto até o topo da rampa e deixando-a descer de volta. Depois, de repente, eles encontravam a marcha extra. Phill Brown, que se tornaria um renomado engenheiro de som e produtor de discos, trabalhou na mesa de som nessas sessões.

"Em ocasiões raras, geralmente durante uma atuação excepcional de um músico, havia uma sensação de ser transportado e de não estar ciente do que estava ao meu redor", escreveu ele mais tarde. "Essa sensação ma-

---

* "Posso ver que você tem quinze anos..." (N.T.)

ravilhosa, desconectada, tomou conta de mim, por exemplo, enquanto eu ouvia 'Parachute Woman' em volume alto às três da manhã com vinte pessoas na sala de controle. Quando acontecia, era tudo – romântica, feliz e totalmente poderosa – um grande barato."

"Sympathy for the Devil" estava sendo gravada no começo da madrugada de 10 de junho. Mick estava no estúdio com fones de ouvido, cantando. Marianne captou o olhar dele da cabine. Com batom vermelho, em letras invertidas, ela escreveu no vidro: "Queime, baby, queime." Em certo ponto, o estúdio realmente pegou fogo. Richards acredita que Jean-Luc Godard tivesse pregado lenço de papel com fita adesiva a lâmpadas quentes no teto, o que, bem, você sabe.

– Acho que temos um incêndio – Glys Johns disse tranquilamente.

As pessoas seguiram para as saídas enquanto Jimmy Miller recolhia as *masters*.

– Em quinze minutos, [ele] tinha saído com as fitas – disse Phill Brown.

O corpo de bombeiros apagou o incêndio, mas havia um buraco no telhado. Os Stones seguiram gravando a céu aberto. De vez em quando, você imagina que pode ouvir um avião passando no alto.

Lançado em dezembro de 1968, *Beggar's Banquet* foi imediatamente reconhecido como uma inovação. "Os Rolling Stones atingindo a maturidade", disse Glys Johns. O disco tem dez faixas, todas uma joia, mas minha favorita é "No Expectations", pois é a última música na qual você tem Brian Jones em seu melhor momento. Ele estava em frangalhos naquela altura. Mesmo quando ele aparecia, estava geralmente doidão demais para contribuir. Foi isso que tornou "No Expectations" tão especial. Keith gravou uma faixa acústica límpida e o vocal de Mick é evocativo, mas foi Brian que valorizou a canção com sua guitarra *slide*, o mesmo tipo de trabalho com gargalo de garrafa que inicialmente chamara a atenção de Mick e Keith no clube de Alexis Korner uma encarnação antes. Foi como se uma névoa tivesse se dissipado e, por um momento, ali estivesse Brian. "[Ele] estava emocionalmente muito para cima certa noite", escreveu Phill Brown, "e tocou uma linda guitarra *slide*." Pungente e desamparado, como nenhum outro som na música. Ele faz minha mente vagar e meus dentes coçarem. Imagino casebres quando o escuto, campos verdes e represas, nuvens trovejantes um momento antes de a chuva cair. Com a fala budista de uma chama tão pura que consome todo o seu combustível. Em "No Expectations", Brian Jones desapareceu enquanto tocava.

25. A morte de Brian Jones, parte dois

Se é dominado por um desejo de viver em um conto de fadas, você pode estar com problemas.

Brian Jones, desgastado, magoado, furioso, precisando escapar, estava procurando um retiro. Ele encontrou-o a duas horas ao sudeste de Londres em uma propriedade chamada Cotchford Farm. Para os americanos, ela lembra os milhões de casas Tudor que salpicam nossos subúrbios, mas aquela era a original, o ideal platônico que está por trás de todas as cópias toscas. Uma casa inglesa no campo cercada por jardins, caramanchões e árvores. Ela foi construída no século XV, demolida e reconstruída. Jones foi tomado pela sua proveniência. Durante anos, a casa pertenceu a A.A. Milne, criador do Ursinho Pooh. O mapa na folha de rosto de *A casa no cantinho do Pooh* mostra a mansão e seu terreno, os lagos e córregos pelos quais Pooh vaga no agora em constante expansão. O encantado Bosque dos Cem Acres do livro era uma versão fantástica da floresta Ashdown, que começava no final do jardim. O único humano em *Pooh* era baseado no filho de Milne, Christopher, conhecido afetuosamente como Lua. Pooh foi batizado em homenagem a um urso negro canadense que Lua adorava visitar no zoológico de Londres. É claro que há a história, depois há a vida, assim como existe o Bosque dos Cem Acres e existe a floresta Ashdown, onde seu pai está ocupado demais sendo famoso para ser um pai de verdade. "Algumas pessoas são boas com crianças", Christopher Milne escreveu depois. "Outras não são. É um dom. Ou você o tem, ou não tem. Meu pai não tinha – não com crianças."

A.A. Milne comprou Cotchford Farm em torno de 1924. Ele referia-se a ela como um chalé, mas na verdade era uma propriedade extensa. Onze

acres de campinas e anexos, além da casa principal. Milne passava a maior parte do tempo na sala de estar, a qual, com sua lareira e janelas francesas, ele chamava de "a sala mais adorável em todo o mundo". Segundo *A.A. Milne: The Man Behind Winnie-the-Pooh*, de Ann Thwaite, Milne plantou as árvores e sua esposa projetou o jardim, e mais tarde, quando *Pooh*, escrito no estúdio acima da garagem, tornou-se uma sensação, ela encomendou a estátua de Christopher Robin e o relógio de sol ao lado dela. O relevo que decora o relógio de sol – Pooh, Leitão, Ló, Abel e Corujão dançando – remete ao império derrubado da infância. Dizem que os manuscritos de Milne estão enterrados sob o relógio de sol. Às vezes, quando estava bêbado, Brian ameaçava escavá-los.

O escritor morreu em 1956. Christopher Milne vendeu a casa logo depois – para um americano, Stewart Taylor, e sua esposa espanhola, Margarita. Eles instalaram a piscina aquecida que era uma grande novidade na cinzenta Inglaterra. Pergunto-me se Brian passou algum tempo à beira da piscina em sua primeira visita. Borges disse que passamos por nosso túmulo todos os dias sem saber. Os Taylor brigaram e se divorciaram. A casa estava de volta ao mercado em 1968. Segundo Bill Wyman, Jones ficou imediatamente enamorado com a propriedade. De vez em quando, ele citava as palavras no relógio de sol: "Este lugar quente e ensolarado pertence a Pooh/ E aqui ele se pergunta o que está na hora de fazer."

– É perfeito – explicou Jones. – É exatamente o que estou fazendo.

Naquela altura, o guitarrista realmente se parecia com o Ursinho Pooh, um louro baixinho e gorducho, não muito mais alto do que um anão de circo. Brian efetuou o último pagamento em novembro de 1968. Ele pretendia usar Cotchford Farm – que custou cerca de 30 mil libras – como um retiro de fim de semana, mas acabou passando a maior parte do tempo lá. Ele começou a reformar a casa antes de se mudar, elevando-a ao código das estrelas do rock. Isso foi importante, pois significou que do outono de 1968 até sua morte, Jones quase nunca estava livre de operários, mestres de obras, operadores de retroescavadoras e outras pessoas desse tipo, cuja maioria se ressentia da celebridade pequena, fraca, carente, estranha e incalculavelmente rica.

BRIAN RETIROU-SE em Cotchford Farm como o príncipe Próspero em "A máscara da morte escarlate", de Edgar Allan Poe, recolhido atrás das portas aferrolhadas do castelo. O conto de Poe nos diz que não há escapatória da história, a qual, para o príncipe, era a Inglaterra medieval dos anos da peste. Para Brian, a história era o pesadelo do final da década de 60, tumultos e assassinatos. Martin Luther King fora morto a tiros em abril de 1968. (Jones batizou seu cão de caça australiano de Luther em resposta; ele chamava sua cocker spaniel de Emily – quem sabe por quê?) Então, Robert Kennedy foi assassinado algumas semanas depois. Em maio, a polícia invadiu o apartamento de Brian na Kings Road, em Londres. Encontraram um punhado de *cannabis* dentro de um novelo de linha. Sua defesa? "Uma armação óbvia. Eu nem sequer costuro!"

– Eles foram duros com ele – disse Richards. – Ele não era um cara que conseguiria aguentar esse tipo de merda e eles foram atrás dele como cães de caça quando sentem cheiro de sangue.

Os Stones tocaram no show da premiação do *New Musical Express*, em Londres, em 12 de maio de 1968. Foi a última aparição pública de Brian com a banda. De olhos vidrados e desvanecendo, ele tocou a auto-harpa em "You Got the Silver", o lamento de Keith para Anita Pallenberg, o que, considerando que ela era a causa de todo o problema, é irônico.

O Marrocos permanecia um santuário, o único lugar que não tinha sido estragado. Jones viajou para lá no verão de 1968 com Suki Potier e o produtor musical George Chkiantz. Brion Gysin serviu de guia. Eles foram de carro até uma cidade na montanha Rif duas horas ao sul de Tânger, onde músicos locais tinham se reunido para o Festival dos Rituais de Pan. Joujouka, uma encruzilhada no deserto onde Paul Bowles comeu geleia de *cannabis* sob o céu acolhedor. Provavelmente porque todos estavam doidões, as lembranças variam. Brian amou a música e gravou-a por dois dias. Os habitantes locais chamavam-no de Brahmin Jones. Ele tomava ácido e cambaleava como um balão estourado. O festival culminou em um ritual que durou a noite toda. Perto do anoitecer, Brian observou dois homens carregarem um bode pela estrada – um bode branco de olhos tristes, chifres e um tufo de barba. Ele seria sacrificado naquela noite. Virando-se para Suki Potier, Brian disse: "Esse sou eu."

Em 8 de junho de 1969, Mick, Keith e Charlie foram de carro até Cotchford Farm para demitir Brian. Ele raramente aparecia nas sessões, e processos relacionados a drogas tornavam impossível para ele fazer turnês.

– Eles tinham atingido aquele ponto no qual se deram conta de que Brian era apenas um catatônico inútil – disse-me Sam Cutler. – Ele era uma daquelas pessoas como Syd [Barret] no Pink Floyd, e algumas outras na indústria musical, que achavam que o caminho do excesso leva ao palácio da sabedoria. Quando você tem alguém que está totalmente perdido dessa maneira, é uma questão de se livrar dele ou morrer com ele.

A morte de Brian Jones, parte dois 217

Keith estudava as próprias unhas enquanto Mick explicava as verdades duras para o fundador da banda.

– Carregamos Brian durante muito tempo – Jagger disse depois. – Aguentamos seus discursos e o fato de ele não aparecer por mais de um ano. Portanto, não foi como se, de repente, simplesmente disséssemos: "Foda-se. Você não apareceu para um show. Você está fora."

Charlie ficou sentado em silêncio. Ele fora trazido para melhorar o clima, o ajudante sóbrio convocado para evitar que os outros perdessem o controle. Brian os encarou com sangue nos olhos – "Vocês não sabem que Deus é o Ursinho Pooh?" Ele lembrou a Mick e a Keith que fora ele – Brian – quem fundara a banda e concebera seu nome. Mick concordou com a cabeça, "Sim, sim, estamos cientes de suas contribuições". Através de um acordo de divórcio, Brian receberia um montante de cerca de 100 mil libras mais 20 mil libras por ano enquanto os Stones existissem. Segundo Keith, a recepção de Brian foi tranquila, como se ele estivesse esperando por aquilo, como se, como diz o Coronel Kurtz em *Apocalypse Now,* ele estivesse na floresta esperando que eles pusessem fim ao seu comando.

– Tenho certeza de que aquilo quase o matou – disse Charlie. – Ele lutara com tanto esforço construir tudo no começo.

Você não deveria ficar surpreso. Os Stones vinham se livrando de pessoas desde o começo. Use-as, descarte-as, siga em frente. É uma máquina abastecida por corpos. Brian Jones era simplesmente o maior bode sacrificado até então para o insaciável Pan – que tem lábios grossos, membros frouxos e ombros curvos. Há algo monstruoso em relação a Mick Jagger. Esqueça Keith; Keith é uma melodia induzida por um transe. Esqueça Charlie; Charlie é um mercenário, tendo escolhido o sucesso em vez do jazz. Esqueça Bill; Bill é o *backline*.* Quando você fala sobre o cérebro dos Stones, está falando sobre Mick, que sempre operou com um traço cruel que transborda para a música. Você vê isso na maneira sem remorsos como os Stones perduraram década após década após década. Todos a quem pedi

---

* Conjunto de equipamentos de amplificação de aúdio que ficam atrás da banda no palco. (N.T.)

para explicar essa longevidade deram a mesma resposta: Mick Jagger. Sua força de vontade, determinação e inteligência. É claro, Jones realmente forçou os outros a demiti-lo. Seu comportamento deixava pouca escolha. Mas havia algo frio na maneira com que isso foi feito. Qual é a qualidade que permite que Mick opere com tamanha falta de sentimento? É ambição, ou algo mais?

Em certa época, a motivação de Mick Jagger e o efeito que ela tinha sobre as pessoas foram associadas ao demônio, e é por isso que canções como "Paint It Black" e "Sympathy for the Devil" foram recebidas tão perfeitamente. Elas confirmaram o que já sabíamos: Mick é Lúcifer. Mas isso está errado. Mick não é Lúcifer. Ele é showbiz, uma versão pop da diva clássica de Hollywood, para quem o show sempre deve continuar, para quem a obscuridade é ainda mais aterrorizante do que a morte. É um tipo especial de carisma que gera uma luz gigantesca mas pouco calor. As pessoas anseiam por essa luz mas não obtêm nenhum sustento dela. Ela as destrói. A vida com Mick é a vida armada em um buraco negro. O tempo acelera. Dois anos te envelhecem incomensuravelmente. Mas nada disso toca ele. Porque ninguém mais importa. Ele é o ego que se tornou o mundo. Ele fica diante de milhões, mas os milhões não existem. No centro do universo, Mick Jagger dança sozinho.

Brian colocou a mão no bolso e pegou um baseado enorme. Ele queria ficar doidão. O baseado no final do sonho, o lacre da morte no rock'n'roll. Depois de fumarem o último cachimbo da paz, Mick disse que estava na hora de ir embora. Keith o seguiu, depois Charlie. À medida que envelhecer, você perceberá que não importa em qual direção caminhe, você está sempre indo embora. Houve abraços cerimoniais, do tipo trocado por chefões da máfia na rua Mulberry duas horas antes do assassinato. Brian ficou na porta observando-os partir, depois entrou na casa, colocou a cabeça nas mãos e chorou.

A banda emitiu uma declaração poucas horas depois. Jones emitiu sua própria declaração, dizendo que não fora demitido, e sim que deixara a banda porque "não penso mais da mesma maneira que os outros a respeito dos discos que estamos gravando". O humor de Brian é revelado em um telegrama que ele enviou a Janie Perrin, esposa do assessor dos Stones, Les Perrin: "Estou muito infeliz. Tão infeliz. Eu realizei coisas. Mas resolvi as coisas financeira e moralmente. Fiz o melhor que pude pelas pessoas que amo. Amo muito você e Les."

Jones passou os dias seguintes vagando por Cotchford Farm, tomando drogas, bebendo e planejando o próprio funeral. Ele disse que queria ser enterrado ao lado da estátua de Christopher Robin em um caixão forrado com seda azul. Ele tinha uma nova namorada, Anna Wohlin, uma sueca que todos concordavam que se parecia perfeitamente com Anita. O encantamento dele com o segundo álbum do Creedence Clearwater Revival, *Bayou Country*, um triunfo das raízes do blues, sugere seu desejo de retornar às primeiras coisas. Ele andava falando sobre fundar uma nova banda, possivelmente com Alexis Korner, Jeff Beck ou Jimi Hendrix. Ele se encontrara com John Lennon, que, como Brian, sonhava em se libertar e dedicar-se à música antiga, livre da pretensão hippie. Houve até comentários sobre Brian ingressar nos Beatles, ou fundar um supergrupo. Alguns dizem que ele começara a gravar suas próprias canções.

– Brian gravara um single – disse Janie Perrin. – Aquele seria seu primeiro disco depois de se separar dos Stones. Ele gravara a demo e estava realmente satisfeito.

Essa gravação perdida é uma espécie de cálice sagrado. Nunca ouvida, nunca encontrada, provavelmente nunca existiu.

Os Stones já tinham chamado um novo guitarrista, Mick Taylor, de Hatfield, uma cidade industrial perto de Londres. Seu pai trabalhava em uma fábrica de aviões.

– Quando eu tinha quatorze anos, comecei a ouvir música tipo Elvis – Taylor disse à revista *Fusion*. – Consegui uma guitarra e aprendi a tocar sozinho.

Nos artigos mais antigos, Taylor é retratado como angelical, um adjetivo que tinha a intenção de caracterizar seu estilo de tocar, assim como sua aparência. Quase todas as palavras usadas para descrevê-lo também podem ser usadas para descrever figuras em pinturas renascentistas. Rosado e angelical, delicado com traços inocentes e cabelo louro comprido. Enquanto Keith Richards era rítmico, Mick Taylor era melódico, uma combinação que, tanto quanto qualquer outra coisa, explica o som brilhante que os Stones atingiram nos anos intermediários.

Taylor esteve em várias bandas, incluindo os Juniors e os Strangers, antes de ser velho o suficiente para fazer muito de qualquer coisa. Quando tinha dezesseis anos, fundou um grupo chamado The Gods. Por volta desse período, ele foi ver John Mayall and the Bluesbreakers, uma banda que servia como uma espécie de escola de etiqueta para a cena. Como o guitarrista Eric Clapton não conseguira comparecer ao show, Taylor abordou Mayall durante um intervalo e perguntou se poderia tocar. Ele tornou-se um membro em tempo integral dos Bluesbreakers logo depois.

Jagger fez vários relatos sobre como Taylor veio a ingressar nos Stones. Ele provavelmente reparou em Taylor trabalhando no Olympic. Jagger disse certa vez que o ouvira pela primeira vez praticando no banheiro do estúdio – a beleza de como tocava era algo em que você reparava. Taylor estreou em uma sessão dos Stones em "Live With Me" e "Honky Tonk Women". Você ouve a diferença imediatamente. Sua guitarra tem um timbre claro, fresco, onírico, como se alguém tivesse aberto uma janela. Ele começou como músico contratado, recebendo 120 libras por semana. Ele era quase dez anos mais novo do que os outros, um produto da geração seguinte, um daqueles garotos que cresceram ouvindo a banda. Ele ficou chocado com a falta de proficiência deles.

– Havia uma diferença tão grande entre como os Stones soavam nos discos e como eles soavam no estúdio – Taylor disse a Christopher Sandford em *The Rolling Stones: Fifty Years*. – Tudo era desafinado, desleixado… Boa parte da mágica se devia às pessoas que estavam produzindo. Tínhamos Jimmy Miller e grandes músicos como Nicky Hopkins e Billy Preston. Do contrário, eles poderiam ter soado como qualquer banda velha de blues de Camden Town.

A morte de Brian Jones, parte dois

TRÊS DE JULHO DE 1969 – a maioria dos Stones estava no Olympic, gravando "I Don't Know Why", de Stevie Wonder, quando receberam o telefonema. "[Mick], Keith e Charlie sentaram, atordoados e incrédulos", escreve Bill Wyman. "Charlie telefonou-me no Londonderry House Hotel às três da manhã, meia hora depois de termos ido para a cama. Astrid e eu estávamos chocados, em prantos."

– Foi terrível, aquela manhã seguinte no escritório – Shirley Arnold, que trabalhava para os Stones em Londres, disse à *Mojo*. – Charlie estava chorando. Mick não conseguia falar. Eu não dormira. Peguei um táxi para o trabalho às sete horas. Passando pelo West End, via as manchetes dos jornais: "Brian Jones morre afogado."

O assessor dos Stones, Les Perrin, foi com o motorista de Keith, Tom Keylock, para Cotchford Farm. Eles ficaram à beira da piscina, "inspecionando" – palavra de Perrin. Brian fora encontrado perto do ralo.

TENHO DIANTE DE MIM uma cópia do obituário de Jones publicado no *New York Times*. Ele foi reimpresso da Associated Press. Era curto, o que sugere que o *Times* não sentia que o guitarrista merecia um tratamento em grande escala. Apesar da popularidade dos Stones, eles não contavam como notícias oficiais. A elite Eisenhower permanecia no comando. As mortes de estrelas do rock na década de 60 eram cobertas da mesma maneira que as mortes no hip-hop na de 90 – uma pena, mas o que você esperava? Jones é retratado em um casaco escuro e gravata de bolinhas sob a manchete "Brian Jones morre; encontrado em sua piscina". O repórter não parece ter certeza da identidade ou da importância do falecido. Ele erra a idade de Brian e sua linguagem é estranha – "mês passado, o sr. Jones deixou o quinteto" –, e a dinâmica central não é comentada: os Stones empurraram, Jones se afogou. "O sr. Jones, vestindo calção de banho, foi retirado da piscina por três amigos que estavam hospedados em sua casa, Cotchford Farm", diz a notícia. "Uma ambulância foi chamada e tentaram realizar respiração boca a boca, mas o artista estava morto quando um médico chegou."

Os pormenores foram descritos posteriormente em um inquérito oficial. A narrativa é confusa, talvez por causa do estresse dos acontecimentos, das substâncias consumidas ou da necessidade de ocultar certos fatos da polícia. Até onde consigo decifrar, Brian estava com três pessoas quando morreu: a namorada, Anna Wohlin; seu empreiteiro, Frank Thorogood; e a namorada de Thorogood, Janet Lawson. Brian passara a tarde inteira bebendo. Ele tomou Tuinal e Mandrax. Ele amava como tranquilizantes o faziam se sentir. Aquela sensação fácil, ruinosa, de estar no fundo do mar. Ele tomara seis ou sete conhaques. Em torno das onze da noite, ele decidira nadar. Janet Lawson recusou, mas Anna Wohlin e Frank Thorogood concordaram em se juntar a ele. Era uma noite fria, mas a piscina estava bastante quente – alguns dizem 26 graus, outros dizem 32 graus. Vapor pairava sobre a superfície, como névoa em lagos de asfalto. Jones subiu no trampolim, deitou-se de costas, virou de frente.

– Brian estava tropeçando, mas eu não estava muito preocupado porque já o vira em condições piores e ele tinha sido capaz de nadar em segurança – Thorogood disse à polícia. – Ele teve alguma dificuldade em se equilibrar no trampolim e ajudei-o a se estabilizar. Mas isso não era incomum para ele.

Por volta da meia-noite, Thorogood entrou para receber um telefonema, fumar um cigarro ou pegar uma toalha. Aqui e ali, as testemunhas divergem. Em certo ponto, Janet Lawson saiu para conferir como Jones estava. Então, ela começou a gritar. (Como na história de Sherlock Holmes, os cães não latiram.)

– Depois de ficarmos cerca de vinte minutos na piscina, saí e entrei na casa para fumar um cigarro, deixando Brian na piscina – Thorogood explicou. – Honestamente, não me lembro de ter pedido uma toalha a Janet. Sei que peguei um cigarro e o acendi, e quando voltei para a piscina, Anna apareceu saindo da casa mais ou menos ao mesmo tempo. Ela me disse: "Ele está deitado no fundo." Ou algo parecido.

Jones estava perto do ralo, cabelo balançando. Thorogood hesitou, depois mergulhou. Wohlin fez o mesmo. Eles precisaram mergulhar várias vezes. Conseguiram pegar Brian na terceira tentativa, deitaram-no no deque da piscina. Esforços foram feitos, mas ele estava além da salvação. As teorias de conspiração começaram assim que a notícia foi dada. Havia supostamente um atraso de duas horas entre o afogamento e a chegada da polícia. Por quê? O que acontecera no meio-tempo? Supostamente, houvera uma festa na casa naquela noite, mas todos os convidados tinham ido embora quando os policiais chegaram. Por quê? Para onde foram? Alguns dizem que Frank Thorogood, tendo sido demitido naquele dia, matou Brian Jones. Outros dizem que foi um grupo de operários que, bebendo e provocando a estrela, acidentalmente foram longe demais. O inalador de Brian foi encontrado ao lado da piscina. Talvez ele tenha tido um ataque de asma. Bill Wyman acha que Brian pode ter tido um ataque epilético – Anita Pallenberg está convencida de que foi isso que aconteceu.

– Algumas coisas muito estranhas aconteceram [na noite que Brian morreu] – Richards disse à *Rolling Stone* em 1971. – Havia pessoas que desapareceram de repente ... Estávamos em uma sessão naquela noite e não esperávamos que Brian aparecesse. Ele tinha deixado a banda oficialmente ... E alguém nos telefonou à meia-noite e disse: "Brian está morto." Bem, mas que merda está acontecendo? Nós tínhamos motoristas trabalhando para nós e tentamos descobrir ... Alguns deles tinham um poder estranho sobre Brian. Havia muitas garotas lá e um monte de coisas acontecendo, estavam tendo uma festa. Eu não sei, cara. Simplesmente não sei o que aconteceu com Brian naquela noite. Não havia ninguém lá que desejaria assassiná-lo. Alguém não tomou conta dele.

Ao longo das décadas, escritores se voluntariaram, no estilo de Columbo, a perseguir, investigar e solucionar esse grande mistério do rock'n'roll. *Brian Jones: Who Killed Christopher Robin?*, de Terry Rawlings. *Paint it Black: The Murder of Brian Jones*, de Geoffrey Giuliano. Em 2008, o jornalista Scott Jones descobriu provas novas suficientes para que a polícia reabrisse a investigação no ano seguinte. Uma entrevista com Janet Lawson, que está convencida de que Frank Thorogood assassinou Jones, é particularmente interessante.

– Frank entrou todo agitado – disse Lawson. – Suas mãos tremiam. Ele estava em um estado terrível. Pensei no pior quase de imediato e fui até a piscina conferir. Quando vi Brian no fundo e gritei por socorro, Frank inicialmente não fez nada.

O motorista de Keith, Tom Keylock, disse depois que Frank Thorogood fez uma confissão em seu leito de morte.

– Quero colocar minha casa em ordem – Thorogood disse a Keylock quando estavam sentados sozinhos no quarto do hospital. – Isso provavelmente chocará você, mas somos amigos há tantos anos... Fui eu quem matou Brian... Eu apenas perdi a cabeça finalmente.

Aqueles que conheciam Jones e Keylock desconsideram a confissão – muito certinha, muito conveniente. O principal resultado foi atrair suspeitas para o próprio Keylock.

É claro, o velho axioma persiste: se você quer encontrar um assassino, procure pela pessoa com um motivo. Na verdade, a única pessoa com um motivo para matar Brian Jones era Brian Jones. Triste, mal de saúde, acima do peso, viciado, descartado, acabado. Não estou dizendo que ele cometeu suicídio. Estou dizendo que ele se colocou em uma posição na qual poderia morrer facilmente.

– Acho que ele tomou um monte de tranquilizantes – Watts disse mais tarde –, que era do que gostava, e bebeu, o que costumava fazer e não deveria ter feito, pois ele não estava forte o bastante para beber. E acho que ele foi nadar em uma piscina muito quente.

Nos dias que se seguiram, os Stones continuaram com sua programação regular de gravar e se apresentar, como se não se importassem. O que, provavelmente, não era o caso. Não acho que o que se vê em suas ações seja falta de sentimento, mas sim choque. Como uma pessoa pode simplesmente desaparecer do mundo? É ridículo. É insano. Para os Stones, essa foi sua primeira experiência com a mortalidade. Segundo Marianne Faithfull, cada membro do círculo foi afetado à sua própria maneira. Anita foi acometida pela culpa de sobrevivente. Ela recortava fotos de Brian de revistas, pendurava-as nas paredes, depois as jogava fora de manhã.

"A maneira de Keith reagir à morte de Brian foi se tornar Brian", escreveu Faithfull. "Ele se tornou a própria imagem do *junkie* chapado, caindo no chão, perpetuamente pairando à beira da morte."

26. Fuga da morte

Os Stones estavam agendados para fazer um show gratuito no Hyde Park dois dias depois da morte de Brian. O concerto fora organizado por Sam Cutler, um *promoter* de rock que estava no centro da cena. Esguio, de cabelo comprido e desregrado, Cutler ficou famoso mais tarde como diretor de turnê do Grateful Dead. Ele descreveu a si mesmo para mim como "um obcecado por controle e fascista psicodélico".

– Nunca acreditei no consumo desenfreado de drogas – ele explicou. – Sempre fui alguém que reunia as pessoas. Fiz alguns dos maiores shows no mundo todo. Você não faz isso quando está fodido com drogas. Não é possível. Não é fisicamente possível. Não é mentalmente possível. Apesar de ter feito muitas, muitas "viagens" com o Grateful Dead, sempre fui cauteloso quanto ao que tomava e onde tomava. Também tenho sorte por estar em contato comigo mesmo. Não estou no meio da floresta com as fadas.

Quando a conversa voltou-se para drogas, cometi o erro de me referir às propriedades viciantes da heroína como sendo de conhecimento comum, como "todos sabiam...".

– Não, todos não sabiam – Cutler esbravejou. – Janis sabia? Não, Janis não sabia. É por isso que ela morreu. Jimi sabia? Não, Jimi não sabia. É por isso que morreu. É algo que espero que você enfatize em seu artigo ou livro, ou o que quer que seja: o que não era sabido sobre as drogas foi aprendido a um grande custo pela minha geração.

Cutler cresceu nos arredores de Londres, um fanático por música desde o começo. Aos quinze anos, ele tinha se envolvido com *teddy boys* e *greasers.** Ele tinha uma queda por personagens enérgicos. Ele se saiu muito bem na escola, estava destinado a ir à faculdade mas, em vez disso, fugiu com o circo. Ele trabalhou para bandas locais, incluindo a Blues Incorporated, de Alexis Korner. Na metade da década de 60, começou a organizar shows – providenciava o local, o sistema de som, tudo.

– Fiz todos os shows gratuitos no Hyde Park, começando com o Blind Faith – disse-me ele. – Tivemos 150 mil pessoas nesse show, um dia de verão bacana, sem problemas. Os ingleses realmente sabem como ir ao parque e se comportar. Todos fumando baseados, agradável, relaxado, tipo "uau". Mick estava lá e curtindo com todo mundo. Nós tivemos algumas conversas longas sobre o que estava envolvido. E ele decidiu: "Vamos fazer um desses com os Stones; vamos fazer o maior show gratuito que esta cidade já viu."

O programa deveria reapresentar a banda ao público depois de um hiato aparentemente interminável e para revelar Mick Taylor como o mais novo Stone, mas a morte de Brian atrapalhou os planos. Matou a onda, arruinou o clima. Por um momento, pareceu que o show seria cancelado. Porque: *Como vocês podem?* Mas Jagger, que sempre encontra um jeito, simplesmente transformou a apresentação em um tributo. Em vez de ser o primeiro show pós-Brian, seria uma celebração da vida dele.

– Brian estará no show – Jagger disse a um repórter naquela manhã. – Quero dizer, ele estará lá! Mas tudo depende de em que você acredita. Se você é agnóstico, ele está simplesmente morto, e é isso. Quando chegarmos lá hoje à tarde, ele estará lá. Não acredito no luto ocidental. Você sabe, não consigo colocar de repente um longo véu preto e caminhar pelas montanhas. Mas ainda é muito perturbador. Quero fazer isso de modo que a despedida de Brian do mundo seja repleta do máximo de felicidade possível.

Fãs começaram a chegar na noite anterior, carregando velas. Havia cerca de 300 mil deles no Hyde Park na tarde seguinte. Jagger subiu no

---

* *Teddy boy* foi uma subcultura britânica das décadas de 50 e 70. Era tipificada por homens jovens usando roupas inspiradas nos estilos da era eduardiana. *Greasers* eram uma subcultura predominantemente branca que se originou nos anos 50 entre os jovens do nordeste e do sul nas gangues de rua dos Estados Unidos.

Fuga da morte

palco de sapatos brancos macios, uma coleira de cachorro com tachinhas e um vestido branco feito originalmente pelo designer inglês Michael Fish para Sammy Davis Jr. Ele pediu para a multidão fazer silêncio para que ele pudesse ler um trecho de *Adonaïs*, o tributo de Shelley para Keats. Assim como é impossível tomar tequila ruim pura, é impossível engolir o momento poético de Jagger. No longo intervalo entre a última estrofe – *"Life, like a dome of many-color'd glass/ Stains the white radiance of Eternity/ Until Death tramples it to fragments..."** – e a primeira frase da guitarra, 3,5 mil borboletas foram libertadas. Atordoadas pelo calor atípico, a maioria delas morreu no palco. Texto: Estamos honrando nosso amigo. Subtexto: Os Stones estão cercados pela morte.

Ao apresentar a banda, Sam Cutler disse a frase que se tornou uma marca registrada.

– Foi uma coisa de momento – disse-me ele. – Quando cheguei no microfone, simplesmente saiu: "A maior banda de rock'n'roll do mundo." Mick chamou-me para um canto depois do show. Ele disse: "Ei, cara, isso é demais, não faça isso de novo." Mas aí é que está... Eu estava sendo sarcástico! Eu ouvira os Stones durante o ensaio mais cedo e eles eram atrozes. Quero dizer, terríveis! Portanto, quando chegou a hora de chamá-los ao palco, fiz isso revirando os olhos: "A maior banda de rock'n'roll do mundo..."

A frase ganhou vida própria. Durante anos, você não podia ir a um show dos Stones sem ouvi-la. Ela era eficiente porque as pessoas são suscetíveis. Se você diz a elas que os Stones são a maior banda de rock do mundo, então, depois, quando ouvem os Stones, elas pensarão: "Ouvi em algum lugar que eles são a maior banda de rock do mundo." Eventualmente, outras bandas precisaram reagir. É por isso que The Who tornou-se "a banda de rock mais barulhenta do mundo" e The Clash tornou-se "a única banda de rock que importa".

Mesmo pessoas que não costumam concordar em nada concordam que os Stones soaram terríveis no Hyde Park. Porque eles tinham dei-

---

* "Vida, como uma redoma de vidro multicolorido/ Mancha a radiância branca da Eternidade/ Até a morte pisoteá-la em fragmentos..." (N.T.)

xado de fazer apresentações ao vivo por anos; porque não tinham se preparado; porque o setlist consistia essencialmente de músicas que eles nunca tinham tocado em público, incluindo "Street Fighting Man" e "Honky Tonk Women"; e principalmente porque Brian se fora e sua morte obscurecia tudo. Em outras palavras, ele fazia falta. A guitarra e a sensibilidade de Jones sempre tinham sido cruciais. Você pode acreditar que os Stones com Mick Taylor foram a melhor versão da banda e ainda assim reconhecer que eles perderam algo quando Brian morreu. Era mais do que habilidade musical. Era alma.

– Brian era... incrivelmente essencial – Phil May, vocalista do The Pretty Things, disse a Laura Jackson em *Golden Stone*. – Você pode ver isso pelo fato de que os Stones nunca mais foram os mesmos depois dele. Não estou dizendo que não são bons. Mas nunca foram os mesmos sem Brian. Qualquer outro lá em cima, e não tenho nada contra Micky Taylor ou Ron Wood, é apenas outro guitarrista. Com Brian, era algo espiritual. Ele era uma asa esquerda... um elemento espiritual. Não sei, mas era vital. Você poderia decepar o braço com o qual Brian tocava a guitarra e ele continuaria o tendo. Mesmo os problemas que o cercavam dentro da banda eram centrais para a eletricidade dos Rolling Stones.

Brian Jones foi enterrado em 10 de julho de 1969, depois de um velório na igreja da qual ele fizera parte do coro quando menino. Mick Jagger não foi ao funeral, assim como Keith Richards, Marianne Faithfull, Anita Pallenberg e Andrew Oldham. Porque tinham reuniões, encontros, outros compromissos, o que fosse. A vida é o que você faz, mas também o que você perde. Eles deixaram a cargo dos estranhos que se alinharam nas ruas de Cheltenham prestar homenagem ao seu amigo. Mas Charlie estava lá com a esposa, assim como Bill Wyman e alguns empregados da banda. Pois é o que você deve fazer.

Relatos do funeral são de uma clareza gospel.

– Vimos o caixão... Era bronze, realmente um caixão adorável – disse Shirley Arnold, que trabalhava para os Stones. – Todos começamos a cami-

Fuga da morte

nhar atrás do caixão para entrar na igreja. [A esposa de Charlie] estava caminhando comigo, e ela estava chorando e eu estava chorando porque, de onde estávamos andando, podíamos tocar o caixão, e Brian estava dentro dele.

O padre leu um telegrama que Brian enviara aos pais alguns anos antes, o qual ele sugeriu que fosse interpretado como as últimas palavras de Brian: "Por favor, não me julguem tão severamente."

Existe algo de sagrado acerca da morte de Brian. Ela representa tantas outras. Brian foi a primeira estrela do rock daquela era a morrer, o membro fundador do Clube dos 27. Brian Jones, Jimi Hendrix, Janis Joplin, Jim Morrison, Kurt Cobain – todos morreram aos 27 anos. Por quê? O que isso significa? Você pode se perder na cabala, na bruxaria dos números, mas parece lógico. Brian estivera dançando na beira do abismo durante três ou quatro anos. Era natural que ele caísse. A morte dele também faz você pensar naqueles que sobreviveram: Mick, Charlie, Bill e especialmente Keith. Como Jesus, Brian morreu para que eles não precisassem morrer. Brian pagou a dívida por todos eles. Mick Jagger disse celebremente:

– Prefiro estar morto do que cantando "Satisfaction" aos 45 anos.

Roger Daltrey cantou, também de modo célebre: *"I hope I die before I get old."** Bem, Roger Daltrey ainda está vivo, e Mick Jagger está tocando rock aos setenta anos, mas Brian efetivamente fez isso. Se estivesse vivo hoje, seria apenas mais uma estrela do rock inglês inchada tentando salvar a floresta tropical. Do modo como foi, ele sempre terá 27 anos, um Elmo James de olhos frios tocando gaita. Ele morreu para que pudéssemos amá-lo novamente.

---

* "Espero morrer antes de ficar velho." (N.T.)

27. Na Austrália

Mick Jagger deixou a Inglaterra pouco depois do show no Hyde Park. Um dia antes do funeral de Brian, ele estava sentado em um avião ao lado de Marianne Faithfull a caminho de Sydney, onde interpretaria Ned Kelly no filme de Tony Richardson sobre o herói folk australiano. Jagger estava tentando fazer a perigosa transição do palco para a tela. Temendo que o rock perdesse a força, Jagger estava em busca de uma maneira mais estável e digna de ganhar a vida. *A forca será tua recompensa* foi seu momento de Elvis: desobrigar-se como o Rei fizera com *Ama-me com ternura*. Que ele tenha feito isso com o que era essencialmente um filme de caubói é perfeito. Produtores de filmes, querendo explorar aquela energia pop, frequentemente escolhem estrelas do rock para particpiar de westerns – Bob Dylan e Kris Kristofferson em *Pat Garret e Billy the Kid*, Johnny Cash em *Os últimos dias de Frank & Jesse James* – porque uma estrela do rock é um fora da lei. O fato de *A forca será tua recompensa* ser um filme fraco, pelo qual certamente não valia a pena perder o funeral de Brian, não muda o ponto essencial: já naquela época, Jagger estava procurando uma saída.

Marianne deveria interpretar a irmã de Ned Kelly. Ela memorizara as falas, preparara sua atuação, mas, na verdade, estava toda confusa. Como tinha medo de viajar de avião, seu médico lhe prescrevera Tuinal, um barbitúrico – um suprimento para três meses –, para o voo. Ela tomou alguns antes da decolagem, alguns enquanto o avião subia, outros quando o avião atingiu a altitude máxima, mais alguns com bebidas, mais alguns quando a luz da cabine baixou, depois continuou – quinze no total.

– A morte de Brian me desanimou terrivelmente – ela explicou depois. – Eu me identificava com ele de maneira muito forte. Ele era a vítima em-

Na Austrália

blemática da década de 60, do rock, das drogas, de Mick e Keith. O destino dele poderia facilmente ter sido o meu.

Tendo dado um intervalo na própria carreira, Faithfull tornara-se a companheira pública de Mick Jagger em tempo integral. Era como investir todo o seu dinheiro em uma ação volátil. Para cima e para baixo. Para cima e para baixo. Depois, tudo desmoronou. No final de 1969, Marianne sabia que Mick fora infiel, possivelmente mais de uma vez, possivelmente centenas de vezes. "Certa noite, pouco depois de ele voltar [dos Estados Unidos], Mick sugeriu que eu começasse a usar duchas íntimas com aroma de sorvete", escreve Faithfull. "Não sou burra. Percebi que aquilo devia ser o tipo de coisa que as garotas americanas faziam. Mas não somei dois mais dois até ler *I'm with the Band* [da *groupie* Pamela des Barres]. Pamela tem todo um texto sobre duchas íntimas com aroma de morango e pêssego."

Marianne estava sentada ao lado de Mick, mas a um milhão de quilômetros de distância. Ela passou pela alfândega, depois cambaleou do aeroporto para o carro, do carro para o hotel, do saguão para a cama. Ficou apagada por horas. Quando acordou, ela não tinha certeza de onde estava, nem de quem era. Estava no meio da noite, ou do dia. Ela entrou no banheiro e encarou-se no espelho. Não era seu rosto olhando de volta. Era o de Brian. Dentro do espelho, sorrindo. O quarto ficava em um andar alto. Marianne tentou abrir a janela – ela imaginou o ar fresco, o puxão da gravidade, o chão subindo para encontrá-la. A janela estava trancada. Ela encontrou a garrafa em sua bolsa. Cento e cinquenta pílulas para dormir. Ela as engoliu. Depois, voltou para a cama ao lado de Jagger e fechou os olhos.

– Eu achava que era a única maneira como eu poderia machucar Mick, me matando – disse-me ela. – Lembro-me de ter pensado: "Vou mostrar a ele." Em retrospecto, tudo parece tão absurdo. Nem quero machucá-lo, pobrezinho. Ele já foi machucado o suficiente.

Como uma garota em um conto de fadas, ela dormiu por seis dias e seis noites. No sono, ela sonhou. No sonho, ela viu Brian de novo. Ele parecia como era no começo, antes das drogas e das decepções. Ele disse a ela que estivera sozinho por muito tempo. Ele colocou as mãos nos ombros dela e disse: "Bem-vinda à morte!" Eles caminharam até chegarem a um precipício. Brian perguntou a Marianne se ela o acompanharia, depois mergulhou no abismo. Ela despertou em um hospital, com a mãe e Mick ao seu lado.

Marianne recuperou-se, mas, como você provavelmente sabe, você nunca se recupera completamente. Ela fora dormir em um mundo e despertara em outro. Nada jamais poderia ser igual ou voltar a ser como tinha sido. A tragédia da vida é ter o Éden e perdê-lo. Para Marianne, foi o começo de seus anos de desolação – o desespero, o tropeço na heroína. Jagger terminou com ela para salvar a si próprio. É assim com viciados. Se você não se libertar deles, eles te carregam junto para o fundo do poço.

A história de Marianne Faithfull é um dos grandes épicos *junkie*. Billie Holiday. Etta James. Ela era a número um nas paradas de sucesso, rica e linda, glamorosa, jovem, de tirar o fôlego. No decorrer de meses, ela perdeu tudo. No final da década de 60, ela estava na sarjeta, mendigando por dinheiro para a próxima dose. Uma mendiga, uma aberração.

Quando finalmente conversei com Faithfull, ela estava velha e continuava linda, mas como uma casa dilapidada. Boa estrutura, desmoronando. Ela trocara os cigarros por cigarros eletrônicos. Ela quebrara um fêmur. Sua gargalhada era pura malícia. Devido a uma força interior enorme, ela encontrara o caminho de volta das profundezas retornando no final da década de 70 com uma nova voz. Seu álbum *Broken English* – o título parece ser sobre a língua, mas na verdade é a garota que estava quebrada – é uma joia criada sob uma pressão enorme. Quando perguntei sobre a overdose na Austrália, ela disse:

– Foi uma coisa horrível de se fazer com Mick, com Tony Richardson, com minha mãe, com meu filhinho que estava na Inglaterra, comigo mesma. Lembro-me de ter sentimentos do tipo "Vou mostrar a eles! Eles perceberão quando eu estiver morta que não deveriam ter feito isso!". Esquecendo completamente [que quando eles percebessem] que eu estaria morta!

Ela disse que a batida em Redlands fora o começo do fim.

– Eu simplesmente não conseguia suportar mais, todas as mulheres diferentes e todo o resto. Então, teve meu grande lance na Austrália quando tomei os 150 Tuinals, fiquei inconsciente por seis dias, durante os quais Mick escreveu cartas de amor para [sua amante] Marsha Hunt,

Na Austrália

sobre quem eu não sabia nada, graças a Deus. Isso só veio à tona cerca de seis meses atrás.

Eu nunca ouvira sobre aquilo. Fiquei chocado. Perguntei como, depois de tantos anos, ela descobrira. Marianne gargalhou – e foi uma gargalhada cínica e cansada do mundo –, dizendo:

– Porque ela as vendeu.

– Ah, isso é terrível.

– Bem, eu não sei, é mesmo? Isso importa?

Pensei por um momento, depois disse:

– Bem, eu acho que no grande esquema das coisas, nada realmente importa.

– Agora você está começando a entender – disse-me ela, gargalhando de novo.

Havia algo que eu queria perguntar há muito tempo, e aquele momento, no qual nós dois aceitamos a imperfeição do mundo, parecia apropriado.

– No seu livro, você fala de um sonho que teve, durante a overdose, no qual encontrou Brian Jones...

– Bem, foi apenas uma alucinação, uma alucinação de barbitúricos – ela disse rapidamente.

– Sempre me pergunto se há alguma verdade nessas coisas, você nunca pode saber – eu disse.

– Eu não sei – ela disse, hesitante. – Não estou dizendo que seja verdade. Estou apenas dizendo que tive essa alucinação. Só que agora sei mais sobre esse tipo de coisa, como você pode ver. Talvez tenha sido apenas uma alucinação por causa das drogas. Ou talvez *tenha* sido verdade.

– Você acreditou que fosse verdade na época?

– Sim, acreditei, é claro.

– Quero dizer, às vezes penso que não deveríamos desconsiderar tanto assim o que sentimos no momento – eu disse.

– Eu realmente não estou fazendo isso – ela disse. – Não estou mesmo. E também não estou apenas tentando agradar você, esse *não* é meu jeito.

Perguntei se ela tinha aprendido qualquer coisa que pudesse compartilhar com o resto de nós.

– Você teve praticamente todas as experiências que uma pessoa pode ter.

– Na verdade, não se pode dizer nada a ninguém – ela disse. – Todos precisam passar por isso por conta própria. Mas, apenas para ser gentil, direi a você meu lema: "Nunca deixe os babacas te derrubarem."

28. Rock'n'roll circus

EM SEU LIVRO *The True Adventures of the Rolling Stones*, Stanley Booth conta uma anedota que pode ser dissecada como um sermão. Nela, você tem Keith Richards em uma gota de chuva.

Keith, em um voo comercial, inicia uma conversa com o passageiro ao seu lado, um publicitário que trabalha para uma grande companhia. Keith percebe o homem como um exemplo de uma outra vida, uma estrada não percorrida. Ao explicar por que sua situação é superior, Keith diz:

— Você não é livre, cara, você precisa fazer o que eles mandam.

— Você precisa tocar o que as pessoas querem – o publicitário responde. – Qual é a diferença?

— Não precisamos fazer nada que não queiramos fazer – diz Keith. – Joguei minha guitarra favorita do palco em São Francisco.

— Você não pode fazer isso toda noite – diz o publicitário.

— Posso fazer sempre que tiver vontade – diz Keith.

— Bem, o que eu faço não é ruim – diz o publicitário. – Nunca fiz mal a ninguém.

— Como você pode ter certeza? – diz Keith, pensando. Ele divaga um pouco, depois retorna ao tema central. – Eu realmente acho que é verdade que você não pode fazer o que quer. Tantas pessoas não estão fazendo o que querem fazer.

— A maioria de nós faz as duas coisas – diz o publicitário. – Gostamos do que fazemos, mas precisamos ganhar dinheiro. É um meio-termo.

— Mas isso é um pouco triste – diz Keith.

— Mas o mundo não é perfeito – diz o publicitário.

— Não – diz Keith. – O mundo é perfeito.

Isso ACONTECEU EM 1969, quando os Stones estavam promovendo *Let It Bleed*, o segundo álbum de sua fase de ouro. Muitas das canções foram gravadas no Sunset Sound em Los Angeles. Durante as sessões, que duraram meses, Jagger e Richards ficaram na casa de Stephen Stills perto do Laurel Canyon, que havia se tornado a capital não oficial do mundo musical. A cena da Costa Oeste em seu pico rochoso, uma comuna de estrelas do rock e fãs "seguidores", as colinas terrosas repletas de casas que, por sua vez, estavam repletas de cantores-compositores, o dedilhar distante de violões flamencos, uma festa que não terminava, e sim mudava do final da noite para o começo da manhã. Em certo ponto, o cânion era o lar da maioria dos Byrds, assim como de Crosby, Stills & Nash, Jim Morrison, Frank Zappa e Joni Mitchell. É uma força por trás do álbum *Ladies of the Canyon*, de Mitchell, e está por trás da canção "Our House", de Graham Nash. Para os Stones, o lugar proporcionava um descanso, um sonho de uma outra vida. Curtindo, compondo, ficando doidões. Todo dia era igual: as mesmas *groupies*, produtores, músicos, traficantes, atores e modelos; o mesmo sol na mesma piscina; a mesma quadra de tênis; a mesma cocaína dividida nas mesmas carreiras; os mesmos *muscle cars* estacionados na mesma garagem.

Gram Parsons passava dia após dia no sofá, apagado ou de olhos vidrados, dedilhando um violão. Ele era um garoto Gatsby, um herdeiro de cabelos compridos de barões das frutas, a família mais rica em Winter Haven, Flórida. Quando tinha nove anos, foi ver Elvis, o que faria toda a diferença. Se é exposto a algo tão legal aos nove anos, você pode ser arruinado. Ele começou a se vestir como o Rei, apresentando-se para quem estivesse por perto. Foi o líder de várias bandas durante o ensino médio, incluindo The Pacers and the Legends. Ele estudou em Harvard por um semestre, mas tendo se enturmado com *folkies*, raramente comparecia às aulas. Largou a universidade e mudou-se para Nova York, indo morar em uma casa enorme no Bronx onde, com amigos, ensaiava o dia inteiro. Eles se apresentavam como The International Submarine Band, um nome retirado de *Os batutinhas*. Em uma viagem a Los Angeles, conseguiu um trabalho com os Byrds, uma das bandas mais populares nos Estados Unidos. Contratado para tocar teclado, ele assumiu o controle do grupo –

Roger McGuinn, que liderava os Byrds, chamou-o de "um monstro em pele de cordeiro".

Presumindo que tinha contratado apenas mais um organista de rock'n' roll, McGuinn ficou surpreso com a devoção de Parsons à música country, assim como à cultura country.

– E ele explodiu em sua pele de cordeiro – explicou McGuinn –, [e] *Meu Deus! É George Jones! Em um terno de lantejoulas!*

Parsons treinou os Byrds para uma missão própria, uma missão similar à dos Rolling Stones. Enquanto Jagger e Richards tornaram popular o blues do Delta, Parsons queria recriar o som de sua infância, o gemido em si bemol de Ernest Tubb e Hank Snow, como rock'n'roll. Ele impeliu os Byrds a gravar um álbum em um novo estilo, que ele chamava de Música Americana Cósmica. Parece natural hoje – o country alternativo foi aperfeiçoado por Steve Earle, The Jayhawks e Wilco, entre outros –, mas era loucura na época. Para os hippies, a música country era reacionária, quadrada. Mas Gram Parsons venceu a causa. O resultado foi *Sweetheart of the Rodeo*. Apesar de ter sido um fracasso na época, desde então passou a ser reconhecido como um dos maiores álbuns de rock jamais gravados.

Parsons conheceu Jagger e Richards durante uma turnê. Os Byrds estavam tocando em um clube de Londres chamado Middle Earth. Keith e Mick tinham ido ver McGuinn e sua famosa guitarra elétrica de doze cordas, mas ficaram fascinados com o garoto hippie no órgão. Depois do show, todos foram para Stonehenge para ficar doidões e conversar sobre alienígenas. Keith impeliu os Byrds a cancelarem os shows na África do Sul porque "eles não estão sendo legais com os irmãos". Gram citaria essa advertência quando largou a turnê alguns dias depois, mas até seus amigos dizem que ele estava realmente abandonando o barco para curtir com os Stones. Quando os Byrds partiram para Joanesburgo, Parsons mudou-se para Redlands. Nas semanas seguintes, Parsons e Richards entraram em comunhão, trocando frases na guitarra e roupas. Foi um caso de amor no qual apenas o sexo estava ausente – a levada de som épica continuou quando Mick e Keith se mudaram para Laurel Canyon.

– Gram me ensinou música country – disse Richards. – Como ela funcionava, a diferença entre os estilos de Bakersfield e de Nashville. Ele tocava tudo no piano. Merle Haggard, "Sing Me Back Home", George Jones, Hank Williams. Aprendi a tocar piano com Gram e comecei a compor nele.

– Durou semanas – disse-me Phil Kaufman, que servia como uma espécie de babá de Parsons e dos Stones. – Gram defendia um ponto de vista, depois dizia: "Phil, toque esta canção de George Jones ou aquela de Merle Haggard ou de Buck Owens." Os Stones eram caras do blues. Gram aplicou o country neles. E não havia nada daquela esquisitice. Gram era um garoto rico, portanto ele podia ficar com eles sem ser um carona. Ele podia se sustentar.

Os Stones brincaram com a música country desde o começo – Roy Rogers foi o primeiro herói de Keith –, mas Parsons introduziu um elemento crucial, o tom vibrante e relaxado da década de 70 que desbotou tão lindamente quanto um par de jeans.

A influência dele foi enorme.

Como você pode saber?

Pela maneira como Jagger nega isso.

Anos atrás, trabalhei com Jann Wenner em uma longa série de perguntas e respostas com Jagger. Preparamo-nos lendo todos os livros, ouvindo todos os discos. Jann trouxe sua guitarra para o escritório para tocar os riffs. Escrevi talvez mil perguntas. Depois, ouvi as fitas e ajudei a editar as transcrições. A entrevista foi publicada na revista em 14 de dezembro de 1995.

Nas minhas perguntas, eu dedicara atenção especial a Gram Parsons e à infusão do country que mudou os Stones durante *Let It Bleed*. Fiquei surpreso com a veemência da reação de Mick. Senti-me mal por colocar Jann como alvo dela. Quando Jann perguntou se Gram tinha sido uma influência, Mick, que geralmente fica feliz em reconhecer suas fontes, esbravejou: "Não, nada, *nein* – influência zero." Mick disse que a música country não era nenhuma novidade para os Stones, que na verdade fora um elemento desde o começo. Ela veio não de Parsons, e sim de baladas folk inglesas, o próprio solo da Inglaterra. Depois, ele mudou de assunto. Mas compare Gram Parsons tocando "Love Hurts" com Mick Jagger cantando "Wild Horses". Gram Parsons ensinou Mick Jagger a cantar o country americano.

CERTA NOITE, Keith cantou "Honky Tonk Women" para Parsons, que pegou um violão e tocou a música de novo, remodelada como Música Americana Cósmica. O resultado é "Country Honk", a canção original após engenharia reversa, levada de volta às suas origens. Os Stones a gravaram alguns dias depois; é a terceira faixa em *Let It Bleed*. Mas, quando ouviram a gravação, algo estava faltando.

– É uma rabeca – disse Gram.

– O quê?

– Vocês precisam de uma rabeca country.

– Bem, você conhece alguém?

Parsons conhecera Byron Berline, o grande tocador de rabeca country, pouco tempo antes. Apesar de ainda não ter 25 anos, Berline tinha pedigree, tendo gravado com os Dillards e com Bill Monroe, o homem que inventou o *bluegrass*. Seu estilo era uísque direto do barril, aprendido com seu pai em Appalachia.

– Eu estava em Oklahoma quando recebi o telefonema – disse Berline, que localizei em sua loja de rabecas. – Era Keith Richards e Phil Kaufman. Inicialmente, não entendi quem eles eram. Depois, me lembrei: Ah, sim, meu colega de quarto na faculdade tocava todos aqueles discos dos Rolling Stones. Eu dizia: "Cara, você pode desligar isso?" O que meu colega de quarto pensaria se soubesse que aqueles caras estavam me telefonando! Eles queriam que eu fosse gravar em Los Angeles. Imediatamente. Eles me pegaram no LAX no dia seguinte. Phil Kaufman estava dirigindo. Fomos para a esquina da Sunset com a Doheny, onde eles tinham alugado uma casa. Estavam todos curtindo. Eles disseram: "Está bem, vamos para o estúdio." Então, entramos em limusines e fomos para o Sunset Sound [na Sunset Boulevard em North Cherokee]. Eles estavam fazendo uma reforma e havia escavadeiras empurrando terra e esse tipo de coisa. Escutei a gravação. Era impossível afinar de acordo com ela a menos que você tivesse um diapasão, então foi difícil. Mas, finalmente, comecei a tocar. Então eles me chamaram. Pensei: "Ah, diabos, eles não gostaram, vão me mandar de volta para casa." Eram Glyn Johns e Mick Jagger. Eles disseram: "Temos uma ideia. Queremos que você vá para a calçada e grave sua faixa lá fora. Só para criar um clima." Eu disse: "É mesmo?" As pessoas estavam experimentado com um monte de coisas diferentes na época. Bem, nós saímos e... nunca me esquecerei disso. Aposto que Mick Jagger não se lembra, mas eu lembro. Havia uma escavadeira a uns cinquenta metros de distância empurrando terra, bastante barulhenta. Jagger balança os braços e passa o dedo pela garganta fazendo sinal para silenciá-la, desligá-la. E foi o que o cara fez, imediatamente, desligou o motor e foi embora. Estranho. Então, colocamos um microfone diretamente na rua. Foi assim que toquei. Em um pequeno amplificador. Como todos os caras ao redor. No começo da faixa, você pode ouvir uma buzina de carro. É Phil Kaufman apoiando-se no volante de seu Cadillac. Os Doors tinham vindo visitar – o grupo The Doors. Bonnie Bramlett estava lá para cantar. Leon Russell estava por perto. Era um clima de festa. Toquei a música umas sete ou oito vezes.

Na última vez, meu arco escorregou porque estava ficando úmido à noite. E foi essa faixa que eles quiseram. Eu disse: "Vocês não escutam o arco escorregando?" E eles disseram: "Oh, sim, é legal."

"Live With Me", "You Can't Always Get What You Want", "Monkey Man". Cada canção em *Let It Bleed* é biográfica. Keith Richards concebeu a faixa de abertura, "Gimme Shelter", no apartamento de Robert Fraser – acabado, de ressaca, olhando através de uma grande janela enquanto uma tempestade caía em Londres. Ela refletia o clima interior dele. Mick Jagger e Anita Pallenberg tinham sido escalados como amantes no filme que Donald Cammell codirigiu com Nicolas Roeg, *Performance*. Embora as cenas de sexo sejam comportadas, as tomadas que não entraram no filme eram explícitas. Todo dia, Keith, que oferecera dinheiro a Anita para que ela recusasse o papel, estacionava diante da casa na qual o filme estava sendo filmado e ficava olhando com uma expressão furiosa. "Gimme Shelter" é aquela expressão furiosa transformada em música. Seu grande feito é transcender seu tema, transformar o caos da vida de Keith em caos geral. Em 2012, Jagger, que completou a letra e a ponte, descreveu a canção como "uma peça muito cabisbaixa sobre o mundo apertando um pouco o cerco em torno de você. Quando foi gravada, mais ou menos no começo de 1969, era um período de guerra e tensão, então isso é refletido nesta canção." Ela foi gravada no Olympic Studios e reeditada em Los Angeles, onde um produtor acrescentou a famosa faixa de fundo da cantora de soul Merry Clayton gemendo a penúltima parte da letra: *"Rape! Murder! It's just a shot away..."** Em *According to the Rolling Stones*, uma história oral da banda publicada em 2003, Jagger conta: "O uso da voz feminina foi ideia do produtor, seria um daqueles momentos do tipo: 'Escuto uma garota nessa faixa – telefone para uma.'"

---

* "Estupro! Assassinato! Está a apenas um tiro de distância..." (N.T.)

A VIDA NO ESTÚDIO tinha sido transformada. Em uma certa época, ela fora rápida e suja, um entra e sai, mas tornara-se uma flutuação preguiçosa rio abaixo. Em uma certa época, cinco músicas significavam cinco horas em uma sala com isolamento acústico. No final da década de 60, semanas podiam ser dedicadas a uma única passagem na ópera rock. Muitas dessas músicas tratam menos do mundo do que do processo de gravação em si. É por isso que os produtores costumavam incluir alguns momentos da banda trabalhando no estúdio, curtindo antes de o baterista contar até quatro. Nessa época, o músico contratado tornou-se uma figura lendária, o músico magistral recrutado como um mercenário para consertar uma faixa. Um dos melhores – o mais mágico, se não o mais habilidoso – era Al Kooper, do Queens, Nova York, que foi muito bem-sucedido em enganar a todos dizendo que sabia tocar um órgão Hammond na gravação de "Like a Rolling Stone", de Bob Dylan. O som daquele órgão é uma marca registrada, distinto porque Kooper não sabia o que estava fazendo.

– Depois que a canção se tornou um sucesso, saí e comprei todos os discos que copiavam o "som de Dylan" – disse-me ele. – Levei todos para a casa de Dylan e os ouvimos, gargalhando. A "imitação do órgão de Al Kooper" é minha favorita, aqueles grandes músicos copiando minha ignorância!

Kooper, que posteriormente fundou o Blood, Sweat and Tears e descobriu o Lynyrd Skynyrd, entre outras bandas, tinha o dom de aparecer em momentos cruciais – um alto e esguio Zelig do rock'n'roll. Ele estava tocando com Dylan quando este começou a tocar guitarra elétrica. Estava tocando com George Harrison e Ringo Starr quando receberam a notícia de que John Lennon estava morto. Em uma viagem a Londres em 1968, Kooper esbarrou com Brian Jones, que o convenceu a participar de uma sessão.

– Eu cheguei cedo – disse-me Kooper. – Sou assim. Depois de algum tempo, Mick e Keith chegaram. Mick estava usando um casaco de pele de gorila. Keith usava um chapeu tirolês com uma pena. Todos se sentaram no chão com violões para que Mick pudesse nos ensinar os acordes e as mudanças em "You Can't Always Get What You Want". Jimmy Miller era o produtor. E, cara, como ele parecia doente! Basicamente, Jimmy estava apenas apertando baseados. Depois, ele entrou em uma discussão com Charlie Watts, que é o cara mais doce do mundo. Jimmy vai até Charlie e diz: "Seria ótimo se você pudesse tocar esta virada." Jimmy canta a virada. Charlie tenta tocá-la mas não consegue... não de uma maneira que deixasse Jimmy satisfeito. Finalmente, Charlie diz: "Por que você não me mostra?" Então, Jimmy senta e está muito, muito confortável. Está óbvio que ele é um baterista. Charlie diz: "Por que você não toca em vez de eu ter que tocar algo que eu não tocaria?" Jimmy agarrou a oportunidade. Eu vi aquilo e pensei: "Lamentável" – disse Kooper, que, em seu próprio trabalho de produtor, tenta permanecer invisível. – Charlie, sem ressentimento, foi para a sala de controle e assistiu – prosseguiu Kooper. – Portanto, não é Charlie em "You Can't Always Get What You Want". É Jimmy Miller.

– A gravação da música durou a noite toda. Na verdade, foi Mick quem a produziu. Em um certo ponto, eu disse a ele: "Se você algum dia quiser colocar metais nela, sei exatamente o que fazer." Ele me telefonou um ano depois... "Você lembra do que disse?" Ele enviou-me as fitas para Nova York. Eu queria imitar os metais de Memphis, Stax. Escrevi um arranjo e contratei músicos, mas eles não conseguiam tocar aquilo. Soava terrível. Fiquei arrasado. Eu sabia que eles nunca usariam aquilo. Mas pensei: "Sabe de uma coisa? Deixe-me tocar a introdução. Toquei órgão na sessão, mas apagarei aquilo e tocarei trompa." Eu apenas queria muito tocar um instrumento de metal em um disco dos Stones. Portanto, foi o que fiz. E foi a única coisa que eles usaram.

"You Can't Always Get What You Want" é muitas vezes comparada a "Hey Jude", dos Beatles. Há um sentimento parecido de fim de uma era. Nela, Jagger cita praticamente tudo que estava acontecendo: a manifestação, a farmácia em Chelsea, Mr. Jimmy. Ele contratou o Coral Bach para gravar um preâmbulo. A melodia é dolorosamente simples, apenas dois acordes – lá e ré –, com um si menor no refrão para acrescentar melancolia.

Em uma viagem de carro em 1978, meu irmão Steven disse que a mudança dos anos 60 para os 70 está capturada perfeitamente nos sentimentos distintos entre "You Can't Always Get What You Want" e o sucesso do momento, "With a Little Luck", dos Wings.

Steven: Com um pouco de sorte? Que tipo de perdedor depende da maldita sorte?

Mamãe: Steven!

As pessoas dizem que "You Can't Always Get What You Want" foi inspirada por Marianne Faithfull, menos a letra do que sua tristeza dolorosa. Quando perguntei a Marianne se "Wild Horses" fora escrita para ela, a resposta foi:

– Me disseram que sim, mas isso não significa nada. Músicos fazem isso o tempo todo. "Esta canção é para você, querida."

Mas quando perguntei se ela estava por trás de "You Can't Always Get What You Want", ela disse:

– Com certeza. Essa é a minha canção. Toda vez que a ouço, sou transportada de volta com Mick ao apartamento. A música atravessa o tempo.

29. 1969

No outono de 1969, os Rolling Stones partiram em sua maior turnê pelos Estados Unidos até então. Eles abriram na Universidade do Estado do Colorado em novembro. Eles não atravessavam o país há três anos. Naquela altura, tudo tinha mudado. Em vez de em teatros municipais e feiras, eles estavam tocando em arenas. Em vez de públicos formados por universitários arrumadinhos, os assentos estavam tomados por hippies. Tudo era cor, agitação e confusão. No passado, não importava com que precisão eles tocassem, a garotada gritava por cima de tudo, mas essa nova geração era repleta de aficcionados.

– Os Stones foram surpreendidos pelos Estados Unidos em 1969 – disse-me Sam Cutler. – Era tipo: "Uau, todos estão nos escutando!" Eles ficaram maravilhados! Você pode ouvir isso no disco ao vivo *Get Yer Ya's Out!* Eles tinham atendido a demanda e estavam tocando com perfeição.

A diversão descuidada dos primeiros anos, os encontros íntimos na estrada, tinham desaparecido. Houve uma época em que os músicos se pareciam com parte do público, eu ou você elevados a um poder levemente superior, mas agora eles tinham sido alçados a estrelas do pop, superdimensionados, distanciados. Feitos de outro material, outra espécie. A estrela do rock não era mais o garoto gritando no clube em um porão. Ela havia se tornado uma divindade. Apenas olhe para as roupas! Elvis, Hendrix, Jagger – eles se vestiam como o deus sol Hélio, queimavam guitarras, partiam em jornadas visionárias, tornavam-se divinos – o que os transformou em alvos. Não é coincidência que a era das celebridades seja uma era de assassinos. John Kennedy, Martin Luther King, Robert Kennedy – assassinados porque ficaram famosos demais. Mais tarde, Jagger admitiu ter sentido medo durante toda a turnê de 1969. Antes de cada show, ele perguntava a si mesmo: "Será que hoje é a noite?"

A TURNÊ DE 1969 terminou em dezembro. Os Stones tinham feito 24 shows em quatro semanas. Em vez de voltarem para a Inglaterra, eles entraram em um estúdio. Eles tinham composto na estrada e queriam capturar o som enquanto ele ainda estava quente. O jornalista Stanley Booth, viajando com a banda, sugeriu que eles gravassem nas instalações parecidas com um *bunker* no número 3614 da Jackson Highway em Sheffield, Alabama, cujo dono era o produtor Jim Dickinson, amigo de Booth. Keith disse depois que o Muscle Shoals foi, à sua própria maneira, tão importante para os Stones quanto a Chess. O fedor, o cheiro de uísque e cerveja – a glória bolorenta de um porão três dias depois de uma festa épica. Ele foi construído em torno de uma seção rítmica, os Swampers, que tinham conquistado renome como o motor por trás de Aretha Franklin, dos Staple Singers e de Wilson Pickett. Os Stones foram para o Alabama em busca de um timbre, aquele som feio do Delta.

Se você for hoje ao Muscle Shoals, você quase consegue ver a marca onde os Stones atingiram o ápice, na qual, no decorrer de dois dias, eles gravaram algumas de suas canções mais icônicas. Tudo começou com "Brown Sugar", com a qual Jagger brincara na Austrália, mas finalizara ali, o que é provavelmente o motivo pelo qual ela joga com tantos tabus. É um proprietário de escravos contando sua história na língua de seu escravo; o blues refletindo sobre seus próprios antecedentes. Nela, você ouve a Costa do Ouro africana, a passagem do meio, o leilão de escravos, os campos de algodão. Mais uma vez, Jagger colocou-se no lugar do diabo de olhos azuis – *"Scarred old slaver knows he's doing alright. Hear him whip the women just around midnight."** Nem Mick conseguiria se safar com isso hoje. Mas o poder de uma canção é contar muitas histórias ao mesmo tempo. "Brown Sugar" também significa sexo

---

* "Velho traficante de escravos cheio de cicatrizes que sabe que está se saindo bem, você o ouve chicoteando as mulheres em torno da meia-noite". (N.T.)

inter-racial – o título provisório era "Black Pussy" –, ou heroína, que se torna um melaço dourado quando fervida.

– Observei Mick escrevendo a letra – disse Dickinson. – Ele levou talvez 45 minutos… Ele escrevia tão rápido quanto conseguia mover a mão. Eu nunca vira nada igual. Ele tinha um daqueles blocos de notas amarelos … e, quando ele preencheu três páginas, eles começaram a gravá-la.

Jagger preparou a banda no estilo de Buddy Rich, provocando os músicos a entrarem em forma. "Não, não, o tempo está todo errado. Não é – não é tão animado. Deve soar *sujo* de verdade." O drama real é Keith encontrando o groove, o filão que ele pode seguir até não aguentar mais. Eles começaram a procurá-lo ao meio-dia e o perseguiram até a manhã seguinte. Jagger jogou fora as sobras de estúdio, o que pode fazer com que pareça mágica, como se o take perfeito aparecesse do nada, sem nada por trás. Às sete ou oito da manhã, com a gravação final pronta, eles foram para o Holiday Inn tomar café da manhã, depois se sentaram no quarto de Keith ouvindo o que tinham feito.

Minha canção favorita dos Stones é "Wild Horses", que a banda gravou na sessão seguinte. Richards compôs a melodia na Inglaterra, antes da turnê. Ele estava em casa com Anita e o bebê deles, Marlon – batizado em homenagem a Brando –, que nascera em 10 de agosto de 1969. Keith superara o ciúme amargo que experimentara quando Anita e Mick estavam filmando *Performance* e jogou-o fora como um casaco de veludo que saiu de moda. Se você vive dessa maneira, a sobrevivência depende de amnésia voluntária. Você perdoa e esquece, ou sofre e morre. O nascimento de Marlon veio como um novo começo para o casal e Richards experimentou os dias que se seguiram como uma fantasia da vida doméstica. A turnê iminente levou-o à melancolia – ele não queria que aquele momento terminasse. "Wild Horses" é aquela melancolia capturada em alguns acordes, a dor e o entusiasmo calejado dos Stones reduzidos para concentrar. Keith passou-a para Mick com um bilhete anexado: *"Wild horses couldn't drag me away."** Jagger modificou-a de acordo com suas próprias particularidades: Marianne, overdose, rompimento.

---

* "Cavalos selvagens não poderiam me arrastar para longe." (N.T.)

– Ele mudou tudo – Richards disse depois –, mas ela ainda é linda.

Os Stones trabalharam take após take após take, um processo registrado pelos cineastas David e Albert Maysles, que, no outono de 1969, vieram a fazer um documentário sobre a banda.

Mick e Keith brincam diante dos rolos de fita.

Keith: Luzes apagadas.

Mick: Luzes apagadas, bocas fechadas.

Keith: Luzes apagadas no quarto dos garotos. Dois em uma cama.

A canção abre com o dedilhar de um violão, seguido por um *slide* country, seguido pelo vocal arrastado de Jagger. A bateria não entra até o refrão. O piano, tocado por Jim Dickinson, soa como algo que você teria ouvido em um bar em Deadwood durante a corrida do ouro. É veludo amassado e indolência, um momento tão doce que é podre. É o tipo de canção que você toma cuidado para não ouvir muito frequentemente. Você não quer desgastá-la. Você a procura somente quando precisa dela. O melhor é se ela pegá-lo de surpresa. Me disseram que todas as formas de arte querem ser música. Para mim, toda forma de música quer ser "Wild Horses".

Depois da sessão, os Stones ouviram a canção no estúdio. Exaustos à meia-luz. Albert Maysles, que filmou a cena, disse-me que a considera um auge em sua carreira, "quando aquela coisa intangível é capturada". Arte não é linear; é circular. Um artista não melhora, tampouco progride. Ele simplesmente permanece no volante, esperando as nuvens se abrirem e o sol aparecer. Maysles capturou um desses momentos ensolarados. Você o vê nos rostos de Mick, Charlie e Bill. Você o vê especialmente no rosto de Keith, que fecha os olhos enquanto escuta, afundado nas almofadas de um sofá, sorrindo. Ele conseguira registrar em fita a música dentro da sua cabeça. Ele conseguira fazer algo perfeito.

– Eu costumava ouvir música clássica com meu pai – disse-me Maysles. – Eu olhava para ele enquanto ele escutava, e quando o som estava certo, ele ficava igual a Mick e Keith naquelas imagens. É o rosto de uma pessoa no meio da satisfação de um desejo profundo.

As canções gravadas no Muscle Shoals, junto com algumas outras – incluindo "Sway", "Bitch" e "Dead Flowers" –, seriam lançadas em 1971 como *Sticky Fingers*, o terceiro álbum da fase de ouro.

ENQUANTO ISSO, a arma estava sendo carregada.

Enquanto isso, o cenário estava sendo preparado.

Enquanto os Stones trabalhavam no estúdio, seus representantes estavam organizando o show que encerraria a era. A banda fora condenada por cobrar demais e ser sovina com os fãs. Eles decidiram responder com uma apresentação gratuita, tanto um show quanto um festival, uma sequência de Woodstock, que fora realizado com sucesso no verão anterior. Como queriam excluir a polícia, os porcos demoníacos da geração do amor livre, eles decidiram que a banda seria protegida no show não por policiais estaduais, mas pelos Hell's Angels.

30. Tânatos em aço

PORTANTO, aqui entra Sonny Barger, o presidente principal dos Hell's Angels, ardendo como uma chama ao entrar em cena. Ele chamava sua motocicleta – uma Harley customizada com guidão estendido e eixos rebaixados – de "Doce Cocaína". Em 1968, quando algum idiota cometeu o erro de roubar a moto de Sonny, a notícia se espalhou: "Ninguém, e quero dizer ninguém, dirige uma motocicleta nesta cidade até eu recuperar a Doce Cocaína."

"Reunimos todos os responsáveis, amarramos eles e os levamos para a minha casa", Barger escreve em sua autobiografia. "Aproximadamente a cada meia hora, a porta da frente abria e mais um cúmplice era jogado na sala de estar. Quando encontramos o último cara, começou a punição. Um de cada vez, nós os chicoteamos e batemos neles com coleiras de cachorro com tachinhas, quebramos seus dedos com martelos de bola. Um deles gritou para nós: 'Por que simplesmente não matam a gente e terminam logo com isso?'"

Barger cresceu na década de 50, um produto do mesmo mal-estar pós-guerra sem objetivo que formou Mick e Keith, John e Paul, Marianne e Anita. Liberdade demais, liberdade não suficiente. Perigo demais, perigo não suficiente. Nenhuma grande guerra, nenhuma causa para atribuir sentido à sua vida. No ensino médio, ele era um *greaser*, igual aos *teddy boys* da Liverpool de John Lennon. Seu pai trabalhava no Central Valley, pavimentando a Autoestrada 99. É poético: o velho construindo as estradas pelas quais o jovem dirigiria. A mãe de Sonny abandonou a família; tudo desmoronou. Ele nunca teve um lar de verdade. Isso explica a raiva, a intensidade. O fato de que ele era esquelético, todo músculos e ossos, enfatizava esse ponto. Conte o tipo de piada errada para Sonny e você acabará engolindo os próprios dentes.

Sonny tem um código: "Se um cara não quer brigar comigo, não quer ter problemas comigo, quero ser amigo dele. Se ele não quiser ser meu amigo, saia da minha frente. Nem fale comigo. Mas se ele não quer ser meu amigo e fica na minha frente, vou machucá-lo, ou ele vai me machucar."

Como ele queria ingressar em um grupo de bandidos e não existia um, Sonny formou uma gangue. Oakland, 1954. Delinquentes de jaquetas de couro, nome bordado nas costas: "Earth Angels." Quando tinha dezesseis anos, ele mentiu sobre sua idade e alistou-se no exército. Ele passou pelo campo de treinamento e foi enviado para Honolulu. Apaixonou-se pelas motos na oficina. Mas, em um dado momento, sua idade verdadeira foi descoberta. Aos dezessete anos, estava de volta em casa, um fuzileiro exausto. Ele arrumou um emprego de zelador – a equipe noturna, empurrando um esfregão e sonhando com a Indochina. Ele inchou, ficou forte. Grandes dentes brancos, escárnio. Cabelo engomado, roupas sujas. Ele arrancou as mangas de seu casaco para mostrar os músculos dos braços, que não eram da mesma escala que o corpo. Ele tinha a constituição física de uma lagosta: garras enormes, casca modesta. Você podia vê-lo ao amanhecer, a caminho de casa voltando do trabalho, pilotando sua moto pela Autoestrada 1, os sedãs e as peruas afastando-se como pombos sob um gavião.

Em 1954, Barger foi assistir ao filme *O selvagem*, de Stanley Kramer, estrelando Marlon Brando e Lee Marvin como líderes de grupos de motociclistas rivais. O filme é baseado em uma história real, a conquista de Hollister, Califórnia, por gangues de motociclistas – os Pissed Off Bastards e os Boozefighters. O filme mudou a vida de Barger. Lee Marvin tornou-se um herói; Barger saiu em busca de um clube.

As primeiras gangues de motociclistas tinham se formado na Califórnia depois da guerra por "milhares de veteranos ... que rejeitavam categoricamente a ideia de retornar ao seu padrão pré-guerra", Hunter S. Thompson escreve em *Hell's Angels*. Eles pilotavam suas motos usando nomes tirados de velhas unidades militares ou cunhados quando estavam bêbados. Os Boozefighters operavam sob o credo "Jesus morreu para que pudéssemos pilotar". Mas na metade da década de 50, quando Sonny partiu em busca deles, a maioria daqueles veteranos tinha superado as dificuldades e estava assimilada de volta à vida civil. Então, Sonny fundou o próprio grupo. Com isso, ele foi parte de um *boom*, o segundo florescer das gangues de motociclistas: os Gypsy Jokers, os Nightriders, os Comancheros, os Presidents, Satan's Slaves.

Hell's Angels: o nome estivera rodando por aí há anos. Alguns o associavam a uma esquadrilha de caças da Segunda Guerra Mundial. Outros diziam que o nome não vinha da guerra, e sim de uma fantasia de guerra, especificamente do filme de 1930 *Hell's Angels*, de Howard Hughes, estrelado por Jean Harlow. Houvera uma gangue em Sacramento com esse nome no final da década de 40 e no começo da de 50, mas estava morta. Um amigo de Sonny encontrou um de seus emblemas velhos em uma loja de segunda mão – um crânio com asas, a cabeça da morte voadora. Na primavera de 1957, Sonny encomendara vários emblemas como aquele e fundou seu clube. Ele cresceu até se tornar numeroso e mau.

A vida de um Hell's Angel era o tipo mais perigoso de diversão. Ela consistia de brigas, festas e "corridas" – eventos que duravam vários dias, nos quais milhares de motoqueiros tomavam posse da autoestrada, seguindo em uma horda da loja de bebidas para o acampamento, a caminho de um local predeterminado, uma cidade, um parque ou uma casa de tijolos de cimento onde a verdadeira perversão começaria. Como em qualquer sociedade, havia uma hierarquia. Uma elite conhecida como os Filthy Few [Poucos Imundos] tinha um emblema especial que signficava que eram "os primeiros a curtir e os últimos a ir embora". Segundo a mitologia, o emblema era similar à tatuagem de uma lágrima: usado somente por assassinos. O princípio ético da gangue era expressado mais perfeitamente em uma briga. Não havia uma briga homem a homem. Nenhum senso tradicional de honra. Os Angels batalhavam em um enxame – todos participam, chutem até que eles parem de se mexer.

Os Angels tinham dezenas de divisões e muitos milhares de membros em 1969. Como piratas caribenhos, eles se autogovernavam através de

Tânatos em aço   253

uma lei escrita, uma constituição que era alterada sempre que surgia a necessidade. Ao ler cada regra, você imagina o episódio que a originou:

Nada de colocar drogas na bebida do clube

Nada de jogar munição real em fogueiras nas corridas

Nada de mexer com a esposa de outro membro

Nada de usar drogas durante uma reunião

Armas serão disparadas somente entre as 6h e 16h

Ao seu próprio modo, os Hell's Angels viviam como estrelas do rock, descomprometidos e livres, uma afronta à burguesia. E oh, como eles gostavam de ficar doidões! No final da década de 50, era benzedrina e pílulas vermelhas, os mesmos tipos de drogas de caminhoneiros que Keith e Brian engoliam durante as primeiras turnês. No começo da década de 60, as farras eram abastecidas por um coquetel de narcóticos: Seconal (diabos vermelhos), amil-nitrato (paraíso azul), Nembutal (jaquetas amarelas). Na metade da década de 60, eles tinham descoberto os alucinógenos.

Hunter Thompson começou a andar de moto com os Angels no começo da década de 60, uma associação que levou a uma aliança entre motoqueiros e hippies que misturou foras da lei com poetas beat e *jam bands*. Como o pacto entre Stálin e Hitler, não poderia durar. Ela desmoronou em 16 de outubro de 1965, quando Barger e seus rapazes espancaram um grupo que protestava contra a guerra.

Mesmo depois da briga, os motoqueiros ocuparam um posto romântico na imaginação das estrelas do rock. Eram vistos como individualistas vigorosos que tomavam muito ácido e viviam de acordo com um código. (Peter Fonda e Dennis Hopper conviveram com Barger enquanto pesquisavam para *Sem destino.*) Mas esse amor não era recíproco. Com o tempo, os motoqueiros fora da lei passaram a odiar os atores e músicos que os transformaram em símbolos. Era a velha história de alunos de escolas particulares e *greasers* – garotos ricos curtindo com os filhos de operadores de empilhadeiras. Até Hunter Thompson passou a ser desprezado. "Hunter revelou ser um verdadeiro banana e um completo covarde de merda", escreveu Barger.

"Você lê sobre como ele anda agora por sua casa com suas pistolas, disparando-as pelas janelas para impressionar jornalistas que aparecem para entrevistá-lo. Ele é só aparência e nenhuma ação. Quando ele tentava ser durão conosco, não importava o que acontecesse, Hunter Thompson ficava com medo. Acabei não gostando nem um pouco dele, um típico caipira alto e magrelo do Kentucky. Ele era uma farsa total."

Os Angels espancaram Thompson em seu último encontro, deixando o escritor com hematomas mas com um final perfeito para seu livro. "Peter Fonda estudou na mesma escola que Hunter Thompson", acrescentou Barger. "Escola Secundária Covarde de Merda."

É UM MAU SINAL quando o local do show fica mudando. Os Stones iam realizar seu show gratuito no Parque Golden Gate, mas não deu certo. Depois, seria na pista de corridas Sears Point, bem nos arredores da cidade, mas houve um problema com o depósito.

– A coisa seguia desmoronando – disse-me Ronnie Schneider, um gerente de turnê dos Stones envolvido nas negociações. – Grandes negócios são assim... eles desmoronam. Mas, se há dinheiro suficiente envolvido, eles acabam se formando de novo, mesmo quando não deveriam.

As discussões, conduzidas à maneira de uma cúpula, com agentes reunidos sobre mapas em São Francisco, eventualmente se concentraram na pista de corridas Altamont, uma pista oval em um vale fora de Livermore. A propriedade, que consistia de uma pista, um campo interno e uma arquibancada, fora oferecida gratuitamente sem condições pelo proprietário, Dick Carter, que queria a publicidade. Não era o pior lugar imaginável, mas era quase. Se você subir na colina que desponta sobre o local, você verá por quê. O lugar é vazio, exposto ao vento e ao clima, sem instalações apropriadas, a quilômetros da cidade grande mais próxima. Pouco espaço para estacionamento, nenhuma sombra e apenas uma estrada de acesso, uma fita de concreto que serpenteia entre as colinas.

Tânatos em aço

Tenho diante de mim um livro chamado *Altamont: Death of Innocence in the Woodstock Nation*. Li-o com constrangimento. Ele registra a era dos festivais, reuniões de hippies dançantes, cada um convencido de que tinha se livrado dos velhos ódios. Minha geração é insensível em comparação. Sentimento demais nos deixa desconfortáveis, pois ouvimos tanto a respeito dos irmãos e irmãs mais velhos que fumavam maconha debaixo da ponte. Editado e com um prefácio de Jonathan Eisen, o livro é um retrato do *baby boomer* em sua juventude ensimesmada:

> O que a comunidade hip fez então foi criar para si mesma ... festivais, que eram rotulados de reuniões tribais ... São agregações gigantescas de pessoas que se reúnem para ouvir música que podem ouvir em outro lugar, talvez para provar para si mesmas que há milhares de outras pessoas exatamente iguais a elas que estão no mesmo tipo de viagem, ou talvez para estar entre pessoas que não as julgarão pelo seu cabelo ou sua esquisitice, que serão gentis umas com as outras.

Ronnie Schneider disse-me que foi contra o show gratuito desde o começo.

– Toda a premissa era bobagem – ele explicou. – Tudo começou com o escritor Ralph Gleason dizendo que os Stones estavam cobrando caro demais, tirando vantagem dos fãs. Os Stones sentiram-se terríveis quanto a isso e não queriam dar ouvidos quando eu dizia "Ei, ele entendeu errado – não é verdade". Mas eles ficaram envolvidos pela história. E havia o exemplo de Woodstock. "Precisa ser como Woodstock." Mas Woodstock não tinha sido gratuito. Só se tornou gratuito quando as pessoas começaram a derrubar as cercas.

– Ralph Gleason conduziu a acusação com o promotor Bill Graham – disse Sam Cutler. – Eles vinham criticando os Stones por causa dos preços dos ingressos. Os Doors estavam cobrando sete dólares pelos ingressos mais caros nos Estados Unidos, os Stones cobravam 8,50 dólares. Gleason escreveu uma coluna sobre isso. Depois, escreveu outra criticando os Stones por tocarem, essencialmente, música negra. Seja lá que merda isso quer dizer. Gleason chegou a sugerir que os Stones pagassem *royalties* a artistas negros. Idiota de merda. Idiota. Quero dizer, os Stones eram os maiores apoiadores da música negra. Eles tinham Chuck Berry e B.B. King e todo tipo de artistas maravilhosos no programa. Ninguém mais daria trabalho para aquelas pessoas. Era uma maneira tão baixa de criticar os Stones. Portanto, eles se sentiram sensibilizados e vulneráveis, e os hippies, o Grateful Dead, todos estavam sugerindo que os Stones fizessem um show de graça.

Quando Altamont foi finalmente definido como o local do show, Cutler tinha apenas poucos dias para a preparação. Ele recrutou vários artistas para preencher o festival, incluindo Santana, Jefferson Airplane, Grateful Dead e a nova banda de Gram Parsons, os Flying Burrito Brothers.

Em certo ponto, Cutler se voltou para a questão da segurança. Nos shows dos Stones, seguranças tinham sido uma presença desde o começo, às vezes tão envolvidos que pareciam parte do show. Em filmagens antigas, você costuma ver tipos com ar de leão de chácara profissional protegendo a banda dos fãs, interceptando garotas que subiam no palco, abrindo espaço para os Stones tocarem. Alguém sugeriu que contratassem policiais de folga para Altamont, mas a polícia era odiada em 1969.

– As revoltas em Chicago tinham ocorrido recentemente – explicou Charlie Watts – e houvera muitas imagens de policiais espancando as pessoas, de modo que você pensava que se houvesse policiais no comando, seria pior.

Se não a polícia, quem protegeria os Stones?

Um dia, Sam Cutler dirigiu de São Francisco para a fazenda de Mickey Hart em Marin, onde se encontrou com um Hell's Angel chamado Terry, o Vagabundo. Hart, que tocava bateria no Grateful Dead e servia como uma ligação entre os hippies e os motoqueiros, disse a Cutler para convidar os Angels para o show – traga-os, dê cerveja a eles, ou haverá confusão.

– Rock Scully e os Dead disseram que deveríamos cuidar dos Hell's Angels para que ficassem tranquilos, porque eles sempre iam a esses shows em São Francisco de qualquer maneira – disse-me Cutler. – Quando tocavam no Parque Golden Gate, os Dead costumavam dar a eles quinhentos dólares em cerveja. Os Angels ficavam sentados lá, se embebedavam, se divertiam. Nada de problemas. Foi para falar sobre isso que fui até lá. O negócio todo era esse. Não houve "os Rolling Stones contrataram os Hell's Angels como seguranças". É um boato.

Sonny Barger entendeu o acordo de outra maneira. Segundo Barger, um hipster de São Francisco chamado Emmet Grogan teve a ideia de contratar os Angels para trabalharem como seguranças em Altamont. Em troca, os Angels receberiam quinhentos dólares em cerveja.

– Tentei combater o mito dos Angels e dos quinhentos dólares em cerveja – disse-me Ronnie Schneider. – Isso não aconteceu, mas todos dizem que aconteceu, então pode muito bem ter sido assim. Mais tarde, quando a banda estava se apresentando [em um programa de TV em rede nacional], eles disseram: "Ron, há alguma coisa que possamos dizer?" Eu disse: "Sim, façam-me um favor, por favor acabem com essa história estúpida de que pagamos quinhentas pratas aos Hell's Angels."

A chegada dos motoqueiros em Altamont, como foi filmada por Mayles, é uma das maiores cenas de tanques-esmagando-tulipas jamais registradas em película – a história dos Estados Unidos recontada em um instante. Aqui você tem os hippies, aqueles que tinham conquistado lugares na frente do palco, com suas miçangas e sandálias, barracas e cabanas, reunidos como colonos nas pradarias, cada família com seu pedaço de terra. Ali, você tem os Angels, caubóis niilistas contratados pelo dono do gado, com seus cabelos compridos e cores, barbas e jeans sujos, os motores de suas máquinas latejando enquanto eles abriam caminho chutando e socando e avançavam lentamente, sedentos por mulheres e cerveja.

A ESTRADA DE ACESSO a Altamont foi rapidamente sobrecarregada, transformada em um estacionamento, kombis e Oldsmobiles deixados para trás enquanto as pessoas avançavam pelas colinas. Ventava e estava frio demais para a época do ano, mesmo para dezembro. O sol se sentou na borda da terra, depois sumiu. Escuridão. Cerca de 300 mil pessoas compareceram para a última festa da década.

Jagger e Richards decidiram conferir a cena. Eles chegaram de helicóptero na véspera do show, descendo como divindades. Caminharam pelas colinas onde as pessoas acampavam, com barracas e fogueiras sob um céu estrelado. Eles escolheram fãs "seguidores", garotos que os acompanhavam em um silêncio apavorado. Ronnie Schneider, o gerente de turnê dos Stones, estava com eles, assim como o jornalista Stanley Booth. Era uma cena estranha, uma Brigadoon* hippie: você só a encontra quando está doidão.

Emergindo da multidão, uma garota tocou o braço de Jagger e perguntou:

– Você é real?

Quando os conquistadores espanhóis atravessaram o passadiço e entraram na fantástica capital asteca de Tenochtitlán, Bernal Díaz del Castillo virou-se para o guerreiro ao seu lado e perguntou: "Isto é um sonho?" Não é da existência da cidade que você duvida, mas da sua própria.

– Em um certo ponto, enquanto estávamos de pé ao lado de uma fogueira, um cara nos passou uma grande jarra de quatro litros de vinho, do tipo que você coloca sobre o ombro, e bebemos – disse-me Ronnie Schneider. – Depois, nos passou um baseado. Ninguém disse uma palavra sequer. Eram Mick e Keith, mas ninguém disse nada. Fumamos, ficamos em torno da fogueira por alguns minutos, depois partimos para o palco. Enquanto caminhávamos, virei-me e olhei para trás. Havia cerca de quarenta pessoas nos seguindo. Apenas observando… não diziam nenhuma palavra. Quando estávamos nos aprontando para partir, Keith disse: "Isso é lindo, cara, vou ficar." Ele passou a noite vagando entre as fogueiras, bebendo com os camponeses e lendo o céu.

---

* Cidade fictícia na Escócia na qual tudo é possível quando se ama alguém do local. Ela aparece no musical da Broadway *Brigadoon*, de Alan Jay Lerner e Frederick Loewe, e no filme *A lenda dos beijos perdidos*, de Vincent Minelli. A história é baseada em um antigo conto alemão de Friedrich Gerstacker, no qual a cidade se chama Germelshausen. (N.T.)

"Enquanto isso" é uma expressão à qual você recorre quando escreve sobre Altamont, pois o grande evento é composto de dezenas de eventos menores simultâneos. Idealmente, eles seriam exibidos em mil telas no maior teatro do inferno. Nesta tela, Mick e Keith caminham pelo terreno. Naquela, Sonny Barger engole um punhado de pílulas vermelhas e liga a Doce Cocaína. Nesta outra, os carros e vans engarrafam a estrada sobre Livermore Pass. Naquela, Meredith Hunter, um fã dos Stones que estará morto em poucas horas, veste seu terno verde-limão e pega sua pistola. Nesta, Sam Cutler, com seu cabelo seboso e seu cavanhaque, trabalha durante a noite, montando o sistema de som e o palco.

– Era óbvio que seria um desastre, por muitos motivos – disse-me Cutler. – Mas principalmente por causa do palco. Ele tinha malditos 76 centímetros de altura. Chip Monck projetara-o para outro local, e ele era totalmente inapropriado para Altamont. Hoje em dia, palcos ao ar livre têm entre 2,5 e três metros de altura. Você tem uma escada na parte de trás para que uma pessoa possa controlar o acesso, quem entra e quem sai. Em Altamont, o palco ficava pouco acima dos joelhos. Qualquer um poderia simplesmente subir no palco. Era um maldito pesadelo.

Pela manhã, o clima de paz tornara-se sinistro – céu azul repleto de preto. Drogas ruins estavam inundando o terreno, papéis de ácido amarelos contaminados por produtos químicos, possivelmente estricnina. Eram chamados de dose de Deus – porque era quem você encontrava se os tomasse. Eles estavam sendo distribuídos como panfletos, mas ninguém pode determinar a fonte. Conspiracionistas dizem que foram agentes infiltrados da CIA que queriam mostrar que todo o lance hippie era uma fraude – milhares de garotos jogados em um estado psicótico, subindo e descendo as colinas correndo, arrancando os cabelos.

– Assim que vi Altamont ao amanhecer, eu soube instintivamente que seria pesado – Cutler disse mais tarde. – Fazia muito frio. Havia muitas pessoas bêbadas e chapadas tropeçando em todos os lugares. Alguém veio e me disse que seria o dia mais pesado da minha vida e depois me deu um pedaço de ópio, que engoli. Você sabe, começou assim.

Quando perguntei a Albert Maysles, que, junto com seu irmão, David, registrou Altamont no filme *Gimme Shelter*, quando foi que ele soube pela primeira vez que a coisa estava indo mal, ele disse:

– Naquela manhã. Era simplesmente a energia da pista de corridas, da multidão. Não sou uma pessoa mística, tampouco sou jovem, tampouco era jovem na época, mas você podia simplesmente sentir da maneira que os hippies diziam que podiam sentir coisas. Horas antes de a primeira banda começar, sentei-me no meio da multidão, só para ter uma noção dela. E esse cara se aproxima de mim e, bem, ele não tem um olhar bom, sabe? E ele diz: "Se você não sair deste lugar agora mesmo, matarei você." Obviamente, saí dali. Mas o engraçado é que aquele foi o local exato onde ocorreu o assassinato.

Quando perguntei a Ronnie Schneider quando foi a primeira vez que ele soube que as coisas iam mal, ele disse:

– Bem, vejamos… Eu estava no primeiro helicóptero com Mick naquela tarde. Duas da tarde. Saímos e estávamos caminhando para os trailers, e esse cara se aproxima e dá um soco na cara de Mick. Foi quando eu soube.

Você vê isso no filme. O garoto se move como um assassino. Ele soca Jagger e grita: "Eu odeio você, você é tão fodido."

– Mick ficou tranquilo quanto àquilo – disse-me Schneider. – Obviamente, eu queria matar aquele garoto, mas Mick ficava dizendo: "Não machuque ele, não machuque ele."

Quem era ele? O que ele queria? Quando indagadas, as pessoas que estavam lá dão de ombros. Garoto maluco, um momento insano, ácido ruim. Mas me pergunto: será que o garoto tinha um ressentimento legítimo? Mesmo que a resposta seja não, darei um a ele. Aquele garoto socou Mick Jagger porque os Stones colocaram ele e todas as outras pessoas em uma posição insustentável, espremidos entre a paisagem e os Angels.

A VIOLÊNCIA COMEÇOU antes de a primeira banda subir ao palco. Ao meio-dia, o terreno diante dos alto-falantes estava em um estado de revolta em grande escala. Começou com aqueles que tentavam impressionar os

Tânatos em aço

Angels. Eles avançaram violentamente através da multidão, empurrando, começando brigas. No filme, você os vê espancando pessoas com um ritmo oscilante. Os Angels alegam que só se envolveram quando suas motocicletas, estacionadas diante do palco para formar uma barricada, foram ameaçadas. Barger escreve sobre um incidente específico – um cara recostando-se no assento de uma Harley, apesar de ter sido avisado para que não fizesse aquilo, pressionando as molas contra a bateria, a qual entrou em curto imediatamente, produzindo uma nuvem de fumaça. Os Angels afastaram as pessoas com empurrões; as pessoas empurraram de volta. "Um grande erro", escreve Barger. "Foi aí que entramos no meio da multidão e agarramos alguns dos babacas que estavam vandalizando nossas motos e enchemos eles de porrada."

– Não sou um tira – Barger disse mais tarde. – Jamais fingirei que sou um tira. E sabe de uma coisa? Não fui lá para policiar nada, cara. Eles me disseram que se eu pudesse me sentar na beira do palco para que ninguém pudesse subir por cima de mim, você sabe, eu poderia beber cerveja até o show terminar. E foi o que fui fazer lá. Mas sabe de uma coisa? Se algum cara jogar algo e atingir minha moto ou se alguns caras derrubarem minha moto, eles vão precisar brigar.

Sam Cutler achava que tudo se acalmaria quando a primeira banda começasse a tocar, mas ele estava errado. Carlos Santana abriu o festival e sua apresentação foi pontuada pela violência.

– As brigas começaram porque os Hell's Angels estavam empurrando as pessoas – Santana disse depois. – Tudo aconteceu tão rápido... não sabíamos o que estava acontecendo. Havia muitas pessoas totalmente surtadas.

– Como foi? – Cutler perguntou. – Foi como assistir a geração paz e amor se estraçalhar.

O Jefferson Airplane entrou em seguida. Foi quando as coisas saíram de controle – é também quando Cutler provavelmente deveria ter cancelado tudo e mandado todo mundo para casa. Os Angels estavam espancando um garoto negro diante do palco. Marty Balin, um dos vocalistas do Jefferson Airplane, saltou no meio da multidão para separar a briga.

Depois, de repente, Balin estava desmaiado. Você vê confusão nos rostos dos outros músicos, descrença, pânico. Quando alguém perguntou ao motoqueiro conhecido como Animal por que ele nocauteara Balin, ele disse que fora porque "ele falou de maneira desrespeitosa com um irmão Angel".

O Grateful Dead nunca chegou ao palco. Você vê isto no filme: Rock Scully e Jerry Garcia, que tinham acabado de chegar de helicóptero, com um ar apavorado enquanto Bob Weir descreve a cena.

Bob Weir: *Estão espancando os músicos!*
Jerry Garcia: Oh, que merda.

Um instante depois, os Dead estão de volta no helicóptero, voando sobre as colinas.

Os Stones estavam esperando em seu trailer. Eles tinham ouvido relatos da violência mas não pareciam muito preocupados. Caos sempre fora um elemento necessário na cena dos Stones. Se as filas mais próximas do palco não cedessem lugar ao caos, você não tinha a experiência completa. Os Stones sabiam disso, e é essa a razão pela qual, segundo Ralph Gleason, eles criaram as condições que levaram a um colapso. Nesse sentido, Altamont foi menos uma aberração do que uma culminação – a expressão mais pura do show ao vivo.

A banda foi apresentada a Sonny naquela tarde. "Eles saíram do trailer em suas roupas frescas, usando maquiagem, e apertamos as mãos", Barger escreveu. "Depois, desapareceram de novo dentro do trailer."

Os Stones começaram a tocar com horas de atraso, deixando a multidão cozinhar em bebida e pílulas. ("Thunderbird e Ripple, os piores e mais fodidos vinhos de péssima qualidade que existem, e ácido ruim", disse Richards.) Barger alega que Jagger estava esperando a escuridão, pois sua maquiagem se destacaria e ele pareceria o mais satânico. Ele apareceu às sete horas. A banda tomou o palco alguns minutos depois, os Angels seguindo na frente. Posteriormente, Charlie Watts falou sobre a violência

Tânatos em aço

da entrada, a eficiência brutal dos Angels, que abriram caminho "como o Terceiro Reich passando".

Jagger estava usando uma camisa preta justa e calças, um cinto e fivela elaborados no estilo de Elvis e um lenço vermelho que voava atrás dele como uma capa. As pernas das calças dele estavam cravejadas de ornamentos, seus sapatos tão macios quanto pantufas. Você não consegue os ver sem pensar em pregos enferrujados e tétano. A frente da camisa, que ele usara durante toda a turnê, estava decorada com a letra grega ômega. Era um código, uma mensagem transmitida na maneira eufemista de Kenneth Anger, Aleister Crowley, o Livro das Revelações. Na Bíblia, o ômega, a última letra do alfabeto, representa o fim dos tempos – os Quatro Cavaleiros do Apocalipse, o Juízo Final, o mundo em chamas –, assim como o alfa representa o início. Ao blasonar a letra em seu peito, Jagger estava se anunciando, em uma frequência captada por lunáticos, como Deus e o Demônio, Cristo e Anticristo. "Sou alfa e ômega, o início e o fim, disse o Senhor, o que é, o que foi e o que será, o Todo-Poderoso."

Era uma piada, é claro, apenas alguma besteira legal que você pode experimentar enquanto seus pais não estão em casa mas, de vez em quando, alguém leva a piada a sério. Jagger devia saber que estava com problemas assim que subiu ao palco. Ele estava cercado de motoqueiros que deveriam protegê-lo mas, na verdade, estavam mantendo-o como prisioneiro. Você vê isso no filme e nas fotos, você ouve nas histórias: os Angels dominaram a noite. Eles estavam à vontade, usando suas jaquetas no palco. De vez em quando, um motoqueiro encarava Mick. Seu cabelo era longo e estava solto, seus lábios eram grandes e vermelhos; ele se movia como uma mulher ou um gato. Se você é de um certo tipo, algo em você quer esmagar as coisas bonitas. Um pastor-alemão ameaçador andava entre os amplificadores.

Tentei entrevistar Sonny Barger. Ele ainda está por aí. Mora no Arizona. Bastante velho. O câncer deixou-o sem a laringe. Suas palavras são mecânicas, comunicadas através de um dispositivo vibratório que ele pressiona contra a garganta. Mas ele ainda anda de moto. E ainda é Sonny Barger. Se a idade fez algo com ele, foi deixá-lo mais malvado. Ele disse que conversaria comigo, mas somente sobre seu filme. *Que filme?* Ele enviou-me uma cópia. O título é *Dead in Five Heartbeats*, e essa é a quantidade de vezes que seu coração vai bater depois que Sonny cortar sua jugular. A estética é a de filmes *snuff* e pornô. É sobre um motoqueiro cujo código e persona não são diferentes dos de Sonny, que é reformulado como um mito: o Angel como uma criatura de uma fábula, parecido com o rei da Alemanha que um dia descerá as montanhas cavalgando para unificar as tribos em guerra. Não fiz a entrevista porque não consegui pensar em uma ligação entre aquele filme e o que eu queria saber. Quando chegasse ao Arizona, eu só perguntaria sobre Altamont. Sonny ficaria irritado e me xingaria através daquela caixa de voz mecânica e então eu teria um Sonny Barger mecanizado e irritado me enchendo. Mas depois, como sempre acontece, a ligação entre o filme e o show me ocorreu. É sobre o real versus o falso, foras da lei versus imitadores de ídolos. No começo do filme, o motoqueiro vê um valentão empurrando sua namorada. O valentão parece formidável, mas o motoqueiro o estrangula sem nenhum esforço, depois diz algo como: "Todos acham que são um cara durão, até encontrarem um cara durão de verdade."

Mick Jagger fingia há muito tempo ser o demônio. Então, certa noite, ele deu uma festa e o verdadeiro demônio apareceu. Os Stones nunca se recuperaram. Na história contada em volta da fogueira, o homem vê um fantasma e seu cabelo fica branco. O que os Stones viram em Altamont? Seu próprio fim, o destino de todos aqueles que seguraram a granada por tempo demais. Eu cresci depois de Altamont. Nunca acreditei no poder satânico de Mick Jagger, tampouco vivenciei os Stones quando eram incensados por uma energia messiânica. Quando os assisti, eu sabia que era uma fantasia.

A banda tocou "Jumpin' Jack Flash" e "Carol" e começou "Sympathy for the Devil". O jeito de Mick piscar um olho para seus fãs. "Eu sou Lúcifer." Então, a violência começou. Em todos os lugares, ao mesmo tempo. Angels espancando hippies com punhos e bastões, tacos de bilhar. Jagger fez uma pausa para dizer à multidão: "Algo muito engraçado acontece quando começamos esta música", depois continuou.

Entrevistei muitas pessoas que estavam no palco naquela noite ou próximas dele. Cada uma ofereceu uma recordação diferente. Juntas, elas relatam uma crônica de Altamont na maneira caleidoscópica do poema "Treze formas de ver um melro", de Wallace Stevens.

O show prosseguiu com várias interrupções. A banda começava a tocar, a violência entrava em erupção, a banda parava de tocar. Ou tocavam um groove tranquilo que descreviam como "música para relaxar". Jagger disse ao público para se acalmar, pegar leve. Ele fez todos sentarem na grama. Ele estava dando à multidão dicas de como sobreviver a uma noite com os Angels. Nessas tentativas, assim como em seus esforços para aplacar os motoqueiros, o cantor revelou mais do que pretendia. Aquele não era Mick Jagger, filho do demônio, personificação da chama. Era Mick Jagger, estudante de economia, morto de medo, longe demais de casa. Enquanto as câmeras rodavam, ele implorava à multidão em uma linguagem pseudo-hippie na qual nunca acreditara e que era estranha aos Stones: "Irmãs – irmãos e irmãs – *irmãos e irmãs* – *parem* agora. Isso significa que todo mundo deve *esfriar* a cabeça – esfriem a cabeça, todos vocês... Quem – quem – quero dizer, tipo, pessoal, quem está brigando e por quê? Ei pes-soal – quero dizer, quem está brigando e por quê? Por que estamos brigando?"

A reação de Keith foi mais viril, mais fiel à visão. Ele enfrentou os Angels, ameaçando ir embora – "Não vamos tocar. Acalmem-se ou não vamos tocar mais" – e os deixando para enfrentar 300 mil hippies floridos putos da vida.

"Eu... enfiei minha pistola no lado do corpo dele e mandei-o começar a tocar a guitarra ou estaria morto," escreve Barger. "Ele tocou como um filho da puta."

Keith não confirmou nem negou essa história. Durante anos, ele só falou de Altamont da maneira mais circunspecta.

– Ah, é óbvio [quem eram os culpados] – ele disse à *Rolling Stone* em 1971. – Talvez eles me matem na próxima vez que eu for lá, mas [os Angels] estavam fora de controle, cara.

Mayles focou a câmera em um Hell's Angel de pé a poucos metros de Jagger. Grande e corpulento, rangendo os dentes, lutando contra alguma loucura interior. Talvez ácido, talvez psicose. De todo modo, ele está louco. Quase todos que entrevistei mencionaram esse homem.

– Ele estava olhando diretamente para Mick, punhos se fechando e abrindo, puxando o próprio cabelo, rosto contorcido – disse-me Ethan Russell, que estava tirando fotos no palco. – Ele estava chapado e violento, provavelmente homicida, e a menos de três metros de Mick. Quero dizer, como você pode se apresentar em tal circunstância?

Isso demonstra o comportamento que Jagger precisou adotar naquela noite, como na verdade ele se comportou mais corajosamente do que você poderia imaginar.

– É uma das melhores imagens que jamais filmei – disse-me Albert Maysles. – Ela preenche a tela e diz tudo que você precisa saber. Foi essa a sensação de estar em Altamont.

MEREDITH HUNTER, um fã dos Stones em um terno verde-limão, foi de carro para Altamont com a namorada, Patty Bredehoft. Ele era de Berkeley, Califórnia, pele cor de café, alto e magro, destacando-se por um cabelo afro vertiginoso. Seus amigos o chamavam de Murdock. Bredehoft chamava-o de Murdock Supremo. Ele era exuberante e usava o tipo de terno com cor de bala preferido por mafiosos nos filmes antigos. Como tinha apenas de-

Tânatos em aço 267

zoito anos, ele provavelmente ainda estava descobrindo o que gostaria de ser, mas a morte congela você. Ela transformou Murdock em uma figura totêmica, a tragédia de Altamont, o cadáver no final da trilha.

Não estou dizendo que ele era um santo. Ou um hippie. Meredith Hunter abraçava a violência com os dois punhos. Ele era um filho da puta durão, membro de uma gangue de rua chamada East Bay Executioners, conhecido por traficar anfetamina e carregar uma pistola. Seus braços eram cobertos de marcas de agulhas, seu humor podia mudar de tranquilo para louco em um instante. Quando as imagens de Hunter em Altamont surgiram, usuários de drogas disseram que ele estava claramente entupido de pílulas vermelhas. Eles podiam ver por seus olhos e pela maneira como ficava lambendo os lábios.

– Um traficante de anfetamina foi morto por outro em um show – reclamou Sam Cutler. – E, de alguma maneira, os Rolling Stones eram os responsáveis?

Hunter abriu caminho até se aproximar do palco, chamando a atenção dos Angels para si. Segundo testemunhas, os motoqueiros implicaram com ele porque estava próximo demais ou por causa da maneira como estava dançando. Ele foi até seu carro buscar a namorada antes de os Stones começarem a tocar e estava de volta diante do palco quando eles começaram "Under My Thumb". O que ocorreu em seguida aconteceu rápido. Um Angel atacou Hunter. A multidão se dissipou. Hunter tentou correr mas os Angels o cercaram, então ele sacou a pistola.

> Sam Cutler: "Vi a pistola prateada com cano longo brilhando sob as luzes do palco."
>
> Stanley Booth: "Desviei o olhar de Mick e vi, com aquele espaço que se abriu instantaneamente ao seu redor e que agora é conhecido, cercado de corpos caídos, um crioulo da rua Beale de chapéu preto, camisa preta, terno verde fluorescente, braços e pernas esticados em ângulos malucos, um revólver niquelado na mão."

– Quando finalmente abrimos caminho até a frente da multidão e os Rolling Stones começaram a tocar, houve muitos empurrões e havia Angels no palco. – Patty Bredehoft disse a um grande júri. – Murdock continuava tentando ir mais para a frente. Eu não conseguia acompanhá-lo porque eu não era tão forte, então meio que esperei mais atrás, não tentei chegar tão na frente quanto ele. Ele estava o mais próximo que conseguia chegar, onde havia algumas caixas com pessoas de pé sobre elas. Eu diria que havia umas cinco pessoas entre eu e ele... Eu estava sendo empurrada, e quando olhei lá para cima, vi que [um Angel] tinha socado Murdock ou empurrado ele ou algo parecido, mas o Hell's Angel que estava de pé empurrou-o ou socou-o para trás. Aquilo não o derrubou, mas o empurrou para trás sobre o palco, e quando ele começou a voltar para a frente na direção do Hell's Angel, outro Hell's Angel que estava no palco agarrou-o pelo pescoço. Eles estavam brigando. Não tenho certeza de qual Hell's Angel era, mas só me lembro de que ele estava brigando e havia umas duas pessoas bloqueando minha visão dele porque ele estava caído no chão. Eu não conseguia vê-lo. Quando as pessoas recuaram, Murdock veio para o meu lado e sacou uma pistola. Eles avançaram... bem, um grupo de Hell's Angels... eles avançaram na direção dele e agarraram seu braço e depois estavam todos chutando e brigando e tudo o mais, Murdock e os Hell's Angels...

Os Angels dizem que Hunter sabia exatamente o que estava fazendo – que ele não estava correndo, mas sim se preparando, mirando. Segundo Barger, ele disparou uma vez. Outros dizem que ele disparou duas vezes. As pessoas se espalharam. Algumas mergulharam no chão. Por que ele sacou a pistola? Seria medo histérico? Seriam as drogas? Estaria ele tentando alertar os Angels, fazê-los recuar? Ou seria ele um assassino? Nesse caso, os Angels seriam heróis.

> Rock Scully: "Não havia nenhuma dúvida na minha mente de que [Hunter] pretendia fazer um mal terrível a Mick ou a algum dos Rolling Stones, ou a alguém naquele palco."
>
> Sam Cutler: "Sem a presença dos Angels, poderia muito bem ter sido o corpo de Jagger deitado no necrotério."

Assim que Hunter sacou aquela pistola, sua vida terminou. Um motoqueiro identificado mais tarde como Alan Passaro aparece no minuto 83 do filme, um espectro em roupas de couro, capturado no tempo. Sua boca é um borrão. Seus olhos são vulcânicos. Seu braço direito está erguido. A lâmina cintila. Segundo relatos posteriores, Hunter foi esfaqueado cinco vezes. No pescoço, nas costas, na barriga.

– Diga a Mick que ele tem uma pistola! – um Angel gritou para Cutler.

– O cara tinha uma pistola! Ele disparou duas vezes! Ele tinha uma pistola!

Em *Gimme Shelter*, Sam Cutler atravessa o palco, depois sussurra, primeiro no ouvido de Mick, depois no de Keith. Perguntei a Cutler se ele lembrava do que dissera.

– É claro que lembro – disse-me ele. – Foi o momento mais aterrorizante da minha vida. Eu disse a Mick que havia um cara que fora esfaqueado até a morte e que ele tinha uma pistola... É o que estou dizendo no filme: "Mick, tem um cara com uma pistola. Saia do maldito palco. Agora!" Mas Mick foi muito corajoso. Ele disse: "Não, não, não. Não podemos parar agora, não podemos." Ele estava convencido de que se eles parassem e se retirassem haveria uma revolta completa. Mick tinha a coragem de um leão, ele tinha.

– E quanto a Keith, o que você disse a ele?

– A mesma maldita coisa.

– A mesma maldita coisa?

– A mesma maldita coisa.

– Como ele reagiu?

– Da mesma maldita maneira.

– Da mesma maldita maneira?

– Da mesma maldita maneira.

MEREDITH HUNTER ESTAVA caído, morrendo a cinco metros do palco. Os Angels estavam de pé em um círculo em torno dele, olhando para baixo. Depois, muitas pessoas relataram suas últimas palavras.

– Eu não ia atirar em você – Hunter disse a seu assassino.

– Por que você tinha uma pistola? – perguntou Passaro.

Em uma imagem filmada com uma grua, você veria a multidão, o corpo no centro dela, a banda à distância. Para alguns, parecia quase inevitável, a tragédia que há muito tempo aguardava os Stones, o ponto-final natural de todas as suas invocações à anarquia e violência. Escrevendo para a revista *Creem* em 1973, Patti Smith chamou o ocorrido de "o momento perfeito. O milagre de Altamont. A morte da espada verde-limão. Nada chocante. Necessário. O momento completo mais gracioso. Compare a dança da morte [de Hunter] com o movimento frenético de Mick. A magia espástica de Mick. Um motor azarado."

Um Angel ficou de pé sobre Hunter por vários minutos, não deixando ninguém se aproximar.

– Não toquem nele – ele disse. – Ele vai morrer de qualquer jeito, apenas deixem-no morrer.

Tânatos em aço

CERTA TARDE, há não muito tempo, conversei com um médico de emergência de 68 anos chamado Robert Hiatt, que servira como paramédico voluntário em Altamont.

– Era muito rudimentar – disse-me ele. – Não tínhamos os instrumentos básicos que você teria em um hospital. Principalmente, tratamos de pessoas sofrendo *bad trips* de ácido. Tínhamos Compazine, um medicamento antipsicótico que as acalmava. Mas, geralmente, apenas tentávamos encontrar uma pessoa disposta a se sentar com alguém tendo uma experiência ruim para conversar com ela e acalmá-la. Às vezes, elas não precisam de nenhum medicamento. A reação das pessoas às drogas é influenciada pelo ambiente, e o ambiente em Altamont era ruim. Eu estava trabalhando no fundo do palco quando um cara veio com uma expressão frenética, gritando: "Precisamos de um médico!" Fomos até a frente, sob os andaimes, e quando entramos sob as luzes fortes os Stones estavam bem ali, tocando. Havia quatro pessoas carregando um corpo. Elas iam colocá-lo no palco, e pude ver Keith olhando para aquele corpo sendo trazido para o palco com pânico no rosto. Então, as pessoas começaram a dizer: "Aqui está o médico, aqui está o médico." A multidão abriu-se como o mar Vermelho. Eles entregaram-me o corpo. Ele estava flácido. Carreguei-o de volta à área da clínica, as barracas. E os examinamos; ele já estava inconsciente. Vi múltiplos ferimentos a faca nas costas dele. Não tínhamos nenhum fluido intravenoso nem nada que pudéssemos fazer por ele a não ser tirá-lo dali. Até onde eu pude ver, ele nunca teve uma chance. Quando o tomei nos meus braços, ele estava praticamente morto, e não havia nenhuma maneira de trazê-lo de volta. Não podíamos entubá-lo, não podíamos colocar um dreno torácico, nenhuma das coisas que eu faria em uma sala de emergência. Colocaram-no em uma perua velha e levaram-no para uma colina onde os helicópteros pousavam. Acho que ele morreu em trânsito.

SE ME PERGUNTASSEM quais são os shows mais interessantes da história do rock'n'roll, eu incluiria, junto com Bob Dylan em Newport e Jimi Hendrix no Monterey Pop Festival, os Rolling Stones em Altamont – depois do esfaqueamento. É a mesma banda e é a mesma multidão, mas o contexto mudou completamente. Os Stones tocaram oito músicas *depois* da morte de Meredith Hunter, incluindo "Midnight Rambler", "Live With Me", "Gimme Shelter", "Honky Tonk Women" e "Brown Sugar" – a primeira vez que foi tocada em público. As pessoas que estiveram no show dizem que os Stones nunca soaram tão bons. O terror atribuíra ao som deles um uma intensidade lancinante e um poder apocalíptico. Era o fim do projeto, a aparição final da banda concebida por Brian, Mick e Keith em 1962 e afiada por Andrew Oldham em 1964. Os Stones como garotos maus: "Mijamos em qualquer lugar, cara." Em um instante, a ilusão foi estilhaçada.

Quatro pessoas morreram em Altamont. Centenas ficaram feridas. Houve outros desastres no rock'n'roll, é claro. Onze pessoas foram pisoteadas até a morte em um show do The Who em Cincinnati em 1979. Mas aquilo foi diferente. Em Altamont, os espectadores foram espancados pela própria segurança dos Stones – a banda soltara a fúria sobre os próprios fãs. Mais do que isso, conforme a violência, que parecia crescer diretamente da música, tomou conta, Mick Jagger foi revelado em desvantagem, impotente. "A ameaça é mais eficaz quando seus limites não são conhecidos", George Trow escreveu na *New Yorker* em 1978. "A persona 'demoníaca' de Jagger não foi fortalecida pela morte em Altamont, como algumas pessoas supuseram; ela foi *destruída*. Diante da morte real de um homem, a postura 'demoníaca' de Jagger foi revelada como meramente perversa."

DEPOIS DO ÚLTIMO NÚMERO – "Street Fighting Man" – os Stones largaram seus instrumentos e saíram correndo. Através da multidão e subindo a trilha, a multidão gritando, a noite se fechando em torno deles. Se você tropeçasse, os demônios o devorariam. Dois helicópteros aguardavam no topo da colina, as hélices girando no vazio. Todos se espremeram dentro deles, histéricos.

– Tínhamos todos os cinco Rolling Stones no meu helicóptero – disse Ethan Russell. – Mais Ian Stewart, Jo Bergman, David Horowitz, Gram Parsons e [Michelle Phillips], Ronnie Schneider e mais um monte de outras

Tânatos em aço 273

pessoas... dezessete no total. O helicóptero era certificado para dez. Mal passamos sobre as colinas. É incrível que não tenhamos caído.

– Eu estava na frente – disse-me Ronnie Schneider. – O piloto disse: "Temos um problema." Não é o que você quer ouvir de um piloto. Eu disse: "O que há de errado?" O cara diz: "Estamos muito sobrecarregados. Não posso pousar normalmente. Vou precisar deslizar como um avião."

No aeroporto de Livermore, os Stones pegaram um avião para São Francisco, onde correram para as limusines e sedãs de luxo que os transportaram de volta ao hotel.

Os Angels permaneceram na pista de corridas tempo suficiente para terminar suas cervejas e tomarem algumas pílulas vermelhas, depois foram embora, provocadores e perversos, o campo desfocado como um borrão.

Os Stones estavam no Huntington Hotel em Nob Hill às nove horas daquela noite. A banda e seu pessoal se reuniram para discutir o que acontecera e o que precisava ser feito.

– Era a sala mais intensa na qual se podia estar na terra – Pamela des Barres disse a Ben Fong-Torres. – Todos estavam doidões; Gram [Parsons] estava lá, recostado na parede, apagando. Houve toda uma discussão sobre o que fazer. Mick estava realmente pensando em desistir [da música], se aposentar. "Eu não queria que fosse assim", Mick disse, com a voz muito baixa.

Os Stones decidiram pegar o próximo voo para casa.

– Conversei com Mick a respeito logo antes de ele partir – disse-me Sam Cutler, que, segundo Ethan Russell, ainda vestia um agasalho manchado com o sangue de Hunter. – Ele queria partir imediatamente, sair de Dodge, você me entende? Achei que era uma coisa absolutamente covarde de se fazer. Mas a atitude de Mick era: se não partirmos, seremos processados por isso, processados por aquilo, e só Deus sabe pelo que mais; haverá todo tipo de complicações legais. Portanto, a atitude dele era: ele está partindo, com o dinheiro. E foi o que ele fez. Mas eu disse que alguém dos Rolling

Stones deveria estar lá, e ele disse: "Tudo bem, se você vai ficar, pagaremos seu hotel, e pagaremos suas despesas legais, arrumaremos um advogado para representar você." E, é claro, não fizeram nada disso.

– O que quer dizer? – perguntei. – Eles não pagaram as contas?

– Nunca mais tive notícias deles – disse-me Cutler. – Esse foi o fim.

– Eles abandonaram você na praia? Por que fariam isso?

– Bem, essa é uma pergunta que talvez devesse ser feita aos Rolling Stones em vez de a mim – disse Cutler, amargamente. – Quero dizer, seria interessante ver o que eles têm a dizer sobre isso. Mas foi o que fizeram. Eles não me pagaram e me abandonaram. Ei, obrigado, pessoal. Caras legais.

– Você chegou a rever os Stones alguma vez?

– Bem, sim, eu os vi há alguns anos, quando estavam tocando na Austrália.

– Você perguntou a eles o que aconteceu?

– Sim, e Keith olhou para mim e disse: "Foda-me, Sam Cutler! Ou eu deveria dizer, foda-se você!" Ao que respondi: "Faça sua maldita escolha. Não dou a mínima." Esse foi o começo da nossa conversa. Existe um cavalheiro nos Rolling Stones, Charlie, a quem eu amo. Ele ainda é meu amigo. O resto deles, não sei quanto estilo eles têm.

A MAIOR PARTE DA multidão foi embora da pista de corridas assim que os Stones partiram, mas algumas pessoas ficaram. Albert Maysles as mostra partindo à meia-luz em *Gimme Shelter*: os retardatários, hippies sem futuro carregando mochilas para seus carros. Quando perguntei a Maysles se ele queria transmitir uma mensagem maior, ele disse:

– Não era apenas o final daquele show, mas o fim daquela era. As pessoas que partiram de manhã eram as últimas.

A REAÇÃO COMEÇOU imediatamente. Foi como se toda a agressão incitada pelos Stones ao longo dos anos se voltasse contra eles. Eles foram acusados pela imprensa musical e pelos fãs. Eles foram acusados por outros músicos –

culpados não apenas pelo mau planejamento, mas por estourar a bolha hippie. Lyndon Johnson prolongou aquela guerra sem sentido. Charles Manson fundou um culto da morte. Mas os Stones enterraram o amor.

– Não estou depreciando os Angels, pois isso não é saudável e porque eles só fizeram o que era esperado deles – David Crosby disse à *Rolling Stone*. – Mas não creio que os Angels tenham sido o maior erro. Acho que eles foram apenas o erro mais óbvio. Acho que os maiores erros foram pegar o que era essencialmente uma festa e transformá-la em um jogo de ego e viagem de estrelato. Uma ego trip de "veja quantos de nós existem" e uma viagem de estrelato dos Rolling Stones, que estão em uma e que são qualificados nos meus livros como esnobes... Acho que eles têm uma visão exagerada da própria importância; creio que estão em uma ego trip grotesca.

Na noite depois de Altamont, enquanto a imprensa de São Francisco acusava os Angels, Sonny Barger cheirou o máximo de cocaína que conseguiu aguentar, depois telefonou para a KSAN-FM.

– O *flower people* não é nem um pouco melhor do que os piores de nós – ele disse no ar. – Está na hora de todo mundo começar a se dar conta disso. Disseram-nos que, se comparecêssemos, poderíamos sentar no palco e beber um pouco de cerveja que o agente dos Stones tinha comprado para nós, você sabe. Não gostei nem um pouco da merda que aconteceu lá... Sou um cara violento quando preciso ser. Mas ninguém vai pegar nada que eu tenho e destruir isso. E aquele Mick Jagger, ele culpou os Angels por tudo. Ele nos usou como fantoches. No que me diz respeito, fomos os maiores otários para aquele idiota.

Quando Sam Cutler acordou na manhã de domingo no hotel, todos tinham partido. O saguão estava repleto de repórteres. Ele escapuliu sem pagar, depois atravessou a ponte Golden Gate rumo a Marin, onde esperava obter refúgio na fazenda de Mickey Hart. Algumas horas depois, foi visitado por um Hell's Angel chamado Sweet William, um estivador bastante conhecido em Haight-Ashbury. Grande e malvado, Sweet William ficou montado em sua moto, falando e falando. Ele disse a Cutler que sua presença era exigida em uma reunião do tribunal dos Hell's Angels. Jurisprudência do submundo, uma câmara estelar de homens maus. Cutler estava sendo intimado a responder pelos pecados dos Rolling Stones. Ele poderia ter fugido, mas acreditava que a banda devia ao menos isso aos Angels. Ele acha que sua aparição naquele tribunal provavelmente salvou a vida de Mick Jagger.

– Eles disseram-me que queriam me ver, e era não negociável, entende o que quero dizer? – disse Cutler. – No dia seguinte, eles me levaram para uma casa em São Francisco. Assustador para cacete. Eram os presidentes de todos os clubes da Califórnia... Richmond, Oakland, San Bernardino... sentados em uma espécie de tablado, como a maldita Suprema Corte.

Quando Cutler foi apertar as mãos deles, um dos Angels disse: "Não quero tocar em merda." Cutler perguntou se poderia fazer uma declaração; mandaram-no calar a boca. Depois, o inquérito começou. A maioria das perguntas era sobre as câmeras: quem estava filmando e por quê, onde estão as imagens? Os Angels estavam preocupados que elas pudessem fornecer provas contra membros da gangue. Cutler contou aos Angels sobre o documentário.

ALBERT MAYSLES ERA FORMADO em psicologia. Depois de vários anos no campo errado, ele mudou de carreira. Seu primeiro filme foi sobre asilos para loucos na Rússia. Seu primeiro grande filme, feito com o irmão, registrava as vidas de vendedores de bíblias de porta em porta. Os irmãos Maysles filmaram os Beatles quando eles chegaram nos Estados Unidos – é a imagem que você vê sempre que essa história é contada. Eles não sabiam que tinham capturado o assassinato de Meredith Hunter até dez dias depois do evento. A maioria das imagens era uma confusão. Como um pombo em uma tempestade de neve, você podia olhar diretamente para a filmagem do assassinato e ainda assim não o ver. Foi David quem o detectou. Quando rodou o filme na velocidade normal – 24 quadros por

Tânatos em aço

segundo –, ele não viu nada, mas quando assistiu quadro a quadro, o pesadelo emergiu: o terno verde-limão, a pistola, o motoqueiro, a faca. Com essa imagem – o episódio inteiro está capturado em quarenta quadros – os cineastas deram sequência ao seu trabalho anterior com os Beatles. John e Paul atravessando o asfalto no JFK – isso é a alvorada. Al Passaro cravando a lâmina em Meredith Hunter em Altamont – isso é o crepúsculo.

Albert e David foram contatados pelo escritório do xerife do condado de Alameda. Os policiais queriam ver as filmagens. Os irmãos concordaram em exibi-las se pudessem filmar os policiais enquanto assistissem. Era a técnica deles. Faça um filme, depois filme as estrelas do filme assistindo-o. Porque o filme nunca termina. Quando os cineastas foram contatados pelos Angels, eles ofereceram o mesmo acordo. Vocês assistem, nós filmamos. David Maysles foi exibir as filmagens para os Angels alguns dias depois. Quando Hunter foi esfaqueado na tela, os Angels aplaudiram. No entanto, eles não permitiram que Maysles os filmasse. Em vez disso, espancaram-no.

– David acabou no chão – disse-me Ronnie Schneider –, sendo chutado no saco.

Se o filme fosse lançado, eles disseram a Maysles, esperavam ser pagos.

– Cinco por cento – disse Schneider. – Mais um milhão de dólares.

Os irmãos Maysles voaram para a Inglaterra para exibir a filmagem para os Stones e filmar enquanto eles assistiam. Jagger minimizou Altamont desde o começo: apenas uma noite ruim em uma vida inteira de momentos bons e ruins. Mas o filme de Maysles conta outra história. Nele, você vê o assassinato de Hunter sendo registrado no rosto de Mick como um golpe. Ele morde as unhas, desvia o olhar. Ao se levantar para deixar a sala de exibição, ele olha diretamente para a câmera. Um olhar consciente, cínico: o olhar de um homem que estivera em uma crise mas não estava mais; um homem que acaba de decidir: "Foda-se."

Quando perguntei ao fotógrafo dos Stones, Ethan Russell, sobre isso, ele disse:

– É, foi aquele o momento. Compreendi isso alguns anos depois, quando os Stones fizeram aquela canção, "It's Only Rock'n'roll". Mas nunca fora *apenas* rock'n'roll. Sempre fora mais. Foi isso que Altamont levou embora. É como você despertar certa manhã e se dar conta: "Oh, então isso não vai mudar o mundo afinal de contas. É apenas rock'n'roll."

A MÃE DE MEREDITH HUNTER processou os Stones por meio milhão de dólares. A banda combateu o caso, por fim fazendo um acordo de supostos 10 mil dólares. Hunter está enterrado em uma igreja em East Vallejo, Califórnia. Lote 63, cova C. Não são muitos os que o visitam, mas alguns o fazem, e esses poucos consideram Hunter uma personificação: o último homem, o fã que pagou o preço máximo. A vida dele era preta e verde, iluminada por pílulas vermelhas, violenta do começo ao fim – Murdock Supremo dos Executores da Baía Leste.

Alan Passaro foi acusado pelo assassinato. Identificado nas imagens dos Maysles, foi descrito na imprensa como "um chicano de 21 anos". Um Gypsy Joker de San Jose, ele era um Angel há apenas quatro meses quando Altamont aconteceu. Novo na gangue, ele talvez estivesse exageradamente ansioso para provar quem era. Nas fotos tiradas pela polícia, ele tem o cabelo *ducktail* de um marginal da década de 50. Olhos escuros enrugados. *Soul patch*.* Boca pequena retorcida em um sorriso malicioso – o tipo de cara que chamaria um policial de "tira".

O julgamento foi realizado treze meses depois do assassinato. O advogado de Passaro, George Walker, argumentou legítima defesa: o caos da noite, a estrela do rock, a pistola. *O que mais um pobre rapaz pode fazer?* Passaro disse que nem tinha certeza se esfaqueara Hunter. Ele só sabia que "tentara" esfaqueá-lo. O júri deliberou por apenas pouco mais de doze horas. A revista *Rolling Stone* relatou a leitura do veredito: "Passaro, 22, jogou a cabeça para trás e uivou..." Ele celebrou a absolvição retornando à prisão, onde cumpria uma pena de dois a dez anos por posse de maconha.

Os Stones são uma história que estudei a vida inteira. Estudei-a como os antigos estudavam a guerra. Eles são meu Hemingway, Dickens, Ho-

---

* Um tufo de barba logo abaixo do lábio inferior, muito usado por músicos de jazz. (N.T.)

mero. Estudei-os em livros, em vinil e de perto. Mas, ainda assim, eles continuam me surpreendendo. Sempre há algo estranho e novo. O destino de Alan Passaro é um exemplo. Ele saiu da prisão no final da década de 70. Em 1985, foi encontrado de bruços no Lago Anderson, ao sudeste de San Jose, Califórnia. Em uma sacola impermeável presa às costas dele, a polícia encontrou 10 mil dólares em dinheiro – a mesma quantia que os Stones pagaram à família de Meredith Hunter.

Os Angels mantiveram um rancor pelos Stones durante anos. Por usá-los como marionetes, otários. No submundo, havia rumores de que a gangue emitira um contrato para o assassinato de Jagger e Richards. Não é possível provar tal alegação, mas o medo que ela gerou foi real. Você o via no desconforto de Jagger, no quanto ele parecia ansioso em uma multidão. Você o ouve quando Keith diz:

– Talvez eles me matem na próxima vez que eu for lá.

Há alguns anos, Mark Young, que fora agente do FBI na década de 70, disse à BBC que os Hell's Angels realmente tinham tramado assasinar os Stones. De acordo com Young, havia um plano, que foi efetivamente posto em ação em 1979, para capturar Jagger em uma emboscada enquanto ele estava de férias em Montauk, onde, segundo relatos, ele alugara a propriedade de Andy Warhol. No estilo dos Seals da marinha, os motoqueiros atacariam pelo mar. Avançariam pela praia, atravessando as cercas vivas. Casa grande, construções anexas, pavilhões. Tudo seria conectado por fios e detonado. Mas os barcos foram virados por uma onda enorme. Os Angels, derrubados na água, precisaram nadar para salvar suas vidas. Dessa maneira, Deus interveio. Dessa maneira, a canção permanece a mesma. Essa história é extremamente suspeita. Tentei confirmá-la, mas isso não pode ser feito. Como em tudo com os Stones, a história dá lugar à lenda onde quer que o asfalto encontre os campos abertos.

A própria pista de corridas de Altamont parece amaldiçoada. Considerada uma ótima pista por especialistas, ela sempre aterrorizou os espectadores. O *San Francisco Chronicle* descreveu-a como um "corredor de vento", onde as lufadas monstruosas nunca param de soprar. Os banheiros cheiram a enxofre, uma prova concreta da presença do diabo. Em seus 43 anos como uma preocupação constante, foi fechada seis vezes. Seu proprietário mais recente, Mel Andrews, investiu 1,8 milhão de dólares, mas isso não ajudou. ("Eu provavelmente não estava ciente da história", ele disse a um repórter.) As instalações foram fechadas, provavelmente pela última vez, depois da temporada de corridas de 2008. No Google Maps, ela parece abandonada. As estradas de serviço estão esburacadas. A arquibancada está desmoronando. Grama alta cresce no campo interno.

31. Heroína

QUANDO KEITH RICHARDS TOMOU sua primeira dose de heroína?

Nem ele sabe.

Ele diz que foi provavelmente um acidente, que ele confundiu uma carreira de heroína com uma carreira de cocaína em uma festa nos últimos momentos da década. A heroína estava por toda parte. Barata, quase impossível de evitar, uma consequência não intencional da guerra do Vietnã. Quando abrimos um canal para o sudeste da Ásia, os soldados foram para lá e o pó branco da China veio para os Estados Unidos.

A heroína fora uma paixão dos heróis de Keith – músicos negros de blues que perseguiram a onda até perderem tudo. Se você tem um certo temperamento, você faz coisas que sabe que são ruins para você porque sem a experiência você não consegue emular a arte. Para fazer música com a profundidade dos mestres, Keith precisava experimentar o que eles experimentaram, precisava tocar o fundo do mar, onde a pérola está enterrada no lodo. Quando ele fala sobre seus anos de *junkie* – "Conheço a cena", ele disse à revista *Zigzag* em 1980, "esperando pelo cara, sentado em algum maldito porão esperando algum cretino chegar, com outros quatro caras choramingando, vomitando, com ânsias de vômito" – não é sem um certo orgulho. A fama afastou Keith do tipo de sofrimento que está por trás do blues do Delta. Ele jamais conhecera os barracos de catadores de algodão ou as *rent parties*.* Em vez disso, ele buscava aquela autenticidade crucial na devassidão.

---

* Festas informais nas quais músicos são contratados para tocar e os organizadores recolhem dinheiro do público para pagá-los. Segundo o Dicionário de Inglês Oxford, o termo *skiffle* significa *rent party*. (N.T.)

A heroína foi, em parte, a reação de Keith a Altamont. Ele cambaleou da revolta para o torpor. Ele amava a sensação que a droga lhe dava – como ela respondia todas as perguntas, removia todas as obrigações, aniquilava todos os olhares. ("Nunca gostei de ser famoso", ele disse. "Eu podia encarar as pessoas muito mais facilmente com a droga.") Como costela com Cabernet Sauvignon ou maconha boa com o ensino médio, a heroína combinava perfeitamente com aquele momento sombrio, de exaustão. Vietnã, as ruas repletas de veteranos psicóticos, LSD contaminado por estricnina, Richard Nixon na Casa Branca. A mudança da década de 60 para a de 70 foi a mudança do LSD para a heroína. O LSD era aspiracional. A heroína era niilista. A promessa da epifania hippie se fora; somente a onda permanecia. Keith veio a personificar isso – o jovem mais velho do mundo; coloque-o de pé e assista-o tocar; injete-o e observe-o morrer.

Heroína

Os Stones estavam na mesma condição que a cultura, tendo se dado conta, apesar de todos os discos de sucesso e de shows com lotação esgotada, de que estavam essencialmente falidos. Quando pediram a Allen Klein mais do que presumiam que fosse o dinheiro deles, ele o enviou relutantemente, em pequenas quantias. Jagger então procurou seu amigo Christopher Gibbs, o galerista de arte, que o colocou em contato com o príncipe Rupert Loewenstein, um banqueiro de Londres. À primeira vista, Loewenstein, um aristocrata prematuramente de meia-idade que falava com um leve sotaque alemão, parecia um sócio improvável para os Stones. "Meu gosto ... inclinava-se para Bach, Mozart, Beethoven, Schubert e Brahms", escreveu Loewenstein em suas memórias. "O nome [dos Stones] não significava praticamente nada para mim na época, mas pedi à minha mulher para me contar sobre eles. Ela me instruiu e minha curiosidade foi atiçada."

"Mick entrou delicadamente na sala, vestindo um terno verde de lã", continua Loewenstein. "Sentamo-nos e conversamos por cerca de uma hora. Foi uma conversa longa e boa. Seus modos eram cautelosos. A essência do que ele me disse foi: 'Não tenho dinheiro. Nenhum de nós tem nenhum dinheiro.' Considerando o sucesso dos Stones, ele não conseguia entender por que nada do dinheiro que estavam esperando nem sequer estava pingando para os membros da banda."

Loewenstein levou dezoito meses para desemaranhar os contratos e acordos. Ele explicou o problema para a banda em 1970: Klein aconselhou vocês a fundar uma corporação nos Estados Unidos por causa de impostos; como essa nova companhia recebeu o mesmo nome que sua companhia inglesa – Nanker Phelge (batizada em homenagem ao antigo companheiro que morava na casa em Edith Grove) –, vocês presumiram que é a mesma companhia; mas não é. A Nanker Phelge americana é propriedade de Allen Klein; vocês são empregados dele. Royalties, honorários referentes a publicações – tudo isso pertence a Klein, que pode pagar a vocês o que considerar apropriado. Isso também concede a Klein a propriedade de praticamente todas as suas canções. "Eles estavam completamente nas mãos de um homem que era como um agiota indiano antiquado", escreveu Loewenstein, "que toma tudo e só libera para os outros uma parcela mínima da renda, antes dos impostos."

Jagger ficou humilhado, envergonhado. Ali estava o roqueiro mais esperto, o estudante da London School of Economics, sendo roubado em um jogo de monte de três cartas. "Houve um incidente assustador no Hotel Savoy quando Mick começou a gritar com Klein, que saiu às pressas do quarto e correu pelo corredor com Mick perseguindo-o furioso", escreveu Loewenstein. "Precisei pará-lo e dizer: 'Você não pode arriscar bater em Klein.'"

Loewenstein propôs um plano de ação em dois passos. Primeiro: os Stones cortam imediatamente todos os laços com Klein. O segundo passo estava relacionado à Inland Revenue, como a equivalente da Receita Federal inglesa era chamada na época. À medida que Klein descontara os cheques da Decca, ele nunca retivera ou pagara os impostos da banda. Os músicos tinham acumulado uma dívida enorme como resultado. Eles não só estavam quebrados, como corriam o risco de serem processados. Mais do que isso, o faturamento dos Stones – no papel – os colocava na categoria mais elevada, o que na Inglaterra, na época, significava pagar um imposto de renda marginal de até 98%. Em outras palavras, o governo tomaria quase tudo que você ganhasse acima de um certo valor. Isso tornava praticamente impossível para os Stones faturarem dinheiro suficiente para satisfazer a Inland Revenue. Se eles quisessem viver em segurança na Inglaterra, precisariam se mudar para algum lugar com uma estrutura menos punitiva, depois fazer dinheiro suficiente para se equilibrar. O termo para isso é "exílio de impostos".

– Meu conselho constitui em cinco palavras – Loewenstein disse a Jagger. – Larguem Klein e caiam fora.

Os Stones romperam com Klein em dezembro de 1970, depois o processaram por 29,2 milhões de dólares. Um acordo de 2 milhões de dólares foi feito em 1972, apesar de o litígio ter prosseguido durante anos.

Quanto ao exílio, Loewenstein sugeriu a França. O príncipe, que tinha influência com oficiais parisienses, conseguiu providenciar um acordo: os Stones concordaram em permanecer no país durante pelo menos doze

Heroína 285

meses e gastar pelo menos 150 mil libras por ano; em troca, nenhum imposto adicional seria cobrado pelo governo francês. Os membros da banda começaram a deixar a Inglaterra na primavera de 1971.

Keith e Anita largaram a heroína antes de partirem para o exílio. Eles fizeram isso para evitar problemas. Ser viciado significa precisar carregar drogas, fazer contato com traficantes locais – se expor de um milhão de maneiras perigosas. Keith largou primeiro. Vomitava e chorava, chorava e rezava. Ele estava com os olhos límpidos quando chegou no aeroporto de Gatwick em abril de 1971, 27 anos de idade, a pessoa mais *cool* a caminhar pelo planeta além de Elvis e Brando, mas Elvis e Brando já tinham passado do auge, arrastando-se rumo ao crepúsculo, enquanto Keith estava no ápice. Em fotos tiradas naquele dia, ele tem o ar de um homem acostumado a ser olhado. Os ângulos acentuados e as rugas de estrela do rock que posteriormente caracterizariam seu rosto ainda não tinham endurecido. Ele carregava o filho, Marlon. Anita estava em Londres, enfrentando a abstinência. Ela se juntaria a Keith e Marlon na França assim que estivesse limpa.

Uma casa fora escolhida para a família em Villefranche-sur-Mer, um porto na Côte D'Azur. Poeticamente pequena, banhada em tédio e luz do sol. Nada acontece. Nada aconteceu, nem jamais acontecerá. Exatamente o que Keith precisava. Visitei a cidade pouco antes de minha mãe morrer – hospedei-me em um hotel no porto, conversei com estranhos, caminhei. As ruas antigas são íngremes e repletas de plátanos que fazem sombras. Há becos e fachadas e lojas de vinho que fedem a tempo. No verão, as praças são limpas pelo siroco, um vento que se origina no Saara e cobre os telhados com uma fina areia vermelha. O que você sente em Villefranche não são os Stones, mas a ausência deles. A energia de rock'n'roll mais poderosa do mundo um dia se concentrara ali, mas isso fora há décadas. Os bares onde os rapazes um dia beberam enquanto o sol se punha se foram há tempos. O que resta é o silêncio que você ouve quando se senta sozinho em um quarto de hotel depois que a última canção foi tocada.

Chamei um táxi em frente ao meu hotel e pedi ao motorista para me levar à casa onde Keith e Anita tinham morado. Ele não tinha a menor ideia do que eu estava falando, então pedi a ele para me levar à casa onde os Stones gravaram *Exile on Main Street*. Ainda sem a menor ideia. Então contei a ele sobre o verão de 1971, a mansão nas colinas, as drogas e as canções. Ele disse: *"Oui, oui"*, mas continuava sem saber, então simplesmente lhe dei o endereço: avenida Louise Bordes, número 10.

A estrada fazia curvas pela costa e começou a subir. As árvores formavam uma cobertura acima de nós, um túnel de folhas. O motorista pisou no freio e apontou. Havia um portão de aço e, centenas de metros além dele, uma casa. Saí do táxi e parei diante do portão fechado, mãos nas grades, estudando o jardim e a fonte, os complicados telhado e chaminés, as janelas, os degraus da frente, a porta. Fechei os olhos e pude realmente sentir o ar quente transformando-se em um groove, as letras pairando pelo céu em bolhas de desenho animado. Depois, justamente quando eu estava prestes a me perder completamente, o motorista buzinou.

– Falha minha, *monsieur* – ele disse. – Trouxe você ao endereço errado.

Eu ardia de vergonha enquanto subimos a rua mais quatrocentos metros. Saí do táxi timidamente, mas dessa vez com certeza de que estava no lugar certo. Ali estavam o número da rua e a placa com o nome. Casas grandiosas, como cavalos de corrida, possuem nomes. A propriedade de Mick no campo chamava-se Stargroves. Elvis vivia em Graceland. A casa em Villefranche é Nellcôte, uma mansão em estilo europeu, com pórticos, colunas e jardins. Fiquei parado com o rosto voltado para o portão. Não era mais mágica o que eu sentia, mas sim anseio. Eu ansiava por entrar e bisbilhotar ao redor. Enquanto o motorista gritava *"non, non"*, subi na cerca e caí pesadamente no outro lado. Fiquei ali parado por um bom tempo, atento para alarmes e cachorros. Eu havia lido que Nellcôte fora comprada por um oligarca russo. Imaginei um capanga chamado Boris, uma cela em uma prisão provinciana, a esposa do xerife servindo-me *foie gras* e Beaujolais.

Subi a longa entrada para carros, bati na porta. Nada. Olhei em torno dos jardins e dos portões, depois perdi a coragem. O motorista me xingou quando voltei, mas em palavras que eu não entendia de qualquer maneira. Além disso, eu estava orgulhoso da minha transgressão. *Isso é rock'n'roll, baby*. E eu obtivera uma adorável vista desobstruída da casa.

Heroína

Então, não entrei nela. E daí? Eu já tinha uma boa noção do interior. A escadaria grandiosa, a sala de estar, a varanda com vista para Cap Ferrat. Tudo fora descrito para mim em grande detalhe por June Shelley, que, naqueles meses cruciais no começo da década de 70, serviu aos Stones como assistente faz-tudo. Ela fora atriz e esposa da lenda folk Ramblin' Jack Elliott, mas estava encalhada na costa quando seu (segundo) marido viu o anúncio no *International Herald Tribune*. "Procura-se. Para organização inglesa no sul da França, mulher bilíngue, organizada, salário mais despesas, 25-35 anos de idade."

Shelley foi entrevistada por Jo Bergman, a agente dos Stones, depois levada para a mansão.

– Confessei que não sabia os nomes de todos eles – disse-me Shelley. – Eu conhecia Keith Richards e Mick Jagger. Mas não conhecia os outros. Então, Jo os resumiu. Ela disse: "Bill Wyman, baixista, homem renascentista; temperamental, não fala muito. Charlie Watts, baterista, blá-blá-blá." Ela descreveu cada um em poucas palavras. "Mick Taylor, o garoto novo; este será o primeiro álbum dele com os rapazes. Ele parece um anjo de olhos azuis, rosto redondo, cabelo louro e idolatra Keith." Quando estacionamos no jardim em Villa Nellcôte, reconheci cada um imediatamente em função da descrição dela. Bill, Charlie e Mick Taylor estavam sentados nos degraus. Era como se o circo tivesse chegado na cidade; havia pessoas por toda parte, cachorros e crianças, caminhões, homens carregando coisas. Jo diz: "Oi, rapazes, esta é June, ela será sua nova assistente." Eles concordam com a cabeça, e entramos. Mas que casa incrivelmente maravilhosa – Shelley prosseguiu. – Você entrava em um longo corredor e havia quartos à esquerda e à direita. Uma cozinha e um estúdio antiquados, um porão parcialmente concluído que preparamos depois para que eles pudessem gravar.

Nellcôte foi construída no século XIX para um almirante inglês, que passou muitos anos melancólicos lá estudando o horizonte através de um telescópio. Os alemães tomaram posse da propriedade durante a Segunda Guerra Mundial. Segundo Richards, ela serviu como um quartel-general da Gestapo. O porão era local de horrores indescritíveis, o que atribuía à casa um apropriado quê de ameaça. Dominique Tarlé, um fotógrafo que ficou na casa naquele verão, falou sobre ter explorado o porão com um amigo e ter encontrado "uma caixa lá embaixo com uma grande suástica, cheia de ampolas para injeção. Todas continham morfina. Ela era muito antiga, é claro, e nossa primeira reação foi: 'Se Keith tivesse encontrado essa caixa...' Então, certa noite, carregamos a caixa até o final do jardim e a jogamos no mar".

Richards alugou Nellcôte por 2.400 dólares por semana. Ele preservou os funcionários antigos, incluindo uma empregada austríaca e um cozinheiro conhecido afetuosamente como Jacques Gordo, que foi demitido naquele verão por razões muito problemáticas e nefastas para entrar em detalhes. O primeiro andar tornou-se uma espécie de salão, com músicos chapados em todos os cantos. O segundo andar permaneceu interditado, a reserva privada de Keith, Anita e Marlon. Nem Jagger podia subir.

Os OUTROS MEMBROS da banda estavam espalhados pela França. Bill Wyman alugou uma casa perto do mar. Charlie Watts estava no interior. Jagger instalara-se em Paris, onde adotou a vida de um personagem das festas do *jet-set*. Recuperando-se do rompimento com Marianne Faithfull, aparecia em todas as fofocas, sussurrando nos cantos de todas as festas, confidenciando sua dor para todas as mulheres bonitas. Ele tivera um caso tórrido com Marsha Hunt, a cantora e modelo negra devastadoramente bela que se tornaria famosa na companhia inglesa de *Hair*. É ela, com um cabelo afro imponente, no programa da peça. Os Stones tinham convidado Hunt a posar para "Honky Tonk Women", mas ela recusou, dizendo mais tarde ao *Philadelphia Inquirer* que ela "não queria parecer que acabara de ter sido comida por todos os Rolling Stones". Jagger seguiu com telefonemas, que se tornaram encontros ilícitos em hotéis. Em sua autobiografia, Hunt alega ter sido a inspiração para "Brown Sugar". Em novembro de 1970, ela deu à luz a primeira filha de Jagger, Karis. Como em uma história da Bíblia, essa criança que era fruto do amor, inicialmente rejeitada, viria a se tornar mais tarde um grande consolo e um bálsamo para o pai na velhice.

Foi em uma festa em Paris em 1970 que Jagger conheceu Bianca Pérez-Mora Macias, a filha de, dependendo da conversa, um dono de plantação ou um diplomata ou um executivo rico da Nicarágua. Ela era jovem mas recusava-se a determinar uma idade exata. Ali estava uma garota rica que desprezava tanto o rock'n'roll que Jagger não resistiu a ficar encantado. Amigos dizem que eles pareciam duplos, gêmeos. Que o amor de Mick por Bianca era uma espécie de amor por si mesmo. Bianca engravidou no começo de 1971 e, de repente, Mick estava enviando convites de casamento. A cerimônia ocorreu em St. Tropez naquela primavera, logo depois de a banda chegar na França. Foi o desastre das celebridades da temporada. Helicópteros zuniam sobre a praia à medida que os paparazzi fechavam o cerco. Mick alugou um avião para trazer seus amigos de Londres.

– Se aquele avião caísse, você perderia vinte anos de música popular – disse-me Anna Menzies, que trabalhou para os Stones e estava no avião. – Bobby Keys estava naquele voo, Jim Price, Paul McCartney com Ringo. Keith Moon. Peter Frampton, Robert Fraser, Eric Clapton. Havia tanta bebida que o avião poderia ter voado sem combustível!

O tema de *Love Story* tocou enquanto Mick e Bianca caminhavam para o altar. Uma recepção foi realizada no Café des Arts. Foi uma festança. Curtir até não conseguir mais. Como no último dia. Jagger contratara uma banda de reggae chamada The Rudies, mas todos se levantaram e levaram um som. Jade Jagger nasceu alguns meses depois. Quando lhe pediram para explicar o nome da bebê, Mick disse a um repórter: "Porque ela é muito preciosa e muito, muito perfeita." Mick e Bianca divorciaram-se em 1979. Não me aprofundarei mais no relacionamento, pois isso apenas me deixa triste. Basta dizer que o casamento é creditado como tendo inspirado a grande canção dos Stones "Beast of Burden".

KEITH E ANITA LOGO VOLTARAM a consumir heroína. Começou com um enfermeiro que deu uma injeção de morfina em Keith depois de um acidente de kart no qual Richards, correndo com o amigo Tommy Weber em uma pista próxima, capotou com seu veículo, esmagando as costas. Com o apetite atiçado, Keith começou a procurar por ainda mais alívio – é uma história contada de forma perturbadora por Robert Greenfield em *Uma temporada no inferno com os Rolling Stones: Exile on Main Street*. Certa tarde, Jean de Breteuil, um notório traficante conhecido como Johnny Braces por causa de seus suspensórios, apareceu em Nellcôte. Ele entregou a Keith um estojo de pó de arroz com heroína impressionantemente pura. Richards apagou assim que a cheirou. Quando voltou a si, ele disse que queria mais – muito mais.

Em junho, a vida na casa acomodara-se em um estranho ritmo *junkie*. A maioria dos dias começava às duas ou três da tarde. Keith acordava, bocejava, espreguiçava-se, cuspia catarro, engolia uísque, tomava comprimidos. Ele começava com Mandrax, um tranquilizante que o trazia à consciência. Foi um verão quente, com frequência acima dos 37 graus. Anita estava grávida. Keith injetava-se antes de seu café da manhã da tarde e não fazia sua primeira aparição no térreo da casa até as cinco ou seis horas, um fantasma cinzento entupido de heroína. Ele passava horas ouvindo música ou tocando. Às nove, ia trabalhar no porão. Como um comerciante árabe,

Heroína

ele dormia a manhã toda e atravessava o deserto à noite. Ele emergia ao amanhecer. Se o clima estivesse bom, todos o seguiam até a doca, onde ele tinha uma lancha, a *Mandrax II*. Ele ficava no volante enquanto a costa passava por eles, atravessando a fronteira com a Itália, onde ele atracava em um píer e subia uma escada de pedra aos tropeços para comer ovos com arenque temperado ou panquecas com café preto forte.

Marlon tinha um ano e meio de idade. Keith era muito mais velho, mas um viciado em heroína é um bebê. Tudo gira em torno das funções biológicas e necessidades humanas. Você chora quando está com fome. Você dorme se conseguir. Você vive desesperadamente entre uma alimentação e outra. Desta maneira, Keith e Marlon entraram no mesmo passo, o viciado e a criança brincando na praia.

NELLCÔTE EM 1971 era como Paris na década de 20. As maiores estrelas e as luzes mais brilhantes do rock'n'roll vinham prestar homenagem, ficar doidonas e tocar. As pessoas sentiam-se impelidas a não apenas visitar, mas a festejar, comparando-se com Keith. Como dançar com o urso, ou ficar acordado com os adultos, ou beber com os rapazes da esquina. Eric Clapton ficou perdido na casa e foi encontrado horas depois, apagado com uma agulha no braço. John Lennon, visitando com Yoko Ono, vomitou no corredor e precisou ser levado embora.

GRAM PARSON APARECEU com a namorada, Gretchen. Ele estava mal-humorado, experimentando uma espécie de interregno entre vidas. Sua banda tinha terminado; sua música estava em um estado de transição. Em Nellcôte, Richards e Parsons retomaram o trabalho que tinham começado anos antes, tocando em busca das raízes da música americana. Isso durou dias e dias, Gram, aos 24 anos, membros longos e traços finos mas não propriamente belo, sentado ao lado de Keith no banco do piano. O relacionamento deles era intenso, misterioso. Eles conectavam-se tanto espiritualmente quanto musicalmente, amavam-se sóbrios e doidões.

– A onda da droga passava e ficávamos sentados ao piano por três dias em agonia, apenas tentando tirá-la de nossas cabeças, discutindo se as mudanças de acordes em "I Fall to Pieces" deveria ser maior ou menor – Richards disse depois.

Se tiver um amigo assim em toda a sua vida, você tem sorte.

A história foi gentil com Gram Parsons – a importância de seu legado revelada somente na plenitude do tempo. O som no qual ele trabalhava em Nellcôte com Keith, o som vibrante em si menor perfeito que pode ser ouvido em *Exile on Main Street*, inspirou alguns dos maiores artistas pop de eras posteriores. The Jayhawks, Wilco, Beck – ouço Graham sempre que ligo meu aparelho de som. O clima era contagiante. Jagger contraiu-o como uma gripe.

– Mick e Gram nunca se deram bem, principalmente porque os Stones eram uma coisa tão tribal – explicou Richards. – Ao mesmo tempo, Mick estava ouvindo o que Gram estava fazendo. Mick tem um bom ouvido. Às vezes, quando estávamos fazendo *Exile on Main Street*, nós três ficávamos tocando músicas de Hank Williams enquanto esperávamos o resto da banda chegar.

As canções country que distinguem os Stones – "Dead Flowers", "Sweet Virginia" – não existiriam como são se não fosse por Parsons, que, como qualquer terceiro membro, está presente mesmo quando não pode ser visto.

Os Stones, que estavam no processo de assinar um contrato de distribuição com Ahmet Ertegun e a Atlantic Records, precisavam fazer uma sequência para *Sticky Fingers*. Eles tinham partido para o exílio com várias músicas gravadas, sobras de sessões anteriores – algumas gravadas no Olympic, algumas gravadas em Stargroves, a casa de campo de Mick. Eles procuraram estúdios na França mas, no final, sem conseguir encontrar um lugar que pudesse acomodar as necessidades de *junkie* de Richards, decidiram gravar em Nellcôte. Músicos de estúdio, engenheiros e produtores começaram a aparecer em junho de 1971. Ian Stewart veio dirigindo a unidade móvel dos Stones – um estúdio de gravação instalado na traseira de um caminhão – da Inglaterra. Estacionado na entrada para carros, ele foi conectado via cabos serpenteantes ao porão, o qual fora isolado, equipado com amplificadores e preparado de outras maneiras, apesar de ser um espaço desconfortável.

– [O porão] tinha sido uma câmara de tortura durante a Segunda Guerra Mundial – o engenheiro de som Andy Jones disse à revista *Goldmine*. – Só depois de estarmos lá há algum tempo reparei que as grades do sistema de aquecimento no corredor tinham forma de suásticas. Suásticas douradas. E eu disse para Keith: "Que merda é essa?" "Oh, eu nunca lhe disse? Aqui era um quartel-general [da Gestapo]."

O porão era uma colmeia de reentrâncias. À medida que as sessões progrediam, os músicos se espalhavam em busca do melhor som. No final, cada um era como um monge em uma cela, conectados pela tecnologia. Richards e Wyman estavam em um cômodo, mas Watts estava sozinho e Taylor estava debaixo da escada. O pianista Nicky Hopkins estava no final de um corredor e o naipe de metais estava no final de outro.

– Era uma catacumba – disse-me o saxofonista Bobby Keys. – Escura e assustadora. Eu e Jim Price... Jim tocava trompete... fomos colocados bem longe dos outros caras. Não conseguíamos ver ninguém. Era fodida, cara.

Juntos e sozinhos – a condição humana.

O trabalho propriamente dito começou em julho. Os historiadores marcam como tendo sido em 6 de julho, mas foi mais confuso do que isso. Não houve um início claro para *Exile*, tampouco um fim. Nunca terminou nem nunca começou, o disco apenas emergiu da rotina cotidiana. Era punitivamente quente no porão. Os músicos tocavam sem camisa ou sapatos. Entre as imagens famosas das sessões está Bobby Keys em traje de banho, tocando impetuosamente seu sax. Os títulos das canções – "Ventilator Blues", "Turd on the Run" – eram inspirados nas condições do local, assim como o título provisório do álbum: *Tropical Disease* [Doença tropical]. Os Stones podiam aprimorar uma canção por várias noites. Algumas das melhores – "Let It Loose", "Soul Survivor" – emergiram de um vale-tudo, uma levada de som aparentemente sem sentido, da qual, depois de horas de pouca coisa, uma melodia aparecia, brilhante e nova. Nas sobras de estúdio, você pode ouvir Jagger acalmando todo mundo no momento crucial: "Tudo bem, tudo bem, lá vamos nós." Como na vida, a música veio mais rápido do que as palavras. De vez em quando, Jagger parava diante de um microfone, grunhindo enquanto o groove tomava forma – sons de vogais que lentamente formavam frases. Em uma ocasião, eles empregaram uma técnica modernista, o método de recortes usado por William S. Burroughs. Richards recortou trechos de textos de jornais e os jogou em um chapéu. Escolhendo aleatoriamente, Jagger e Richards montaram a letra de "Casino Boogie":

Dietrich movies
*close up boogies**

O disco entrou em foco da mesma maneira: lentamente, ao longo de semanas, seguindo um caminho determinado por forças metafísicas, caos, barulho e beleza capturados através de um processo que jamais seria repetido. Eles chamaram-no de *Exile on Main Street* [Exílio na Rua Principal] – Main Street sendo um apelido carinhoso para a Riviera francesa, assim como uma invocação daquele lugar nenhum de uma cidade pequena americana que deu ao mundo toda aquela música.

GRAM PARSONS ESTAVA perdendo o controle. Ele já usava heroína, mas morar em Nellcôte elevou o consumo a outro nível. Ele perdeu peso, ficou verde, desmaiava. A proximidade com os Stones fez com que perdesse sua âncora. Dessa maneira, um músico talentoso tornou-se primeiro um incômodo, depois uma chatice, e finalmente um problema. Jagger estava cansado de ter aquele *junkie* sempre atrapalhando. Mas Richards disse que tratava-se menos de incômodo do que de ciúme: Mick se sente ameaçado com qualquer pessoa que desafie seu lugar na vida de Keith.

Mick e Keith… Apesar de todas as brigas, o relacionamento é romântico. Mick vê Keith como um amante. Você percebe isso na contração dos lábios,

---

* "Filmes de Dietrich/ danças em close-up." (N.T.)

Heroína

o lampejo possessivo. Ele é a esposa furiosa expulsando a belezinha jovem. Keith diz que é um casamento. O que não quer dizer que tenha sido consumado – não há nenhuma evidência disso, apesar da tensão sexual que existe em tantas bandas entre o vocalista, que se gaba como uma diva, e o herói da guitarra, que fica em segundo plano como o homem da casa, cuidando das questões fundamentais. Mick e Keith. Plant e Page. Tyler e Perry. Axl e Slash.

No meio do verão, uma decisão foi tomada: *Gram precisa ir embora*. Isso tinha que ser tratado cuidadosamente, pois Gram não era apenas mais um agregado. Ele era um artista com uma alma delicada, ferido com facilidade, apaixonado por Keith. Ser expulso de Nellcôte era ser exilado do exílio. *Como isso foi feito?* Segundo Robert Greenfield, em *Uma temporada no inferno com os Rolling Stones*, Keith chamou Linda Lawrence, uma amiga e ex-namorada de Gram que, na época, estava casada com o cantor Donovan. Tendo sido também namorada de Brian Jones, Lawrence tinha experiência em lidar com vítimas de drogas.

– Você poderia, por favor, levar Gram? – Keith pediu a Linda. – Ele perdeu a cabeça e precisa estar com alguém.

Parsons e a esposa foram colocados em um avião para a Irlanda, onde passaram semanas na propriedade de Donovan. Keith mal voltou a vê-lo. No estilo de um funeral viking, Gram foi simplesmente colocado em uma jangada com suas posses e empurrado para o mar.

Richards estava enfrentando seus próprios vícios e demônios, mas ainda assim...

Ele deve ter sabido o quanto a amizade era importante para Gram. Musicalmente, pessoalmente e espiritualmente. Keith passou décadas falando com entusiasmo sobre Gram e a conexão especial entre eles, mas quando Gram estava lá em toda sua vivacidade conturbada, Keith decidiu não fazer nada.

Gram ficou deitado por semanas, olhando para o teto. Ele era como uma máquina desligada da tomada. Alguns dizem que ele tentou se matar. "No banheiro, certa tarde", escreveu Greenfield. Isso não era incomum. Para os cortesãos, os Stones estão no centro do sistema solar, são a estrela em torno da qual tudo gira. Quando eles te expulsavam, você caía na escuridão.

– Gram era lindo – disse-me Bobby Keys. – Mas no final, como muitos de nós… e estou falando de mim também, pois Deus sabe que tive meus próprios problemas… ele não conseguiu sobreviver à intensidade.

NELLCÔTE FOI UMA BANANA que passou de madura para podre em um instante. Traficantes de drogas ficavam na sala de estar, figuras ameaçadoras envolvidas com a Conexão Francesa. Em outubro, a casa foi roubada. Muitas das guitarras de Keith foram levadas, junto com muitas outras coisas. June Shelley me disse que o roubo foi tramado por alguém de dentro, provavelmente por um traficante recuperando o dinheiro que não tinham pago a ele. O roubo provocou um surto paranoico em Anita, que estava grávida. Diversas fechaduras nas portas, uma pistola na mesa de cabeceira. Convencida de que havia um plano para sequestrar Marlon, ela cercou a praia com arame farpado. Pessoas que tinham passado algum tempo na casa – franceses, na maioria – estavam sendo presas e interrogadas. Havia rumores de uma batida policial iminente. Amigos disseram aos Stones: "Caiam fora antes que seja tarde demais."

No final de novembro de 1971, depois de oito meses na França, os Stones fugiram do país como estudantes secundários fugindo de uma festa quando alguém grita "polícia!". Keith, Anita, Marlon e Charlie pegaram um voo à meia-noite em Nice. Duas semanas depois, a polícia francesa arrombou as portas de Nellcôte. Encontraram heroína e cocaína. Acusados de posse de narcóticos, Keith e Anita foram julgados *in absentia* e considerados culpados. Cada um recebeu uma pena suspensa de um ano e uma multa de 5 mil francos. Keith foi banido da França por dois anos. Os policiais também encontraram os discos de Keith, as roupas de Anita, a lancha, um Jaguar XKE, um papagaio chamado Boots e dois cachorros.

– Eles estavam perfeitamente saudáveis – June Shelley assegurou-me. – Eu ia lá todos os dias alimentá-los e brincar com eles.

Os Stones reuniram-se no Sunset Sound em Los Angeles para terminar o disco. Richards estivera no comando em Nellcôte, mas Jagger assumiu em L.A., fazendo dobragem, mixando, gravando e regravando. *Exile* seria o

Heroína

primeiro álbum duplo da banda. A gravadora hesitou – discos duplos geralmente não vendem bem –, mas havia músicas boas demais para um único LP. No final, as canções foram tão meticulosamente organizadas como as cenas em uma peça. O primeiro lado de cada disco é rock'n'roll. Os segundos lados são Música Americana Cósmica. Os primeiros lados são uma festa. Os segundos são uma ressaca. Os primeiros lados são cocaína. Os segundos são heroína. O lado A inclui "Rocks Off", "Rip This Joint" e "Shake Your Hips". O lado C inclui "Happy", "Ventilator Blues" e "Let It Loose". O lado B inclui "Sweet Virginia", "Sweet Black Angel" e "Loving Cup". O lado D inclui "All Down the Line", "Shine a Light" e "Soul Survivor".

Os Stones tiveram dificuldade em escolher um single. Jagger queria "All Down the Line", mas o engenheiro Andy Johns discordava. Jagger defendeu seu ponto de vista. Johns disse algo como: "Eu precisaria ouvi-la no rádio para ter certeza. Essa é a pena. Você não sabe até que ela esteja no ar, e então já é tarde demais." Jagger e Johns estavam tendo essa conversa em uma limusine, subindo e descendo a Sunset Strip. Jagger disse algo a Ian Stewart, que também estava no carro, e ele fez um telefonema – a classe alta possuía telefones nos carros desde a década de 50. Alguns minutos depois, "All Down the Line" tocou no rádio. Johns riu. Jagger virou para ele:

– E então?

Johns pensou por um momento, depois disse:

– Eu gostaria de ouvi-la de novo no rádio.

Exile on Main Street foi lançado em maio de 1972. Apesar de ter ido diretamente para o topo das paradas, os críticos não gostaram do disco – não inicialmente. Disseram que era frouxo, longo demais, desorganizado, uma bagunça. Como disse Hemingway: quando eles atacam, atacam precisamente o que é forte, único. O que os críticos realmente querem é uma versão levemente diferente do que já amam. Se você der a eles algo novo, eles odiarão você. Inicialmente. Mas grandes obras inventam seu próprio gênero. *Exile* cresceu cada vez mais em estima. No final da década de 70, era reconhecido como o último grande álbum da fase de ouro. Para muitos, é o melhor de todos – o disco essencial dos Stones.

Porque a banda fora libertada pelo término dos Beatles. Porque Mick e Keith tinham sido libertados pela morte de Brian Jones e pela saída de Andrew Oldham. Porque o mundo desistira do sonho hippie, deixando a música sem nenhum outro propósito além dela própria. Porque tudo está nele – a década de 60 e a morte dessa década, Chicago, a Chess Records, Muddy Waters e Howlin' Wolf, Altamont e os Angels, Sonny Barger e a Doce Cocaína, Meredith Hunter, Jimi Hendrix e Janis Joplin, a melancolia da morte da década de 70, o Vietnã e a heroína, os dias de verão na França, Gram Parsons e o triste gemido country, fins de noite e começos de manhã, o enjoo do ópio e guitarras... *Exile* quer ser escutado de uma vez só. Ele quer transformar seu dia em um devaneio. Ele quer levar você de volta ao porão de Nellcôte. Diga o que quiser sobre os discos que vieram depois, mas o que mais uma banda deve a nós? Se os anos posteriores têm sido uma espécie de pantomima, pelo menos os Stones têm *Exile* para imitar.

CHEGO ENTÃO ao ponto deste livro que chamo de "O enterro de Gram Parsons", uma história triste que representa todas as outras histórias tristes em torno da banda. Ele saiu vagando de Nellcôte estarrecido, viciado, estilhaçado. Ele era um rapaz de 24 anos de cabelo comprido em um terno *nudie*. Ele voltou a Los Angeles, pegou uma guitarra, se recompôs. Disse a todos que estava finalmente limpo. Casou com Gretchen e assinou um novo contrato para gravar um disco. Ele concluiria dois álbuns solo: *GP* (1973) e *Grievous Angel* (1974). Há um som especial nesses discos, uma pureza de partir o coração. É a década de 70 traduzida, uísque e neon à luz do dia. Ele formara uma banda, os Fallen Angels, com Byron Berline na rabeca country. Phil Kaufman servia de "babá executiva". Kaufman não conhecia Gram no começo, mas estava totalmente envolvido com ele no final. Em 1973, no funeral de Clarence White – morto por um motorista bêbado –, Parsons e Kaufman, deprimidos pelo ritual religioso e pela falta de alegria, fizeram uma promessa um ao outro: quem quer que morresse primeiro, o outro pegaria o corpo e o queimaria em Joshua Tree, um deserto a cerca de 240 quilômetros ao leste de L.A.

Heroína 299

Joshua Tree sempre foi um local cultuado para a conquista de iluminação e aventuras místicas, uma paisagem lunar de sálvia e mato, formações rochosas fantásticas e cabanas antigas, cujos braços compridos se tornam dedos ávidos à noite. Parsons ouviu sobre o lugar através de um ator chamado Ted Markland, que fora para lá para uma convenção sobre Ovnis.

– Gram, Mick, Keith, Anita e Marianne costumavam subir a montanha lá para ver o sol nascer e tomar cogumelos – disse-me Kaufman. – Para aquele pessoal, era um lugar sagrado.

Em 17 de setembro de 1973, Gram reservou dois quartos no Joshua Tree Inn, um motel de quinta categoria. Ele começou a beber à tarde, depois foi para a cidade. Após o jantar, subiu no palco com uma banda local. "Unchained Melody" é a última canção que Elvis Presley cantou. Ao piano, ao lado de sua quadra de raquetebol em Graceland. A última canção de Gram Parsons foi "Okie from Muskogee", de Merle Haggard, mas ele mudou o refrão do negativo para o afirmativo: "Nós *vamos* fumar maconha em Muskogee." Ele consumira uma garrafa de uísque antes de chegar ao motel. E comprimidos. Isso o colocou no clima para heroína. Só um pouco. Para relaxar. O vício é como a malária. Ele entra em remissão mas nunca vai embora. Ele estava com duas garotas e um rapaz. Segundo David N. Meyer, em *Twenty Thousand Roads: The Ballad of Gram Parsons and His Cosmic American Music*, outra hóspede do hotel chamou uma traficante. Alguns minutos depois, ela se hospedou no quarto 1 com uma maleta cheia de morfina. Gram preferia traficantes mulheres. Ele tinha o medo de garoto rico de ser espancado por um proletário. Ela trouxera seu bebê consigo. *Onde está o garoto hoje?* Preparando uma seringa, ela disse a Gram para enrolar a manga da camisa. Ele recostou a cabeça quando ela enfiou a agulha, sorrindo. Delírio líquido. Alívio químico. Ele queria mais. O erro clássico do *junkie*. No auge do vício, Gram desenvolvera uma tolerância poderosa. Era preciso uma dose gigantesca para deixá-lo doidão. Ele estava agora pedindo sua dose antiga, apesar de a tolerância ter passado. Ele receberia a droga como um neófito, desarmado e vulnerável. Assim que a segunda dose entrou em seu sangue, ele ficou em perigo. A traficante reconheceu imediatamente e partiu com a maleta e o bebê antes que os outros soubessem o que estava acontecendo.

Ele parecia um cadáver, mas uma das garotas conhecia um truque. Ela mandou os outros pegarem gelo, que ela enfiou na bunda de Gram. Os olhos deles se abriram, confusos, frios, em um lugar que ele não sabia que existia. *Quem sou eu? Por que estou aqui?* Então, os amigos cometeram um erro incompreensível – deixaram Gram voltar para seu quarto para se deitar. Quarto 8. A cama, o banheiro com a faixa sanitária sobre a tampa da privada. Quando foram conferir como Gram estava, ele estava morto. Phil Kaufman recebeu o telefonema à meia-noite. Ele foi de carro de L.A. para limpar o quarto e descartar as drogas no deserto. O corpo de Parsons fora levado ao hospital, onde um legista determinou a causa da morte como "toxicidade de drogas, dias, devido a uso múltiplo, semanas".

– Gram pensou que poderia fazer o que Keith Richards fazia – disse Kaufman. – Ele achava que tinha o metabolismo de Keith. Ele estava errado.

Richards recebeu a notícia quando os Stones estavam em turnê na Europa.

– Fui eu quem deu a má notícia a ele – lembrou-se Bobby Keys. – Foi depois de um show em alguma cidade e estávamos bebendo e nos divertindo muito, quando descobri através de alguém. Não era inesperado, mas ainda assim foi completamente devastador. Quero dizer, que merda! Tentei dar a notícia de modo cuidadoso a Keith, porque ele precisava saber, mas eu sabia que aquilo acabaria com ele. Keith e Gram tinham algo especial, cara. Eu disse: "Keith, tenho más notícias. GP está morto." Keith não conseguia acreditar. A última informação que tínhamos recebido era a de que Gram estava limpo, indo bem. Mas você sabe como é com *junkies*. Eles podem ter uma recaída a qualquer minuto em qualquer dia. Keith e eu ficamos sentados ali bebendo a noite toda... afogando as mágoas como um par de boiadeiros em um filme de caubói quando recebem a notícia de que Ringo Kid foi morto em um tiroteio.

Por que a morte de Gram Parsons toca uma nota tão pungente? Afinal de contas, muitos outros já tinham morrido. Janis e Jimi, e especialmente Brian. Acho que tinha a ver com a doçura de Gram – o modo como ele parecia apenas querer fazer sua música e ser amado. Quando uma pessoa assim morre jovem, é má sorte para todos.

Alguns culpam Keith. Dizem que Keith corrompeu Gram, conduziu-o a águas profundas onde ele não conseguia nadar. Dizem que foi o exemplo de Keith que matou Gram. A vida de estrela do rock era simplesmente atraente demais, legal demais.

– Estou ciente desses rumores... "Oh, Gram ainda estaria vivo se não fosse por Keith Richards." Ouvi isso ser dito de um modo tão atrevido quanto este – disse Keith. – E há uma possibilidade, sendo completamente honesto, de que sim, talvez conviver com os Stones não o tenha *ajudado* em sua atitude em relação às drogas. Mas eu diria honestamente que a atitude dele em relação a essas coisas lembrava o que estava acontecendo em todos os lugares.

Quando Phil Kaufman foi buscar o corpo de Gram, ele estava no LAX, de onde seria despachado para Nova Orleans para o funeral. Kaufman entrou no hangar dirigindo um rabecão emprestado. Passando-se por um agente funerário, ele preencheu um formulário – assinou-o como "Jeremy Ninguém" – e partiu com o caixão. Ele estava acompanhado por um roadie chamado Michael Martin, que estivera no Joshua Tree Inn com Gram. Eles dirigiram durante a noite, bebendo e chorando, e chegaram a Joshua Tree antes do amanhecer, nas horas assustadoras da madrugada tomadas por sombras de cactos e coiotes. Eles tiraram o caixão do carro, abriram-no só para ter certeza – "Ali estava Gram, deitado nu", Kaufman escreve em suas memórias; "tudo que ele tinha era fita adesiva cirúrgica no peito, onde tinham feito a autópsia" –, arrastaram-no até o parque e colocaram-no ao lado da formação geológica conhecida como Cap Rock, que se tornou uma espécie de santuário. As pessoas ficam de pé diante dela e rezam pela música country, ou pensam em Gram Parsons, ou examinam as palhetas de guitarra e os chapéus de caubói e as mensagens deixadas pelos fãs. É o Muro das Lamentações da Música Americana Cósmica, regada com muitas lágrimas amargas. Mas, na época, não havia nada de especial quanto ao local.

– Todos pensam que Cap Rock é um local sagrado onde espíritos se encontram ou algo parecido – explicou Kaufman. – Isso não é verdade.

Éramos apenas dois bêbados que tínhamos ido o mais longe que conseguimos com o corpo.

Kaufman encharcou o caixão com combustível, jogou um palito de fósforo e recuou.

"Quando gasolina de alta octanagem pega fogo, ela consome muito oxigênio do ar", ele escreveu.

"O fogo fez *whoosh* e uma grande bola de fogo subiu no ar. Assistimos o corpo queimar. Ele estava borbulhando. Você podia ver que era Gram e o corpo queimou muito rápido, dava para vê-lo derretendo. Olhamos para cima e as chamas estavam realmente subindo no ar, para a noite do deserto. A lua brilhava, as estrelas brilhavam e o desejo de Gram estava se concretizando. Suas cinzas se espalhariam pelo deserto."

Kaufman foi preso e acusado de furto qualificado – por roubar o caixão. Ele apelou por um delito leve e recebeu uma multa de trezentos dólares. Naquela altura, a história chegara aos jornais: "Corpo de estrela do rock cremado em incêncio ritualístico no deserto." A morte de Gram Parsons tornou-se uma lenda completa com mocinhos e vilões, música e maldade, a última ceia, a última cama, o último quarto. O Joshua Tree Inn o anuncia. Você pode ficar na suíte Parsons por 109 dólares a noite. O quarto é assombrado pelo rock'n'roll.

32. "Onde está Mick?"

NA METADE DA DÉCADA DE 70, Keith Richards foi incluído por um jornal em uma lista das celebridades mais propensas a morrer no ano seguinte. Quando foi informado sobre isso por um repórter, ele pareceu ficar abalado. Correr riscos era uma coisa, mas estranhos calculando e imprimindo as probabilidades como apostas no *Daily Racing Form* é outra. Keith ficou hesitante, mas depois, sendo Keith, encontrou seu equilíbrio, tornou-se desafiador e vestiu-o como uma capa: *Enforquem-me e ainda não morrerei*. Aparecer na patrulha da morte entrou para o repertório, tornou-se parte da rotina do louco. Ninguém sabe exatamente quão perto ele chegou na década de 70, mas ele pareceu, em alguns momentos, tocar a barra da vestimenta do Senhor. Uma experiência de quase-morte prolongada: é impressionante o quanto ela parecia interminável e como, no entanto, foi realmente curta. Em 1964, Keith estava lúcido e esperto, com o brilho de um garoto que sabe o quanto toca bem. Cinco anos depois, ele estava borrado e diminuído, apodrecido pelas experiências químicas. Ele fora refeito pelo abismo. Mesmo em fotos tiradas décadas depois, ele parece ter acabado de sair de um prédio em chamas. Mesmo sóbrio, parece bêbado. Se você é um fã de Richards, todo dia é um bom dia porque você fica continuamente surpreso ao descobrir que ele ainda está vivo.

Keith decidiu ficar limpo depois que a banda terminou *Exile* pelos motivos habituais: haveria uma turnê, o que significava fronteiras e cidades pequenas repletas de policiais. Quem quer ser preso ou entrar em crise de abstinência em alguma cidadezinha no meio do nada? Marshall Chess, que na época trabalhava para os Stones, providenciou para que Keith e Anita se recuperassem em Nyon, na Suíça, nos arredores de Genebra. Foi nessa viagem que, supostamente, Keith teve todo o sangue repleto de heroína em seu corpo substituído por sangue limpo – uma lenda de pátio de escola que transforma Keith em um vampiro do rock'n'roll, chupando o sangue de inocentes. Precisamos de suas frases musicais; ele precisa do nosso sangue. Keith diz que isso nunca aconteceu, desconsidera a coisa toda como um boato que cresceu a partir de um comentário casual que ele fez a alguns repórteres em um aeroporto. ("Eu só queria que eles parassem de me seguir", ele disse a um repórter da CBS em 2010.) Se escolhermos acreditar na lenda, é porque precisamos que Keith seja imortal, um pistoleiro da guitarra incapaz de morrer trocando de sangue como você troca o óleo de seu carro depois de 1.600 quilômetros.

Visitei a clínica onde Keith e Anita se recuperaram, o hospital onde Anita deu à luz o segundo filho, as cidades e os hotéis onde eles convalesceram durante muitos meses. Ruas de paralelepípedos e construções medievais, campanários emoldurados por montanhas, o lago no fim de cada rua triste. Fiquei no Trois Couronnes, o histórico hotel gigantesco em Vevey onde Keith e Anita acabaram hospedados. Uma coisa é ler sobre um lugar, outra é caminhar pelos becos, conversar com as pessoas, respirar o ar. Indo para lá, você captura o clima, o qual pode então ser reconhecido nos discos. Eu estava particularmente interessado na Suíça porque a Suíça é o avesso de Nellcôte – é onde a conta foi paga, onde a dor foi sofrida. No lado A, o roqueiro. No lado B, a balada.

– Um dia, em março de 1972, recebi um telefonema estranho de Marshall Chess – disse-me June Shelley. – Ele disse: "June, preciso que você vá para Genebra o mais rápido possível, vá de avião se puder. Estou mandando Keith e Anita para você com Marlon e a babá. Eles vão se submeter a um tratamento para drogas na Suíça. Preciso que você se encontre com eles e organize tudo. Providenciamos um advogado poderoso na Suíça, um cara elegante que pega trabalhos grandes. Ele vai ajudar. Fizemos reservas para vocês em um hotel nos arredores de Genebra, em uma cidade pequena. Registramos Keith como senhor... você sabe, o contrário, em

"Onde está Mick?"

vez de Keith Richards, Richard Keith." Vou até o aeroporto em Genebra e me encontro com esse advogado elegante que cuida desta pessoa e daquela pessoa e... Eles perderam o voo! Recebemos uma mensagem. É Marshall Chess: "Keith não se sentiu bem o suficiente hoje. Tentaremos de novo amanhã."

Alguns dias depois, June tinha todos acomodados em Nyon, mas, quando foi informada de que Marlon não poderia ficar com ela na clínica, Anita se recusou a ir. Enquanto isso, Keith, sem tomar sua dose regular, começou a entrar em abstinência. No começo, um pouco enjoado, depois muito enjoado. Pálido, coberto de suor. Quando June finalmente encontrou um novo médico e uma nova clínica – dr. Denbey, Vevey – Keith não conseguia ficar de pé. June chamou uma ambulância. Os paramédicos queriam levá-lo em uma maca, mas Keith não queria assustar Marlon. Eles o carregaram então em uma cadeira, sentado e impotente, como o último imperador da China.

June acompanhou-o na ambulância, luzes azuis e vermelhas piscando entre as montanhas escuras. Ele estava branco como um fantasma, frio como uma nevasca, olhos fechados – este é o momento no qual ele provavelmente chegou mais perto de realizar as previsões.

– Foi uma viagem infernal – disse-me June. – Keith estava quase inconsciente. Ele parecia morto. Estávamos disparando por ruas estreitas, porque a autoestrada não chegava até Vevey. Eu estava segurando a mão dele, conversando com ele e pensando: "Oh, meu Deus, vou perder um Rolling Stone! Todos no mundo me culparão! Jamais serei perdoada!" Sei que é algo estúpido e egoísta de se pensar, mas *era* o que eu estava pensando. A ambulância estacionou no hospital e corri para dentro. Essa grande Enfermeira Ratched vem até mim. Estou gritando: "Dr. Denber, dr. Denber!" Ela diz: "Ele foi embora." Depois pergunta, muito friamente: "Nome do paciente, endereço do paciente", blá-blá-blá. "E então, onde está o paciente?", ela pergunta. Fico chocada: "Vocês não estão com o paciente?" Eu presumi que, quando estacionamos, alguém tivesse corrido para fora e o pegado. Mas Keith ainda estava lá fora na ambulância, morrendo enquanto o motorista estava por perto fumando. Em um instante, a Enfermeira Ratched se transforma em Florence Nightingale. Ela sai correndo gritando: "Meu Deus, meu Deus, meu Deus."

Keith passou duas semanas na clínica em Vevey. Depois de três dias, estava forte o bastante para se sentar. Depois de cinco dias, conseguia andar. Ele conheceu um garoto no hospital, talvez com quinze anos, que sofria de alguma doença terrível. A primeira coisa que o garoto perguntou quando reconheceu Keith diz tudo: "Onde está Mick?"

Depois de cerca de sete dias, Keith conseguia tocar violão. O garoto também tocava, então eles ficaram ali, lado a lado, hora após hora, o garoto doente e a estrela do rock, tocando.

Sentado na cama certa tarde, Keith compôs "Angie" em um violão. Uma balada melancólica que pode ser sobre Anita, ou Mick, ou Marlon, ou simplesmente sobre o clima: o depois, o pós-escrito, a sobrevivência; fuga de morte e doença da heroína; um momento capturado em uma das melodias mais tristes da década.

Alguns dias depois, Keith mudou-se para o Trois Couronnes com Marlon enquanto Anita foi se tratar. Ela estava no terceiro trimestre de sua segunda gravidez.

– Mas quando Anita chegou na clínica, deram algo a ela que causou contrações – disse-me June. – O nascimento estava previsto para duas semanas depois, de modo que foi uma crise. O dr. Denber não podia realizar o parto na clínica, então ele telefonou para o hospital comum, chamou o diretor e disse: "Vocês precisarão realizar um parto e o bebê pode estar viciado em heroína." Você pode imaginar a reação! O parto correu bem. A bebê não estava viciada, o que era um milagre. Visitei Anita no hospital. Ela procurava todo mundo, perguntando em uma vozinha lamentosa: "A Suíça é um bom lugar para criar crianças?"

Anita batizou a bebê de Dandelion, mas, por razões óbvias, a mãe de Keith, que acabou criando a criança, usava seu nome do meio. Enquanto escrevo este livro, Angela Richards está com cerca de 45 anos e vive em Chichester, Inglaterra, onde trabalha com cavalos.

33. O último grande disco

Alguns anos depois de pegar a estrada com os Rolling Stones em 1994, fui contratado para um trabalho de roteirista. Isso resultou em várias entrevistas com Martin Scorsese e Mick Jagger, que conversavam há muito tempo sobre colaborar em um filme sobre rock'n'roll. Surpreendentemente, fui contratado. Ou, como Ahmet Ertegun me disse na época: "Você conseguiu um trabalho ridículo!" Era tão improvável quanto Dandelion Richards ter nascido limpa. A descrição do trabalho era poderosamente vaga: "Um roteiro sobre a indústria musical." Fui deixado por conta própria para imaginar personagens, histórias, arcos narrativos. Eu nunca tinha escrito um roteiro, tampouco ficção séria. Eu era um jornalista, dedicado aos fatos. Depois, descobri que minha falta de experiência era vista como uma vantagem. Scorsese não teria que me livrar dos maus hábitos do picareta de Hollywood. Em vez disso, ele podia começar do nada, ensinando-me não a como escrever um filme, mas a como escrever um filme de Martin Scorsese. Na época, eu estava trabalhando no meu primeiro livro, *Tough Jews*, o que também ajudou. Scorsese ficou encantado com o tema e com a sensibilidade: os gângsters do Brooklyn da década de 30, narrado no estilo de *Os bons companheiros*. O fato de que eu já trabalhara com Jagger e os Stones, viajara com eles e os entrevistara, era outra vantagem. Em qualquer colaboração, Mick precisa se preocupar com seu efeito sobre as pessoas. Sua presença pode transtornar até mesmo o profissional mais calejado.

O roteiro contaria a história de um produtor musical parecido com Jerry Wexler que entrara no ramo na alvorada do rock'n'roll e persistira através de tudo. Batizei meu protagonista de Herbie em homenagem ao meu pai, depois o coloquei em aventuras baseadas em acontecimentos reais. Jagger, Scorsese e eu fomos listados como corroteiristas e trabalhamos no roteiro durante anos. Nos encontrávamos na casa de Scorsese no Upper East Side de Manhattan, comíamos um jantar de três pratos na sala de jantar, depois começávamos a trabalhar. Eu falava sobre tramas e personagens enquanto Jagger e Scorsese lançaram suas ideias, dando forma à coisa cuspindo sugestões. Mick e Marty contaram histórias de suas próprias vidas. O diretor falou sobre Hollywood na década de 70, sobre morar com Robbie Robertson e filmar *O último concerto de rock*. A estrela do rock falou sobre ser um ídolo pop na década de 60, as garotas na estrada, a rivalidade e a amizade com os Beatles, a primeira viagem aos Estados Unidos, a cena como costumava ser e o que se tornara, fãs "seguidores", chefes de estúdios, drogas – tudo. Podíamos trabalhar durante cinco ou seis horas sem intervalos, mas eu nunca ficava entediado ou cansado e queria sempre mais.

Jagger fez uma lista de pessoas com quem eu deveria conversar, depois ajudou a providenciar os encontros. Entrevistei dezenas de músicos, produtores e executivos de estúdios, e cada qual tinha mais uma história, mais uma peça do quebra-cabeça. Ahmet Ertegun, Jerry Wexler, Bob Krasnow, Peter Asher, Mario Medious… era como aprender sobre a indústria cinematográfica com Orson Welles ou Irving Thalberg.

Conversei com Joe Smith, que dirigira a Warner Bros. Records, à beira da piscina do Mondrian, em L.A. Ele contou-me sobre como comprara um contrato de Van Morrison da máfia.

– Voei para Nova York com uma maleta cheia de dinheiro – ele disse. – Fizemos a troca em um armazém perto do rio. "Você está com o dinheiro?" "Sim, você está com o contrato?"

Conversei com Ahmet Ertegun na Atlantic Records. Ele contou-me sobre sua busca por investidores na década de 50.

– Lionel Hampton queria se tornar meu sócio e entrar com o dinheiro – ele explicou. – Íamos chamar a gravadora de Hamptone Records, mas as finanças dele eram administradas por sua esposa, Gladys, e quando fomos vê-la, ela disse: "Vocês estão brincando? Você vai dar dinheiro a este babaquinha?" No ano passado, Lionel veio me ver no meu escritório,

O último grande disco 309

olhou ao redor, e disse: "Ah, meu Deus, tudo isso poderia ter sido meu. Maldita Gladys!"

Conversei com Bob Krasnow, que dirigiu a Elektra Records, em seu apartamento em Manhattan. Ele me fez tirar os sapatos e calçar pantufas, depois falou sobre quem inventou o quê.

– Toda essa música veio de pessoas negras – ele disse. – Os Stones não a inventaram. Ela veio de Chuck Berry, Bo Diddley, Muddy Waters, Howlin' Wolf. Leonard Chess e seu irmão só gravavam música negra. Syd Nathan gravava música negra [principalmente]. Ahmet Ertegun só gravava música negra. Então, qual foi o resultado, qual era o princípio moral? Um Cadillac foi dado em lugar do que deveria ter realmente sido dado? Essas são perguntas que você precisa fazer. As respostas serão engraçadas e tristes. Por que Mick Jagger quis fazer seu primeiro disco em Chicago no estúdio de gravação da Chess Records? Qual é a história por trás disso?

Jerry Wexler, que dirigiu a Atlantic com Ertegun, telefonou-me de seu lar de idosos. Discutimos sobre a palavra *"macher"*, um termo ídiche que significa algo como "figurão". Usei-a para descrever a primeira geração de executivos do rock no meu livro *Machers and Rockers*. Ele concordou que Leonard Chess fora um *macher*, mas se recusou a aceitar o rótulo para si mesmo.

– Você sabe o que é um *macher*? – ele me perguntou. – Um *macher* é um homem que sobe na *bimá* e lê o livro sagrado no dia sagrado e não tem o direito de fazer isso! Esse homem não tem nenhum direito de ler aquele livro!

Scorsese e eu revisamos minhas páginas diversas vezes. Com frequência, ele me indicava cenas específicas de seus filmes favoritos. De vez em quando, passava filmes para mim em sua sala de projeção – filmes que ele achava que contribuiriam, ou que apenas eram divertidos de assistir. *A grande chantagem. Morte em Veneza. Um homem e dez destinos.* Às vezes, éramos só nós dois na sala de projeção – ele jogava a cabeça para trás enquanto gargalhava "Ha! Ha! Ha!" – e, às vezes, éramos somente eu e o projecionista.

Levei minhas páginas para Jagger na estrada. Em uma ocasião, quando a banda fazia uma turnê para promover seu disco de 1997, *Bridges to Ba-*

bylon, trabalhamos na suíte de Mick no Four Seasons em Seattle enquanto umidificadores agitavam o ar ao redor de nós em uma pintura de Monet.

– Desculpe-me pela névoa – ele disse. – Mas preciso cantar hoje à noite.

Ele brincou sobre os shows e a viagem, a vida em uma viagem por uma estrada que nunca termina. Era um Mick diferente daquele que eu conhecera enquanto escrevia a matéria para a *Rolling Stone*. Naquele tempo, ele era charmoso mas cauteloso, contido. Como agora tínhamos nos tornado parceiros, eu sentia que estava me aproximando mais da pessoa por trás da fachada. Ele estava falante, repleto de histórias, íntimo, interessante. Ele abordou mais profundamente o começo, os primeiros shows, as revoltas, os homens de A&R, Los Angeles naquela época, os trapaceiros e os DJs, o sul dos Estados Unidos, Villefranche e o fim do sonho hippie. A maior parte de suas sugestões para o roteiro era sobre o clima.

– Você precisa lembrar que muitas dessas coisas foram engraçadas – disse-me ele. – Só pareceram sérias e importantes mais tarde, em livros e tal, mas, na época, estávamos nos divertindo e rindo o tempo todo e muito daquilo era bobagem.

Certa noite, quando os Stones não estavam se apresentando, saímos para jantar e depois para ver Taj Mahal em um clube pequeno. Chegamos tarde, depois de as luzes terem sido apagadas, entrando rapidamente por uma porta lateral para que ninguém reconhecesse Jagger. Obviamente, não tinha como não reparar nele quando a música começou. Ele cantava acompanhando a banda e dançava em sua cadeira, envolvido no groove. Ele disse que amava Taj Mahal porque ele aborda o blues como um rapaz branco – menos por sentimento do que por intelecto, portanto tão inautenticamente quanto os Stones. Pedimos martínis. Quando o show terminou, o público foi deixado sentado no escuro enquanto fomos conduzidos às pressas para sairmos pela porta lateral.

De vez em quando, Jagger me levava a um restaurante ou a um clube. Ocasionalmente, ele ficava até tarde da noite, absovrndo quaisquer frases ou melodias que fossem populares na pista de dança. Ou ele me deixava no hotel e saía com seu guarda-costas, o que é o mais sozinho que ele fica. No dia seguinte, eu ouvia histórias sobre Mick na discoteca, como ele dançara

O último grande disco 311

a noite toda ou trouxera todos os garotos de volta para seu quarto. Mas ele estava sempre esperto e lúcido quando retomávamos o trabalho pela manhã. Quando dizia algo importante, batia no joelho. Quando dizia algo muito importante, batia no *meu* joelho.

Em algumas noites, eu acompanhava a comitiva para a arena, chegando horas antes do show. Eu amava ficar na lateral do palco, observando os assentos serem ocupados. Eu ficava fascinado com as multidões. Quando fui ver os Stones na década de 80, todos eram livres e jovens. Agora, todos eram velhos, limpos, prósperos. A transação era óbvia: eles compravam um ingresso e recebiam nostalgia em troca. Tudo fora domado, encurralado, controlado. Não havia mais assentos gerais, com as pessoas se esmagando diante do palco; nada mais de sobreviver por pouco ao *mosh pit*, a roda de dança punk. A riqueza substituíra a urgência. Aquilo era rock'n'roll atrás de uma corda de veludo.

Era ainda mais organizado no backstage, onde um dia traficantes e *groupies* tinham circulado entre as estrelas tão livremente quanto animais atravessando a savana. Depois de Altamont, tudo aquilo fora encerrado e a ordem fora imposta. Era tanto uma questão de negócios quanto de segurança. Ingressos de quinhentos dólares, os melhores assentos ocupados por banqueiros, a própria turnê patrocinada pela Pepsi ou pela Coca-Cola – na era do rock corporativo, todo encontro é etiquetado com um preço. "Formalizamos muito prontamente essa política de 'encontrar e cumprimentar'", o príncipe Loewenstein escreveu em suas memórias, *A Prince Among Stones*.

Em um horário específico, logo antes de subirem ao palco, os Stones estavam disponíveis para encontrar – e cumprimentar – algumas das pessoas que eram importantes para sua carreira. Muitas vezes, era a única vez que aqueles executivos jamais teriam a oportunidade de entrar em contato direto, pessoal, com a banda. Eles voltavam e contavam aos colegas e às esposas e namoradas que tinham conhecido Mick Jagger.

PASSEI NOITES BEBENDO com a comitiva no bar do hotel. Se algum dos Stones aparecia, era geralmente Ron Wood, que substituíra Mick Taylor na guitarra na metade da década de 70. Taylor deixara a banda pois sabia que a vida como um Stone o mataria. Em um certo ponto, durante as audições que se seguiram, Eric Clapton, que também estava se candidatando, repudiou Wood, dizendo:

– Sou muito melhor guitarrista do que você.

– Sei disso – Wood concordou. – Mas você precisa viver com esses caras além de tocar com eles.

O que era o ponto central da questão – depois das dificuldades com Brian Jones e Mick Taylor, os Stones queriam alguém que fosse durar. Wood era perfeito. Ele não era apenas um guitarrista excelente, pesado e rítmico como Richards, mas era um tipo meio bandido, que topa qualquer coisa, que, com seu nariz adunco e sorriso com olhos negros, parece mais um Stone do que qualquer outro, exceto Keith. Wood ficava no bar até ele fechar, conversando sobre tudo. Ele era afetuoso e caloroso de uma maneira rara naquelas turnês posteriores, que tinham mais a sensação de dinheiro do que de rock'n'roll – um show dos Stones tornou-se um *revival* da Broadway, a milionésima repetição de *Annie*, onde tudo gira em torno de cumprir as metas e vender as camisetas.

Essa frieza vem do topo: Jagger e Richards. A briga entre eles esfria tudo. Os Stones se separaram em 1980 e se reuniram em 1988, mas nunca mais foram os mesmos. Não foi amor que os reuniu outra vez, mas calculismo. Mick e Keith perceberam que jamais poderiam ganhar tanto dinheiro sozinhos quanto poderiam ganhar juntos. Eles são como um casal amargurado que permanece junto por causa dos filhos. Só que os filhos cresceram. Ou talvez o dinheiro seja os filhos. De qualquer maneira, homens que um dia se amaram agora não fazem nada além de atacar um ao outro. Isso culminou em 2010 com a publicação das memórias de Keith, *Vida*. Keith queixava-se do líder da banda por ter se vendido, agir como um bebê, ser uma prima-donna. Ele zombou do trabalho solo de Mick, questionou seu caráter, até menosprezou seu *Schwanzstucker*, "o pênis minúsculo".

Conversei com Jagger sobre o livro de Keith pouco depois de sua publicação. Ele parecia magoado, furioso. Contou-me sobre como dirigiu até Connecticut para ler as provas de impressão na casa de Keith. Falou sobre

O último grande disco

como pediu a Keith para remover certas passagens. Quando perguntei sobre reclamações específicas, Mick me impeliu a pensar no quadro geral. Aqui, parafraseio Mick: "Imagine que tudo que Keith diz seja verdade. Agora, imagine tais coisas sendo ditas por um sócio em um negócio, um homem com quem você se juntou em um empreendimento multimilionário. Agora, imagine que esse sócio seja viciado em drogas. Às vezes, você tem uma reunião importante e ele não aparece. Às vezes, quando você está prestes a fechar um contrato importante, ele é preso. Ou talvez ele seja preso na véspera de uma turnê mundial. O que, neste caso, você acharia das reclamações dele?"

Jagger riu de alguns dos materiais mais devassos – uma gargalhada fria, cínica – depois disse que duvidava que Keith sequer tivesse lido o livro. O livro é tão saturado com a voz de Keith que é difícil acreditar que ele não estivesse intimamente envolvido, mas compreendo por que Mick escolheria acreditar que Keith pagara pelo trabalho e caíra fora. Depois de ler o livro, o primeiro pensamento que temos é: "Este é o fim dos Stones, não há como eles trabalharem juntos novamente." Mas é claro que trabalharam. Em uma turnê depois da outra. No final, há sentimento, depois há dinheiro. Em outras palavras, quando você vê Mick e Keith no palco, recostando-se um no outro como Butch e Sundance, você está vendo atores. É de partir o coração. Muitos de nós se apaixonaram pela banda pois eles eram uma gangue. No centro da gangue estavam os irmãos de sangue, Mick e Keith. A amizade deles era rock'n'roll. As músicas compostas em parceria amplificavam esse ponto, pois o que é mais íntimo do que compor com outra pessoa? O que acontece quando essa amizade chega ao fim? O que isso faz com a música?

Como muitas coisas desagradáveis, isso aconteceu na década de 70. Durante anos, Keith esteve perdido em uma névoa. Mick assumiu o controle naturalmente. Sem eles, os Stones teriam desmoronado. Quando Keith emergiu de seu torpor, ele tentou se reafirmar. Mick resistiu. Eles brigavam em ensaios e em reuniões – sobre montagens de palcos, canções, disco, punk. No final, era tudo uma questão de domínio. As sessões de gravação tornaram-se insuportáveis.

– A época em que fomos fazer [o disco] *Undercover* foi a pior que eu tive com eles – disse-me Chris Kimsey, que produziu o álbum entre 1982 e 1983. – Gravamos boa parte dele em Nassau [nas Bahamas], depois o mixamos em Nova York, no Hit Factory. Eu trazia Mick para o estúdio de cerca de meio-dia até as sete horas, e depois Keith de em torno das nove horas até as cinco da manhã. Eles não queriam estar juntos. Eles evitavam um ao outro especificamente. Mick dizia: "Quando ele chega? Estarei aí depois." Depois de cerca de uma semana, aquilo estava me matando. E eram coisas tão bobas, por exemplo, um deles dizia: "O que ele fez?" E eu tocava um pouco, e o outro dizia: "Livre-se disso."

Jagger estava procurando um jeito de sair dos Stones. Você consegue imaginar estar preso em um palco noite após noite com seus amigos do ensino médio? Ele queria ser famoso sozinho, como Michael Jackson ou David Bowie. O ponto de ruptura ocorreu na metade da década de 80, quando os Stones assinaram um novo contrato de gravação. Somente quando o contrato estava fechado foi que os outros descobriram que Jagger prometera não apenas vários álbuns dos Stones, mas também dois álbuns solo – houve quatro discos solo de Jagger, incluindo *Primitive Cool* e *Goddess in the Doorway* [Deusa na porta], o qual Richards chamou de "merda de cachorro na porta". Apesar de Jagger ter prometido colocar a banda em primeiro lugar, ele deixou de fazer uma turnê com os Stones para promover seu álbum solo, acompanhado por um supergrupo. Ao fazer isso, os outros membros da banda acreditaram que Jagger tinha quebrado uma regra não escrita: os Stones sempre vêm em primeiro lugar.

Naquele ponto, a banda basicamente terminou. Keith, que se recusava a falar com Mick, seguiu para fazer *seu* próprio disco. Foi revelador, pois enquanto o disco solo de Mick soava morno, pouco coeso e fraco, o disco de Keith soava como os Stones. Ele fazia você reavaliar tudo e se perguntar exatamente quem fora responsável pelo quê. Em outras palavras, a disparada de Jagger rumo à liberdade foi um tiro que saiu pela culatra. Em vez de aumentar sua capacidade de ganhar dinheiro e sua fama, ele diminuiu as duas coisas. Os discos solo de Mick foram um fracasso. Em *Mick: The Wild Life and Mad Genius of Jagger*, Christopher Andersen relata que *Goddess in the Doorway* vendeu apenas 954 cópias no dia de seu lançamento. "Os dois álbuns solo de Mick – ele também lançou *Primitive Cool* em 1987 – não incendiaram o mundo como ele esperava", escreveu o príncipe Loewenstein. "[Agora] eu era capaz de reforçar a mensagem importante, para a qual eu agora tinha os números para sustentar: 'Seu jeito de fazer dinheiro é como uma banda. Vocês precisam trabalhar em grupo. Isso é o que o mundo quer de vocês.'"

Os Stones se reconciliaram no Hotel Savoy em Londres, em 1988, mas a verdade é evidente para qualquer fã sério: Jagger ainda está à frente da banda porque se saiu mal como artista solo.

Quando perguntei a Sam Cutler por que os Stones continuam seguindo em frente, ele disse:

– Eles viveram mais do que todo mundo. Isso é alguma coisa, eu acho. Mas, quero dizer, você precisa olhar para a música deles e se perguntar a respeito, não precisa? Já faz muito tempo desde quando eles produziram qualquer coisa que ilumine o mundo. Eles estão agindo automaticamente, faturando milhões. Mas isso depende do que você quer. Você pode ser apenas uma ótima banda de rock'n'roll, e não há dúvida de que eles são uma ótima banda de rock'n'roll. Eles podem não ser mais a maior banda de rock'n'roll do mundo, mas ainda atraem muita gente para seus shows. Portanto, o que você pode dizer? Não os condeno. Amo a música deles. Como pessoas, acho que deixam algo a desejar, mas e daí? Isso é parte do charme deles.

Na verdade, os Stones começaram a deteriorar muito antes de Mick seguir por conta própria. Como eu disse, a fase de ouro terminou com *Exile on Main Street*. Então, o que deu errado? Por que a maior banda de rock do mundo perdeu o groove? Alguns acreditam que eles simplesmente tinham feito o que tinham se determinado a fazer – missão cumprida. Alguns acreditam que perderam a habilidade crucial de reinventar a si mesmos, o que Andrew Oldham disse que uma banda deve fazer a cada cinco anos se quiser permanecer relevante. Alguns acreditam que eles queimaram todo seu combustível, gastaram a inspiração e a energia que os carregaram para fora do Crawdaddy Club. Mas eu acho que a morte da amizade explica a morte da banda. No final da década de 70, Jagger e Richards tinham desviado para campos diferentes. Suas canções, as melhores das quais sempre tinham tomado forma no estúdio, construídas em todas aquelas horas vazias de curtição, perderam a qualidade distintiva. Sem a amizade, não havia a banda. Tampouco amor ou música. Ela morreu da maneira que toda amizade que um dia significou o mundo para mim morreu – aos poucos, depois de repente, em uma grande explosão, enquanto os figurantes e os personagens parcialmente formados observavam. Mesmo depois de terminar, eles continuaram a lançar discos, mas tinham cedido seu lugar na cultura. Ninguém depende mais dos Rolling Stones.

Quando foi o começo do fim para os Rolling Stones e para o próprio rock'n'roll?

Em *Awopbopaloobop Alopbamboom*, Nik Cohn data isso de 1966 e da introdução do LSD, o que transformou a banda de blues mais durona de Londres em um bando de hippies que cheiravam flores. Ethan Russell disse-me que o declínio começou depois de Altamont, quando os Stones recuaram diante do abismo.

– Os Estados Unidos sempre foram completamente sobre música, política e a guerra – explicou Russell. – Esse era o ar que todos estavam respirando. Então, chegaram os publicitários. Depois disso, todo o excesso foi coreografado, para manter as aparências. Na turnê de 1972, em vez de pessoas como Chuck Berry ou B.B. King ou Abbie Hoffman curtindo no backstage, você tinha as celebridades, Truman Capote e a princesa Lee Radziwill. Pela primeira vez, seu nível de fama era usado para medir sua importância. O nascimento da revista *People* foi o fim do rock'n'roll.

Não posso definir a diferença entre um disco que é real e vivo e um disco que é fajuto e morto, mas sei quando escuto. *Sticky Fingers* é vivo. Não importa quando você o toca, ele é novo. *Steel Wheels* já era velho mesmo quando era novo. É menos um álbum do que um produto. Em algum

O último grande disco

ponto, os Stones deixaram de compor músicas novas para fazer versões cover de seu próprio material. Sempre presumi que *Tattoo You*, lançado em 1981, fosse o último álbum verdadeiro dos Stones, enquanto *Sonic Girls* era o último grande álbum dos Stones. *Tattoo You* tem ótimas canções, frases perfeitas, um single clássico conduzido por um riff – "Start Me Up" – e um som coerente. Mas, posteriormente, descobri que o disco fora na verdade uma criação de seu produtor, Chris Kimsey.

– Mick e Keith não estavam se falando naquele ponto, e precisavam de um álbum – disse-me Kimsey. – Eu disse ao agente deles: "Sei de pelo menos seis canções boas que gravei em sessões anteriores que nunca foram usadas." Então saí em busca delas. Foi um trabalho de amor. Se eu não estivesse ali, aquele álbum jamais teria sido lançado. Só eu lembrava de todas as gravações de todas as sessões antigas. "Waiting On a Friend" era de *Goats Head Soup*. "Start Me Up" era de *Some Girls*. Foi gravada no mesmo dia que "Miss You". Ela quase acabou no lixo de novo. Era um riff de reggae originalmente, era o que Keith o considerava. Portanto, quando ele ouviu pela primeira vez a versão que você ouve hoje, ele disse: "Livre-se disso, parece algo que ouvi no rádio." Obviamente, não me livrei dela.

O fato de que a canção mais famosa em *Tattoo You* é uma sobra de estúdio de *Some Girls* apenas fortalece a defesa de *Some Girls* como o último grande álbum dos Stones. O álbum foi lançado no verão de 1978, quando eu estava em um acampamento em Eagle River, Wisconsin. Lembro-me de estudar a capa na cabana dos coordenadores, ouvindo-o sem parar. Aquele disco é puramente a cidade de Nova York no final da década de 70. Gotham de fantasia. Cocaína e ratazanas, as cidades perigosas ao amanhecer. As frases são tão boas quanto qualquer outra que Keith concebeu. Elas faziam-me sentir como se pudesse enfrentar qualquer um, até o garoto com tchacos e pôsters do Bruce Lee, mas quem quer fazer isso? *Some Girls* era um caso clássico de um pistoleiro colocando suas pistolas na cintura para uma viagem final à cidade – a tentativa dos Stones de provar, mais uma vez, que eram os maiores. O disco foi gravado do auge do punk rock, quando os Sex Pistols estavam atacando os Stones como vendidos e velhos. Se você quer ser o rei, mate o rei – como os Beatles mataram Elvis, como

Elvis matou todos que vieram antes dele. Richards, que não estava pronto para ser morto, foi, em vez disso, estimulado de volta ao auge de sua forma. Quando lhe disseram que um membro dos Sex Pistols declarara que os Stones estavam velhos e acabados – *alguém precisa empurrar vocês para fora do palco* –, Keith esbravejou:

– Apenas deixem eles tentarem. Somos os Rolling Stones. Ninguém nos diz o que fazer. Pararemos quando tivermos vontade.

Some Girls foi o último movimento da banda antes de ela se acomodar na complacência. Os Stones na era do punk e da disco – o álbum soa na verdade como uma resolução desses opostos, no qual Keith é punk e Mick é disco. "Miss You", "Beast of Burden". É uma discussão capturada em vinil, Studio 54 e Andy Warhol esbofeteados para recobrar os sentidos por Keith e seu riff de quatro notas.

34. Na estrada e fora dela

Some Girls foi o álbum mais vendido nos Estados Unidos. Foi disco de platina seis vezes e gerou vários singles de sucesso, incluindo "Miss You", o último número um americano da banda. Em retrospecto, é o clímax óbvio, o último sinal antes do começo da seca. A partir dali, não há nada além de mensagens sem valor e dias curtos. Como em um filme, as décadas seguintes passam em uma sequência, cada membro da banda passando do começo para o final da meia-idade, até o verdadeiramente velho.

Mick Jagger dedicou muito de seu tempo nos últimos anos ao negócio de fazer filmes, uma segunda carreira que se desenvolveu a partir de suas colaborações com cineastas e fotógrafos. Scorsese contou-me sobre a primeira vez que encontrou Jagger: Scorsese queria usar "Jumpin' Jack Flash" em uma cena crucial de *Caminhos perigosos*. Jagger insistiu em assistir ao filme inteiro primeiro – ele tornou-se um pouco menos cauteloso, como pode ser visto em dezenas de filmes com diretores que, em um momento crucial, passam o trabalho duro de clima e *timing* para os Stones. Jagger era interessado em cinema há muito tempo, pelo menos desde seu trabalho com Tony Richardson e Donald Cammell. Apesar de ter estado envolvido como produtor em diversas produções – a biografia cinematográfica de James Brown, *Get on Up: A história de James Brown*, mais recentemente –, o grande sucesso lhe escapou. Mick Jagger em Hollywood é como uma história de final de carreira escrita por F. Scott Fitzgerald. Tudo gira em torno do erro por pouco, do quase e da lição fundamental que permanece a mesma: para Louis B. Mayer, até Satã é apenas mais um idiota na fila. O roteiro que escrevi com Jagger e Scorsese foi uma obra de amor. Ele quase caiu no esquecimento durante anos, mas permaneceu obstinadamente vivo. Em fevereiro de 2016, depois de muitas idas e vindas, ele estreou na HBO como uma série chamada *Vinyl*.

A persistência de Jagger em Hollywood me parece apenas mais uma tentativa de fuga, outra corrida rumo à idade adulta, outra busca por uma vida livre de Keith Richards – uma busca que culminou em 2003, quando Mick foi nomeado cavaleiro pelo príncipe Charles. Quando perguntado sobre o que sentira quando ouvira a respeito, Richards disse:

– Fúria gelada, gelada diante dessa estupidez cega... Ameacei abandonar a turnê, perdi a cabeça, enlouqueci! Mas, muito honestamente, Mick fodeu tudo tantas vezes, o que é mais uma merda?

Ao aceitar o título de cavaleiro, Keith acreditava, Mick vendera-se às próprias forças reacionárias que os prenderam em Redlands. Richards é o amigo que não deixa você esquecer a promessa que fez debaixo da ponte.

O relacionamento romântico mais duradouro de Jagger foi com Jerry Hall, uma modelo loura de pernas compridas do Texas. Eles começaram a namorar em 1977, antes de Jagger se divorciar de Bianca. Jagger e Hall se casaram em uma cerimônia balinesa que a estrela pop alegou mais tarde não ter sido oficial e não ter tido valor. Eles se separaram em 1999, depois de terem quatro filhos, Elizabeth, James, Georgia e Gabriel. Naquele mesmo ano, Jagger teve um filho com a modelo brasileira Luciana Gimenez Morad. Seu nome é Lucas. Jagger tem sete filhos e cinco netos. Recentemente, tornou-se bisavô. Em 2001, começou a namorar L'Wren Scott, uma designer de moda ainda mais alta que Jerry Hall. Scott nasceu em 1964, o ano em que os Stones entraram nas paradas de sucesso com "Not Fade Away". Em 2014, enquanto os Stones estavam em turnê na Austrália, ela se enforcou com um lenço.

Os Stones cancelaram as datas de vários shows. Mick voou de volta para os Estados Unidos. As fotos tiradas dele naquelas horas – em um chão de asfalto, em uma varanda de hotel – eram chocantes. O rosto dele parecia profundamente decepcionado, seu corpo frágil e pequeno. O pesar o esvaziara, enfraquecera-o como uma doença. Repentinamente, ele estava muito mais velho. Os traços famosos – lábios e cabelo – tinham se rearranjado na fisionomia de um homem idoso. Sempre admirei Mick;

Na estrada e fora dela

desde a primeira vez, simpatizei com ele. Ele sempre foi definido por sexo e satisfação – juventude. Agora, atingiu o outro lado daquele país. Um velho definido por sexo é algo estranho.

Se Mick Jagger ensina a você como permanecer jovem, Charlie Watts ensina a você como ser velho, como continuar elegante enquanto permanece completamente imóvel. Ele era um ancião aos vinte anos, o que tornou sua passagem para a velhice propriamente dita tão suave quanto a transição do crepúsculo para a noite. Ele é o porto seguro no centro da tempestade, seguindo seus interesses tranquilamente, os quais incluem a Guerra Civil americana, os Stones e jazz. Quando não está tocando com Mick e Keith, tem feito turnês com sua própria banda, o Charlie Watts Quintet, um grupo de jazz no estilo de Chris Barber. Mas Charlie chegou a sofrer uma única temporada de curiosidade perigosa. Ele permaneceu sóbrio nos anos das drogas. Bebia, mas era só isso. Era um metrônomo, sorrindo enquanto mantinha o ritmo. Depois, na meia-idade, em um momento no qual muitos estão passando a consumir pão de milho e chá gelado, Charlie flertou com a heroína, como se tivesse decidido de repente, "já que vou morrer de qualquer jeito, posso muito bem conhecer o que eles conheceram" – "eles" sendo os músicos de jazz negros que continuam sendo seus heróis.

– Não sei o que me fez fazer aquilo tão tarde na vida, se bem que, em retrospecto, acho que devia estar passando por uma espécie de crise de meia-idade – disse Watts. – Nunca usei nenhuma droga pesada quando era mais jovem, mas naquele ponto da minha vida, eu disse: "Dane-se. Vou usar agora."

Bill Wyman teve sua própria crise de meia-idade – uma crise espetacular. Ela foi demonstrada em uma entrevista que ele deu ao *The Sun*, de Londres.

– Há duas semanas fui para a cama com nove garotas diferentes em uma semana, mas ninguém sabe disso – ele disse a um repórter. – Os jornais não ficam me seguindo. Ninguém se preocupa com o que Bill Wyman está fazendo, e está tudo bem para mim. Há apenas três ou quatro meses, fui para a cama com quatro garotas diferentes em um dia. Juro a você que é verdade, mas tudo é feito muito discretamente. Acho interessante dormir com garotas diferentes. Dizem que a variedade é o tempero da vida... e certamente é para mim... Não sei se sou bom de cama ou não, mas nunca tive nenhuma reclamação. E fiquei com mais garotas do que qualquer um dos outros Stones... Mais do que todos eles juntos, provavelmente. Nunca costumo falar sobre isso porque odeio homens que se gabam desta maneira, mas me lembro de estar sentado com a banda certa vez durante uma turnê pelos Estados Unidos há muitos anos. Estávamos em um quarto de hotel e passamos quatro horas calculando com quantas garotas tínhamos ido para a cama nos dois anos anteriores. Eu estava contando pouco menos de trezentas naquela altura. Brian Jones estava em cerca de 135. Mick Jagger estava em torno de 32. Keith Richards estava em seis. E Charlie Watts estava em zero.

Oh, Bill Perks, seu homem pobre, oprimido, perdido na fila de trás com seu baixo, mãos pequenas, saltos altos e medo do esquecimento!

Bill Wyman se envolveu com uma garota de treze anos, uma predileção tão antiga quanto o rock'n'roll. Jerry Lee Lewis e sua noiva criança. Chuck Berry e Sweet Little Sixteen. Está no DNA: carros velozes e ninfetas.

– Amo garotas jovens de dezoito... ou 22... ou 23 – Wyman disse ao *The Sun*. – E elas parecem gostar de mim. Acho que sexo é a coisa mais saudável de todas. Depois de ir para a cama com uma garota de 22 anos, levanto-me após uma sessão de três horas com tanta energia que sinto que posso fazer qualquer coisa.

Wyman viu Mandy Smith pela primeira vez em um banquete de premiação em 1984.

"Vi duas garotas lindas deixando a pista de dança e meu coração simplesmente parou", ele escreveu. "Ela me deixou sem fôlego. Senti como se tivessem me batido na cabeça com um martelo."

Wyman falou primeiro com a irmã mais velha, Nicola Smith.

– Bem, você deve ter vinte anos – Wyman disse a ela.

– Não – ela disse. – Tenho quinze. E Mandy tem treze.

Na estrada e fora dela

Mandy Smith queria ser modelo. Wyman conseguiu uma reunião para ela em uma agência – disseram-lhe para voltar em um ano –, depois pediu para conhecer sua mãe. Ele foi para a casa da garota com flores e chocolate. Beijou Mandy no corredor, depois perguntou à mãe se poderia levar a filha para sair. Bill e Mandy começaram a namorar escondidos, apesar de a notícia eventualmente ter sido descoberta.

Garota adolescente mais homem de cinquenta anos equivale a sensação nos tabloides. Falava-se de acusações de estupro estatutário.

"Foi um pesadelo", escreveu Wyman. "Eu não achava que tinha feito nenhum mal a ela, não importava sua idade. Muito pelo contrário. Fiquei profundamente perturbado por estar sob os holofotes dessa maneira, porque eu cuidava de Mandy e a tratava honrosamente: tentei estimulá-la a continuar com os estudos quando ela repetiu de ano; eu tentei ajudá-la em sua carreira; eu não a apresentei a álcool ou drogas. Eu simplesmente queria estar com ela."

O escândalo pode ou não ter contribuído para a decisão de Wyman de sair dos Stones antes da turnê de *Voodoo Lounge*. Ele disse a Ron Wood que simplesmente se cansara do trabalho pesado, particularmente das viagens aéreas.

– Bill odiava voar e disse que jamais entraria novamente em um avião – disse-me Wood.

Quando perguntei a Richards a respeito, ele disse:

– Quando eu soube pela primeira vez que ele estava deixando a banda, eu quis cortar a garganta de Bill. Ninguém deixa os Stones... ninguém!

Wyman foi substituído por Darryl Jones, um baixista de Chicago que tocara com Miles Davis. Wyman tem passado os anos tocando com sua própria banda, os Rhythm Kings. Ele é o único membro vivo dos Stones que nunca entrevistei. Tentei falar com ele em Londres. Inicialmente ele concordou, depois disse talvez, depois disse que estava gripado. E tudo bem. Bill Wyman sempre foi como uma cabeça na Ilha de Páscoa, silenciosamente imponente. Além disso, há os livros dele. Wyman nomeou-se o historiador oficial dos Stones. Uma seleção de suas lembranças – *Bill Wyman's Scrapbook* – foi publicada em uma edição limitada. Folhear as páginas é atordoante. Ele aparentemente guardou cada programa dos shows, panfleto e recibo. Você pode reconstruir toda a era a partir de seus artefatos.

ANITA PALLENBERG TEVE O segundo e terceiro atos mais sombrios de qualquer membro do círculo dos Stones. Em 1976, ela estava morando na Suíça com Keith, Marlon, Dandelion e seu bebê, um menino recém-nascido chamado Tara, batizado em homenagem ao herdeiro da Guinness Tara Browne. Certa manhã, quando Keith e Marlon estavam em Paris com os Stones, Anita descobriu Tara morto no berço. Ele tinha dois meses.

Anita encontrou Keith em Paris naquela noite. Ela ficou no backstage enquanto ele se apresentava. Partes do show estão incluídas em *Love You Live*. Conhecer o pano de fundo muda o disco. Ouvir Keith cantando "Happy" – "*I never kept a dollar past sunset/ it always burned a hole in my pants*"* – é eletrizantemente triste quando você sabe o que estava realmente na cabeça dele. Anita e Keith partiram assim que o show terminou.

"Anita estava chorando e parecia estar com dificuldades em se mover", Nick Kent escreveu em *The Dark Stuff*. "Keith a estava conduzindo, mas também estava chorando e parecia de repente incrivelmente frágil, como se uma brisa forte pudesse jogá-lo no chão. Não mais Scott e Zelda da era do rock'n'roll, eles pareciam um casal trágico traumatizado pela guerra conduzindo um ao outro para fora de um campo de concentração. Honestamente, nunca pensei que fosse vê-los vivos novamente."

Pallenberg nunca se recuperou por completo, tampouco seu relacionamento com Richards. Dandelion foi enviada para morar com a mãe de Keith na Inglaterra pouco depois de o bebê morrer. No verão de 1979, Anita estava morando com Marlon em South Salem, Nova York, a poucos quilômetros de onde escrevo estas frases. A casa era um buraco e ela estava arruinada, uma estranha senhora hippie que os moradores locais viam

---

* "Nunca guardei um dólar depois do pôr do sol/ ele sempre queimava um buraco nas minhas calças." (N.T.)

Na estrada e fora dela

como uma bruxa. Os vizinhos relatavam cantos à noite. Gatos mortos apareciam no jardim.

– Ela é uma pessoa doente – um garoto local chamado Steve Levoie disse, supostamente. – Ela deveria ser internada. A casa era imunda, muito suja, e a própria Anita era suja. Ela até perguntou à minha irmã se ela queria um pouco de cocaína... Ela tinha um monte de garotos jovens que iam para a casa o tempo todo. Ela solicitava sexo e falava de sexo com muita frequência. Ela nunca me pediu, mas quem desejaria uma velha suja como aquela?

Anita, na época com cerca de 35 anos, começou a ver um garoto de dezessete chamado Scott Cantrell. Ele viera para realizar tarefas domésticas, e acabou ficando. A mãe dele tinha se matado e ele abandonara a escola – apenas mais uma alma desgarrada que caiu dentro do diorama. Sexo, drogas e rock'n'roll. Nada daquilo era muito glamoroso. Em 20 de julho de 1979, Cantrell se matou na cama de Anita com a pistola dela – possivelmente brincando de roleta-russa.

Enquanto examinava a cena do crime, o detetive Douglas Lamanna, da polícia de South Salem, reparou em um jornal com uma foto de Anita sob a manchete "O que Anita fez com Bianca".

– É você?

– Sim.

– O que você fez com Bianca?

Pallenberg foi acusada de posse de propriedades roubadas e de posse ilegal de armas e acabou pagando uma multa. Quando lhe perguntaram o que ela sentiu quando o garoto morreu, ela disse ao *The Sunday Correspondent*:

– Não senti nada. Essa é uma das maravilhas das drogas e da bebida. Você não sente nada.

Anita voltou para a Inglaterra, retornou à escola e obteve um diploma. Desde então, apareceu em filmes e programas de TV. Pilota sua moto perto de Redlands. Ela teve um fêmur substituído e manca. Está velha, mas parece ainda mais velha. Consumiu mais do que sua parcela de vida, sofrimento, heroína e cocaína. Quando lhe perguntaram sobre Keith, ela disse a um repórter:

– Ele foi quem envelheceu melhor... ele sempre foi o melhor.

A VIDA DE KEITH mudou em 1977, enquanto os Stones ensaiavam para uma turnê que aconteceria em breve. Tudo começou com Anita, que, ou por causa de seu jeito exuberante ou de sua aparência exuberante, chamou uma quantidade doentia de atenção em um voo de Londres para Toronto. A bagagem dela – 28 malas, segundo Chet Flippo – foi revistada na alfândega. Foi encontrado haxixe, junto com uma colher e uma agulha com resquícios de heroína, dando à polícia canadense motivo para revistar sua residência local – três suítes contíguas compartilhadas com Keith no hotel Harbour Castle. Cinco oficiais da políca montada revistaram as gavetas e prateleiras, os bolsos de casacos estrelados, as biqueiras de botas de caubói, os corpos de violões. Eles encontraram heroína, uma navalha, uma faca, um isqueiro de bronze, uma tigela de prata, uma colher de chá, papel-alumínio, três comprimidos vermelhos e uma seringa hipodérmica – todos os equipamentos para preparar uma dose.

Keith dormiu durante todo o procedimento, o que parece impossível até você levar em conta a natureza química de seu sono. Ele precisou ser esbofeteado de volta à consciência antes que pudesse ser preso. A fiança foi determinada e paga. Ele estava de volta ao hotel naquela noite, mas com muitos problemas. Fora encontrada uma quantidade suficiente de produtos para acusá-lo não apenas de posse, mas de tráfico. Se fosse condenado, Keith passaria décadas na prisão, justamente como o Capitão Kidd se foi: uma cela nas colônias, uma ilha verde flutuando na água fria além das janelas com grades. Além disso, ele estava doente. Os policiais tinham levado toda sua droga e ele estava entrando em abstinência, cercado por pessoas perversas, vendo coisas.

"Nunca me esquecerei de entrar no quarto [de Keith] com Woody e encontrá-lo se contorcendo no chão, vomitando", escreveu Bill Wyman. "Tentamos lhe dar comprimidos, mas ele os vomitou. Woody me perguntou: 'O que podemos *fazer*?' Eu disse: 'Bem, obviamente, precisamos conseguir um pouco de heroína para ele, não precisamos?' Eu temia que ele morresse se não conseguíssemos. Ninguém parecia estar cuidando dele. Então Woody e eu saímos do hotel, que estava repleto de detetives à paisana, e compramos um pouco de heroína para ajudá-lo a suportar. Eu

Na estrada e fora dela 327

nunca tinha feito aquilo para ninguém até então e nunca fiz depois disso, mas ele simplesmente precisava ali."

O caso foi resolvido de uma maneira muito arrastada e burocrática para entrar em detalhes, mas basta dizer que a batida canadense, que parecia o fim de Keith, provou ser algo bom. Ao obrigar Keith a finalmente ficar limpo, é provável que ela tenha salvado sua vida. Keith e Anita aparentemente se separaram porque ela se recusou a largar a heroína. Dada uma escolha – amor ou destruição –, ela escolheu a destruição. Keith seguiu em frente. Inicialmente, seu tratamento consistia em cabos que o conectavam a uma caixa mecânica. A caixa enviava um pulso para o cérebro dele, dando-lhe um choque elétrico e inibindo os sintomas da abstinência. Ele ainda estava usando o aparelho pouco tempo depois quando a banda estava ensaiando em Woodstock, Nova York. Quando falei com Ian McLagan, que tocou teclado nessa turnê, ele se lembrou da caixa com um arrepio e falou sobre como, no meio de uma frase, Keith era atingido por uma descarga elétrica e espasmos de dor apareciam em seu rosto.

– Ele carregava a caixa por aí como uma guitarra – disse-me McLagan. – Ele a odiava, mas estava determinado.

Keith conheceu Patti Hansen na pista de patinação Roxy, em Manhattan, em dezembro de 1979. Era seu aniversário de 36 anos, e ele estava comemorando. Ela era uma modelo da *Vogue* de 23 anos de Staten Island. Era uma combinação da classe operária feita no paraíso. O trem de Dartford; a balsa do terminal St. George. Keith é um monógamo serial. Não importava o que acontecesse na estrada, ele permanecia fiel à sua parceira. Em todos os casos que conheço, foi a mulher, de um jeito ou de outro, que o deixou. Linda Keith abandonou-o por Jimi Hendrix. Anita escolheu a heroína. E Keith ainda está com Patti Hansen. Lembro-me de estar em um voo para Nova York ao lado dele depois de um show. Quando o avião inclinou-se sobre Long Island Sound, ele olhou pela janela e sorriu.

– É o meu lar lá embaixo – ele disse. – Quando vejo essas luzes, sei que estou perto de tudo que amo.

Keith mora em uma casa grande cujo terreno faz fronteira com uma área de preservação ambiental em Weston, Connecticut. Ele permanece em sua propriedade como um aristocrata permanece em um terreno ancestral, um velho sábio desvanecendo em um tecido diáfano. Ele sofreu vários acidentes: tropeços, quedas, fraturas. *Senhor, seu mar é tão grande e meu barco é tão pequeno*. Em 2006, ele caiu de uma árvore em Fiji, que, segundo relatos da imprensa, era uma palmeira, mas segundo Keith era um pouco menos pitoresca. Dois dias depois, enquanto navegava em um barco, ele foi derrubado para trás por uma onda, batendo com a cabeça pela segunda vez. Foi quando a dor começou. Ele tinha um coágulo no cérebro. Ele foi submetido a uma cirurgia de emergência. Pessoas próximas aos Stones me disseram que foi muito mais grave do que os fãs se dão conta. Keith recuperou-se, mas nunca foi o mesmo. Foi uma experiência de quase-morte, e ele emergiu enfraquecido e um pouco frágil. Ele precisa ser extremamente cauteloso. Mesmo depois de largar a heroína, ele ainda buscava a loucura. Os médicos disseram que ele precisava parar. Certa noite, no backstage, um músico deu a Keith um comprimido, que ele tomou sem pensar a respeito. Ele nem sabia o que era. Alguns minutos depois de o show começar, tropeçou e caiu. Jagger simplesmente passou por cima do amigo e continuou com a apresentação.

No entanto, Keith ainda carrega o velho espírito, com a velha alegria. Certa vez, quando perguntei a um *rapper* como era Lyor Cohen, um dos primeiros executivos da Def Jam Records, ele disse:

– Lyor é velho e branco, mas é um gângster fodido… fazendo as coisas da maneira que precisam ser feitas, fazendo-as como se precisassem ser feitas.

Para mim, isso é Keith. Não importa o quanto esteja velho, surrado ou doente, ele ainda é um gângster fodido, fazendo as coisas da maneira que precisam ser feitas, fazendo-as como se precisassem ser feitas.

Keith e Patti criaram duas filhas em Weston, não muito longe de onde moro agora. A primeira vez que ouvi falar sobre essa pequena área de colinas ondulantes foi no avião dos Stones enquanto Keith murmurava a caminho de casa depois de um show. Ele abençoou o lugar, e eu mesmo envelheci do começo da meia-idade para a meia-idade ali, criando meus próprios filhos a uma pedalada de bicicleta de distância da propriedade de Richards. De vez em quando, quando vou ao Luc's, um bistrô em Ridge-

Na estrada e fora dela

field, Keith está no bar com um copo de vodca diante dele e um grande chapéu na cabeça. Em tais ocasiões, o proprietário do restaurante, que é parente de Keith, coloca uma lista de canções consistindo quase inteiramente de reggae. Keith bebe, escuta, sorri e gargalha. Ele usa óculos escuros e sapatos leves com fivelas. Eu aceno com a cabeça para ele e digo olá e ele me reconhece e diz olá de volta, mas é impossível dizer se ele se lembra ou se adquiriu o hábito do homem famoso de parecer se lembrar de todos.

Em certos dias, ele se demora no bistrô. Quando faz isso, fico com ele, encharcando-me com o rock'n'roll estilo zen de sua presença. Isso significa estar exatamente no lugar certo exatamente na hora certa; isso significa que a estrada de Keith, que foi o Crawdaddy, a Chess e Villefranche, e a minha estrada, que foi testes de admissão para faculdades e a universidade e regras, conduziram ao mesmo lugar, desembocando na mesma canção. Isso justifica toda decisão que já tomei.

35. O Hall da Fama

No ÚLTIMO VERÃO, viajei para o Hall da Fama do Rock'n'roll em Cleveland – um lugar que eu evitara por muito tempo – com meu filho, Aaron. Para mim, tal instituição parecia violar o espírito do rock'n'roll, que é sobre o maldito aqui, o maldito agora. Um museu é nostalgia, coisas que já passaram, o oposto de tudo que os Stones, o The Who e os Beatles representavam. No momento em que você constrói um santuário, você está dizendo que o passado é mais importante do que o presente.

O lugar acabou revelando se tratar menos de música do que de roupas. Parei diante da jaqueta usada por Richards em Altamont – de cabeça baixa. Parei diante do terno exuberante que Jimi Hendrix usou em Monterey – de cabeça baixa. Parei diante da gravata de caubói que Elvis usou em um de seus filmes – de cabeça baixa. O lenço de Janis Joplin, os óculos de John Lennon – o lugar é um imenso achados e perdidos, um acúmulo de miscelânea, os *baby boomers* nos dizendo que já que eles envelheceram, a música também envelheceu.

Mas talvez eles estejam certos: talvez o Hall da Fama simplesmente reconheça a verdade. O rock'n'roll morreu em Altamont e morreu novamente na internet. A música anseia por vinil e *mosh pits* e clubes escuros onde a fumaça se acumula no teto – é sujo e bolorento demais para um mundo sem glúten. Mas continuo retornando às canções – não às letras, não aos acordes, mas a como elas fazem com que me sinta quando tocam no rádio em uma noite de verão e a capota do carro está abaixada e a lua está no alto e o mar está brilhando e todas as portas estão abertas e todas as garotas são minha garota e toda colina é uma mancha de grama e uma

O Hall da Fama

aventura épica esperando para acontecer. "Honky Tonk Women". "Jumpin' Jack Flash". "Satisfaction". "Wild Horses". "Tumbling Dice". "Sweet Virginia". Não é apenas música. É minha nação. É meu país. É onde passei minha vida.

Posfácio

Em uma tentativa de compreender a música, aprendi a tocar guitarra, apesar do meu uso do tempo passado aqui ser presunçoso. Na verdade, quando se trata da guitarra, assim como de tudo o mais, estou em um estado perpétuo de desenvolvimento. Eu sempre quis explorar o instrumento além dos quatro acordes aprendidos para o show de talentos. Meu fracasso em fazer isso quando jovem é inteiramente culpa dos meus pais. Sou o bebê da família, o mais novo de três irmãos. Quando nasci, tudo já tinha sido tentado e abandonado, meus pais mastigados como chiclete. Quando disse a eles que queria fazer aulas, eles responderam: "Você vai desistir depois de gastarmos centenas de dólares, como sua irmã." Quando insisti, eles me disseram para procurar a velha guitarra no sótão, a coisa hippie com o adesivo com o símbolo da paz na parte de trás. Grande demais para mim, sem um *case*. Eu caminhava para minhas aulas na neve, carregando aquele gigante enquanto adolescentes gritavam dos carros que passavam: "Belo violão gigante, seu garoto hippie sujo!"

Eu disse ao meu professor que queria aprender "Wild Horses" e "Happy". Ele escutou as músicas em uma fita mas não conseguiu decifrá-las suficientemente. Agora, sei por quê: a afinação em sol aberto de Keith. Em vez disso, meu professor me ensinava violão clássico, cujo resultado foi provar que meus pais estavam certos. Desisti como minha irmã, tornando-me assim um espectador, satisfeito em habitar as arquibancadas da vida.

Eu achei que era velho demais para começar – qual o sentido de aprender essas coisas se você simplesmente vai morrer? – até que minha esposa, Jessica, me deu uma guitarra no meu aniversário de 46 anos. Minha mãe acabara de falecer, e o instrumento e as aulas se tornaram um meio de me reconectar com as linhas axiais. Meu professor se chama Brendan. Ele é dez anos mais novo do que eu. Ele me ensinou a tocar minhas canções favoritas dos Stones. Tornou-se uma obsessão. Não experimentei nada parecido desde quando comecei a escrever histórias. Sento-me na varanda e toco até meus dedos arderem. Faço meus filhos me acompanharem cantando. Procuro as cifras de canções específicas na internet e encho a casa de barulho. Dou escapulidas para a loja de guitarras para tocar as Fenders e as Martins quando deveria estar no banco. Foi bom eu não ter aprendido quando era jovem. A combinação da idade universitária de maconha e guitarra teria me congelado como um besouro em âmbar. Meu amor pelo instrumento cresceu junto com este livro. Ele me proporcionou uma nova maneira de apreciar a música – a simplicidade de uma canção como "Dead Flowers" é similar à simplicidade de uma equação algébrica perfeita. Passei a ver meu professor como um guru. Livro-me dos meus fardos em seu pequeno quarto acústico na loja na cidade. Ele dá aulas e toca em bandas mas não teve um sucesso incrível. Isso me deixa confuso. Para mim, Brendan parece ser um dos melhores guitarristas do mundo. Seu comprometimento certamente não é nada diferente do de Brian ou Keith. É tudo com o que ele se importa, a única coisa que faz. Mas ele também me enche de esperança e admiração. Como digo aos meus filhos, escolham uma coisa na qual sejam bons. No final das contas, é somente o jeito de tocar que importa.

Notas

1. Estrelas do rock contando piadas (p.11-7)

As histórias deste capítulo vêm da minha própria memória, assim como de cadernos de anotações e entrevistas dos meus dias com os Stones, preservados, durante todos estes anos, em uma caixa que carreguei de um apartamento para outro, de uma vida para outra. Agradeço especialmente à minha esposa, Jessica, que reuniu todas as fitas que gravei, no que agora é um microgravador relativamente obsoleto, de Mick, Keith, Charlie, Woody e daqueles que estavam na turnê e na órbita deles. Uma nova transcrição das fitas foi feita por Jean Brown, que também as transcrevera na primeira vez, há vinte anos. Tive muita satisfação em revisitar entrevistas antigas, que datam da metade da década de 90, e em ver que minhas obsessões e a orientação geral da minha curiosidade permaneceram as mesmas. Uma memória preciosa é caminhar de um lado para outro entre os escritórios da revista *Rolling Stone* e os camarins do Rockefeller Center, onde, em 1994, os Stones passaram horas antes do MTV Music Awards. Jann Wenner veio dizer olá para seu jovem repórter e seus velhos amigos. Em certo ponto, enquanto eu e Jann conversávamos, Charlie Watts interrompeu-nos, apontando o dedo para mim divertidamente, dizendo para Jann:

– Você precisa ficar de olho neste cara. Ele é um malandro, é sim. Sempre escolhe o melhor assento no avião.

Jann pareceu horrorizado, e depois, satisfeito. De volta ao escritório, ele me levou ao seu escritório e disse:

– Você é o sexto Stone!

Meu encontro na infância com Joe DiMaggio foi no jogo dos Veteranos do Cracker Jack em Washington, D.C., na metade da década de 80. No final, consegui uma foto e um aperto de mão do Yankee Clipper, o herói do meu pai, além de fotos com Bob Feller, Ernie Banks e Harmon Killebrew. A MTV concedeu aos Roling Stones um prêmio pelo conjunto da obra naquela noite. Isso fez Keith Richards dizer:

– Prêmio pelo conjunto da obra? Ainda tenho 187 anos para viver.

Para meu primeiro relato da festa pós-show dos Rolling Stones no Four Seasons, veja meu artigo na *RS*, "Tour de Force: Os Rolling Stones faturam alto e sacodem a casa", o qual foi publicado em 3 de novembro de 1994. Ele pode ser lido no website da revista. Quando David Fricke, editor musical da *Rolling Stone*, e eu fomos ao backstage em um dos shows, um assessor de imprensa dos Stones elogiou-me pela minha matéria de capa "The Rolling Stones: É hora do show", que foi publicada em 25 de agosto de 1994. Fricke, de seu jeito acanhado, disse:

336   *O sol & a lua & os Rolling Stones*

– Ei, cara, eu escrevi a manchete!

– Oh, é mesmo – disse o divulgador. – Você cunhou "É hora do show"? Incrivelmente brilhante!

2. O *cowbell* e o pôster (p.18-24)

O *cowbell* neste capítulo foi tocado pelo produtor dos Stones Jimmy Miller, conduzindo a banda ao groove que começou com "Honky Tonk Women" e continuou durante toda a minha infância. O pôster, aquele que ficava pendurado na parede do quarto do meu irmão no sótão, era a ampliação de uma foto tirada durante a filmagem de um vídeo promocional para o single "Respectable", a sétima faixa de *Some Girls*, que foi lançado em junho de 1978. A foto original mostra todos os cinco Stones, com Bill Wyman atrás dos outros vestindo uma camisa vermelha e uma espécie de casaco jeans de manga comprida, seu rosto enfiado entre os de Mick e Keith. Em 2005, quando essa imagem foi usada como a capa do lançamento dos Stones *Rarities: 1971-2003*, Wyman tinha sumido. Tendo deixado a banda há mais de uma década, sumiram com ele no estilo de um funcionário soviético. Aquele espaço vazio – é onde muito da história dos Stones tira um longo cochilo. O álbum do Kansas com a cachoeira: *Point of Know Return*, lançado em 1977, quando eu tinha nove anos. Além de "Dust in the Wind", ele inclui clássicos como "Sparks of the Tempest" e "Hopelessly Human". O álbum de Slim Whitman, *Love Song of the Waterfall*, foi lançado uma década antes, em 1965. Era justamente o tipo de coletânea de country pop – "In the Misty Moonlight", "Silver Threads Among the Gold", "On the Sunny Side of the Rockies" – que você poderia imaginar Wally King ouvindo em seu horário de descanso. Sobre a discografia dos Stones e notas de estúdio, consultei *The Rolling Stones: Complete Recording Sessions 1962-2012, 50th Anniversary Edition*, de Martin Elliot com prefácio de Chris Kimsey, além de dezenas de outras biografias e livros sobre os Stones listados na bibliografia, assim como o iTunes, Sonos e minha própria coleção de discos. Praticamente todas as lojas de discos que eu frequentava na adolescência fecharam, substituídas por salões de beleza e bancos, com a feliz exceção da Vintage Vinyl, que continua tocando em Evanston, Illinois.

3. O trem de 8h28 para Londres (p.25-9)

Enquanto reconstruía o começo da vida dos Stones, pesquisei muitas fontes, incluindo entrevistas, livros e viagens jornalísticas. De especial relevância foram a memórias, biografias e autobiografias dos personagens principais: *Vida*, de Keith Richards, *Stone Alone*, de Bill Wyman, e *According to the Rolling Stones*, uma espécie de história oral, assim como as memórias de Andrew Loog Oldham, *Stoned* e *2Stoned*. Veja também alguns livros clássicos sobre a banda, incluindo *The True Adventures of the Rolling Stones*,

Notas 337

de Stanley Booth, e *S.T.P.: A Journey Through America with the Rolling Stones*, de Robert Greenfield. Especialmente úteis foram minhas discussões com Jagger e Richards na época, assim como alguns documentários, incluindo *Charlie Is My Darling* (1966), dirigido por Peter Whitehead. Além disso, visitei o máximo de lugares importantes que meu orçamento e minha vida particular permitiram, incluindo Dartford e Londres – porque se há vida em um livro, então há vida no solo. Para a história do começo do rock'n'roll, contei com *Awopbopaloobop Alopbamboom: The Golden Age of Rock*, de Nik Cohn; *All Shook Up: How Rock'n'Roll Changed America*, de Glenn C. Altschuler; *Country: The Twisted Roots of Rock'n'Roll*, de Nick Tosches; *Rock'n'Roll: An Unruly History*, de Robert Palmer; e o magistral *Last Train to Memphis: The Rise of Elvis Presley*, de Peter Guralnick, assim como seu livro sobre Sam Phillips. O mesmo vale para tudo escrito por Greil Marcus, especialmente *Mystery Train: Images of America in Rock'n'Roll Music*. Preenchi minha percepção da era cinzenta da Inglaterra no pós-guerra, e de como as coisas mudaram, conversando com algumas das estrelas daquele período, incluindo Neil Sedaka e Lloyd Price. Linda Keith (a verdadeira Ruby Tuesday) ofereceu-me uma leitura mais pessoal dos Stones e daquele momento, assim como Paul Jones, Acker Bilk e Marianne Faithfull. Veja *Postwar: A History of Europe Since 1945*, de Tony Judt, e *John Lennon: A vida*, de Philip Norman, assim como as biografias de Jagger, incluindo *Mick: The Wild Life and Mad Genius of Jagger*, de Christopher Andersen. Em muitas conversas, a maneira como o clima mudou entre 1954 e 1956 foi descrita para mim como a mudança do preto e branco para o Technicolor.

4. Colecionadores (p.30-7)

Baseei-me em entrevistas para este capítulo, algumas com os membros da banda, outras com pessoas menos importantes e companheiros de viagem, testemunhas dos primeiros anos que fracassaram, partiram para formar suas próprias bandas, retornaram à escola ou entraram para o ramo da publicidade. De especial ajuda foi Paul Jones, que posteriormente conquistaria a fama com Manfred Mann, que recebera a oferta de ser o cantor da banda por Brian Jones antes de Jagger assumir o papel. Dick Taylor, também. O primeiro baixista dos Stones conquistou a fama com os Pretty Things. Ele me ofereceu uma noção visceral dos dias da faculdade de arte, dos primeiros ensaios, dos primeiros clubes, das primeiras tentações da fama. O livro *Vida*, de Keith Richards, para o qual fiz uma resenha para a *Rolling Stone* (a resenha pode ser lida no website da revista), foi uma fonte de valor inestimável sobre os primeiros anos dele, assim como diversos livros, incluindo *The Rolling Stones: Fifty Years*, de Christopher Sandford, *Jagger: Rebel, Rock Star, Rambler, Rogue*, de Marc Spitz, e *Keith: Standing in the Shadows*, de Stanley Booth. Sobre a história de como Keith conseguiu sua primeira guitarra, confira o charmoso livro infantil ilustrado do roqueiro chamado *Gus & Me: The Story of My Granddad and My First Guitar*, com ilustrações de Theodora Richards, filha de Keith.

5. Indomados (p.38-47)

Um prazer especial de trabalhar neste livro foi a oportunidade de pesquisar aqueles momentos cruciais quando uma porta se abriu para uma nova era, uma nova sala. Estou pensando particulamente em registros que me permitiram juntar as peças deste capítulo, que trata do começo da década de 60 na Grã-Bretanha, os anos do chamado "terremoto jovem". Robin Morgan, ex-editor da revista *Sunday Times*, foi particularmente útil não apenas por ter compartilhado pesquisas e conclusões de seu livro *1963: The Year of the Revolution; How Youth Changed the World With Music, Arts and Fashion* (escrito em coautoria com Ariel Leve) como também por ter me apresentado a figuras importantes da era, incluindo o jornalista da *New Musical Express* Norman Jopling e o escritor Mick Brown, autor de *Tearing Down the Wall of Sound: The Rise of Phil Spector,* entre outros. Também foram úteis minhas entrevistas com Paul Jones, Linda Keith, Marianne Faithfull, Charlie Watts, Ron Wood, David Bailey e Tony King, que durante muitos anos trabalhou como assistente pessoal e faz-tudo de Jagger. Tony estava trabalhando na Decca Records quando os Stones assinaram o contrato com o selo em 1963. Ian McLagan, o tecladista do Faces que mais tarde fez turnês com os Stones, também foi de valor inestimável, assim como Peter Asher de Peter and Gordon, que parecia estar bem no centro de toda cena importante. Asher estava na primeira onda da invasão britânica, e depois foi o primeiro funcionário da Apple Records. Ele também foi o primeiro a ser demitido – cortado quando sua irmã terminou com Paul McCartney. Sobre o começo da história de Jagger, contei com os livros mencionados acima e com entrevistas com Dick Taylor, Norman Jopling e Paul Jones. Sobre o skiffle, contei com longas entrevistas com Chris Barber, o pai do skiffle e indiscutivelmente o pai de toda a cena de blues inglesa. O mesmo vale para Chas Hodges, uma estrela daquele primeiro estranho florescer da música inglesa cruzada com o folk negro americano. Vários livros foram inestimáveis, especialmente *Skiffle: The Definitive Inside Story*, de Chas McDevitt. Charlie Watts contribuiu em relação ao skiffle, assim como Ron Wood e certas passagens no livro de Bill Wyman, *Stone Alone: The Story of a Rock'n'Roll.* Sobre Alexis Korner e o Clube Ealing, veja *Vida*, de Keith Richards, assim como *Keith: Standing in the Shadows*, de Stanley Booth, a compilação *According to the Rolling Stones* e a série de perguntas e respostas de Robert Greenfield com Richards que foi publicada na *Rolling Stone* em 1971. Há passagens ótimas sobre essa era nas memórias de Pete Townshend, *Who I Am*, e na entrevista de maio de 1994 de Robert Sandall com Charlie Watts publicada na *Mojo:* "Charlie Watts: The Rock".

6. "Vigário chocado" (p.48-55)

Na minha viagem pelos marcos da Londres dos Stones, contratei os serviços de Richard Porter, um acadêmico musical obsessivo que usa um chapéu fedora, que me

Notas

339

conduziu pela cidade durante alguns dias, mostrando-me lugares importantes. Eu tinha meu amigo Mark comigo, meu melhor amigo desde a infância, que me acompanha em muitas viagens e tem o hábito, depois de conhecer pessoas famosas, de dizer: "Sabe de uma coisa? Ele é apenas um cara comum, como nós." Depois, Mark e eu visitamos todos os lugares que Richard Porter e eu não tínhamos visitado, incluindo os clubes noturnos, apartamentos e *saloons* de Londres, assim como os santuários mais distantes, como a casa de Keith, Redlands, e a casa de Mick, Stargroves. Quanto a Brian Jones e a biografia do começo de sua vida, a espinha dorsal do capítulo, contei com entrevistas com várias das pessoas mencionadas acima, especialmente Paul Jones, que tocava com Brian antes de ele conhecer Mick e Keith, e Dick Taylor, que foi um observador atento no centro da cena.

Também pesquisei vários livros – todos aqueles sobre os Stones em geral, além de alguns que fazem parte do que chamo de biblioteca de Brian Jones, tomos centrados em sua vida, na sua morte e no mistério em torno dela. Veja, por exemplo, *Golden Stone: The Untold Life and Tragic Death of Brian Jones*, de Laura Jackson; *Brian Jones: Who Killed Christopher Robin? The Murder of a Rolling Stone*, de Terry Rawlings; *Up and Down with the Rolling Stones: My Rollercoaster Ride with Keith Richards*, de Tony Sanchez; *Stone Alone: The Story of a Rock'n'Roll Band*, de Bill Wyman; e *The Mammoth Book of the Rolling Stones: An Anthology of the Best Writing About the Greatest Rock'n'Roll Band in the World*, editado por Sean Egan. Um novo volume foi acrescentado à biblioteca de Brian Jones enquanto eu estava muito ocupado trabalhando neste livro: *Brian Jones: The Making of the Rolling Stones*, de Paul Trynka. Sobre o batismo da banda e aquela primeira apresentação ao vivo, contei com Dick Taylor, que a considera um momento marcante em sua vida. É fascinante ler o antigo setlist – era apenas o começo, mas o gosto e a obsessão já estavam lá. Nesses tempos recentes temerários do rock'n'roll, quando os Stones parecem incapazes de invocar a centelha para compor novas músicas ou gravar um disco novo, ofereço uma sugestão a eles: entrem em um estúdio e gravem o setlist daquela primeira apresentação. Seria um maravilhoso posfácio para a carreira lendária da banda. Como minha mãe costumava dizer, se você começa no blues, você deve terminar no blues.

7. Charlie e Bill (p.56-63)

Talvez a conversa mais esclarecedora que tive enquanto trabalhava neste livro tenha ocorrido nos dez minutos que passei ao telefone com Acker Bilk, um clarinetista de jazz tradicional que estava no topo das paradas quando os Stones estouraram. Foi tudo acidez e sarcasmo, o desgosto que um monarca sente pela ralé que o forçou para o exílio. Bilk, a quem você poderia comparar a Chuck Mangione ou Kenny G, era na verdade um ótimo instrumentista e compositor de uma de minhas músicas favoritas de todos os tempos, "Stranger on the Shore". Seu tempo chegara ao fim, isso é tudo. Sobre os aspectos essenciais do momento – quando o jazz tradicional deu lugar ao blues na Inglaterra – contei com entrevistas com Chris Barber, Paul Jones e Chas Hodges, além de artigos publicados na época no *Jazz News* e no *New Musical Express*. Sobre as origens de Bill Wyman, contei com o livro do próprio baixista, *Stone Alone: The Story of a Rock'n'Roll Band*. O mesmo vale para seu caderno de colagens, *Rolling With the Stones*, que ele publicara em 2002 e relançara como uma edição cara para colecionadores em 2013. Esse livro, que me foi gentilmente enviado como um PDF pela assessora de Wyman, Charlotte Hayes-Jones, aparentemente inclui todos os primeiros setlists, panfletos, pôsters e anotações, além de fotografias maravilhosas. Apenas a partir dessa fonte, você poderia reconstruir os primeiros dez anos de existência da banda. Charlie Watts é o único integrante que não publicou suas memórias e tampouco tem uma grande biografia. Para a história dele, contei com artigos e entrevistas publicadas em jornais e revistas, além de uma espécie de biografia rápida, *Charlie Watts*, de Alan Clayson. Mais importantes foram minhas entrevistas e discussões com Watts, realizadas na década de 90. Suas origens são cobertas em vários livros sobre os Stones em geral: *The Rolling Stones: Fifty Years*, de Christopher Sandford; *Rocks Off: 50 Tracks That Tell the Story of the Rolling Stones*, de Bill Janovitz; *S.T.P.: A Journey Through America With the Rolling Stones*, de Robert Greenfield; a compilação *According to the Rolling Stones*; e *The Mammoth Book of the Rolling Stones: An Anthology of the Best Writing About the Greatest Rock'n'Roll Band in the World*, editada por Sean Egan. Veja também a entrevista excelente que Watts concedeu à *Mojo* em maio de 1994. Quanto a ver os Stones ensaiando, aprendi sobre isso vendo os Stones ensaiando. A melhor maneira de compreender as músicas e o estilo, no entanto, é pegar uma guitarra e tentar tocar uma das músicas, especialmente aquelas dos primeiros anos, antes de Keith desaparecer no labirinto das afinações exóticas.

8. Edith Grove (p.64-70)

Para pesquisadores, aficcionados e outros loucos, o texto crucial sobre a vida em Edith Grove é o livro escrito por James Phelge, o "companheiro civil" na casa de Mick, Keith e Brian, *Nankering with the Rolling Stones: The Untold Story of the Early Days,*. Mais do que um documento em primeira mão, é um bom livro. Ele captura como é ter um amigo e observar esse amigo passar de um cara comum para um ídolo adolescente de uma hora para a outra. É como se Elvis tivesse um companheiro de quarto em 1956 e o companheiro pudesse escrever. Phelge ainda está vivo. Ele trabalhou ocasionalmente em lojas de discos e na indústria musical, e pode ser seguido no Twitter em @JamesPhelge. Outras fontes sobre Edith Grove incluem *The Rolling Stones: Fifty Years*, de Christopher Sandford; *Stone Alone: The Story of a Rock'n'Roll Band*, de Bill Wyman; *Brian Jones: Who Killed Christopher Robin? The Murder of a Rolling Stone*, de Terry Rawlings; *Keith Richards on Keith Richards: Interviews and Encounters*, editado por Sean Egan; e *1963: The Year of the Revolution; How Youth Changed the World with Music, Art and Fashion*, de Robin Morgan e Ariel Leve. Sobre a primeira vez que ouviram

Notas   341

os Beatles: James Phelge é bom quanto a isso, assim como Keith Richards em *Vida*. Veja também o discurso de 1988 de Mick Jagger incluindo os Beatles no Hall da Fama do Rock'n'roll. Está disponível no YouTube. O relacionamento entre os Beatles e os Stones, particularmente entre Jagger e Lennon, permaneceu uma rivalidade. Parecia que Jagger desejava a aprovação de Lennon e que este, sabendo disso, não queria dá-la. Duas citações me divertiram muito, apesar de eu não ter encontrado espaço para elas neste livro. A primeira é Lennon falando para a *Rolling Stone*: "Acho que Mick é uma piada, com toda aquela dança de bicha." (Veja "John Lennon, the *Rolling Stone* Interview", 1971.) A segunda é Lennon falando para a revista *Playboy* em 1980:
  "Na década de 80, estarão perguntado: 'Por que esses caras ainda estão juntos? Eles não conseguem se virar por conta própria? Por que precisam estar cercados por uma gangue? Será que o pequeno líder tem medo de que alguém o esfaqueie pelas costas?' Será essa a pergunta. Será essa a pergunta!... Estarão mostrando fotos do cara de batom rebolando e os quatro caras com a maquiagem preta malvada nos olhos tentando parecer obscenos. Essa será a piada no futuro."

9. Giorgio! (p.71-4)

Giorgio Gomelsky morreu em janeiro de 2016. Nos seus últimos anos, quando retornou para a Europa, ele administrou um estúdio de gravação em um loft em Manhattan chamado Red Door Collective. Você poderia conhecê-lo se fosse convidado a uma de suas festas – ou se entrasse de penetra. Depois de ter o coração partido por perder os Stones, Giorgio seguiu em uma carreira musical de sucesso, mais notavelmente como empresário dos Yardbirds, que contavam com Eric Clapton, Jimmy Page e Jeff Beck. Ouvi sobre ele e seu clube, o Crawdaddy, através de diversas pessoas, a maioria roqueiros das antigas, incluindo Paul Jones, Dick Taylor e Ian McLagan. Também ouvi a seu respeito através de Norman Jopling, que cobria a cena de blues inglesa para o *New Musical Express*. Você pode ler sobre Gomelsky, sucintamente, em dezenas de livros – ele é um daqueles personagens exuberantes que atraem jornalistas. Contei com vários dos livros e artigos já mencionados acima, com atenção especial para *Stoned*, de Andrew Loog Oldham; *Rocks Off: 50 Tracks That Tell the Story of the Rolling Stones*, de Bill Janovitz; *Up and Down with the Rolling Stones: My Rollercoaster Ride with Keith Richards*, de Tony Sanchez; *Stone Alone: The Story of a Rock'n'Roll Band*, de Bill Wyman; *Nankering with the Rolling Stones: The Untold Story of the Early Days*, de James Phelge; e *1963: The Year of the Revolution: How Youth Changed the World with Music, Art and Fashion*, de Robin Morgan e Ariel Leve. Gomeslky encerrou o capítulo de Nova York de sua vida com uma última festa de arromba em 15 de maio de 2015. Ela foi chamada de "útimos dias do Red Door e homenagem a Giorgio Gomelsky". Todos estavam presentes – exceto os Stones.

10. Conheçam os Beatles (p.75-7)

Os Beatles aparecendo no Crawdaddy: é um dos grandes momentos da cultura pop, como Eisenhower e Churchill jogando pôquer na lua. Seria ótimo se tivesse sido filmado. Como não foi, precisei reconstruir a cena a partir de várias fontes. As mais importantes são as memórias dos próprios Stones, reunidas em livros e entrevistas, mais notavelmente o registro da cena de Bill Wyman em *Stone Alone*. James Phelge estava lá, e sua recordação é fascinante. Veja também *Rocks Off: 50 Tracks That Tell the Story of the Rolling Stones*, de Bill Janovitz.

11. Magnata adolescente de merda (p.78-89)

O artigo original de Norman Jopling sobre os Stones pode ser lido em várias coletâneas, incluindo *The Mammoth Book of the Rolling Stones: An Anthology of the Best Writing About the Greatest Rock'n'Roll Band in the World*, editada por Sean Egan. Minha cópia do artigo foi fornecida pelo próprio Jopling. Hoje, ele é considerado mais um documento histórico do que uma peça de jornalismo, a Magna Carta dos Stones, mas Jopling é um ótimo escritor. Ano passado, ele publicou alguns de seus artigos sob o título *Shake It Up Baby! Notes from a Pop Music Reporter 1961-1972*. Minha entrevista com ele foi de valor inestimável sobre os anos iniciais dos Stones e da era em geral. Jopling contou-me sobre sua própria desavença com a banda, que resultou de sua crítica à canção "19th Nervous Breakdown". A namorada de Jopling tinha problemas com drogas e ele disse a Jagger que considerava a abordagem do tema muito arrogante. Durante vários anos depois disso, Jopling foi *persona non grata*. Sobre Andrew Oldham: troquei e-mails com Oldham durante muitos meses, cortejando-o e tentando convencê-lo a se encontrar para entrevistas. Ele era um participante integral nos primeiros anos, provavelmente tão importante quanto qualquer membro da banda. Ele hesitou e ponderou antes de finalmente concordar em responder perguntas por e-mail. O que ele fez. Mas muito mais úteis foram as memórias de Oldham, ambas bons livros: *Stoned* e *2Stoned*. Mais informações sobre Oldham, suas origens, sua história, sua importância e daí em diante foram obtidas através de entrevistas com seus parceiros e amigos, especialmente Al Kooper, Marianne Faithfull, Robin Morgan, Linda Keith e Norman Jopling. A história de Oldham também é contada em livros escritos pela banda e sobre a banda, e estes também serviram de fontes para este livro: *Vida*, de Keith Richards; *Golden Stone: The Untold Life and Tragic Death of Brian Jones*, de Laura Jackson; *Faithfull: An Autobiography*, de Marianne Faithfull com David Dalton; *John Lennon: A vida*, de Philip Norman; *Stone Alone: The Story of a Rock'n'Roll Band*, de Bill Wyman; *The True Adventures of the Rolling Stones*, de Stanley Booth; *Nankering with the Rolling Stones: The Untold Story of the Early Days*, de James Phelge; e *Mick: The Wild Life and Mad Genius of Jagger*, de Christopher Andersen. Veja também *Tune In: The Beatles; All These Years*, de Mark Lewinsohn; *The Beatles: The Biography*, de Bob Spitz;

Notas 343

e *Shout! The Beatles in their Generation*, de Philip Norman. Sobre o "terremoto jovem", estou em dívida com Robin Morgan e o livro que ele escreveu com Ariel Leve, *1963: The Year of the Revolution*. Sobre Dick Rowe e o primeiro contrato dos Stones com a Decca, veja *The Rolling Stones: Fifty Years*, de Chistopher Sandford; *Stoned*, de Andrew Loog Oldham; e *Beatles vs. Stones*, de John McMillian. Ian Stewart e o modo como foi tratado por Oldham é uma das situações mais complicadas e tristes de toda a história. Como Stewart está morto, precisei contar com fontes de segunda mão, ou seja, as lembranças de participantes importantes, especialmente os livros *Vida*, de Keith Richards, *Stone Alone*, de Bill Wyman, e *According to the Rolling Stones*. Enquanto pesquisava, deparei-me felizmente com *Boogie 4 Stu*, uma gravação de um show de homenagem feito pouco depois da morte de Stewart em 1985. Ela está disponível no Sonos e no iTunes. Muitos grandes músics tocam no show, incluindo Jagger, Richards, Watts e Wood, além de Ben Waters, PJ Harvey e Jools Holland. Minha favorita é o vocal de Jagger em um cover de "Watching the River Flow", de Bob Dylan. Ela lembra, mais uma vez, o gênio e o poderio vocal de Jagger. Muitas pessoas me disseram que foi a morte de Stewart, amado por todos os membros da banda, que permitiu aos Stones reunirem forças suficientes para se juntarem novamente no final da década de 80. Em outras palavras, Stewart serviu à banda em vida e salvou a banda na morte.

12. Imagens da estrada (p.90-6)

Sobre a primeira turnê dos Stones pela Grã-Bretanha, a primeira viagem deles fora do circuito familiar de clubes e bares de Londres, veja os livros mencionados acima. De relevância particular são as memórias de Wyman, Richards e Oldham. O melhor material, não propriamente os elementos essenciais, mas a noção expressionista de qual era a sensação de se tornar uma estrela, veio do próprio Richards em conversas que tivemos na década de 90. O mesmo vale para Watts, que, ao que me parece, nunca superou a estranheza de ser uma estrela do rock. Seu corpo a rejeita como a um rim incompatível. Veja também as colunas escritas pelos membros da banda enquanto estavam na estrada durante a primeira turnê – um esquema clássico de assessoria de imprensa de Andrew Oldham. Sobre as primeiras revoltas do rock'n'roll, veja *John Lennon: A vida*, de Philip Norman; *Awopbopaloobop Alopbamboom: The Golden Age of Rock*, de Nik Cohn; *The Autobiography*, de Ron Wood; *All Shook Up: How Rock'n'Roll Changed America*, de Glenn C. Altschuler; *Rock'n'Roll: An Unruly History*, de Robert Palmer; *Keith Richards on Keith Richards: Interviews and Encounters*, editado por Sean Egan; *Who I Am*, de Pete Townshend; e *1963: The Year of the Revolution*, de Robin Morgan e Ariel Leve. Algumas informações adicionais vieram de entrevistas com Ian McLagan e o falecido e grande Hy Weiss. Sobre os Beatles e o segundo single dos Stones, veja as memórias de Oldham, assim como os livros sobre os Beatles mencionados acima. Mais informações foram obtidas através de entrevistas com

Peter Asher, Paul Jones, Dick Taylor e outros. Sobre o assassinato de JFK e como ele afetou os Estados Unidos, o rock'n'roll, os Beatles e os Stones, contei principalmente com entrevistas. Especialmente esclarecedora foi minha conversa com Lloyd Price, uma das primeiras estrelas do rock, que foi eliminado pela mudança de clima que seguiu a morte de Kennedy.

13. Sem amor em uma redoma (p.97-115)

Este capítulo é uma memória. A minha própria. As coisas sobre minha experiência na faculdade e ver os Stones em Nova Orleans no outono de 1989 vêm da memória, apesar de os fatos terem sido confirmados. Tenho orgulho de dizer que acertei a maioria dos detalhes. O relato do começo da minha carreira de escritor para a *New Yorker* e para a *Rolling Stone* é a história da minha vida. Escrevi um pouco sobre isso nas minhas memórias, *Lake Effect* (Knopf, 2002). Quanto ao tempo que passei com os Stones em Toronto, alguns dos detalhes vêm da memória, mas pude consultar antigos cadernos de anotações, assim como entrevistas que fiz na época com os Stones e com pessoas do universo deles. Qualquer um que esteja interessado pode ler os artigos que escrevi na época para a *Rolling Stone* no website da revista. Escrevi novamente sobre a experiência na minha resenha do livro *Vida*, de Keith Richards, que foi publicada na *Rolling Stone* em 11 de novembro de 2010. Apesar de me basear na mesma experiência aqui, as páginas deste livro são diferentes e novas – vinte anos podem mudar cada percepção. Imagino que ainda estarei escrevendo sobre isso daqui a vinte anos. Se você é um escritor, sua vida e o que aconteceu com você são basicamente tudo que você tem. O tempo que passei com os Stones foi um evento marcante. Nunca me canso de pensar a respeito.

14. Primeiras frases (p.116-21)

Andrew Oldham tranca Mick Jagger e Keith Richards no apartamento em Chelsea, dizendo a eles para não saírem sem uma música: essa é uma das grandes lendas do pop. Persegui-a por dezenas de livros e de entrevistas. A história mudou um pouco ao longo dos anos, e não está claro se os personagens principais, quando a contam, estão lembrando o que ocorreu ou recordando uma versão mais antiga da história. Contudo, os fatos permanecem: Mick e Keith foram confinados e obrigados a produzir. Eles não eram compositores natos, mas composições originais eram a ordem do dia – eles chegaram a elas através de necessidade e trabalho duro. O capítulo é construído a partir de entrevistas conduzidas ao longo de mais de vinte anos, de conversas com Jagger e Richards, assim como com Tony King, Peter Asher, Paul Jones, Bobby Keys e outros. Livros, também: *The Rolling Stones: Fifty Years*, de Christopher Sandford; *Stoned* e *2Stoned*, de Andrew Loog Oldham; *Rocks Off: 50 Tracks That Tell*

Notas

345

_the Story of the Rolling Stones, de Bill Janovitz; *Golden Stone: The Untold Life and Tragic Death of Brian Jones*, de Laura Jackson; *Keith: Standing in the Shadows*, de Stanley Booth; e *Vida*, de Keith Richards. Sobre o método de composição de Jagger e Richards de modo geral, contei com os livros listados acima, assim como com entrevistas com produtores e técnicos que estavam na cena e observaram a banda compor, incluindo o produtor Chris Kimsey e o engenheiro de som Phill Brown. Ahmet Ertegun, a quem entrevistei na década de 90, foi de especial ajuda. O mesmo vale para Clive Davis, que nunca trabalhou com os Stones mas compreende como uma canção é composta. Veja também o artigo de perguntas e respostas de Jann Wenner com Jagger, que foi publicado na *Rolling Stone* em dezembro de 1995. (Trabalhei nessa entrevista com Wenner, redigindo perguntas e editando transcrições.) Sobre pontos específicos sobre o processo de composição relativo ao primeiro single verdadeiro, "The Last Time", veja *Vida*, de Keith Richards; *Keith: Standing in the Shadows*, de Stanley Booth; e *According to the Rolling Stones*. Veja também a entrevista de Keith Richards de 1992 com Jas Obrecht na revista *Guitar Player*, na qual Keith caracterizou "The Last Time" como a primeirca canção verdadeira dos Stones.

15. América (p.122-36)

A história dos Stones naquela van nos arredores de Harrisburg, Pensilvânia, na primeira turnê pelos Estados Unidos quando caiu o raio – o qual me parece tanto real quanto simbólico – vem do livro de Stanley Booth, *The True Adventures of the Rolling Stones*. Além das minhas próprias entrevistas, informações sobre a primeira turnê pelos Estados Unidos foram obtidas de artigos contemporâneos, assim como dos livros mencionados acima, especialmente as memórias de Richards e Wyman. Veja também *Bill Wyman's Scrapbook*, no qual tudo que podia ser recortado ou guardado está armazenado e preservado. Também utilizei artigos de revistas publicados na época, alguns deles clássicos, como o perfil de Phil Spector escrito por Tom Wolfe, "The First Tycoon of Teen", que está incluído na coletânea de Wolfe *The Kandy-Kolored Tangerine-Flake Streamline Baby*. Veja também "Teenage Crowd at Airport to Greet the Rolling Stones", *New York Times*, 2 de junho de 1964. Sobre Murray the K, veja o perfil de Wolfe, assim como *Awopbopaloobop*, de Nik Cohn. Sobre a cena nos Estados Unidos na época e como a música "racial" era vista, contei com entrevistas, especialmente com Lloyd Price, Buddy Guy, Bob Krasnow, Ahmet Ertegun, Clive Davis, Berry Gordy e Ethan Russell. Particularmente brilhante sobre esse tema é o escritor da *New Yorker* George W.S. Trow; veja seu livro, *My Pilgrim's Progress*. Veja também *Main Lines, Blood Feasts, and Bad Taste: A Lester Bangs Reader*, editado por John Morthland; *Escaping the Delta: Robert Johnson and the Invention of the Blues*, de Elijah Wald; e o perfil em duas partes de Ahmet Ertegun escrito por Trow, "Eclectic, Reminiscent, Amused, Fickle, Perverse", que foi publicado na *New Yorker* em 1978. Sobre as outras primeiras turnês dos Stones pelos Estados Unidos, contei com as recordações de testemunhas de primeira mão, em especial Gered Mankowitz, o primeiro fotógrafo oficial dos Stones, e Ronnie Schneider, um gerente de turnê dos Stones. Sobre o *sex appeal* de Jagger, veja o ensaio de Patti Smith "Jag-arr of the Jungle" (*Creem*, 1973). Veja também a entrevista de Charlie Watts para a *Mojo* de 1994. "Tudo que consigo me lembrar daquela época era estar em algum lugar dos Estados Unidos e apenas ver o balcão inteiro subindo e descendo com garotas gritando sobre ele", disse Watts à revista. Se você quiser saber como tudo se parecia, veja *The Lost Rolling Stones Photographs: The Bob Bonis Archive, 1964-1966*, de Larry Marion. Sobre Chicago no começo da década de 60, veja tudo de Studs Terkel, assim como *Chicago: A Biography*, de Dominic A. Pacyga, e meu livro *Monsters*. Sobre a história do blues, utilizei muitos livros (veja a bibliografia), com atenção especial para *Blues Fell This Morning: Meaning in the Blues*, de Paul Oliver; *Deep Blues: A Musical and Cultural History of the Mississippi Delta*, de Robert Palmer; *Searching for Robert Johnson: The Life and Legend of the "King of the Delta Blues Singers"*, de Peter Guralnick; *Blues People: Negro Music in White America*, de LeRoi Jones; *The Blues: A Very Short Introduction*, de Elijah Wald; *The Land Where the Blues Began*, de Alan Lomax; e *The Devil's Music: A History of the Blues*, de Giles Oakley. Também foram úteis os ensaios da coletânea de David Hadju, *Heroes and Villains: Essays on Music, Movies, Comics, and Culture*. O mesmo vale para *Big Road Blues: Tradition and Creativity in the Folk Blues*, de David Evans. Evans é um "Doutor do Blues", professor de etnomusicologia na Universidade de Memphis, além de um guitarrista sério. Minha entrevista com ele foi especialmente esclarecedora. Sobre Muddy Waters em Chicago, obtive muito da minha entrevista com Buddy Guy, que me levou para um passeio pelas zonas sul e oeste de Chicago, terminando na casa de Muddy. Isso resultou em um artigo para a *Rolling Stone* que foi publicado em 2006 ("The Kingpin") e pode ser lido nos arquivos da revista. Também utilizei livros, incluindo *Can't Be Satisfied: The Life and Times of Muddy Waters*, de Robert Gordon. Sobre a grande migração, fui ajudado por artigos do *Chicago Defender*. Veja, por exemplo, "When You Come North" (30 de maio de 1925), que inclui um conselho aos migrantes: "Quando você vier para o norte, vista-se de modo apropriado antes de sair às ruas. Não permita que as pessoas vejam você de pijamas ou com aventais de cozinha." Em 16 de outubro de 1965, Muddy Waters abordou os Stones diretamente no *Defender*. "Os Rolling Stones, é claro que curto eles, eles são parte de mim, você sabe que o nome deles vem de um dos meus discos. Aqueles garotos sabem levar um som." Sobre Leonard Chess e a Chess Records, veja *Spinning Blues into Gold: The Chess Brothers and the Legendary Chess Records*, de Nadine Cohodas; *The Story of Chess Records*, de John Collis; e *I Am the Blues: The Willie Dixon Story*, de Willie Dixon e Don Snowden, assim como meu próprio livro, *The Record Men: Chess Records and the Birth of Rock & Roll*. Veja minhas entrevistas com Marshall Chess, que trabalhou no selo com o pai e o tio Phil e, mais tarde, administrou um selo para os Stones. Ainda úteis sobre a Chess foram notas escritas sobre os Rolling Stones para o Hall da Fama do Rock'n'roll pelo produtor da Chess Don Snowden, em 1987. O mesmo vale para uma troca de e-mails que mantive com Andrew Oldham em 2014. "Acho que a Chess Records, a Vee Jay e a Atlantic eram os Donald Sterlings musicais

Notas 347

de sua época", explicou Oldham. "Eu tinha dois dias. Eu não estava interessado em conhecer ninguém exceto [o engenheiro da Chess] Ron Malo. Gravamos treze coisas em dois dias. Os Stones estavam no paraíso. Foi maravilhoso."

16. Satisfaction (p.137-49)

A citação que abre este capítulo vem de uma conversa com Jagger. Foi um comentário casual, um à parte compartilhado enquanto trabalhávamos juntos em um roteiro. Ela gerou identificação porque eu estava na época desenvolvendo minha própria filosofia do sucesso. Em resumo, eu acreditava que nada pode seguir em frente sem um sucesso. Dessa maneira, a carreira dos Stones só se tornou possível por causa de "Satisfaction", assim como a carreira dos Estados Unidos só se tornou possível por causa da Constituição dos Estados Unidos, que foi um dos maiores sucessos de todos os tempos. Sobre primeiras turnês pelo território americano, veja os livros mencionados acima e abaixo, especialmente *According to the Rolling Stones; The Rolling Stones: Fifty Years*, de Christopher Sandford; *The True Adventures of the Rolling Stones*, de Stanley Booth; e *Brian Jones: Who Killed Christopher Robin? The Murder of a Rolling Stone*, de Terry Rawlings. A espinha dorsal destas páginas vem de entrevistas com Richards e Watts, além de entrevistas mais recentes com os fotógrafos dos Stones Gered Mankowitz e Ethan Russell, e com o empresário dos Stones Ronnie Schneider. Os detalhes do encontro de Sinatra e Richards vieram da memória *2Stoned*, de Oldham. A história de "Satisfaction", da concepção ao single, começa com o sono de Keith e a chegada misteriosa, como que do céu, do riff. Como uma versão rock'n'roll da lenda de Prometeu e o fogo, ela é bem registrada. A melhor fonte talvez seja o livro de Richards, *Vida*, mas, como disse Bob Dylan: "Meu pai disse tantas coisas." Sobre Jack Nitzsche e seu papel com os Stones, veja "Turning the Key of the Universe: Jack Nitzsche Remembered", em *Gadfly*, de David Galton. Quanto ao resto da história de "Satisfaction" – a finalização da canção em Clearwater, Flórida, as primeiras gravações, a votação e o resto –, as fontes principais são primárias, incluindo entrevistas com Jagger e Richards e as memórias de Richards, Wyman e Oldham. Quase todas as etapas do processo foram capturadas em fotografias. Veja, por exemplo, as fotos reunidas em *The Rolling Stones: On Camera, Off Guard 1963-69*, de Mark Hayward; *The Rolling Stones 1972*, de Jim Marshall e Keith Richards; e *The Rolling Stones: A Life on the Road*, dos Rolling Stones e Jools Holland. Você pode ver praticamente cada momento específico descrito neste livro através de uma pesquisa bem elaborada no Google, como "Rolling Stones piscina de hotel Flórida". Os comentários de Jagger sobre composição vêm das minhas entrevistas com a banda da década de 90. Sobre o processo de composição, veja também os livros listados acima, assim como a entrevista de Jagger de 1995 para a revista *Esquire*, "Self Satisfaction". Sobre Allen Klein, veja *2Stoned*, de Andrew Loog Oldham; *Rocks Off: 50 Tracks That Tell the Story of the Rolling Stones*, de Bill Janovitz; *John Lennon: A vida*, de Philip Norman; *Tune In: The*

Beatles; All Those Years, de Mark Lewinsohn; *The Beatles: The Biography*, de Bob Spitz; e *Shout! The Beatles in Their Generation*, de Philip Norman. Veja também o livro recente de Fred Goodman sobre Klein, *Allen Klein: The Man Who Bailed Out the Beatles, Made the Stones, and Transformed Rock & Roll*, o qual foi lançado no decorrer do meu próprio relato. Meu irmão trabalhou para Klein antes da faculdade de direito, o que praticamente não me ajudou em nada. Mais úteis foram minhas entrevistas com o sobrinho de Klein, Ronnie Schneider, que trabalhou no escritório de advocacia antes de partir na estrada com os Stones. Posteriormente, quando os Stones e Klein romperam, Schneider permaneceu com as estrelas. Quando perguntei a Schneider se aquilo arruinara seu relacionamento com o tio, ele contou-me uma história que tenho revirado na minha cabeça desde então.

– Sim, ele ficou absolutamente furioso – disse-me Schneider. – Mas, no meio de tudo aquilo, meu pai me fez sentar e disse: "Escute, Allen precisa viver a vida dele, mas você precisa viver a sua."

17. Escrevendo matérias (p.150-8)

Sobre o tempo que passei com os Stones no Canadá e na estrada, referi-me à minha própria memória, assim como aos meus cadernos de anotações e entrevistas. Sempre que possível, confirmei minhas recordações através de fontes públicas, artigos de jornais e e entrevistas em revistas, e de entrevistas concedidas pelos personagens principais que podem ser vistas no YouTube. A internet reformulou certos aspectos de como redigir uma matéria. Você costumava precisar se esforçar para obter o menor fragmento de informação. Estou falando de entrevistas coletivas, microfilmes. Hoje, seria possível pesquisar um livro inteiro sem sair do seu quarto. O rompimento entre Jagger e Richards, registrado aqui, persiste. Recentemente, quando fui convidado pela revista *Billboard* a entrevistar Richards sobre seu novo disco em sua casa em Connecticut, recebi somente uma orientação: não pergunte sobre o relacionamento dele com Mick. Se houve uma única pessoa responsável pelo acesso especial que obtive aos Stones naqueles anos – e foi especial – não foi Mick nem Keith, mas sim o assistente particular de Mick, Tony King, que me defendeu durante todo o tempo. Portanto: obrigado, Tony King. Quanto ao kit médico de Keith, ou seja, a maleta, incluí esse detalhe nos meus primeiros artigos para a *Rolling Stone* sobre a banda, mas ele foi cortado. Por quê? Porque não haviam se passado muitos anos desde a famosa prisão de Keith por posse de drogas em Toronto e alguns editores temiam que a menção daquela maleta pudesse atrair algum agente do FBI ou um policial extremamente ambicioso. Ninguém quer ser o escritor ou o editor responsável pelo término dos Stones. Senti-me seguro incluindo-a aqui pois o próprio Richards, desde então, relatou isso e mais em suas próprias memórias, *Vida*.

Notas   349

18. Ácido (p.159-66)

As informações sobre a história das drogas vêm de alguns livros, especialmente *Acid Dreams: The Complete Social History of LSD; The CIA, the Sixties and Beyond*, de Martin A. Lee e Bruce Shlain e *LSD: My Problem Child; Reflections on Sacred Drugs, Mysticism and Science*, de Albert Hofmann. Também foi útil *The Rolling Stone Magazine: The Uncensored History*, de Robert Draper. Contei também com minhas entrevistas: com Keith Richards, Charlie Watts e Ron Wood, mas também com Linda Keith, Ahmet Ertegun, Ronnie Schneider, Gered Mankowitz, o tecladista Ian McLagan e o saxofonista Bobby Keys. Especialmente esclarecedora foi minha longa entrevista com Marianne Faithfull. Sobre *acid rock*, veja *1968: The Year That Rocked the World*, de Mark Kurlansky; *Awopbopaloobop*, de Nik Cohn; *John Lennon: A vida*, de Philip Norman; *The Dark Stuff: Selected Writings on Rock* Music, de Nick Kent; *Rock & Roll: An Unruly History*, de Robert Palmer; e *Who I Am*, de Pete Townshend. Veja também *Charlie Watts*, de Alan Clayson; *Every Night's a Saturday Night: The Rock'n'Roll Life of Legendary Sax Man Bobby Keys*, de Bobby Keys e Bill Ditenhafer; *Faithfull: An Autobiography*, de Marianne Faithfull com David Dalton; *Golden Stone: The Untold Life and Tragic Death of Brian Jones*, de Laura Jackson; *Keith: Standing in the Shadows*, de Stanley Booth; *Keith Richards on Keith Richards: Interviews and Encounters*, editado por Sean Egan; *Vida*, de Keith Richards; *Almoço nu*, de William S. Burroughs; *Ronnie*, de Ron Wood; e *Stone Alone: The Story of a Rock'n'Roll Band*, de Bill Wyman. Sobre os pensamentos de Charlie Watts a respeito do LSD, veja *S.T.P.: A Journey Through America with the Rolling Stones*, de Robert Greenfield, e também a entrevista de 1980 de Keith para a revista *Zigzag*. Mas a bíblia sobre os Stones e as drogas é o livro escrito pelo traficante deles, *Up and Down with the Rolling Stones: My Rollercoaster Ride with Keith Richards*, de Tony Sanchez, também conhecido como Spanish Tony.

19. A batida (p.167-76)

Enquanto me informava para este livro, meu amigo Mark e eu fomos de carro de Londres para Redlands. Vagamos ociosamente, estudando os lugares e comparando-os com as fotos tiradas no dia da batida policial, o tempo todo esperando encontrar Anita Pallenberg, que, haviam nos dito, ainda passa tempo na casa. Pallenberg é a única entrevista que eu realmente queria ter feito para este livro e não consegui fazer. Mas conversei com Marianne Faithfull. Ela conduziu-me pelos acontecimentos que antecederam a batida, a batida propriamente dita e suas consequências. O material para essas partes vem dessa entrevista – da qual algumas partes foram incluídas em um artigo que escrevi para a *The Wall Street Journal Magazine* ("Marianne Faithfull Glorious Reckless Rock'n'Roll Life", 4 de setembro de 2014) –, assim como de passagens das memórias de Faithfull, das memórias de Richards e de outros livros que tratam do tema, incluindo *The Rolling Stones: Fifty Years*, de Christopher

Sandford; *Up and Down with the Rolling Stones: My Rollercoaster Ride with Keith Richards*, de Tony Sanchez; *Jagger: Rebel, Rock Star, Rambler, Rogue*, de Marc Spitz; e *According to the Rolling Stones*. Contei também com relatos contemporâneos, principalmente de tabloides e jornais ingleses que, mais do que apenas relatar, participaram desses acontecimentos. Para as origens de Marianne Faithfull, recorri a vários livros, mais essencialmente as memórias de Faithfull e Oldham, assim como as entrevistas com Faithfull, Peter Asher, Linda Keith e outros. Quanto ao dia viajante em Redlands antes da batida, veja as fotos icônicas de Michael Cooper, assim como os livros de vários jornalistas e testemunhas, incluindo *2Stoned*, de Andrew Loog Oldham e *Keith: Standing in the Shadows*, de Stanley Booth. Em *Keith Richards on Keith Richards: Interviews and Encounters*, editado por Sean Egan, o guitarrista reflete sobre as motivações das autoridades por trás da batida: "Primeiro, eles não gostam de garotos jovens com muito dinheiro. Mas desde que você não os incomode, está tudo bem. Mas nós os incomodávamos. Nós os incomodávamos por causa da nossa aparência, de como nos comportávamos. Porque nunca mostramos absolutamente nenhuma reverência por eles. Enquanto que os Beatles faziam isso."

20. Marrocos (p.177-83)

Planejei ir ao Marrocos e Tânger e me hospedar no mesmos hotéis, visitar os mesmos restaurantes, caminhar pelas mesmas ruas e mercados e usar as mesmas drogas que os Stones em 1967, mas não fiz isso. Porque fiquei sem dinheiro, e depois minha mãe morreu. As informações nessas passagens foram tecidas a partir de diversas fontes, incluindo minha entrevista com Faithfull, os livros mencionados acima e alguns outros, especialmente *Self-Portrait with Friends: The Selected Diaries of Cecil Beaton, 1922-1974*, de Cecil Beaton e Richard Buckle, e *Cecil Beaton: Photographs 1920-1970*, de Phillippe Garner, David Mellor e Cecil Beaton. Sobre as origens de Anita Pallenberg e seu relacionamento com Brian Jones, veja *Golden Stone: the Untold Life and Tragic Death of Brian Jones*, de Laura Jackson; *The True Adventures of the Rolling Stones*, de Stanley Booth; *Up and Down with the Rolling Stones: My Rollercoaster Ride with Keith Richards*, de Tony Sanchez; *Keith Richards: A Rock'n'Roll Life*, de Bill Milkowski, editado por Valeria Manferto de Fabianis; *The Dark Stuff: Selected Writings on Rock Music*, de Nick Kent; e *Brian Jones: Who Killed Christopher Robin? The Murder of a Rolling Stone*, de Terry Rawlings. Sobre Kenneth Anger e magia negra, contei com muitos livros, alguns deles bem loucos: *O livro da lei* e *O livro das mentiras*, de Aleister Crowley; *Do What Thou Wilt: A Life of Aleister Crowley*, de Lawrence Sutin; *Kenneth Anger*, de Alice L. Hutchison; e *Anger: The Unauthorized Biography of Kenneth Anger*, de Bill Landis. Veja também *Blown Away: The Rolling Stones and the Death of the Sixties*, de A.E. Hotchner, e *Mick: The Wild Life and Mad Genius of Jagger*, de Christopher Andersen. A melhor fonte sobre o caso de Keith e Anita é o próprio Keith. Certas passagens de suas memórias são um *Madame Bovary* rock'n'roll. Flaubert mais Elvis é igual a *Vida*. Ao escrever sobre o Marrocos e Tânger,

Notas 351

fui inspirado por alguns romances, incluindo *O céu que nos protege*, de Paul Bowles, e *Almoço nu*, de William S. Burroughs, no qual está minha descrição favorita de Tânger:

> Cheiros de comidas de todos os países sendo preparadas pairam sobre a cidade, uma névoa de ópio, haxixe, a fumaça vermelha resinosa de *yagé*, cheiro da selva e água salgada e o rio apodrecendo e excremento seco e suor e genitais. Flautas agudas das montanhas, jazz e bebop, instrumentos mongóis de uma corda, xilofones ciganos, tambores africanos, gaitas de fole árabes ...

21. O julgamento (p.184-92)

Entrevistas pessoais, registros de tribunais, matérias de jornais contemporâneas e alguns livros forneceram a maior parte das informações apresentadas neste capítulo. De importância especial foram as discussões com Marianne Faithfull. Igualmente importantes foram as memórias de Faithfull e Richards, assim como vários livros: *Jagger: Rebel, Rock Star, Rambler, Rogue*, de Marc Spitz; *And on Piano... Nicky Hopkins: The Extraordinary Life of Rock's Greatest Session Man*, de Julian Dawson; *The Rolling Stones: Fifty Years*, de Christopher Sandford; e *Who I Am*, de Pete Townshend. Sobre *Sgt. Pepper, Satanic Majesties* e outros artefatos da era psicodélica, veja *Awopbopaloobop*, de Cohn; *John Lennon: A vida*, de Philip Norman; *The Mammoth Book of the Rolling Stones: An Anthology of the Best Writing About the Greatest Rock'n'Roll Band in the World*, editado por Sean Egan; *Stone Alone: The Story of a Rock'n'Roll Band*, de Bill Wyman; *Rock & Roll: An Unruly History*, de Robert Palmer; e *Up and Down With the Rolling Stones: My Rollercoaster Ride With Keith Richards*, de Tony Sanchez. Sobre a partida de Andrew Oldham da banda, veja *2Stoned*; veja também *Rocks Off: 50 Tracks That Tell the Story of the Rolling Stones*, de Bill Janovitz. A conversa que encerra o capítulo vem da minha correspondência por e-mail com Oldham. Citei-a em verbatim. Robert Fraser morreu em 1986, 19 anos depois de ser libertado da prisão; veja "Art Dealer Robert Fraser's Swinging London", Liesl Schilinger, *Wall Street Journal*, 23 de fevereiro de 2015. Sobre a capa de *Sgt. Pepper*: na impressão final, o rosto de Hitler foi obscurecido.

22. A morte de Brian Jones, parte um (p.193-6)

Ao relatar o primeiro estágio do declínio de Brian Jones, contei com diversas fontes, sendo a primeira livros, incluindo *Are We Still Rolling? Studios, Drugs and Rock'n'Roll – One Man's Journey Recording Classic Albums*, de Phill Brown; *Awopbopaloobop*, de Cohn; *The Rolling Stones: Fifty Years*, de Christopher Sandford; *Golden Stone: The Untold Life and Tragic Death of Brian Jones*, de Laura Jackson; *Vida*, de Keith Richards; *Let It Bleed: The Rolling Stones, Altamont, and the End of the Sixties*, de Ethan A. Russell com Gerard Van der Leun; *Up and Down With the Rolling Stones: My Rollercoaster Ride With Keith*

Richards, de Tony Sanchez; *Faithfull: An Autobiography*, de Marianne Faithfull com David Dalton; *Stone Alone: The Story of a Rock'n'Roll Band*, de Bill Wyman; e *Brian Jones: Who Killed Christopher Robin? The Murder of a Rolling Stone*, de Terry Rawlings. Andrew Oldham escreve maravilhosamente sobre Brian Jones em seu período ruim em *Stoned*. Veja também o texto brilhante de Nick Kent sobre aqueles dias decadentes em *The Dark Stuff: Selected Writings on Rock Music*. O mesmo vale para o ensaio de Lou Reed "Fallen Knights and Fallen Ladies", de 1971. "Depois dos Beatles, vieram os Stones, e nos Stones ninguém poderia ter ignorado Brian Jones com seus olhos piscianos que sabiam tudo e sofriam tudo, suas roupas incríveis, aqueles lenços magníficos, Brian sempre à frente do estilo, Brian perfeito", escreve Reed. "Como poderia Brian ter asma, uma doença psicológica (nos disseram) e certamente algo estranho para um membro de um grupo de rock'n'roll." Aprendi ainda mais através de entrevistas, especialmente aquelas com pessoas que passaram tempo com Jones no final: Phill Brown, Chris Kimsey, Paul Jones, Gered Mankowitz, Marianne Faithfull, Ronnie Schneider e Ethan Russell, que tirou aquelas famosas fotografias tristes. Veja também: "Brian Jones: The Bittersweet Symphony", de Rob Chapman, *Mojo*, julho de 1999; perguntas e respostas com Keith Richards, Robert Greenfield, *Rolling Stone*, 1971. As citações que encerram o capítulo – "Um suicida em potencial?" e "Certamente" – aparecem em vários lugares, incluindo *The Rolling Stones: Fifty Years*, de Christopher Sandford. Eis como Pete Townshend descreve Jones no final em *Who I Am*: "Eu não o via há um ano ou mais. Os olhos dele estajam irritados e ele estava em prantos, murchando sob o efeito de um coquetel elaborado de estimulantes e tranquilizantes."

23. Sympathy for the Devil (p.197-201)

Este capítulo é uma criação de colecionador, construído a partir de diversas fontes. Você começa com o filme propriamente dito, *One Plus One*, de Jean-Luc Godard. A criação da música foi relatada em muitos dos livros já mencionados. Sobre as origens do cineasta, contei com *Everything Is Cinema: The Working Life of Jean-Luc Godard*, de Richard Brody, assim como o ensaio de Pauline Kael sobre Godard para a *New Yorker* incluído na coletânea *The Age of Movies: Selected Writings of Pauline Kael*. A descrição de Kael do primeiro longa-metragem de Godard, *Acossado*, pode representar os Stones como foram retratados nos primeiros artigos sobre a banda:

> O que surpreende você em *Acossado* é que o cativantemente tímido jovem malandro com sua graça solta, aleatória, e a inacessível, passivamente masculina garota americana são tão rasos e vazios quanto os rostos brilhantes que você vê em carros esportivos e em supermercados suburbanos, e em jornais depois de crimes sem motivação e sem sentido. E você fica com a suspeita terrível de que essa é uma nova raça, criada no caos, aceitando o caos como natural, e não se importando de um jeito ou de outro com isso ou com qualquer outra coisa.

Notas

Reli *O mestre e Margarida*, de Mikhail Bulgákov. Que livro maravilhoso, repleto de ecos e presságios. Comecei a ver traços dele em tudo dos Stones. Livros bons têm uma maneira de transbordar para o resto da vida. Por exemplo, não consegui ler a descrição de Bulgákov do demônio sem pensar em Jagger: "Dois olhos fitaram o rosto de Margarida. O olho direito tinha uma centelha dourada profunda no centro e poderia penetrar nas profundezas de uma alma; o olho esquerdo era vazio e preto, como o buraco estreito de uma agulha, como a entrada de um poço sem fundo de escuridão e sombra."

24. A fase de ouro (p.202-12)

Sobre a criação de "Jumpin' Jack Flash" e o início da fase de ouro, veja *Vida*, de Keith Richards; *And on Piano... Nicky Hopkins: The Extraordinary Life of Rock's Greatest Session Man*, de Julian Dawson; e *The Rolling Stones: Fifty Years*, de Christopher Sandford. Contei com as recordações de Marianne Faithfull dessa época e desses acontecimentos através da minha entrevista com ela e também de suas memórias, *Faithfull: An Autobiography*, com David Dalton, e *Memories, Dreams and Reflections*. A afinação em sol aberto é descrita no livro *Vida*, de Keith Richards, mas permaneci confuso a respeito mesmo depois de várias leituras. Não creio que você possa compreender plenamente se não toca guitarra – você precisa brincar e experimentar para entender o que está acontecendo e compreender o quanto as afinações alternativas podem ser libertadoras. Obtive ajuda especial do meu professor de guitarra, Brendan Sadat. O mesmo vale para Dennis Ambrose na Random House. Veja também *Escaping the Delta: Robert Johnson and the Invention of the Blues*, de Elijah Wald, e *Rocks Off: 50 Tracks That Tell the Story of the Rolling Stones*, de Bill Janovitz, que, convenientemente, toca guitarra e canta na banda Buffalo Tom. Cynthia Cotts, que trabalhou comigo neste livro e ficou obstinada com o tópico de entender perfeitamente a afinação em sol, localizou o secretário da Sociedade do Alaúde na Inglaterra e uma história reunida pela Sociedade do Alaúde dos Estados Unidos. Ambas as fontes concordaram que a afinação padrão evoluiu como uma mudança da afinação padrão do alaúde medieval de cinco cordas. Em outras palavras, os primeiros instrumentistas de seis cordas estavam fugindo da tradição da mesma maneira que Keith faria quatro séculos depois. Sobre "Honky Tonk Women" e a desavença entre Ry Cooder e Keith Richards, veja *Rocks Off*, de Bill Janovitz; *Stone Alone*, de Bill Wyman; e a entrevista de Robert Greenfield com Keith Richards de 1971 para a *Rolling Stone*. Tentei conversar com Cooder para este livro, mas não deu em nada. Para uma visão fascinante sobre isso, veja o artigo "Ry Cooder's Elegant Indignation", escrito pelo meu amigo Alec Wilkinson, que foi publicado no website da *New Yorker* em 29 de agosto de 2011:

Se você se pergunta como a sensibilidade [de Cooder] soa quando aplicada ao rock'n'roll – uma versão dele, de todo modo –, o exemplo mais amplamente conhecido em que consigo pensar vem do período em que Cooder fora contratado para ampliar os Rolling Stones durante a gravação de "Let It Bleed". Ele estava tocando sozinho no estúdio, brincando com algumas mudanças, quando Mick Jagger aproximou-se dançando e disse: "Como você faz isso? Você afina a corda mi em ré, coloca seus dedos sobre ela e os tira rapidamente, isso é muito bom. Keith, talvez você devesse ver isto." E, em pouco tempo, os Rolling Stones estavam recebendo royalties por "Honky Tonk Women", que soa precisamente como uma música de Ry Cooder e não é absolutamente nada parecida com nenhuma outra música jamais produzida pelos Rolling Stones em mais de quarenta anos.

Sobre *Beggars Banquet*, Jimmy Miller e a rotina no Olympic Studios, veja *Backstage Passes & Backstabbing Bastards: Memoirs of a Rock'n'Rolll Survivor*, de Al Kooper; *Stone Alone*, de Bill Wyman; e *Are We Still Rolling?*, de Phill Brown. Contei também com entrevistas – com Chris Kimsey, Phill Brown, Al Kooper e Anna Menzies. A anedota contada por Glyn Johns – "Mick estava fumando um baseadão" – vem de "Engineer Andy Johns Discusses the Making of the Rolling Stones 'Exile on Main Street'", de Harvey Kubernik, *Goldmine*, maio de 2010. O incidente de Marianne Faithfull – Queime, baby, queime – vem de *Are We Still Rolling?*, de Phill Brown. A história do incêndio vem de Chris Kimsey, que passou um dia comigo no Olympic, depois me encaminhou para ver outros membros da antiga equipe.

25. A morte de Brian Jones, parte dois (p.213-24)

Informações sobre Cotchford Farm vêm de várias fontes, incluindo *Golden Stone: The Untold Life and Tragic Death of Brian Jones*, de Laura Jackson; *Stone Alone*, de Bill Wyman; *Brian Jones: Who Killed Christopher Robin?*, de Terry Rawlings; e *A.A. Milne: The Man Behind Winnie-the-Pooh*, de Ann Thwaite. Especialmente útil foi minha visita à casa, feita com meu amigo Mark no inverno de 2014. Sobre o declínio contínuo de Brian, contei com as entrevistas e os livros citados para "A morte de Brian Jones, Parte um", assim como *The Dark Stuff*, de Nick Kent. Para a triste cena na qual os Stones demitiram Brian, contei com várias fontes, incluindo *Golden Stone*, de Laura Jackson; a biografia de Jagger escrita por Marc Spitz; e *Up and Down with the Rolling Stones*, de Tony Sanchez. A citação de Charlie Watts – "Tenho certeza de que aquilo quase o matou" – aparece em "Brian Jones: The Bittersweet Symphony", de Rob Chapman, *Mojo*, julho de 1999. O telegrama de Brian – "Estou muito infeliz. Tão infeliz." – aparece em *Golden Stone*, de Laura Jackson. Sobre os planos pós-Stones de Brian, veja *The Rolling Stones*, de Robert Palmer, e *Brian Jones: Who Killed Christopher Robin?*, de Terry Rawlings. Sobre as canções de Brian, veja *The Rolling Stones*, de Robert Palmer; *Stone Alone*, de Bill Wyman; e *Stoned*, de Andrew Oldham. O detalhes relativos a Mick Taylor e suas origens vêm de *The Rolling Stones: Fifty Years*, de Christopher Sandford, e *Ronnie*, de Ron Wood. Veja também os artigos "Mick Taylor

Notas

Interviewed", de Tony Norman, *Fusion*, 14 de novembro de 1969, e "Rolling Stone in Exile", a entrevista de Robin Eggar com Mick Taylor para a *The Sunday Express Magazine*, maio de 2002. Entrevistei John Mayall, que uma vez foi patrão de Taylor. Detalhes relativos à morte de Brian, aquela misteriosa desaparição no centro do rock'n'roll, foram cobertos extensivamente. Minhas melhores fontes foram *Vida*, de Keith Richards, e *Stone Alone*, de Bill Wyman. O obituário de Jones pode ser lido no arquivo on-line do *New York Times*. Frank Thorogood e Tom Keylock: essa longa história do disparate "ele disse/ela disse" pode ser lida em cerca de meia dúzia de livros, incluindo *The Rolling Stones: Fifty Years*, de Christopher Sandford; *Golden Stone*, de Laura Jackson; e *Brian Jones: Who Killed Christopher Robin?*, de Terry Rawlings. O mistério da morte de Brian provavelmente nunca será solucionado. Como meu pai diz, isso depende menos do que aconteceu do que de quem você é.

26. Fuga da morte (p.225-9)

Um aspecto impressionante de trabalhar neste livro é que quase tudo sobre o que pesquisei e li foi fotografado e filmado e pode ser revisto. Contei com vários livros e entrevistas enquanto escrevia sobre o famoso show dos Stones no Hyde Park, realizado pouco depois da morte de Brian Jones. Quanto a entrevistas, a com Sam Cutler foi particularmente útil. Quanto a livros, além dos muitos mencionados acima, estou em dívida com *Let It Bleed: The Rolling Stones, Altamont, and the End of the Sixties*, de Ethan A. Russell com Gerard Van der Leun; *Nankering with the Rolling Stones: The Untold Story of the Early Days*, de James Phelge; *And on Piano... Nicky Hopkins: The Extraordinary Life of Rock's Greatest Session Man*, de Julian Dawson; e *You Can't Always Get What You Want: My Life with the Rolling Stones, the Grateful Dead, and Other Wonderful Reprobates*, de Sam Cutler. (Veja também a entrevista de Tony Norman com Mick Taylor publicada na revista *Fusion* em 14 de novembro de 1969.) Mas igualmente importantes são as filmagens do próprio show – filmes e imagens que capturam cada momento, cada detalhe da cena maior. Um DVD do show, que fora feito para a TV, foi lançado em 2006. Você pode assisti-lo, assim como pode assistir ao filme sobre o retorno dos Stones ao Hyde Park em 2013 – parte da celebração da banda de seu quinquagésimo aniversário. Eles efetivamente fizeram dois shows no Hyde Park no verão de 2013. Antes do primeiro show, Jagger brincou: "Tentarei manter a poesia no mínimo." (Veja *The Hollywood Reporter*, "The Rolling Stones Returning to Hyde Park After 44 Years, Set North America Tour", de Stuart Kemp, 3 de abril de 2013.) A citação de Jagger concedida a um repórter de TV antes do show de 1969 – "Brian estará no show" – aparece em *Up and Down With the Rolling Stones*, de Tony Sanchez. Veja também *A Prince Among Stones: That Business with the Rolling Stones and Other Adventures*, do príncipe Rupert Loewenstein, que assumiria as finanças da banda. Hyde Park foi seu primeiro show dos Stones, e nesse livro ele escreve sobre uma conversa estranha que teve com Jagger naquele dia:

356 *O sol & a lua & os Rolling Stones*

Perguntei a ele se ele achava que seria capaz de motivar a multidão a entrar em ação com sua voz da maneira que Hitler fizera. Ele refletiu cuidadosamente e respondeu: "Sim." Para fazer a multidão destruir algo provavelmente levaria vinte minutos, mas fazê-los construir algo poderia ser feito, mas levaria muito mais tempo, talvez uma hora.

Sobre o funeral de Brian, veja os livros mencionados acima, especialmente as biografias de Brian Jones *Golden Stone*, de Laura Jackson, e *Brian Jones: Who Killed Christopher Robin?*, de Terry Rawlings. A citação de Shirley Arnold – "Nós vimos o caixão" – aparece em *The True Adventures of the Rolling Stones*, de Stanley Booth.

27. Na Austrália (p.230-4)

A história da viagem de Jagger e Faithfull para a Austrália, que é essencialmente o único tema deste capítulo, vem de Faithfull. Parte da história foi contada através de uma entrevista por telefone que fiz com ela no verão de 2014, parte através de suas memórias, especialmente aquela primeira joia, *Faithfull: An Autobiography*, com David Dalton. Vale a pena voltar no tempo e assistir ao filme que Jagger foi filmar na Austrália, *A forca será tua recompensa*, dirigido por Tony Richardson. É um filme bobo, pretensioso, que não é bom mas não é terrível, totalmente esquecível, exceto por Jagger.

28. Rock'n'roll circus (p.235-44)

Sobre Laurel Canyon, veja *Laurel Canyon: The Inside Story of Rock-and-Roll's Legendary Neighborhood*, de Michael Walker, e *Canyon of Dreams: The Magic and the Music of Laurel Canyon*, de Harvey Kubernik. Sobre Gram Parsons, contei com entrevistas e também com livros. Phil Kaufman, que era gerente de turnê e amigo de Gram, falou-me sobre o músico, assim como fizeram Marianne Faithfull e Sid Griffin. Griffin nunca conheceu Parsons, mas tornou seu legado um fetiche; veja *Gram Parsons: A Music Biography*, de Griffin. A banda de Griffin, os Long Ryders, carregou a tradição do country cósmico até a minha geração. Para mim, foram de ajuda crucial *Hickory Wind: The Life and Times of Gram Parsons*, de Ben Fong-Torres; *Twenty Thousand Roads: The Ballad of Gram Parsons and His Cosmican American Music*, de David N. Meyer; *Gram Parsons: God's Own Singer*, de Jason Walker; *Calling Me Home: Gram Parsons and the Roots of Country Rock*, de Bob Kealing; e *Road Mangler Deluxe*, de Phil Kaufman com Colin White. Veja também *Country: The Twisted Roots of Rock'n'Roll*, de Nick Tosches. A citação de Keith – "Gram ensinou-me música country" – vem de *Vida*, de Keith Richards. A história de "Honky Tonk Women" e de como engenharia reversa foi aplicada nela para criar "Country Honk" aparece em vários lugares, incluindo *Hickory Wind*, de Ben Fong-Torres. Sou grato a Byron Berline, que passou horas ao telefone comigo de sua loja de rabecas em Guthrie, Oklahoma, contando histórias sobre os Stones assim como histórias sobre a

Notas

rabeca, Appalachia e o vento frio que sopra pelo território do carvão em novembro. *Let It Bleed:* a história do disco e das músicas que o constituem vem de muitas fontes, primeira e principalmente das memórias de Richards e de Wyman, assim como de *Are We Still Rolling?*, de Phill Brown. Sobre o filme *Performance*, veja *The Rolling Stones: Fifty Years*, de Christopher Sandford; *Jagger*, de Marc Spitz; *Up and Down with the Rolling Stones*, de Tony Sanchez; *Faithfull*, de Marianne Faithfull com David Dalton; *Keith: Standing in the Shadows*, de Stanley Booth; e *Vida*, onde Richards escreve sobre o caso de Pallenberg com Jagger. Além dos livros mencionados acima, os detalhes sobre o Olympic e a gravação de "You Can't Always Get What You Want" vêm de entrevistas com Chris Kimsey, Phill Brown e Anna Menzies. Veja também *Backstage Passes & Backstabbing Bastards: Memoirs of a Rock'n'Roll Survivor*, de Al Kooper. Mais importantes foram minhas entrevistas com Al Kooper, especialmente o dia que passei com ele em sua casa em Massachusetts. Al Kooper está entre os caras mais legais vivos. Ele não sabe tudo, mas sabe muito bem aquilo que sabe.

29. 1969 (p.245-9)

Para o contexto histórico de 1969, contei com o arquivo da revista *Time* e do *New York Times* e alguns livros, incluindo *Postwar*, de Tony Judt, e *1969: The Year Everything Changed*, de Rob Kirkpatrick. Sobre a turnê dos Stones que começou no final daquele ano, contei com minha entrevista com Sam Cutler, assim como com as recordações de Jagger e de Richards em entrevistas e livros. Sobre os Stones no Muscle Shoals, a melhor fonte, e a fonte de muitos dos incidentes descritos, é Stanley Booth, que organizou a sessão, a qual ele descreve em *The True Adventures of the Rolling Stones*. Muito deste capítulo vem das minhas entrevistas com o cineasta Albert Maysles, que esteve com os Stones do final da turnê até eles deixarem os Estados Unidos naquele inverno. O diálogo no estúdio foi escrito nos livros de Stanley Booth e de Bill Wyman. Boa parte dele foi filmado por Albert Maysles e seu irmão, David, e pode ser vista em *Gimme Shelter*, o documentário deles sobre Altamont. Veja também o documentário de Greg Camalier sobre o estúdio, *Muscle Shoals*, que inclui entrevistas com Jagger e Richards. Baseei-me também em vários livros: *Muscle Shoals Sound Studio: How the Swampers Changed American Music*, de Carla Jean Whitley; *The Muscle Shoals Legacy of Fame*, de Blake Ells; e *The Wrecking Crew: The Inside Story of Rock and Roll's Best-Kept Secret*, de Kent Hartman. Uma nota interessante sobre o trecho "scarred old slaver", da letra de "Brown Sugar", escrita por Jagger: em *Vida*, Richards alega que Jagger estava na verdade cantando "Sky-dog slaver", um tributo ao destaque do Muscle Shoals Duane Allman. Sobre "Wild Horses": Jagger alegou posteriormente que a canção não era sobre Faithfull, mas não acredito nele. Versões alternativas das músicas que os Stones gravaram no Muscle Shoals foram lançadas no verão de 2015, incluídas em uma edição de luxo do álbum *Sticky Fingers*. Enviei um e-mail para Al Kooper logo depois – ele tocara em uma versão perdida famosa de "Brown Sugar", gravada no Olympic Studios na ocasião dos aniversários de Keith e Bobby Keys, em dezembro de 1970. Eric Clapton toca guitarra nessa versão, Al Kooper toca piano. "Eles empurraram para trás as mesas com comidas e bebidas, pegaram os instrumentos e começaram a tocar", disse Kooper. Sobre o contexto biográfico de "Wild Horses" e como Jagger o mudou, veja *Vida*, de Keith Richards, assim como entrevistas com Richards e Marianne Faithfull. A citação de Keith, "ele mudou tudo", aparece em *The Rolling Stones: Fifty Years*, de Christopher Sandford.

30. Tânatos em aço (p.250-80)

O capítulo sobre Altamont está dentro da barriga da baleia. Suas fontes incluem entrevistas novas e antigas, viagens jornalísticas, artigos de jornais, memórias, livros de história, fotografias, filmes. Entrevistei tantas pessoas envolvidas com o show que senti como se estivesse obtendo treze visões do mesmo melro. A lista incluía pelo menos nove pessoas que estavam no palco naquela noite: os próprios Stones e também Albert Maysles, que fez o filme; Sam Cutler, que administrava o show; e Ronnie Schneider, que estava cuidando dos músicos. Mas o capítulo é dividido em partes e cada parte é distinta, composta de um único conjunto de fontes e opiniões.

Sobre Sonny Barger, os Hell's Angels e a história das gangues de motoqueiros, aquelas grandes hordas de aço, contei com vários livros, incluindo *Hell's Angel: The Life and Times of Sonny Barger and the Hell's Angels Motorcycle Club*, de Ralph "Sonny" Barger com Keith e Ken Zimmerman; *Hell's Angels: A Strange and Terrible Saga*, de Hunter S. Thompson; *No Angel: My Harrowing Undercover Journey to the Inner Circle of the Hell's Angels*, de Jay Dobyns; e *Hell's Angels: Three Can Keep a Secret If Two Are Dead* (o melhor subtítulo da história), de Y. Lavigne. Veja também o documento fundador, o artigo de revista que levou ao filme, que inspirou mil pessoas duronas e insensíveis: "Cyclists' Raid: A Story", de Frank Rooney, que foi publicado na *Harper's Magazine* em janeiro de 1951.

Sobre as negociações que levaram ao show em Altamont, baseei-me nas minhas entrevistas com Albert Maysles e Ronnie Schneider, um funcionário dos Stones que participou das conversas. As conversas propriamente ditas, realizadas em São Francisco, podem ser vislumbradas no filme de Maysles, *Gimme Shelter*. Especialmente importante foi minha entrevista com Sam Cutler, que era o diretor de palco dos Stones e pode ser visto durante todo o filme. Também baseei-me na minha entrevista com o empresário do Grateful Dead, Rock Scully, que supostamente foi o primeiro a abordar a ideia de um show gratuito na Bay Area.

Sobre Mick e Keith e a visita deles a Altamont na véspera do show, baseei-me nas minhas entrevistas com Cutler e Schneider; veja também os livros de Keith Richards e Stanley Booth.

Sobre as drogas e a violência no show, e a importância do show de modo geral, contei com entrevistas com Sam Cutler, Ronnie Schneider, Ethan Russell e Albert Maysles, todos os quais estavam no palco naquela noite. Veja também as recordações em livros,

Notas   359

incluindo *On the Road with the Rolling Stones: Twenty Years of Lipstick, Handcuffs, and Chemicals*, de Chet Flippo; *Jagger*, de Marc Spitz; *Up and Down with the Rolling Stones*, de Tony Sanchez; *Hickory Wind*, de Ben Fong-Torres; *Stone Alone*, de Bill Wyman; e *Keith Richards on Keith Richards: Interviews and Encounters*, editado por Sean Egan. Também consultei "Charlie Watts: The Rock", de Robert Sandall, *Mojo*, maio de 1994.

Sonny Barger na KSAN-FM. A entrevista, incluindo as passagens que citei – "não sou um tira" –, pode ser ouvida no YouTube.

Sobre Mick e como ele se comportou, veja o documentário *Gimme Shelter*, assim como minhas entrevistas com Sam Cutler e Ethan Russell. Veja também *Psychotic Reactions and Carburetor Dung: The Work of a Legendary Critic; Rock'n'Roll as Literature and Literature as Rock 'n' Roll*, de Lester Bangs, editado por Greil Marcus. Em 16 de novembro de 1969, Ralph Gleason escreveu uma coluna sobre um show anterior dos Stones na turnê que parece ser um presságio de suas críticas a Altamont, sugerindo que a violência era um caso de espetacularização descontrolada:

> O show dos Rolling Stones no último domingo merece algum comentário ... Um homem enorme, parecido com Theodore Bikel, passou pelos assentos e mandou todo mundo descer e invadir o palco. Vi-o fazer isso. Houve uma briga no palco entre Bill Graham e um dos empresários de Jagger, a qual terminou com Graham jogando o cara para fora do palco. O que Jagger e seu empresário desejam, na verdade, é uma revolta controlada. Aparentemente, Mick é tão inseguro que não consegue acreditar que as pessoas o curtam a menos que esteja ameaçado por uma multidão à beira do palco. É realmente uma vergonha. A retirada das escoltas e dos guardas por conta das objeções de Graham foi bastante óbvia. Testemunhei também que isso criou uma situação bastante perigosa.

Quanto a Jagger tentando acalmar a multidão: essa versão vem do livro de Stanley Booth, *The True Adventures of the Rolling Stones*, e foi conferida de acordo com o filme por Cynthia Cotts. Sobre os Angels e o comportamento deles antes e depois do show, veja a biografia de Barger, assim como minhas entrevistas com Cutler, Russell e Schneider. A citação de Keith sobre Thunderbird e Ripple vem de suas memórias, *Vida*. Sobre Meredith Hunter, veja *The True Adventures of the Rolling Stones*, de Stanley Booth; *Hell's Angels*, de Ralph "Sonny" Barger; *Vida*, de Keith Richards; e *Let It Bleed: The Rolling Stones, Altamont and the End of the Sixties*, de Ethan A. Russell com Gerard Van der Leun. Sobre os últimos minutos da vida de Hunter, contei com minha própria entrevista com Robert Hiatt, o médico que o atendeu.

Aqui está Greil Marcus, citado na *Salon*, sobre a apresentação dos Stones em Altamont depois do esfaqueamento: "Era quase como se a única maneira que pudessem sair vivos fosse tocar tão bem que as pessoas recuassem, impressionadas. Não estou falando de calculismo, mas de um instinto."

A reação contra os Stones em Altamont foi liderada, surpreendentemente, pela revista *Rolling Stone*. Ralph Gleason, que fundou a revista com Jann Wenner, descreveu a motivação desta maneira: "Ou abandonamos o negócio agora mesmo ou cobrimos Altamont como se fosse a Segunda Guerra Mundial." Fontes sobre isso incluem *Rolling Stone Magazine: The Uncensored History*, de Robert Draper; *1969: The Year Everything Changed*, de Rob Kirkpatrick; *Altamont: Death of Innocence in the Woodstock Nation*, editado por Jonathan Eisen; e *My Pilgrim's Progress*, de George W.S. Trow. Veja também "Eclectic, Reminiscent, Amused, Fickle, Perverse", George W.S. Trow, *New York Times*, 19 de maio e 5 de junho de 1978; "Jag-arr of the Jungle", de Patti Smith, *Creem*, janeiro de 1973. Para fotos de Altamont, veja *Altamont*, de Keith C. Lee e o honorável John J. McEneny. A reação a Altamont tocou todos os envolvidos com o desastre, incluindo os cineastas. Em uma resenha equivocada do filme publicada na *New Yorker*, a normalmente precisa Pauline Kael implicou os irmãos Maysles, sugerindo que, ao montar as câmeras e a iluminação e estabelecer as condições para a filmagem, eles eram pelo menos parcialmente responsáveis pela violência. Eles não apenas filmaram, em outras palavras – eles incitaram, até encenaram. Os Maysles responderam à crítica em uma carta brilhante – Kael estava atacando não apenas o filme, mas o próprio conceito de *cinema verité* – que a *New Yorker* nunca publicou. Todo o contratempo pode ser lido em thedocumentaryblog.com/2007/09/10/pauline-kael-vs-gimme-shelter. Michael Sragow investigou as acusações de Kael para a *Salon*; seu artigo pode ser lido em salon.com/2000/08/10/gimme_shelter_2.

Sobre a saga de Sam Cutler, o que aconteceu com ele no show, depois do show e nos dias que se seguiram, contei primariamente com a versão de Cutler dos acontecimentos. Veja também o livro de Cutler, *You Can't Always Get What You Want*. Sobre o acerto de contas dos irmãos Maysles com os Angels, contei com minha entrevista com Albert Maysles e com entrevistas com Ronnie Schneider, que era produtor em *Gimme Shelter*, e Ethan Russell. Sobre o rancor dos Angels contra os Stones e rumores das tentativas deles de assassinar Jagger, veja "Hells Angels Plotted to Kill Mick Jagger, Agent Says", de Mike Nizza, *New York Times*, 3 de março de 2008. Veja também *Mick: The Wild Life and Mad Genius of Jagger*, de Christopher Andersen. Sobre o túmulo de Meredith Hunter e as consequências de Altamont de modo geral, veja "Altamont Death; Angel Not Guilty", *Rolling Stone*, 18 de fevereiro de 1971; e *Let It Bleed*, de Ethan A. Russell com Gerard Van der Leun. Sobre o destino do local do show de Altamont, veja "R.I.P. Altamont Raceway", de David White, *San Francisco Chronicle*, 25 de maio de 2009. Em 1995, Jann Wenner perguntou a Jagger como ele se sentia a respeito de Altamont e do assassinato, tantos anos depois.

– Bem, terrível. Quero dizer, simplesmente terrível – disse Jagger. – Você sente uma responsabilidade. Como tudo pode ter sido tão tolo e errado?... Como foi terrível ter tido essa experiência e como foi terrível para alguém ser assassinado e como foi triste para a família dele e como os Hell's Angels se comportaram tão horrorosamente.

31. Heroína (p.281-302)

Sobre Keith Richards e heroína, veja as memórias de Keith, *Vida*. ("Não tenho uma lembrança clara da primeira vez que experimentei heroína", ele escreveu. "Ela foi provavelmente colocada em uma carreira de cocaína, em uma *speedball* – uma mistura de cocaína com heroína.") Também foram úteis minhas entrevistas com o advogado e "resolvedor de problemas" dos Stones Bill Carter. O mesmo vale para Marshall Chess – filho de Leonard –, que trabalhou para os Stones na década de 70 e também foi viciado em heroína. Veja também a entrevista de Keith de 1980 para a revista *Zigzag*, na qual ele discutiu o vício. Sobre heroína de modo geral – como era, por que eles a amavam –, fui informado por entrevistas com Marianne Faithfull e Chris Kimsey e por vários livros mencionados acima, incluindo *Acid Dreams*, de Martin A. Lee e Bruce Shlain; *Every Night's a Saturday Night*, de Bobby Keys; *Faithfull: An Autobiography*, de Marianne Faithfull com David Dalton; *Keith: Standing in the Shadows*, de Stanley Booth; *Almoço nu*, de William S. Burroughs; *Ronnie*, de Ron Wood; *Stone Alone*, de Bill Wyman; *Up and Down with the Rolling Stones*, de Tony Sanchez; e *Who I Am*, de Pete Townshend. E, é claro, *Medo e delírio em Las Vegas*, de Hunter S. Thompson.

Sobre o tremendo golpe dado por Allen Klein nos Stones e os eforços de Mick para colocar a banda em uma boa posição financeira, contei com discussões com Ronnie Schneider e artigos de jornais e livros, incluindo *Allen Klein*, de Fred Goodman; *Jagger*, de Marc Spitz; e *Rocks Off*, de Bill Janovitz. Uma fonte definitiva é o livro escrito pelo guru financeiro dos Stones, *A Prince Among Stones: That Business with the Rolling Stones and Other Adventures*, do príncipe Rupert Loewenstein. Quando o livro foi publicado em 2013, Jagger comentou: "Chamem-me de antiquado, mas não acho que seu ex-gerente do banco deveria estar discutindo seus assuntos financeiros e informações pessoais em público." (*The Mail on Sunday*, 9 de fevereiro de 2013.)

Minha fonte crucial sobre Villa Nellcôte e a criação do álbum *Exile on Main Street* foi June Shelley, que trabalhou como uma espécie de assistente para todos os assuntos dos Stones no sul da França. Complementei minhas entrevistas com Shelley com uma visita à casa e com alguns livros: *Uma temporada no inferno com os Rolling Stones: Exile on Main Streeet*, de Robert Greenfield; *John Lennon: A vida*, de Philip Norman; e *Stone Alone*, de Bill Wyman. E, é claro, *Vida*, de Keith Richards – este é o melhor. A cena em Nellcôte foi capturada perfeitamente pelo fotógrafo francês Dominique Tarlé em um livro intitulado *Exile*, que é difícil de encontrar e (se você conseguir) é incrivelmente caro.

Sobre a criação de *Exile on Main Street* e a música propriamente dita, fui orientado por Bobby Keys, que era o cara tocando saxofone na reentrância no final do corredor. Conversamos pela última vez pouco antes de ele morrer, em 2014. (Veja "Rolling Stones Saxophonist Bobby Keys Dead at 70", *Rolling Stone*, 2 de dezembro de 2014.) Também foram úteis os livros *Every Night's a Saturday Night*, de Bobby Keys; *And on Piano... Nicky Hopkins*, de Julian Dawson; *Main Lines, Blood Feasts, and Bad Taste*, de John Morthland; e *Exile on Main Street*, de Bill Janovitz.

Sobre Gram Parsons, Joshua Tree e sua morte, contei com minha entrevista com o amigo e gerente de turnê de Parsons, Phil Kaufman, além de livros: *According to the Rolling Stones; Hickory Wind: The Life and Times of Gram Parsons*, de Ben Fong-Torres; *Road Mangler Deluxe*, de Phil Kaufman com Colin White; e *Twenty Thousand*

Roads, de David N. Meyer. Para uma descrição de partir o coração daqueles últimos dias, veja o artigo de Nick Kent, "Twilight in Babylon: The Rolling Stones After the Sixties", incluído na coletânea *Dark Stuff: Selected Writings on Rock Music*. Sobre a fuga da França e a conclusão do disco em Los Angeles, veja *Vida*, de Keith Richards.

32. "Onde está Mick?" (p.302-6)

No inverno de 2014, por motivos que não compreendo plenamente, fui tomado por um desejo de ir aos lugares onde Keith Richards injetou e abandonou a heroína, entrou em abstinência a seco, sofreu os horrores da abstinência, chorou e foi carregado ao céu e ao inferno, ficou limpo e sofreu uma recaída. Eu queria ver onde seu sangue fora entupido de heroína e transfundido, segundo o que Richards chama de um mito da mídia. Dirigi de Villefranche para o lago Genebra, do exílio para o hospital, do paraíso para o purgatório. No caminho, li os livros e artigos que informam este capítulo – não há nada como ler um épico na terra onde ele transcorreu. Eles incluem *Uma temporada no inferno com os Rolling Stones: Exile on Main Street*, de Robert Greenfield; *Every Night's a Saturday Night*, de Bobby Keys; *Vida*, de Keith Richards; *Rocks Off*, de Bill Janovitz; *The Rolling Stones: Fifty Years*, de Christopher Sandford; *S.T.P.: A Journey Through America with the Rolling Stones*, de Robert Greenfield; *Stone Alone*, de Bill Wyman; e *Up and Down with the Rolling Stones*, de Tony Sanchez. Veja também a entrevista de Keith Richards de 1980 para a revista *Zigzag*, na qual, falando sobre o vício em heroína, ele disse: "Conheço a cena – esperando pelo cara, sentado em algum maldito porão esperando algum cretino chegar, com outros quatro caras choramingando, vomitando, com ânsias de vômito ao seu redor, e você está esperando algo acontecer, e já se passaram 24 horas e você está passando pelo pior. Como é essa sensação, baby?" Mas a fonte mais importante para estas páginas foi June Shelley, que descreveu vividamente sua viagem com Keith do hotel nos arredores de Genebra para a clínica do dr. Denber em Vevey – da vida para a morte e de volta à vida. Veja também o ensaio de Nick Kent, "Twilight in Babylon: The Rolling Stones After the Sixties". Sobre Dandelion Richards, seu nascimento e sua vida, veja *Uma temporada no inferno com os Rolling Stones: Exile on Main Street*, de Robert Greenfield; *The Rolling Stones: Fifty Years*, de Christopher Sandford; e *Up and Down with the Rolling Stones*, de Tony Sanchez. Veja também o artigo "Pictured: The Daughter of Rolling Stones Hellraiser Keith Richards Whose Birth Nearly Tore the Band Apart", de Richard Simpson, *The Daily Mail*, 18 de maio de 2010.

33. O último grande disco (p.307-18)

Enquanto viajava com os Stones na década de 90, entrevistei cada membro da banda várias vezes. Também entrevistei muitas pessoas que organizavam e administravam os shows, os engenheiros, músicos e técnicos, incluindo Michael Cohl, o promoter;

Chuck Leavell, o tecladista; Darryl Jones, o baixista que substituiu Bill Wyman; Fiona Williams, a estilista da banda; e Jim Callaghan, o guarda-costas de Mick Jagger.

– Acho que eles ainda são rebeldes – disse-me Callaghan enquanto estávamos sentados em um carro no lado de fora da arena enquanto os Stones tocavam. – Keith deveria ter sido um cigano. Woody, sempre rindo e brincando. Mick sempre foi sério. Enquanto está fazendo isso. Mas então você o encontra em outro lugar e ele está rindo. Charlie sempre foi igual. Nunca muda.

Mesmo quando não são citadas, essas entrevistas e o conhecimento obtido através delas formam o pano de fundo. Sobre o período em que trabalhei com Mick Jagger no roteiro, consultei meus cadernos de anotações assim como minha memória. Quanto mais velho fico, mais fico ciente de que uma pessoa é pouco mais do que uma máquina de memórias. Você apenas continua sugando-as. O que você faz com todo esse detrito, todos esses quartos de hotéis se dissipando? Você escreve um livro. O projeto no qual eu estava trabalhando com Mick Jagger e Martin Scorsese – trabalhei por oito anos, de 1997 até 2005 – tranformou-se e mudou e renasceu ao longo dos anos. Ele finalmente estreou no inverno de 2016 na HBO como a série semanal *Vinyl*, um programa que criei em parceria com Jagger, Scorsese e Terence Winter.

Sobre a saída de Mick Taylor da banda, veja *According to the Rolling Stones*, assim como a entrevista de Mick Taylor com Tony Norman, revista *Fusion*, 14 de novembro de 1969, e sua entrevista com Robin Eggar, "Rolling Stone in Exile", *The Sunday Express Magazine*, maio de 2002. Sobre Ron Wood, suas origens e seu trabalho com os Stones, contei com *Ronnie*, de Ron Wood, e *Stone Alone*, de Bill Wyman, além de minhas próprias entrevistas.

Minha conversa com Jagger sobre o livro de Richards foi através de um telefonema providenciado por Jann Wenner. Jann me escolheu para fazer uma resenha do livro de Keith para a *Rolling Stone*. A revista publicara um trecho do livro, e Jann queria que eu obtivesse o lado de Mick da história antes que eu me sentasse para escrever. Jagger me pediu para não o "gravar em fita", e não o fiz. Ele não disse que a conversa era confidencial, então tomei notas. E foram a elas que me referi aqui. Acredito que essa tenha sido a única vez que Jagger comentou sobre o livro de Keith. Ele costuma se calar sobre toda a controvérsia que gira em torno da banda. Eu não achava que os Stones sobreviveriam à publicação do livro de Keith. Eu estava errado.

Sobre a carreira solo de Jagger, veja *Vida*, de Keith Richards; *Mick: The Wild Life and Mad Genius of Jagger*, de Christopher Andersen; *A Prince Among the Stones*, do príncipe Rupert Loewenstein; e *Stone Alone*, de Bill Wyman. Sobre a anatomia de Jagger, veja a biografia *Jagger: Rebel, Rock Star, Rambler, Rogue*, de Marc Spitz, na qual Jerry Hall parte (mais ou menos) em defesa do ex-marido: "Mick é muito bem-dotado. Keith é apenas invejoso."

Sobre *Some Girls*, *Tattoo You* e a questão do último grande disco dos Stones, contei com meus próprios ouvidos e bom senso, e também com discussões com Chris Kimsey, um produtor destes discos, e as opiniões de alguns dos grandes homens da indústria musical que entrevistei ao longo dos anos.

34. Na estrada e fora dela (p.319-29)

Na minha cabeça, este capítulo é uma espécie de "Onde eles estão agora?" – embora praticamente todo mundo saiba exatamente onde os Stones estão agora. Eu queria resumir as vidas levadas pelos membros da banda nos anos após seu auge, anos que, à distância, parecem uma ressaca. Nesse sentido, a canção dos Stones que melhor resume essa história pós-auge é "Coming Down Again", lançada em 1973 em *Goats Head Soup*. A informação biográfica sobre cada Stone vem de livros, artigos e entrevistas. Sobre Jagger, veja *Mick Jagger*, de Philip Norman; *Mick: The Wild Life and Mad Genius of Jagger*, de Christopher Andersen; *A Prince Among Stones*, do príncipe Rupert Loewenstein; e *The Rolling Stones: Fifty Years*, de Christopher Sandford. Também foram inestimáveis minhas conversas com Jagger e outros membros da banda, assim como incontáveis artigos de jornais e matérias de revistas. Veja, por exemplo, "Mick Jagger: Rock Memoirs a 'Glutted Market'", de Kevin Rutherford, 22 de janeiro de 2014, *The Hollywood Reporter*, e "Self Satisfaction", uma entrevista com Jagger, *Esquire*, 1995.

Sobre Charlie Watts, veja minhas próprias entrevistas, assim como "Brian Jones: The Bittersweet Symphony", de Rob Chapman, *Mojo*, julho de 1999; *Charlie Watts*, de Alan Clayson; "Charlie Watts: The Rock", de Robert Sandall, *Mojo*, maio de 1994; e *According to the Rolling Stones*. Sobre Bill Wyman, veja *According to the Rolling Stones*; *Stone Alone*, de Bill Wyman; *Up and Down With the Rolling Stones*, de Tony Sanchez. Sobre Anita Pallenberg, veja *Faithfull: An Autobiography*, de Marianne Faithfull com David Dalton, e *Vida*, de Keith Richards, assim como "Lady Rolling Stone", de Lynn Barber, *The Guardian*, 23 de fevereiro de 2008. Sobre Scott Cantrell, veja "The Death in South Salem", de Chet Flippo, *Rolling Stone*, 6 de setembro de 1979; *Keith Richards: A Rock'n'Roll Life*, texto de Bill Milkowski editado por Valeria Manferto de Fabianis; *Vida*, de Keith Richards; "A Young Boy's Crush on Keith Richards' Mate Anita Ends in a Tragic Suicide", Cheryl McCall, *People*, 13 de agosto de 1979; e *Uma temporada no inferno com os Rolling Stones: Exile on Main Street*, de Robert Greenfield. Sobre Keith Richards, veja *Keith: Standing in the Shadows*, de Stanley Booth; *Vida*, de Keith Richards; "Raw, Raunchy and Middle-Aged; Rolling Stones Keith Richards at 45", de Bob Spitz, *The New York Times Magazine*, 4 de junho de 1989; *Ronnie*, de Ron Wood; e *Uma temporada no inferno com os Rolling Stones: Exile on Main Street*, de Robert Greenfield. Sobre a prisão por drogas de Richard em Toronto em 1977, veja *On the Road with the Rolling Stones*, de Chet Flippo, e *Stone Alone*, de Bill Wyman. Sobre Richards em Connecticut e sua vida hoje, veja "Keith Richards: A Pirate Looks at 70", de Stephen Rodrick, *Men's Journal*, julho de 2013, e "The Dish: Keith Richards Seen in Ridgefield", *Greenwich Time*, 26 de outubro de 2013 ("O guitarrista dos Rolling Stones, Keith Richards, que mora em Weston, foi visto almoçando no Luc's Cafe & Restaurant em Ridgefield..."). Em uma série de perguntas e respostas no website da revista *Esquire* ("Keith Richards Explains Why *Sgt. Pepper* Was Rubbish"), ele reage à notícia de que José Feliciano mora na mesma cidade:

Pergunta: Você sabe que José Feliciano mora na mesma cidade que você em Connecticut?

Resposta: Sei disso, mas nunca o encontrei. Nossos caminhos nunca se cruzaram, apesar de Weston ser uma cidade muito pequena – há um posto de gasolina e um mercado.

Pergunta: Então, na verdade, você é o segundo melhor guitarrista em Weston, Connecticut.

Resposta: Aceito isso. Ele é muito melhor guitarrista do que eu.

35. O Hall da Fama e Posfácio (p.330-4)

Jann Wenner providenciou minha visita ao Hall da Fama do Rock'n'roll, o que significava entrada gratuita mais uma espécie de tour pelos bastidores, no qual um guia com luvas de borracha segurava certas relíquias diante de nós. Uma camisa usada por Johnny Cash – parecia ser tamanho extragrande –, óculos usados por John Lennon e o boné de baseball vermelho enfiado no bolso de trás da Levi's de Bruce Springsteen na capa de *Born in the USA*. Quanto às aulas de guitarra, elas continuam. Sou ruim, mas não tão ruim quanto costumava ser.

Bibliografia

Altschuler, Glenn C. *All Shook Up: How Rock'n'Roll Changed America*. Oxford, Oxford University Press, 2004.

Andersen, Christopher. *Mick: The Wild Life and Mad Genius of Jagger*. Nova York, Gallery, 2013. [Ed. bras.: *Mick: A vida louca e o gênio selvagem de Jagger*. Rio de Janeiro: Objetiva, 2015.]

Bangs, Lester, editado por John Morthland. *Main Lines, Blood Feasts, and Bad Taste*. Nova York, Anchor, 2003.

_____, editado por Greil Marcus. *Psychotic Reactions and Carburetor Dung: The Work of a Legendary Critic; Rock'n'Roll as Literature and Literature as Rock'n'Roll*. Nova York, Anchor, 1998. [Ed. bras.: *Reações psicóticas*. São Paulo, Conrad, 2005.]

Barger, Ralph "Sonny", com Keith e Kent Zimmerman. *Hell's Angel: The Life and Times of Sonny Barger and the Hell's Angels Motorcycle Club*. Nova York, HarperCollins, 2001.

Beaton, Cecil, editado por Richard Buckle. *Self-Portrait with Friends: The Selected Diaries of Cecil Beaton, 1922-1974*. Nova York, New York Times, 1982.

_____. Philippe Garner e David Mellor. *Cecil Beaton: Photographs 1920-1970*. Stewart Tabori & Chang, 1996.

Booth, Stanley. *Keith: Standing in the Shadows*. Nova York, St. Martin's, 1996.

_____. *The True Adventures of the Rolling Stones*. Chicago, A Cappella, 2000.

Brody, Richard. *Everything Is Cinema: The Working Life of Jean-Luc Godard*. Nova York, Picador, 2009.

Brown, Phill. *Are We Still Rolling? Studios, Drugs and Rock'n'Roll – One Man's Journey Recording Classic Albums*. Portland, Tape Op Books, 2010.

Bulgákov, Mikhail. *The Master and Margarita*. Nova York, Penguin, 1997. [Ed. bras.: *O mestre e Margarida*. Rio de Janeiro, Alfaguara, 2010.]

Burroughs, William S. *Naked Lunch*. Nova York, Grove, 2013. [Ed. bras.: *Almoço nu*. São Paulo, Companhia das Letras, 2016.]

Clayson, Alan. *Charlie Watts*. Londres, Sanctuary, 2004.

Cohen, Rich. *Monsters: The 1985 Chicago Bears and the Wild Heart of Football*. Nova York, Farrar, Straus and Giroux, 2013.

_____. *The Record Men: Chess Records and the Birth of Rock & Roll*. Nova York, W.W. Norton, 2004.

Cohn, Nik. *Awopbopaloobop Alopbamboom: The Golden Age of Rock*. Nova York, Grove, 2001.

Cohodas, Nadine. *Spinning Blues into Gold: The Chess Brothers and the Legendary Chess Records*. Nova York, St. Martin's Press, 2000.

Cooper, Michael, com Terry Southern e Keith Richards. *The Early Stones*. Nova York, Hyperion, 1992.

Crowley, Aleister. *The Book of Lies*. Nova York, Samuel Weiser, 1987.

Cutler, Sam. *You Can't Always Get What You Want: My Life with the Rolling Stones, the Grateful Dead, and Other Wonderful Reprobates*. Toronto, ECW, 2010.

Dawson, Julian e Klaus Voormann. *And on Piano ... Nicky Hopkins: The Extraordinary Life of Rock's Greatest Session Man*. S.l., Backstage Books/Plus One Press, 2011.

DeLillo, Don. *Great Jones Street*. Nova York, Penguin, 1994.

Dixon, Willie, com Don Snowden. *I Am the Blues: The Willie Dixon Story*. Cambridge, MA, Da Capo Press, 1990.

Draper, Robert. *Rolling Stone Magazine: The Uncensored History*. Nova York, Harper-Collins, 1991.

Egan, Sean (org.). *Keith Richards on Keith Richards: Interviews and Encounters*. Chicago, A Cappella, 2013.

_____. *The Mammoth Book of the Rolling Stones: An Anthology of the Best Writing About the Greatest Rock'n'Roll Band in the World*. Filadélfia, Running Press, 2013.

Eisen, Jonathan (org.). *Altamont: Death of Innocence in the Woodstock Nation*. Nova York, Avon, 1970.

Elliott, Martin. *The Rolling Stones: Complete Recording Sessions 1962-2012, 50th Anniversary Edition*. Londres, Cherry Red Books, 2012.

Ells, Blake. *The Muscle Shoals Legacy of Fame*. Mount Pleasant, SC, Arcadia, 2015.

Faithfull, Marianne, com David Dalton. *Faithfull: An Autobiography*. Nova York, Cooper Square, 2000.

Flippo, Chet. *On the Road with the Rolling Stones: Twenty Years of Lipstick, Handcuffs, and Chemicals*. Nova York, Dolphin, 1985.

Fong-Torres, Ben. *Hickory Wind: The Life and Times of Gram Parsons*. Nova York, St. Martin's Griffin, 1998.

Fornatale, Peter, com Bernard M. Corbett. *50 Licks: Myths and Stories from Half a Century of the Rolling Stones*. Londres, Bloomsbury, 2013.

Goodman, Fred. *Allen Klein: The Man Who Bailed Out the Beatles, Made the Stones, and Transformed Rock & Roll*. Nova York, Houghton Mifflin, 2015.

Graham, Bill, com Robert Greenfield. *Bill Graham Presents: My Life Inside Rock and Out*. Boston, Da Capo, 2004. [Ed. bras.: *Bill Graham apresenta: Minha vida dentro e fora do rock*. São Paulo, Barracuda, 2008.]

Greenfield, Robert. *Exile on Main Street: A Season in Hell with the Rolling Stones*. Boston, Da Capo, 2006. [Ed. bras.: *Uma temporada no inferno com os Rolling Stones: Exile on Main Street*. Rio de Janeiro, Zahar, 2008.]

_____. *S.T.P.: A Journey Through America with the Rolling Stones*. Boston, Da Capo, 2002.

_____. *The Last Sultan: The Life and Times of Ahmet Ertegun*. Nova York, Simon & Schuster, 2010.

Guralnick, Peter. *Searching for Robert Johnson: The Life and Legend of the "King of the Delta Blues Singers"*. Nova York, Plume, 1998.

Hajdu, David. *Heroes and Villains: Essays on Music, Movies, Comics, and Culture*. Boston, Da Capo, 2009.

Hartman, Kent. *The Wrecking Crew: The Inside Story of Rock and Roll's Best-Kept Secret*. Nova York, Thomas Dunne Books, 2012.

Heylin, Clinton. *The Penguin Book of Rock & Roll Writing*. Londres, Viking, 1992.

Hofmann, Albert. *LSD: My Problem Child; Reflections on Sacred Drugs, Mysticism and Science*. Nova York, McGraw-Hill, 1980.

Hotchner, A.E. *Blown Away: The Rolling Stones and the Death of the Sixties*. Nova York, Simon & Schuster, 1990.

Hutchison, Alice L. *Kenneth Anger*. Londres, Black Dog, 2011.

Jackson, Laura. *Golden Stone: The Untold Life and Tragic Death of Brian Jones*. Nova York, St. Martin's, 1992.

Jagger, Mick, com Keith Richards, Charlie Watts e Ronn Wood, editado por Dora Loewenstein e Philip Dodd. *According to the Rolling Stones*. Boston, Chronicle, 2003. [Ed. bras.: *According to the Rolling Stones: A banda conta sua história*. São Paulo, Cosac Naify, 2011.]

Janovitz, Bill. *Exile on Main Street*. Londres, Bloomsbury, 2005.

_____. *Rocks Off: 50 Tracks That Tell the Story of the Rolling Stones*. Nova York, St. Martin's, 2013.

Johns, Glyn. *Sound Man: A Life Recording Hits with the Rolling Stones, the Who, Led Zeppelin, the Eagles, Eric Clapton, the Faces...* Nova York, Blue Rider, 2014.

Jopling, Norman. *Shake It Up Baby! Notes from a Pop Music Reporter 1961-1972*. Londres, Rock History, 2015.

Kael, Pauline, editado por Sanford Schwartz. *The Age of Movies: Selected Writings of Pauline Kael*. Nova York, Library of America, 2011.

Kaiser, Charles. *1968 in America: Music, Politics, Chaos, Counterculture, and the Shaping of a Generation*. Nova York, Grove, 1997.

Kaufman, Phil, com Colin White. *Road Mangler Deluxe*. Glendale, White-Boucke, 2001.

Kent, Nick. *The Dark Stuff: Selected Writings on Rock Music*. Boston, Da Capo, 1995.

Keys, Bobby, com Bill Ditenhafer. *Every Night's a Saturday Night: The Rock'n'Roll Life of Legendary Sax Man Bobby Keys*. Berkeley, Counterpoint, 2013.

Kirkpatrick, Rob. *1969: The Year Everything Changed*. Nova York, Skyhorse, 2011.

Kooper, Al. *Backstage Passes & Backstabbing Bastards: Memoirs of a Rock'n'Roll Survivor*. Milwaukee, Hal Leonard, 2008.

Kubernik, Harvey. *Canyon of Dreams: The Magic and the Music of Laurel Canyon*. Nova York, Sterling, 2009.

Kurlansky, Mark. *1968: The Year That Rocked the World*. Nova York, Random House, 2005. [Ed. bras.: *1968: O ano que abalou o mundo*. Rio de Janeiro, José Olympio, 2005.]

Landis, Bill. *Anger: The Unauthorized Biography of Kenneth Anger*. Nova York, HarperCollins, 1995.

Lee, Martin A. e Bruce Shlain. *Acid Dreams: The Complete Social History of LSD; The CIA, the Sixties, and Beyond*. Nova York, Grove, 1994.

Bibliografia

Lewisohn, Mark. *Tune In: The Beatles; All These Years*. Nova York, Crown, 2013.

Loewenstein, Prince Rupert. *A Prince Among Stones: That Business with the Rolling Stones and Other Adventures*. Nova York, Bloomsbury, 2013.

Mankowitz, Gered. *The Stones: 65-67*. Londres, Vision On, 2002.

Marion, Larry. *The Lost Rolling Stones Photographs: The Bob Bonis Archive, 1964-1966*. Londres, It, 2010.

Marshall, Jim, com Keith Richards. *The Rolling Stones 1972: Photographs*. São Francisco, Chronicle Books, 2012.

Masouri, John. *Steppin' Razor: The Life of Peter Tosh*. Londres, Omnibus, 2013.

McDevitt, Chas. *Skiffle: The Definitive Inside Story*. Londres, Robson, 1997.

McMillian, John. *Beatles vs. Stones*. Nova York, Simon & Schuster, 2014.

Meyer, David N. *Twenty Thousand Roads: The Ballad of Gram Parsons and His Cosmic American Music*. Nova York, Villard, 2008.

Milkowski, Bill, editado por Valeria Manferto de Fabianis. *Keith Richards: A Rock'n'Roll Life*. Nova York, White Star, 2012. [Ed. bras.: *Keith Richards: uma vida rock'n'roll*. São Paulo, HarperCollins, 2013.]

Millard, André (org.). *The Electric Guitar: A History of an American Icon*. Baltimore, Johns Hopkins University Press, 2004.

Morgan, Robin e Ariel Leve. *1963: The Year of the Revolution; How Youth Changed the World with Music, Art, and Fashion*. Nova York, Dey Street, 2014.

Norman, Philip. *John Lennon: The Life*. Nova York, Ecco, 2009. [Ed. bras.: *John Lennon: A vida*. São Paulo, Companhia das Letras, 2009.]

_____. *Mick Jagger*. Nova York, Ecco, 2012. [Ed. bras.: *Mick Jagger*. São Paulo, Companhia das Letras, 2012.]

_____. *Shout! The Beatles in Their Generation*. Nova York, Touchstone, 2005.

Oldham, Andrew Loog. *Stoned: A Memoir of London in the 1960s*. Nova York, Vintage, 2001.

_____. *2Stoned*. Nova York, Vintage, 2003.

Oliver, Paul. *Blues Fell This Morning: Meaning in the Blues*. Cambridge, Inglaterra, Cambridge University Press, 1990.

Pacyga, Dominic A. *Chicago: A Biography*. Chicago, University of Chicago Press, 2009.

Palmer, Robert. *Deep Blues: A Musical and Cultural History of the Mississippi Delta*. Nova York, Penguin, 1982.

_____. *Rock & Roll: An Unruly History*. Nova York, Harmony, 1995.

_____. *The Rolling Stones*. Nova York, Doubleday, 1984.

Phelge, James. *Nankering with the Rolling Stones: The Untold Story of the Early Days*. Chicago, A Cappella, 1998.

Rawlings, Terry. *Brian Jones: Who Killed Christopher Robin? The Murder of a Rolling Stone*. Londres, Helter Skelter, 2004.

Richards, Keith. *Life*. Nova York, Little, Brown, 2010. [Ed. bras.: *Vida*. Rio de Janeiro, Globo, 2010.]

Russell, Ethan A., com Gerard Van der Leun. *Let It Bleed: The Rolling Stones, Altamont, and the End of the Sixties*. Nova York: Grand Central Publishing, 2009.

Sanchez, Tony. *Up and Down with the Rolling Stones: My Rollercoaster Ride with Keith Richards*. Londres, John Blake, 2010.

Sandford, Christopher. *The Rolling Stones: Fifty Years*. Londres, Simon & Schuster, 2012. [Ed. bras.: *The Rolling Stones: a biografia definitiva*. Rio de Janeiro, Record, 2014.]

Shelley, June. *Even When It Was Bad It Was Good*. Bloomington, IN, Xlibris, 2001 (autopublicado).

Spitz, Bob. *The Beatles: The Biography*. Nova York, Back Bay, 2006.

Spitz, Marc. *Jagger: Rebel, Rock Star, Rambler, Rogue*. Nova York, Gotham, 2012. [Ed. bras.: *Jagger: a biografia*. São Paulo, Benvirá, 2012.]

Sullivan, John Jeremiah. *Pulphead: Essays*. Nova York, Farrar, Straus & Giroux, 2011. [Ed. bras.: *Pulphead: o outro lado da América*. São Paulo, Companhia das Letras, 2013.]

Sutin, Lawrence. *Do What Thou Wilt: A Life of Aleister Crowley*. Nova York, St. Martin's, 2002.

Thompson, Hunter S. *Fear and Loathing in Las Vegas: A Savage Journey to the Heart of the American Dream*. Nova York, Vintage, 1998. [Ed. bras.: *Medo e delírio em Las Vegas*. Porto Alegre, L&PM, 2010.]

_____. *Hell's Angels: A Strange and Terrible Saga*. Nova York, Ballantine, 1996.

Tosches, Nick. *Country: The Twisted Roots of Rock'n'Roll*. Boston, Da Capo, 1996.

Townshend, Pete. *Who I Am: A Memoir*. Nova York, Harper Perennial, 2013. [Ed. bras.: *Pete Townshend: a autobiografia*. Rio de Janeiro, Globo, 2013.]

Trow, George W.S. *My Pilgrim's Progress: Media Studies, 1950-1998*. Nova York, Vintage, 2000.

_____. *Within the Context of No Context*. Nova York, Atlantic Monthly, 1997.

Trynka, Paul. *Brian Jones: The Making of the Rolling Stones*. Nova York, Viking, 2014.

Waksman, Steve. *Instruments of Desire: The Electric Guitar and the Shaping of Musical Experience*. Boston, Harvard University Press, 2001.

Wald, Elijah. *The Blues: A Very Short Introduction*. Oxford, Oxford University Press, 2010.

_____. *Escaping the Delta: Robert Johnson and the Invention of the Blues*. Nova York, HarperCollins, 2004.

Walker, Michael. *Laurel Canyon: The Inside Story of Rock-and-Roll's Legendary Neighborhood*. Londres, Faber & Faber, 2006.

West, Jessica Pallington. *What Would Keith Richards Do? Daily Affirmations from a Rock and Roll Survivor*. Nova York, Bloomsbury, 2009.

White, Timothy. *Catch a Fire: The Life of Bob Marley*. Nova York, Henry Holt, 2006. [Ed. bras.: *Queimando tudo: a biografia definitiva de Bob Marley*. Rio de Janeiro, Record, 2013.]

Whitley, Carla Jean. *Muscle Shoals Sound Studio: How the Swampers Changed American Music*. Charleston, History Press, 2014.

Wolfe, Tom. *The Kandy-Kolored Tangerine-Flake Streamline Baby*. Nova York, Picador, 2009.

Wood, Jo. *It's Only Rock'n'Roll: Thirty Years Married to a Rolling Stone*. Londres, It, 2013.

Wood, Ron. *Ronnie: The Autobiography.* Nova York, St. Martin's, 2007.

Wyman, Bill. *Bill Wyman's Scrapbook.* Londres, Concert Live, 2013.

_____. *Stone Alone: The Story of a Rock'n'Roll Band.* Boston, Da Capo, 1997.

Relatos selecionados da mídia

Associated Press. "Brian Jones Dies; Found in His Pool". *New York Times*, 3 jul 1969.

Barber, Lynn. "Lady Rolling Stone". *The Guardian*, 23 fev 2008.

Black, Johnny. "The Greatest (Pop TV) Show on Earth: *The T.A.M.I. Show*, October 1964". *Rock's Backpages*, mar 2010.

Chapman, Rob. "Brian Jones: The Bittersweet Symphony". *Mojo*, jul 1999.

Chicago Defender. "The Low Down". 16 out 1965. (Muddy Waters sobre os Rolling Stones.)

_____. "Rock'n'Roll and Crime". 25 jun 1958.

_____. "When You Come North". 30 mai 1925. (Conselho para a grande migração.)

Cohen, Rich. "Keith Richards Delivers a Classic Rock Memoir". *Rolling Stone*, 25 out 2010.

_____. "Marianne Faithfull's Gloriously Reckless Rock'n'Roll Life". *The Wall Street Journal Magazine*, 4 set 2014.

_____. "The Rolling Stones: It's Show Time". *Rolling Stone*, 25 ago 1994.

_____. "Tour de Force: The Rolling Stones Rake It In and Rock the House". *Rolling Stone*, 3 nov 1994.

Eggar, Robin. "Rolling Stone in Exile". *The Sunday Express Magazine*, mai 2002. (Entrevista com Mick Taylor.)

Flippo, Chet. "The Death in South Salem". *Rolling Stone*, 6 set 1979.

Greenwich Time. "The Dish: Keith Richards Seen in Ridgefield". 26 out 2013.

McCall, Cheryl. "A Young Boy's Crush on Keith Richards' Mate Anita Ends in a Tragic Suicide". *People*, 13 ago 1979.

Needs, Kris. "No One Shot KR: Keith Richards 1980". *Zigzag*, nov 1980.

Nizza, Mike. "Hell's Angels Plotted to Kill Mick Jagger, Agent Says". *New York Times*, 3 mar 2008.

Norman, Tony. "Mick Taylor Interviewed". *Fusion*, 14 nov 1969.

Obrecht, Jas. "The Keith Richards Interview". *Guitar Player*, 1992.

Robbins, Ira. "Stone Wino Rhythm Guitar God Keith Richards Can Still Rip It Up!". *Pulse!*, nov 1992.

Rooney, Frank. "Cyclists' Raid: A Story". *Harper's*, jan 1951.

Sandall, Robert. "Charlie Watts: The Rock". *Mojo*, mai 1994.

Schoemer, Karen. "Keith Richards: Stones Icon, Rock Survivor". *New York Times*, 18 out 1992.

Sheff, David. "John Lennon and Yoko Ono: The *Playboy* Interview". *Playboy*, set 1980.

Smith, Patti. "Jag-arr of the Jungle". *Creem*, jan 1973.

Snowden, Don. "Chess Studios: Notes for the Rock & Roll Hall of Fame". Cleveland, Rock and Roll Hall of Fame, 1987.

Spitz, Bob. "Raw, Raunchy and Middle-Aged; Rolling Stone Keith Richards at 45". *The New York Times Magazine*, 4 jun 1989.

Susman, Gary. "Beggars Banquet". *EW.com*, 12 dez 2003.

Trow, George W.S. "Eclectic, Reminiscent, Amused, Fickle, Perverse". *The New Yorker*, 29 mai e 5 jun 1978.

Wenner, Jann. "John Lennon, the Rolling Stone Interview". *Rolling Stone*, 21 jan 1971.

Wild, David. "Blood Brothers". *Rolling Stone*, 21 mai 2007.

Filmes

Charlie Is My Darling. Dirigido por Peter Whitehead, 1966.

From the Vault: Hyde Park 1969. Dirigido por Leslie Woodhead, 1969.

From the Vault: The Marquee Club Live in 1971. Dirigido pelos Rolling Stones, 1971.

Gimme Shelter. Dirigido por Albert Maysles, David Maysles e Charlotte Zwerin, 1970.

Ladies & Gentlemen: The Rolling Stones. Dirigido por Rollin Binzer, 1974.

Let's Spend the Night Together: The Stones in Concert. Dirigido por Hal Ashby, 1983.

Muddy Waters and the Rolling Stones: Live at the Checkerboard Lounge, Chicago 1981. Dirigido por Muddy Waters e os Rolling Stones, 2012.

A força será tua recompensa. Dirigido por Tony Richardson, 1970.

One Plus One. Dirigido por Jean-Luc Godard, 1969.

Performance. Dirigido por Donald Cammell e Nicolas Roeg, 1970.

The Rolling Stones: All 6 Ed Sullivan Shows. 2011.

The Rolling Stones: Crossfire Hurricane. Dirigido por Brett Morgen, 2013.

The Rolling Stones – Rock and Roll Circus. Dirigido por Michael Lindsay-Hogg, 1996.

Rolling Stones – 1969-1974: The Mick Taylor Years. Dirigido por Tom O'Dell, 2010.

Shine a Light: The Rolling Stones in Concert. Dirigido por Martin Scorsese, 2008.

Some Girls: The Rolling Stones Live in Texas. Dirigido pelos Rolling Stones, 2011.

Stones In Exile. Dirigido por Stephen Kijak, 2013.

Sweet Summer Sun: Hyde Park Live. Dirigido pelos Rolling Stones, 2013.

The T.A.M.I. Show, 1964. Dirigido por Steve Binder, 2010.

Lista de entrevistas

Apesar de eu ter trabalhado de fato neste livro apenas nos últimos poucos anos, considero-o o produto de uma vida inteira de estudos – a culminação do meu amor e do meu interesse pelos Rolling Stones, que começou quando fui banido do quarto do meu irmão, cresceu quando, milagrosamente, caí dentro da caixa de som, aparecendo no ônibus, no avião, no palco e nas laterais dos palcos, nas salas de guitarras e pontos de encontro e nos bares com os rapazes, e continuou durante este longo arrefecimento que tem sido minha vida. Mais do que os Stones, tem sido sobre o rock'n'roll, que é tudo. Listei as entrevistas que formaram o cenário e o fundamento deste projeto – não apenas as pessoas que entrevistei recentemente, embora tenham sido dezenas, mas aquelas que conheci no percurso do meu jornalismo e da minha vida que me informaram e me disseram como as coisas funcionam. Existem três perguntas que um escritor precisa responder. O que aconteceu? Essa é a primeira, e a mais fácil. Muitas pessoas podem lhe dizer isso. As outras são mais preciosas, estranhas. Qual foi a sensação? O que aquilo significou?

Paul Anka
Michelle Anthony
Peter Asher
Chris Barber
Byron Berline
Acker Bilk
Phill Brown
Jim Callaghan
Bill Carter, advogado dos Stones
Marshall Chess
Lyor Cohen
Michael Cohl, promoter
Sam Cutler
Clive Davies
Mike "Eppy" Epstein

Ahmet Ertegun
David Evans, historiador de blues
Marianne Faithfull
David Geffen
Gary Gersh
Berry Gordy
Sid Griffin
Buddy Guy
Robert Hiatt, médico de Altamont
Chas Hodges
Mick Jagger
Darryl Jones
Paul Jones
Norman Jopling
Phil Kaufman
Linda Keith
Bobby Keys
Chris Kimsey
Tony King
Al Kooper
Bob Krasnow
Chuck Leavell
Gered Mankowitz
John Mayall
Albert Maysles
Ian McLagan
Mario Medious, homem de A&R (Artistas e Repertório)
Anna Menzies
Robin Morgan
Jerry Moss
John Pasche
Richard Perry
Lloyd Price
Sylvia Rhone
Keith Richards
Marlon Richards

Lista de entrevistas

Julie Rifkind
Ed Rosenblatt
Ethan Russell
Ronnie Schneider
Rock Scully
Neil Sedaka
June Shelley
Joe Smith
Seymour Stein
Gary Stromberg, RP de rock'n'roll
John Sykes
Dick Taylor
Art Teller
Phil Walden
Charlie Watts
Jerry Weintraub
Hy Weiss
Jerry Wexler
Fiona Williams, estilista dos Stones
Ron Wood

Créditos das imagens

Foto das páginas 2 e 3 – Os Stones, no estilo icônico da década de 60, embaçados por uma sessão de gravação que durou a noite inteira e uma lente de câmera coberta de vaselina. FOTOGRAFIA DE GERED MANKOWITZ, © BOWSTIR LTD. 2016/ MANKOWITZ.COM

15 Uma foto de mim, Ron Wood e provavelmente um roadie, no backstage, antes do show, Estados Unidos, 1994. CORTESIA DO AUTOR

23 Eu, como Keith, preparando-me para o show de talentos escolar, Central School, Glencoe, Illinois, 1982. CORTESIA DO AUTOR

33 Keith Richards, Louisville, Kentucky, novembro de 1964, tocando uma guitarra semiacústica Epiphany, apenas mais uma de suas damas adoráveis. FOTOGRAFIA DE MICHAEL OCHS/MICHAEL OCHS ARCHIVES/GETTY IMAGES

39 Michael Jagger aos nove anos em uma foto escolar da Wentworth Junior Country Primary, Dartford, Inglaterra, 1951. STONES ARCHIVE/GETTY IMAGES

61 Charlie Watts aos 22 anos, 1 de dezembro de 1963. FOTOGRAFIA DE CHRIS WARE/ KEYSTONE FEATURES/GETTY IMAGES

81 Andrew Loog Oldham na rua Denmark, em Londres, no verão de 1964. FOTOGRAFIA DE RICHARD CHOWEN/GETTY IMAGES

103 Uma foto de mim e Keith em uma escola primária nos arredores de Toronto no verão de 1994. CORTESIA DO AUTOR

130 Um *juke joint* no meio de plantações de algodão, Melrose, Indiana, junho de 1940.

171 Mick e Keith no jardim da frente de Redlands, Sussex, Inglaterra, 5 de julho de 1967. FOTOGRAFIA DE MARK E COLEEN HAYWARD/GETTY IMAGES

Créditos das imagens 377

176 Keith com detritos domésticos diante de Redlands, agosto de 1973, pouco depois de a casa ter sido incendiada. © DAILY MIRROR/MIRROPIX/CORBIS

185 Mick e Keith deixando o tribunal em Chichester, Inglaterra, 10 de maio de 1967. FOTOGRAFIA DE RB/GETTY IMAGES

194 Brian Jones fotografado por Ethan Russell em Cotchford Farm no verão de 1968. © ETHAN RUSSELL

195 Brian Jones curtindo um groove até não aguentar mais. © ETHAN RUSSELL

214 Cotchford Farm, retratada em 3 de julho de 1969, o dia em que Brian Jones morreu. FOTOGRAFIA DE JOHN DOWNING/GETTY IMAGES

237 Gram Parsons, em um espetacular terno *nudie*, no primeiro dia de 1969. FOTOGRAFIA DE JIM MCCRARY/GETTY IMAGES

263 Mick e fãs diante do trailer na Pista de Corridas Altamont, 8 de dezembro de 1969. © AP PHOTO

268 Mick e os Hell's Angels no palco em Altamont. © AP PHOTO

282 Keith no backstage em algum lugar nos Estados Unidos no verão de 1975. FOTOGRAFIA DE CHRISTOPHER SIMON SYKES/GETTY IMAGES

289 Mick e Bianca, duplos no dia de seu casamento, Capela de Saint-Anne, St. Tropez, França, 12 de maio de 1971. © AP PHOTO

Agradecimentos

Algumas pessoas foram de ajuda crucial em relatar e escrever este livro. Minha agente, Jennifer Rudolph Walsh, e minha editora, Julie Grau, estão no topo. O mesmo vale para meu amigo Mark Varouxakis, que me acompanhou em uma grande turnê dos Stones. Quando Mark me perguntou para onde eu estava indo, eu disse: "Para todos os lugares que os Stones ensaiaram e gravaram, foram feridos e se curaram, viveram e morreram, injetaram drogas e ficaram limpos e fizeram música." Não conseguimos visitar todos esses lugares, mas fomos a um monte deles. Cynthia Cotts conferiu a maioria dos fatos no livro – em um ritmo de maratonista com doses iguais de paixão e rigor. Conferências adicionais foram feitas por Julie Tate. Eu gostaria de agradecer também aos meus pais, Herb e Ellen Cohen, mesmo que apenas por terem mantido minha característica de cumprimento de dever intacta. Também à minha irmã, Sharon Levin, e meu cunhado, Bill Levin, e é claro, meu irmão, Steven, pelo que ele me deu e pelo que escondeu, e minha cunhada, Lisa Melmed. Meus filhos – no momento, tenho quatro: Aaron, Nate, Micah e Elia. E, principalmente, eu gostaria de agradecer a Jessica Medoff – quando estávamos noivos, eu a apresentava como "Jessica Medoff, a futura Jessica Medoff" –, a primeira leitora, a primeira paramédica, a primeira com as suturas e a primeira com a tônica. Ela disse que eu não conseguiria largar a Coca diet. E consegui. E, é claro, Francis Albert Sinatra.

Índice

13th Floor Elevators, The, 161
"19th Nervous Breakdown", 98, 164
"2000 Light Years From Home", 186
"2120 South Michigan Avenue", 136
2Stoned (Oldham), 138
302 Edith Grove, Londres, 65-8, 76, 90, 95

A.A. Milne: The Man Behind Winnie-the-Pooh
  (Thwaite), 214
According to the Rolling Stones (história oral), 241
Adonaïs (Shelley), 227
Aerosmith, 12, 59
Aftermath (Rolling Stones), 165
aids, 109, 188
Akens, Jewel, 145
Albrecht, Jim, 190
Alexander, Arthur, 67
"All Down the Line", 297
Allman Brothers, 133
Altamont Speedway concert, 17, 249, 254-72,
  275, 277-8, 279, 282, 298, 316, 330
*Altamont: Death of Innocence in the Woodstock
  Nation* (ed. Eisen), 255
Alter, Robert, 204
"American Girl", 207
Andersen, Christopher, 315
Andrews, Mel, 280
Andrews, Pat, 54
Anger, Kenneth, 178, 263
"Angie", 306
Animals, The, 147, 161
Armstrong, Louis, 111
Arnold, Shirley, 221, 228
"Around and Around", 34, 45, 136
"As Tears Go By", 117, 169, 205
Asher, Peter, 41, 169, 308
Atlantic Records, 208, 292, 308, 309
Avory, Mick, 54-5

"Back in the High Life Again", 14
"Back in the USA", 55
"Bad Boy", 55
Baker, Ginger, 43, 44, 54, 59

Baldry, Long John, 44
Balin, Marty, 261-2
"Ballad of a Thin Man", 196
"Ballad of Billy Joe", 67
Barber, Chris, 40-2, 72, 146, 190, 321
Barger, Sonny, 250-4, 257, 259, 261, 262, 264,
  266, 269, 275, 298
Barrett, Syd, 216
Barron Knights, The, 58
Basie, Count, 104
Bayou Country (Creedence Clearwater
  Revival), 219
Beach Boys, 125, 188, 189, 190
"Beast of Burden", 119, 290, 318
Beatles, The, 27, 28, 46, 83-4, 87-9, 93, 105, 113,
  116, 137-8, 145, 150, 153, 190, 202, 207, 317
  capas de álbuns, 166, 189
  chegada nos Estados Unidos, 96, 122, 137,
    276-7
  como Quarrymen, 41
  drogas e, 160, 161
  Oldham, Andrew, e, 82
  Rolling Stones e, 69-70, 75-7, 94, 205, 308
  Sgt. Pepper's Lonely Hearts Club Band e,
    188-9, 205
  término, 20, 205
  *ver também membros individuais; canções
    e álbuns específicos*
Beaton, Cecil, 181-2
Bechet, Sidney, 40
Beck, 292
Beck, Jeff, 219
Beckwith, Rupert, 31
Beggars Banquet (Rolling Stones), 201, 206,
  208-11
Bergman, Jo, 272, 287
Berline, Byron, 239-40, 298
Berry, Chuck, 25-6, 28-9, 34, 45, 50, 55, 59, 67,
  73, 76, 88, 98, 119, 128, 133, 141, 256, 309, 316
Best of Muddy Waters, The, 26, 54
Between the Buttons (Rolling Stones), 165
*Big Road Blues: Tradition and Creativity in the
  Folk Blues* (Evans), 130

379

Bill Wyman's Scrapbook, 323
Billboard Hot 100, 118
Billy Boy Arnold, 34
"Birds and the Bees, The", 145
"Bitch", 249
Blackjacks, The, 41
Blaises Club, Londres, 167
Blind Faith, 14, 43, 226
Block, Leslie, 184
Blonde on Blonde (Dylan), 173
Blood, Sweat and Tears, 242
Bluegenes, The, 41
Blues Incorporated, 42-5, 52, 54, 56, 226
Bluesbreakers, 220
Bolden, Buddy, 44
Booth, Stanley, 130, 235, 246, 258, 267
Bostic, Earl, 60
Bowie, David, 108, 179, 314
Bowles, Paul, 216
Boyd, Pattie, 171, 173
Bradford, Geoff, 49, 50
Bramlett, Bonnie, 240
Brando, Marlon, 145, 189, 247, 251, 285
Bredehoft, Patty, 266-8
Breteuil, Jean de, 290
Brian Jones: Who Killed Christopher Robin?
   (Rawlings), 223
Bridges to Babylon (Rolling Stones), 309-10
Bringing It All Back Home (Dylan), 143, 160
Broken English (Faithfull), 232
Broonzy, Big Bill, 40
Brown, James, 124, 319
Brown, Phill, 199, 210, 211
Brown, Willie, 131
"Brown Eyed Handsome Man", 119
"Brown Sugar", 101, 173, 200, 246, 272, 288
Browne, Tara, 324
Bruce, Jack, 43, 54
Buddy Holly and the Crickets, 31
Bulgákov, Mikhail, 197-8
Burroughs, William, 181, 294
Byrds, The, 161, 207, 236-8

Caminhos perigosos (filme), 319
Cammell, Donald, 177, 183, 241, 319
Campbell, Glen, 20
"Can't Get No Satisfaction" *ver* "Satisfaction"
Cantrell, Scott, 325
Capaldi, Jim, 13, 14
Carlton Hill, London, 140

Carnaby Street, London, 86
"Carol", 22, 119, 265
Carrollton Station, Nova Orleans, 74
Carter, Dick, 254
Casa no cantinho de Pooh, A (Milne), 213-4
Casanovas, The, 41
Cash, Johnny, 157, 230
"Casino Boogie", 294
Cass and the Casanovas, 41
"Catfish Blues", 54
Cavern Club, Liverpool, 72, 91, 153
Chaney, James, 126
Charlie Watts Quintet, 321
Chas & Dave, 41
Cheltone Six, The, 51
Chess, Leonard, 126, 136, 309
Chess, Marshall, 126-7, 128, 303-5, 309
Chess Records, 17, 25, 26, 126-9, 134, 136, 143,
   148, 202, 246, 298, 309
Chicago, revoltas em, 256
Chkiantz, George, 216
Clapton, Eric, 41, 42, 44, 72, 133, 207, 220, 289,
   291, 312
Clash, The, 118, 150, 227
Clayton, Merry, 241
Cobain, Kurt, 150, 229
"Cocaine", 165
Cohen, Lyor, 328
Cohn, Nik, 316
Cole, Nat King, 119
"Come On", 88-9, 94
"Come On in My Kitchen", 132
Como, Perry, 145
Condon, Eddie, 43
"Congratulations", 136
"Connection", 103, 165, 204
Cooder, Ry, 207-8
Cooke, Sam, 147
Cooper, Alice, 179
Cooper, Gary, 145
Cooper, Michael, 171, 173, 181, 182
Cotchford Farm, Sussex, 213-5, 216, 219, 221
"Country Blues", 134
"Country Honk", 239
"Crawdad", 73
Crawdaddy Club (Station Hotel, Richmond),
   17, 72-3, 75, 78-80, 82, 83-4, 88, 202
Cream, 43
Creedence Clearwater Revival, 219
Creem, revista, 270

Índice

Crickets, The, 31
Crosby, David, 275
Crosby, Stills & Nash, 236
Crowley, Aleister, 161, 178, 263
Cruisers, The, 41
"Crying in the Chapel", 145
"Cumberland Gap", 41
Cutler, Sam, 38, 216, 225-7, 245, 255-6, 259-61, 267, 269, 273-6, 315

Daily Mirror, The, 163
Dale & Grace, 28
Daltrey, Roger, 229
"Dandelion", 208
Dark Stuff, The (Kent), 324
Dartford, Inglaterra, 17, 25, 28, 31-6, 66, 123, 127, 148, 327
Dash Rip Rock, 74
Dave Clark Five, 145, 147
Dave Hunt R&B Band, 72
Davies, Cyril, 41, 42
Davies, Dave, 44, 144
Davies, Ray, 144
Davis, Clive, 100
Davis, Miles, 111, 323
Davis, Sammy, Jr., 227
"Day in the Life, A", 188
"Dead Flowers", 249, 292, 334
Dead in Five Heartbeats (filme), 264
Decca Records, 69, 88-9, 106, 147-8
Derry and the Seniors, 41
Des Barres, Pamela, 231, 273
Dickinson, Jim, 246-8
Diddley, Bo, 34, 67, 73, 90, 162, 309
Dillards, The, 239
DiMaggio, Joe, 12, 170
Dineley, Gordon, 173
Dixon, Deborah, 177, 180
Dixon, Willie, 127, 128
Domino, Fats, 28
Dominoes, The, 41
Donegan, Lonnie, 41
"Donna", 67
Donovan, 295
"Doo Doo Doo Doo Doo (Heartbreaker)," 103
Doors, The, 240, 255
Dorsey, Mike, 142
Drew, Jamie, 153
Duncan, Tommy, 165
Dupree, Gus, 36

"Dust in the Wind", 20, 21
"Dust My Broom", 46
Dyer, Jack, 204
Dylan, Bob, 41, 46, 116, 135, 143, 160, 173, 189-90, 196, 208, 210, 230, 242, 271

Eagle's Nest, 153
Ealing Club, Londres, 43-5, 47, 53-4
Eamonn Andrews Show, 168
Earle, Steve, 237
Easton, Eric, 83, 124, 147
Ed Sullivan Show, The, 137
Edwards, Honeyboy, 134
"Eight Miles High", 161
Eisen, Jonathan, 255
"Eldorado Cadillac", 34
Elektra Records, 309
Ellington, Duke, 60, 104
Elliott, Ramblin' Jack, 287
England's Newest Hit Makers (Rolling Stones), 22, 123
Epstein, Brian, 82, 83, 87, 88
Ertegun, Ahmet, 208, 292, 307-9
Escola do rock (filme), 142
Evans, David, 130, 132
Everly Brothers, 28, 67, 90
Exile on Main Street (Rolling Stones), 201, 286, 290-4, 296-8, 303, 315

Faces, 30
Faith, Adam, 27
Faithfull, Marianne, 175, 178, 181, 197, 198, 204, 211, 228, 233-4
    "As Tears Go By" e, 117, 169
    drogas e, 158, 172, 173-4, 176, 187-8, 230-3
    Keith Richards e, 112, 169
    Mick Jagger e, 168-71, 176, 186, 230, 232, 233, 288
    morte de Jones e, 224, 230-1
    Oldham e, 84
    sonho com Brian Jones, 231-3
    "You Can't Always Get What You Want" e, 244
Fallen Angels, The, 298
"Far Away Eyes", 103
Fincher, David, 115
Fish, Michael, 227
"Flamingo", 60
Flippo, Chet, 326
Flying Burrito Brothers, 256

Fonda, Peter, 160, 253, 254
Fong-Torres, Ben, 273
Forca será tua recompensa, A (filme), 230
Four Jays, The, 41
Frampton, Peter, 289
Francis, Connie, 28
Franklin, Aretha, 246
Fraser, Robert, 171, 174, 181, 186, 187, 241, 289
Freed, Alan, 92
Fricke, David, 151, 152
"From Me to You", 69
Fusion, revista, 219

Garcia, Jerry, 262
Gary Lewis and the Playboys, 145
"Gates of Eden", 160
Gene Vincent and His Blue Caps, 151
Gerry and the Pacemakers, 41
Gerry Mullingan Quartet, 60
Gershwin, George, 104, 116
Get On Up: A história de James Brown (filme), 319
Get Yer Ya-Ya's Out! (Rolling Stones), 245
Gibbs, Christopher, 171, 283
Gimenez Morad, Luciana, 320
Gimme Shelter (filme), 260-2, 264-6, 269, 270, 274, 276-8
"Gimme Shelter", 203, 241, 272
"Gimme Some Lovin'", 205
"Girl Named Sandoz, A", 161
Giuliano, Geoffrey, 223
Gleason, Ralph, 255-6, 262
Goats Head Soup (Rolling Stones), 317
Godard, Jean-Luc, 197-201, 202, 211
Goddess in the Doorway (Jagger), 314-5
Gods, The, 220
"Goin'By the River", 67
Golden Stone: The Untold Life and Tragic Death of Brian Jones (Jackson), 228
Goldmine, revista, 206, 293
Gomelsky, Giorgio, 71-3, 75, 78-80, 84, 191
"Gomper", 190
"Good Morning, Good Morning", 188
"Good Vibrations", 188
Goodman, Andrew, 126
Gordon, Dexter, 111
"Got My Mojo Working", 45, 52
GP (Parsons), 298
Graham, Bill, 255
Grammy, prêmio, 189
Grande chantagem, A (filme), 309

Grateful Dead, 225, 256, 262
Green, Al, 103
Greenfield, Robert, 290, 295
Grievous Angel (Parsons), 298
Grimes, Hamish, 73
Grogan, Emmet, 257
Guerra do Vietnã, 209-10, 281, 282, 298
Guitar Player, revista, 144
Gus Dupree and His Boys, 36
Guthrie, Woody, 190, 208
Guy, Buddy, 127
Gysin, Brion, 181, 183, 216

Haggard, Merle, 238, 299
Hall da Fama do Rock'n'roll, Cleveland, 69, 330
Hall, Jerry, 320
Hamilton, Chico, 60
Hampton, Gladys, 308-9
Hampton, Lionel, 60, 308-9
Handy, W.C., 129, 130
Hansen, Patti, 327, 328
"Happy", 297, 324, 333
"Happy Home", 55
Harlow, Jean, 252
Harrison, George, 27, 41, 75, 76, 171, 173, 174, 242
Harrison, Wilbert, 55
Hart, Mickey, 256, 275
Harvey, Laurance, 84
Hassinger, Dave, 143
Havers, Michael, 184
"Heartbreak Hotel", 26, 51
Heatley, Spike, 43
Hell's Angels (filme), 252
Hell's Angels (Thompson), 251, 254
Hell's Angels, 249, 250-3, 256-7, 261-70, 275-9, 298
"Help", 145
Hendrix, Jimi, 21, 207, 219, 225, 229, 245, 271, 298, 327, 330
"Here Comes the Sun", 20
Herman's Hermits, 147
"Hey Jude", 243
"Hey Paula", 28
Hiatt, Robert, 271
"Higher Love", 14
Hit Factory, Nova York, 314
Hitler, Adolf, 189
Hodges, Chas, 41
Hoffman, Abbie, 188, 316

Índice

Hofmann, Albert, 159
Holiday, Billie, 232
Holly, Buddy, 31, 150
Holt, Sid, 100
Homem e dez destinos, Um (filme), 309
"Honest I Do", 22
"Honey What's Wrong", 55
"Honky Tonk Women", 19, 21, 99, 153, 207, 220, 228, 239, 272, 288, 331
Hopkins, Nicky, 11, 199, 220, 293
Hopper, Dennis, 253
Horne, Lena, 177
Horowitz, David, 272
Horseshoe, 42
"Hound Dog", 55
House, Son, 131
Howlin' Wolf, 104, 127, 134, 298, 309
Hughes, Howard, 252
Humperdinck, Engelbert, 88
Hunt, Marsha, 232, 288
Hunter, Meredith, 259, 266-72, 273, 276-9, 298
Hurricanes, The, 41
"Hush, Hush", 55
Hutchins, Chris, 87
Huxley, Aldous, 159
Hylans, Brian, 82

"I Ain't Got You", 34
"I Am Waiting", 165
"I Be's Troubled", 134
"I Can't Explain", 141
"I Can't Get Next to You", 103
"I Can't Turn You Loose", 103
"I Don't Know Why", 221
"I Just Want To Make Love to You", 22, 94, 125
"I'll Change My Style", 76
"I'm a Ding Dong Daddy from Dumas", 165
"I'm a King Bee", 22, 52, 136
"I'm a Man", 205
"I'm Leaving It Up to You", 28
I'm with the Band (Des Barres), 231
"I Saw the Light", 74
"I Wanna Be Your Man", 94-5
"I Want to Hold Your Hand", 69
"I Want to Love You", 55
"In Another Land" ("Acid in the Grass"), 190
International Submarine Band, The, 236
"It Should Be You", 117
"It's All Over Now", 124, 136
"It's Alright, Ma (I'm Only Bleeding)", 160
"It's Only Rock'n'Roll", 277

Jackson, Laura, 228
Jackson, Michael, 156, 314
Jagger, Bianca, 289-90, 320, 325
Jagger, Elizabeth, 320
Jagger, Gabriel, 320
Jagger, Georgia, 320
Jagger, Jade, 290
Jagger, James, 320
Jagger, Karis, 288
Jagger, Lucas, 320
Jagger, Mick, 11, 12-3, 16, 22, 150
    aparência física de, 19, 39, 45, 83, 106, 181, 182, 320
    aquecimento de, 155
    Beaton e, 181-2
    casa de, 171, 286
    casamento com Bianca, 289-90
    casamento com Jerry, 320
    como homem de negócios, 106, 107-8
    demissão de Brian Jones e, 216-8
    drogas e, 158, 163, 167-8, 173, 174, 184-7, 204, 253
    educação de, 35-6, 67-8
    entrevistas com, 106-9, 111-2, 137
    estilo e personalidade de, 24, 45, 67, 107-8, 217-8, 264-5, 272
    Faithfull, Marianne, e, 168-71, 176, 186, 230, 232, 233, 288
    filhos de, 288, 289, 320
    filme de Scorsese e, 307-10, 319-20
    filmes e, 230, 241, 247, 319-20
    gravações solo de, 314-5
    Hunt, Marsha, e, 232-3, 288
    imitação por, 32
    infância e juventude de, 31
    Jerry Hall e, 320
    Jones, Brian, e, 47, 53-5, 195
    julgamento de, 184-7
    morte de Jones e, 221, 226, 228, 298
    na prisão, 186, 187
    no Ealing Club, 44-5
    no Marrocos, 181-2
    nos anos recentes, 319-20
    Parsons, Gram, e, 239, 292, 294-5
    primeira banda formada, 31-2
    protesto contra a guerra e, 209
    Richards, Keith, e, 25-6, 30, 33, 101, 111-2, 115, 155-6, 172-3, 294-5, 312-5, 316, 320
    "Satisfaction" e, 137, 140-5
    Scott, L'Wren, e, 320

show memorial no Hyde Park e, 226-7
Shrimpton, Chrissie, e, 83, 169-70
título de cavaleiro de, 320
voz de, 32, 45
ver também Rolling Stones, The
James Brown Revue, 124
James, Edward, 172
James, Elmore, 46-7, 53, 55, 134, 194
James, Etta, 232
Jan & Dean, 125
Jayhawks, The, 237, 292
Jazz News, 49, 54, 55
Jefferson Airplane, 256, 261
Jefferson, Blind Lemon, 119
John Birch, Sociedade, 188
"John Henry", 41
John Wesley Harding (Dylan), 190
Johns, Andy, 293, 297
Johns, Glyn, 206, 209-11, 240
Johnson, Lyndon, 275
Johnson, Robert, 46, 131-6
Jones, Brian, 22, 34, 41, 49, 53-4, 171, 185, 190, 295
    aparência física de, 47, 51, 193, 215
    cachorros de, 215
    casa de, 213-5
    composição e, 120
    demitido dos Stones, 216-9
    drogas e, 162-3, 167, 179, 193, 195, 196, 215, 216, 218-9, 222, 223-4
    filhos ilegítimos de, 51, 53, 66, 195
    funeral de, 228-9
    gravações solo de, 219
    infância e juventude de, 50-2
    influência de James sobre, 52-3
    Jagger, Mick, e, 47, 53-5, 195
    Korner e, 52-3
    morte de, 109, 221-4, 226, 228-9, 298
    mulheres, relacionamentos com, 142
    nascimento de, 50
    no Ealing Club, 45-7
    "No Expectations" e, 211-2
    no Marrocos, 216
    obituário de, 221
    Pallenberg, Anita, e, 177-80, 182-3, 195-6, 224
    personalidade de, 67, 146, 193-4
    Richards, Keith, e, 47, 12
    "Satisfaction" e, 144-7, 195
    saúde de, 180
    sonho de Faithfull com, 231-3

sucesso dos Stones e, 146-7
teta de bruxo de, 178
ver também Rolling Stones, The
Jones, Darryl, 62-3, 323
Jones, George, 154, 237, 238
Jones, Lewis, 50, 75
Jones, Louisa, 51
Jones, Paul, 40, 49, 53, 56, 70, 162
Jones, Peter, 80
Jones, Scott, 223
Jones, Tom, 88
Joplin, Janis, 225, 229, 298, 300, 330
Jopling, Norman, 50, 78-80, 125, 204
Jordan, Louis, 119
"Jumpin' Jack Flash", 98, 119, 173, 200, 202-4, 265, 319, 331
Juniors, The, 220
Justice, Dick, 165

"Kansas City", 55
Kari, Terry, 41
Kaufman, Murray "the K", 124
Kaufman, Phil, 238, 240, 298-302
Keats, John, 227
Keith, Linda, 162, 169, 327
Kelly, Ned, 230
Kempson, Trevor, 174
Kennedy, John F., 95, 123, 199, 245
Kennedy, Robert F., 199, 215, 245
Kent, Nick, 193, 324
Keylock, Tom, 177, 221, 224
Keys, Bobby, 11, 289, 293, 296, 300
Kimsey, Chris, 199, 209, 314, 317
King, B.B., 256, 316
King, Larry, 71
King, Martin Luther, Jr., 215, 245
King, Tony, 106
King, Wally, 20-2
Kingsize Taylor and the Dominoes, 41
Kinks, 55, 70, 72, 127, 141, 144, 145
Klein, Allen, 147-9, 283-4
Knight, Brian, 49, 50
Kooper, Al, 242-3
Korner, Alexis, 34, 41-5, 52-3, 68, 92, 146, 193, 211, 219, 226
Kramer, Stanley, 251
Krasnow, Bob, 308, 309
Kristofferson, Kris, 230

Índice

"La Bamba", 31, 32, 34, 148
Ladies of the Canyon (Mitchell), 236
"Lady Jane", 165
Lamanna, Douglas, 325
"Lantern, The", 190
"Last Time, The", 120
Lawrence, Linda, 295
Lawson, Janet, 222-3
Led Zeppelin, 133
Lee, Albert, 42
Lee, Brenda, 28
Lee, Jerry, 67
Legends, The, 236
Leiber e Stoller, 55
Lennon, John, 16, 70, 75-7, 82, 87, 94-5, 113, 116, 117, 123, 161, 169, 205, 219, 242, 277, 291, 330
Lester, Ketty, 67
Let It Bleed (Rolling Stones), 236, 239, 241
"Let It Loose", 293, 297
"Let's Get Together", 94
"Let's Spend the Night Together", 24
Levoie, Steve, 325
Levy, Morris, 147
Lewis, Edward, 148
Lewis, Elmo *ver* Jones, Brian
Lewis, Gary, 145
Lewis, Jerry Lee, 28
"Life's Been Good", 18
"Like a Rolling Stone", 242
Liston, Sonny, 189
Little Boy Blue and the Blue Boys, 34
"Little by Little", 22
Little Eva, 82
"Little Miss Clawdy", 95
Little Richard, 28, 78
Little Walter, 25, 194
"Live with Me", 220, 241, 272
Livro das Revelações, 263
Livro tibetano dos mortos, 161
"Loco-Motion, The", 82
Loewenstein, príncipe Rupert, 283-4, 311, 315
Lomax, Alan, 133-4, 136
Londres, *Times*, 51, 196
Love, Bob, 153
"Love Hurts", 239
"Love is Strange", 67
"Love Is Strong", 12, 115
"Love Letters", 67
"Love Me Do", 69, 70
Love Story (filme), 290

Love You Live (Rolling Stones), 324
"Loving Cup", 297
LSD, 158, 159-62, 168, 172, 181, 196, 282
"Lucy in the Sky with Diamonds", 164
Lynyrd Skynyrd, 242

Machers and Rockers (Cohen), 309
Main Event, The (Sinatra), 20
"Malagueña", 36
Malo, Ron, 126
Manfred Mann, 40
Mankowitz, Gered, 126, 138, 140, 146, 165-6, 171, 191
"Mannish Boy", 135
Manson, Charles, 275
Markland, Ted, 299
Marquee Club, Londres, 54-5, 56-7, 195
Marrocos, 180-3, 216
Martin, Dean, 125
Martin, Michael, 301
Marvin, Lee, 251
"Máscara da morte escarlate, A" (Poe), 215
May, Phil, 32, 228
Mayall, John, 40, 220
"Maybellene", 141
Maysles, Albert, 248, 257, 260, 266, 274, 276, 277, 278
Maysles, David, 248, 257, 260, 276, 277, 278
McCartney, Paul, 41, 75, 76, 94-5, 116, 117, 152, 168-9, 189, 205, 289
McClinton, Delbert, 70
McDevitt, Chas, 41
McGhee, Brownie, 40
McGuinn, Roger, 207-8, 237, 238
McLagan, Ian, 30, 39, 73, 327
Medious, Mario, 308
Melody Maker, 55
"Memory Motel", 103
Menzies, Anna, 289
"Mercy, Mercy", 143
Mestre e Margarida, O (Bulgákov), 197-8
Meyer, David N., 299
Michaels, Lorne, 100
Mick: The Wild Life and Mad Genius of Jagger (Andersen), 315
"Midnight Rambler", 272
"Midnight Special", 41
Miller, Jimmy, 205-7, 211, 220, 242-3
Milne, A.A., 213-4
Milne, Christopher, 213-4

Mingus, Charlie, 124
"Miss You", 317, 318
Misty, 95
Mitchell, Joni, 236
Monck, Chip, 259
Monk, Thelonious, 30, 43
"Monkey Man", 241
Monroe, Bill, 239
Monroe, Marilyn, 189
Moon, Keith, 59, 289
Moore, Scotty, 33, 34
Morris, Malcolm, 184-5, 187
Morrison, Jim, 229, 236
Morrison, Van, 41, 308
Morte em Veneza (filme), 309
"Mother's Little Helper", 164, 204
"Mr. Pitiful", 103
"Mr. Tambourine Man", 160
MTV Video Music Awards, 12
MTV, 115
Muddy Waters at Newport, 26
Muscle Shoals, Alabama, 246, 249
"My Way", 20

Nanker Phelge, 66-7, 283
Nankering with the Rolling Stones: The Untold
   Story of the Early Days (Phelge), 66
Napster, 23
Nash, Graham, 236
Nathan, Syd, 147, 309
Nellcôte, Villefranche-sur-Mer, França, 286-8,
   290-6, 298, 304
New Musical Express, 44, 50, 87, 216
New York Post, 13
New York Times, 221
New Yorker, The, 99, 272
News of the World, 167, 168, 174, 175
Nighthawk, Robert, 118
Nitzsche, Jack, 144
"No Expectations", 211-2
"Nobody's Child", 41
"Not Fade Away", 22, 103, 125, 320
NWA, 29
Nyon, Suíça, 303, 305

Ochs, Phil, 160
Ode to a Highflying Bird (Watts), 60
Oingo Boingo, 97
"Okie from Muskogee", 299
Oldham, Andrew Loog, 124, 139, 169, 228, 316

Beatles, The, e, 82
Faithfull, Marianne, e, 84
   memórias de, 42, 138
   Rolling' Stones e, 80, 82-9, 94-5, 116-20,
      126, 143-4, 147, 148, 166, 184, 191-2, 202,
      205, 272, 298
Olympic Studios, Londres, 17, 166, 168, 191,
   197, 199, 202, 208-12, 241, 292
One Dozen Berries (Berry), 26
One Plus One (filme), 197-201
Ono, Yoko, 145, 291
Orbinson, Roy, 41
"Our House", 236
Owens, Buck, 238

Pacemakers, The, 41
Pacers, The, 236
Page, Jimmy, 161
"Paint It Black", 165, 218
Paint It Black: The Murder of Brian Jones
   (Giuliano), 223
Pallenberg, Anita, 196, 199, 219, 223, 228, 324
   aparência física de, 177
   drogas e, 285, 290, 325-7
   filhos de, 247, 296, 304-6, 324
   influência sobre os Stones, 178, 179, 216
   Jones, Brian, e, 177-80, 182-3, 195-6, 224
   nos anos recentes, 324-5
   Richards, Keith, e, 177-83, 196, 216, 241,
      247, 285, 288, 296, 303-4, 324-7
Palmer, Robert, 92
"Parachute Woman", 210, 211
Parker, Charlie, 60, 104
Parker, Johnny, 54
Parlophone, 69, 70, 82
Parque Nacional Joshua Tree, Califórnia, 17,
   298-9, 301-2
Parsons, Gram, 239, 256, 272, 273
   drogas e, 298-300
   influência de, 237-9
   Jagger, Mick, e, 239, 292, 294-5
   morte de, 300-2
   origens de, 236-7
   Richards, Keith, e, 238, 291-2, 294-5, 300-1
Passaro, Alan, 269, 270, 277, 278-9
Pat Garret e Billy the Kid (filme), 230
Paul & Paula, 28
Pearl Jam, 59
Pendleton, Harry, 55, 56, 72
People, revista, 316

Índice

387

Performance (filme), 241, 247
Perkins, Pinetop, 134
Perks, Bill *ver* Wyman, Bill
Perrin, Janie, 219
Perrin, Les, 219, 221
Pet Sounds (Beach Boys), 188
Peter & Gordon, 41
Petty, Tom, 41, 207
Phelge, James, 66-7, 69, 75, 120
Phillips, Michelle, 272
Picardias estudantis (filme), 152
Pickett, Wilson, 124, 246
Pink Floyd, 216
Playboys, The, 145
Poe, Edgar Allan, 215
"Poison Ivy", 55
Portas da percepção, As (Huxley), 159
Posta, Adrienne, 168
Potier, Suki, 216
Presley, Elvis, 26-8, 31, 38, 49, 51, 60, 63, 78,
　　80, 92, 138, 145, 150, 153, 156, 189, 219, 230,
　　236, 245, 285, 286, 299, 317-8, 330
Preston, Billy, 78, 220
Pretty Things, 32, 228
Price, Jim, 289, 293
Price, Lloyd, 95
Primitive Cool (Jagger), 314, 315
Prince Among Stones, A (Loewenstein), 311
Prisão Lewes, Inglaterra, 186
Public Enemy, 29

Quant, Mary, 81-2
Quarrier, Iain, 200
Quarrymen, The, 41

"Rainy Day Women #12 & 35", 173
Ramones, The, 153
Ramrods, The, 51
Rawlings, Terry, 174, 223
RCA Studios, 143-4
Record Mirror, 78-80
Redding, Otis, 103
Redlands, Sussex, 168-76, 180, 204, 207, 238
Reed, Jimmy, 29, 34, 67, 73, 76, 94
Regent Sound, 48, 88, 203
"Revolution", 46
Revolver (Beatles), 161, 188
"Rhinestone Cowboy", 20
Rhythm Kings, 323
Rich, Buddy, 247

Richard, Cliff, 41, 86
Richards, Angela (Dandelion), 306, 307, 324
Richards, Bert, 35
Richards, Doris, 35, 37, 306, 324
Richards, Keith, 11-5, 22, 23, 24, 44, 45, 56, 235-6
　　abstinência de drogas, 303-6, 327-8
　　aparência física de, 19, 35, 105, 111-2,
　　　199-200
　　autobiografia de, 140-1, 181, 203
　　demissão de Brian Jones e, 216, 217
　　drogas e, 17, 101, 104, 112, 157, 158, 161-4,
　　　174, 204, 253, 281-2, 284-5, 290, 291,
　　　295, 296, 303-4, 326-7
　　educação de, 35-6
　　entrevista com, 111-4
　　Faithfull, Marianne, e, 112, 169
　　filhos de, 247, 285, 288, 291, 296, 304-6,
　　　324, 328-9
　　gravações solo de, 314
　　guitarras de, 37
　　hábitos de dormir de, 140-1
　　Hansen, Patti, e, 327, 328-9
　　infância e juventude de, 27-8, 35-7
　　influência do avô sobre, 36
　　influências sobre, 119, 120, 140
　　Jagger, Mick, e, 25-6, 30, 33, 101, 111-2,
　　　115, 155-6, 172-3, 294-5, 312-5, 316, 320
　　Jones, Brian, e, 47, 141, 142
　　julgamento de, 184-8
　　Keith, Linda, e, 162, 327
　　maleta de médico de, 155, 156
　　morte de Jones e, 221, 223-4, 228, 298
　　mudança de nome, 86
　　na prisão, 186-7
　　nascimento de, 35
　　nos anos recentes, 327-9
　　Pallenberg, Anita, e, 177-83, 195-6, 216,
　　　241, 247, 285, 288, 291-2, 294-5, 296,
　　　300-1, 303-4, 327
　　Parsons, Gram, e, 238, 291-2, 294-5, 300-1
　　personalidade de, 35, 111, 156
　　prisão no Canadá, 326-7
　　Redlands e, 170
　　"Satisfaction" e, 140-5
　　saúde de, 328
　　Sinatra e, 138-9
　　ver também Rolling Stones, The
Richards, Marlon, 247, 285, 288, 291, 296,
　　304-6, 324
Richards, Tara, 324

Richardson, Tony, 230, 232, 319
"Ride 'Em Down", 55
Rimbaud, Arthur, 160
"Rip This Joint", 103, 297
"Rock Island Line", 41, 42
Robertson, Robbie, 308
Rock Scully e os Dead, 256
Rockin' at the Hops (Berry), 26
"Rocks Off", 297
Roeg, Nicolas, 241
Roland, Henry, 141
"Rollin' Stone", 54, 136
Rollin' Stones, The, 54, 86
Rolling Stone, revista, 11, 14, 15, 93, 99, 100, 102,
    141, 150-2, 191, 202, 223, 266, 275, 278, 310
Rolling Stones, The:
    assuntos financeiros dos, 283-5
    Atlantic Records e, 292
    ausência de Jones dos, 228
    Beatles e, 69-70, 75-7, 94, 205, 308
    capas de álbuns dos, 22, 165
    Chess Records e, 126-9, 136, 143, 202
    composição e, 116-20, 140, 165, 195, 207,
        246-7
    Cooder, Ry, e, 207, 208
    Decca Records e, 88-9, 147-8
    documentário dos Maysles e, 248
    drogas e, 156-8, 161-4, 172-5, 184, 185, 190,
        191, 236, 290-1, 316
    estilo de apresentação dos, 23-4, 62-3,
        68, 92-4
    estilo de gravação dos, 199-200, 203,
        209, 242-3, 247, 292-4, 313-4
    exílio na França e, 284-96, 297-8
    fãs de, 89, 91-4, 107, 311
    fase de ouro dos, 202-10, 236, 249, 297, 315
    fotografias dos, 66, 85-7, 91, 146, 164,
        165-6, 173, 182, 193, 266, 285, 303, 320
    fundação da corporação nos Estados
        Unidos e, 149, 283
    Gomelsky, Giorgio, e, 71-3, 75, 78-80,
        84, 191
    gravações piratas dos, 22
    gravações solo dos, 112, 219, 314
    guardas-costas e, 107, 187, 310
    Hell's Angels e, 250-3, 256-7, 261-70, 275-9
    influência de Pallenberg sobre, 178,
        179, 216
    influências sobre, 52-3, 60-1, 119, 120,
        140-1, 178, 179, 216

início de, 30-4, 49-50, 54-5
Jopling, Norman, sobre os, 80
Klein, Allen, como empresário dos,
    147-9, 283-4
ligação com o público dos, 73, 90-4,
    113-4, 187
longevidade dos, 105, 109, 217-8, 229
"Love Is Strong", vídeo, e, 115
Miller, Jimmy, como produtor dos, 205-7
mudança de nome, 54, 86, 217
música country e, 238-40, 292
no clube El Mocambo, Toronto, 153
no Crawdaddy Club (Station Hotel,
    Richmond), 72-3, 75, 78-80, 82, 83-4,
    88, 202
no Marquee Club, Londres, 54-5, 56-7
no número 302 da Edith Grove, 65-8,
    76, 90, 95
nos Estados Unidos, 122-8, 136, 137-43,
    147, 154-5, 203, 245, 249, 259-73, 278
Oldham, Andrew, como empresário dos,
    80, 82-9, 94-5, 116-20, 126, 143-4, 147, 148,
    166, 184, 191-2, 202, 205, 272, 298
One Plus One (filme) e, 197-201
preços de ingressos, 255, 311
primeira demo dos, 34-5
primeira sessão de gravações dos, 88
primeira turnê dos, 90-4
primeiros shows dos, 34, 54-5
Richards, Keith, junta-se aos, 32-3
rompimento e reconciliação dos, 312-3,
    314-6
roupas dos, 86, 104, 110, 245, 263
show memorial no Hyde Park e, 225-8
show na Pista de Corridas Altamont e,
    259-72, 275, 277-8, 282
Stewart, Ian, demitido dos, 85-6
sucesso em grande escala dos, 145-6
Taylor, Mick, junta-se aos, 219-20
turnês dos, 90-4, 98, 101-4, 106-7, 122-6,
    137-42, 146, 154-6, 157, 203, 204, 245-6,
    309-13, 323, 326-7
unidade móvel dos, 292
vida na estrada e, 91-3, 123-6, 140, 289
Watts, Charlie, junta-se aos, 61-3
Wyman, Bill, junta-se aos, 57-9
*ver também membros individuais; canções
    e álbuns específicos*
Rolling Stones, The: Fifty Years (Sandford), 220
Rooftop Singers, 144

Índice

Rory Storm and the Hurricanes, 41
Rose, Jane, 101-2
Rotten, Johnny, 108
Roundhouse, clube de Londres, 43, 48
Rowe, Dick, 88
Royal Albert Hall, Londres, 76-7
Rubber Soul (Beatles), 166, 188
"Ruby Tuesday", 119, 162, 200
Rudies, The, 290
Russell, Ethan, 28, 193, 266, 272, 273, 277, 316
Russell, Leon, 240

Sanchez, Tony, 163, 190
Sandford, Christopher, 220
Sandymount House, Irlanda, 171
Santana, Carlos, 256, 261
"Satisfaction", 98, 109, 137, 140-6, 147, 164, 179, 195, 202, 229, 331
Schneider, Ronnie, 148, 254-60, 272-3, 277
Schneiderman, David, 172-5
Schwerner, Michael, 126
Scorsese, Martin, 16, 307-9, 309
Scott, L'Wren, 320
Scott, Ronnie, 82
Scully, Rock, 256, 262, 269
"Sealed with a Kiss", 82
Sedaka, Neil, 28, 49
Selvagem, O (filme), 251
Sem destino (filme), 160, 253
Sex Pistols, 118, 317-8
Sgt. Pepper's Lonely Hearts Club Band (Beatles), 188-90, 205
"Shake Your Hips", 297
"Shattered", 24
"She Loves You", 69
Shelley, June, 287, 296, 304-6
Shelley, Percy Bysshe, 227
"Shine a Light", 297
Shines, Johnny, 132, 134
"Shop Berries", 34
Shrimpton, Chrissie, 83, 169-70
Silhouettes, The, 41
Sinatra, Frank, 19-20, 68, 92, 123, 138-40
"Sing Me Back Home", 238
"Sing This All Together", 190
"Sister Morphine", 207
Skiffle: The Definitive Inside History (McDevitt), 41
"Sky is Crying, The", 53
Smash Hits (Hendrix), 21

Smile (Beach Boys), 189
Smith, Joe, 138, 139, 308
Smith, Mandy, 322-3
Smith, Nicola, 322
Smith, Patti, 138, 270
Snow, Hank, 237
Some Girls (Rolling Stones), 317-8, 319
"Something Happened to Me Yesterday", 165
"Soul Survivor", 293, 297
"Spanish Fandango", 134
Spann, Otis, 119
Spector, Phil, 126-7
Spencer Davis Group, 14
Springsteen, Bruce, 12, 100, 153, 210
St. Tropez, França, 289
"Stagger Lee", 116
Staple Singers, 120, 246
Stargroves, Hampshire, 171, 286, 292
Starr, Ringo, 75, 76, 124, 242, 289
"Start Me Up", 24, 98, 119, 317
Station Hotel, Richmond (o Crawdaddy), 72-3, 75
Steel Wheels (Rolling Stones), 98, 101, 316
Steele, Tommy, 27, 88
Stern, Walter, 38
Stevens, Wallace, 265
Stewart, Cynthia, 86
Stewart, Ian, 54-5, 67, 72, 144, 272, 292, 297
    aparência física de, 49, 85-6
    demitido dos Stones, 85
    ver também Rolling Stones, The
Sticky Fingers (Rolling Stones), 249, 292, 316
Stoned (Oldham), 42
Storm, Rory, 41
Strangers, The, 220
"Stray Cat Blues", 210
"Street Fighting Man", 203, 209-10, 228, 272
Strummer, Joe, 108
Sun, The, 321, 322
Sunset Sound, Los Angeles, 236, 240, 296
"Susie Q", 136
Swampers, The, 246
"Sway", 249
"Sweet Black Angel", 297
"Sweet Little Sixteen", 119
"Sweet Virginia", 292, 297, 331
Sweetheart of the Rodeo (Byrds), 237
Swift, Taylor, 151
"Sympathy for the Devil", 197, 198, 200, 211, 218, 265

Taj Mahal, 310
"Talkin' About You", 92
Tarlé, Dominique, 288
Tattoo You (Stones), 24, 317
Taylor, Dick, 31-2, 33-4, 43, 45, 50, 54-5, 56-7, 95
Taylor, Eddie, 34
Taylor, Kingsize, 41
Taylor, Margarita, 214
Taylor, Mick, 102, 103, 109-10, 226
    aparência física de, 219-20, 287
    deixa os Stones, 311-2
    junta-se aos Stones, 219-21
    ver também Rolling Stones, The
Taylor, Stewart, 214
"Tell Me", 118, 125
"Tell Me That You Love Me", 55
Tempations, 103
Temporada no inferno com os Rolling Stones, Uma: Exile on Main Street (Greenfield), 290, 294
"terremoto jovem", 78, 84
Terry Kari and the Cruisers, 41
Terry, Sonny, 40
Tex, Joe, 124
Texas Rhythm Boys, 165
Tharpe, Sister Rosetta, 40
"That Girl Belongs to Yesterday", 117
"That's How Strong My Love Is", 143
Their Satanic Majesties Request (Rolling Stones), 188, 190, 202, 205, 206
"Thirty Days", 141
"This Diamond Ring", 145
"This May Be the Last Time", 120
Thompson, Hunter S., 99, 100, 251, 253-4
Thomson, Dave, 194
Thorogood, Frank, 222-4
Thunder Odin's Big Secret, 53
Thwaite, Ann, 214
"Time Is on My Side", 136, 137
Times, de Londres, 51, 196
"Tomorrow Never Knows", 161
Tosh, Peter, 162, 207
Tough Jews (Cohen), 307
Traffic, 13, 14-5, 205
Traveling Wilburys, 41
"Treze formas de ver um melro" (Stevens), 265
Tribunal dos Magistrados, Chichester, 184
Trow, George, 272
True Adventures of the Rolling Stones, The (Booth), 235

"Try Me", 143
Tubb, Ernest, 154, 237
"Tumbling Dice", 331
"Turd on the Run", 293
Twenty Thousand Roads: The Ballad of Gram Parsons and His Cosmic American Music (Meyer), 299
Tyler, Steven, 12

Último concerto de rock, O (filme), 308
Últimos dias de Frank & Jesse James, Os (filme), 230
"Unchained Melody", 299
"Under Assistant West Promotion Man, The", 143
"Under My Thumb", 24, 165, 267
"Under the Boardwalk", 136
Undercover (Rolling Stones), 314
"Up All Night", 55
Up and Down with the Rolling Stones (Sanchez), 163

Valens, Ritchie, 31, 67
"Ventilator Blues", 293, 297
Verão da Liberdade, 126
Vevey, Suíça, 304-6
Viagem ao mundo da alucinação (filme), 160
Vicious, Sid, 108
Vida (Richards), 36, 140, 203, 312
Villefranche-sur-Mer, França, 285-6
Vincent, Gene, 151
Vinyl (filme/série), 307-10, 319, 320
Virgin Records, 12
Voodoo Lounge (Rolling Stones), 12, 101, 171, 323
Vreeland, Diane, 84

"Wabash Cannonball", 41
"Waiting On a Friend", 317
"Wake Up Little Susie", 67
"Walk Right In", 144
Walker, George, 278
Walker, T-Bone, 119
"Walking Blues", 52
"Walking Shoes", 60
Walsh, Joe, 18
Warner Bros. Records, 308
Warner/Reprise, 138
Waters, Muddy, 25, 29, 30, 34, 40, 43, 45, 58, 76, 79, 94, 127, 128, 131, 133-6, 148, 164, 165, 188, 207, 210, 298, 309

Índice

Watts, Charlie, 11, 19, 22, 43, 44, 55, 68, 83, 148, 173, 228-9, 256, 274
  aparência física de, 561
  caráter de, 110
  casa de, 171
  demissão de Brian Jones e, 216, 217
  drogas e, 162, 163, 321
  entrevista com, 110-1, 114
  estilo de, 62
  influências sobre, 60-1
  Jones e, 142, 167-8
  juventude de, 60-1
  Korner e, 61
  morte de Jones e, 221, 224
  nascimento de, 59-60
  nos anos recentes, 321
  personalidade de, 63
  roupas de, 111
  "Satisfaction" e, 144
  ver também Rolling Stones, The
Way You Wear Your Hat, The: Frank Sinatra and the Lost Art of Livin' (Zehme), 139
"We Had It All", 154
Webb, Chick, 60
Weber, Tommy, 290
Webster, Ben, 111
Weir, Bob, 262
Weiss, Hy, 147
Wenner, Jann, 99-100, 141, 150-2, 190, 239
West, Jessica Pallington, 139
Wexler, Jerry, 307-9
What Would Keith Richards Do? Daily Affirmations from a Rock'n'Roll Survivor (West), 139
"Where Have All the Good Times Gone", 141
White, Clarence, 298
"White Rabbit", 164
"White Room", 164
Whitman, Slim, 21
Who, The, 109, 141, 145, 197, 272
Wilco, 237, 292
"Wild Horses", 239, 244, 247-8, 331, 333
Williams, Hank, 12, 74, 154, 238, 292
Wilson, Brian, 189
Wings, 243

Winwood, Steve, 13-4
"With a Little Help from My Friends", 188
"With a Little Luck", 243-4
Wohlin, Anna, 219, 222
Wolfe, Tom, 87
Womack, Bobby, 124-5
Wonder, Stevie, 221
Wood, Ron, 11, 12, 13, 14, 15, 53, 62, 228, 323, 326
  aparência física de, 109-10, 312
  casa de, 171
  junta-se aos Stones, 311-2
  ver também Rolling Stones, The
Woodstock, 255
Wormwood Scrubs, Londres, 186
Wyman, Bill, 19, 22, 24, 41, 51, 162, 163, 171, 174, 214-5, 217, 221, 223, 228, 326
  aparência física de, 57
  deixa os Stones, 62, 323
  mudança de nome, 58-9
  mulheres, relacionamentos com, 321-4
  nascimento de, 57, 58
  nos anos recentes, 321-4
  "Satisfaction" e, 144
  ver também Rolling Stones, The
Wyman, Lee, 59

Yardbirds, The, 70, 72, 127
"Yesterday", 205
"You Better Move On", 67
"You Can't Always Get What You Want", 241-4
"You Gonna Miss Me", 134
"You Got the Silver", 216
"You Really Got Me", 144
"You Win Again", 154
Young, Lester, 111
Young, Mark, 279
Young, Neil, 207
YouTube, 23, 125

Zappa, Frank, 236
Zehme, Bill, 139
Zigzag, revista, 281

 A marca FSC® é a garantia de que a madeira utilizada na fabricação do papel deste livro provém de florestas de origem controlada e que foram gerenciadas de maneira ambientalmente correta, socialmente justa e economicamente viável.

Este livro foi composto por Mari Taboada em Dante Pro 11,5/16 e impresso em papel offwhite 80g/m² e cartão triplex 250g/m² por Geográfica Editora em julho de 2017.

Publicado no ano do 60º aniversário da Zahar, editora fundada sob o lema "A cultura a serviço do progresso social".